N
↑
●
↓
S

VORBUNKEʀ

.

Maschinen-
raum

Bunkerdecke 1,60 m

Notausgang

Schlaf-
raum

Schlafräume
Frau Goebbels
mit Kindern

Schlaf-
raum

Gasschleuse

2,85 m

Durchgang

Kantine

Gas-
schleusen

Notwohnungen

Küche

Gepäck-
raum

Küche

Außenwandstärke ↕ 1,20 m

Toiletten und
Waschraum

Hauptzugang

*Zugang zum Keller
der alten Reichskanzlei*

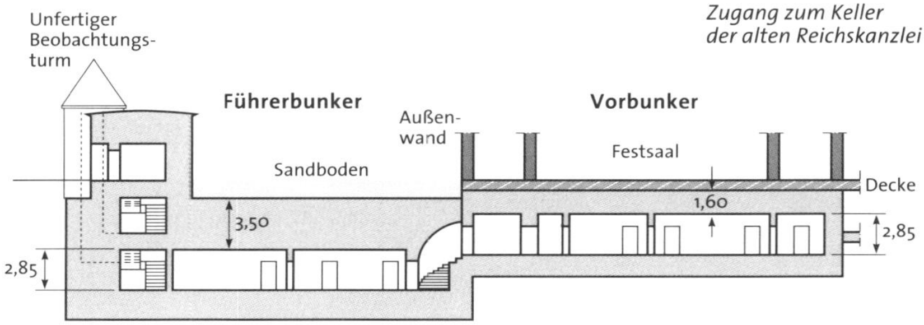

Unfertiger
Beobachtungs-
turm

Führerbunker

Außen-
wand

Vorbunker

Sandboden

Festsaal

Decke

3,50

1,60

2,85

2,85

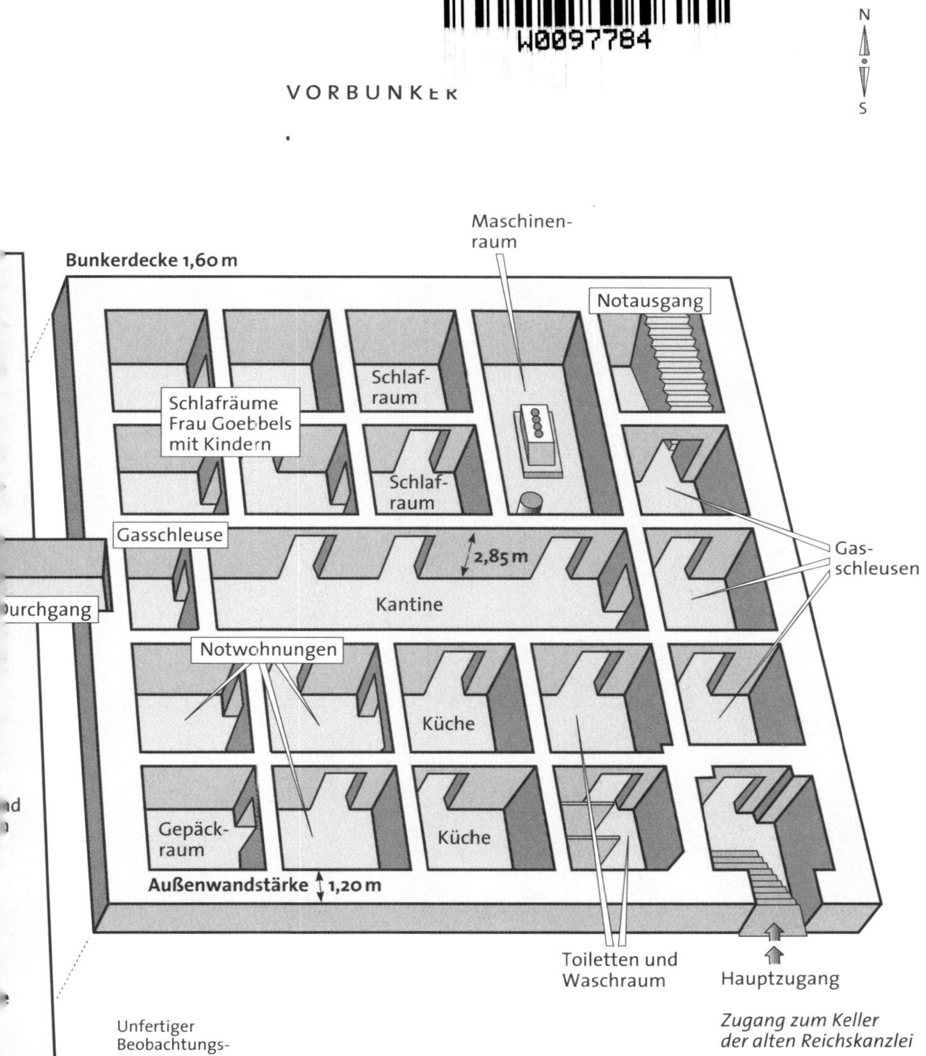

Mario Frank

Der Tod im Führerbunker

Mario Frank

Der Tod im Führerbunker

Hitlers letzte Tage

Siedler

Feb. 2008
(Potsdam)

© 2005 by Siedler Verlag, München
einem Unternehmen der Verlagsgruppe
Random House GmbH

Schutzumschlag: Rothfos + Gabler, Hamburg
Lektorat: Andrea Böltken, Berlin
Satz: Ditta Ahmadi, Berlin
Zeichnungen: Peter Palm, Berlin
Reproduktionen: Mega-Satz-Service, Berlin
Druck und Bindung: GGP Media GmbH, Pößneck
Printed in Germany 2005
ISBN 3-88680-815-7
Erste Auflage

Inhalt

Vorwort

Der Krieg ist verloren, das Dritte Reich, das nach dem Willen seiner Erfinder tausend Jahre währen sollte, steht unmittelbar vor dem Zusammenbruch. Berlin, die Reichshauptstadt, ist durch alliierte Bomberangriffe so zerstört, dass die Berliner ihre Stadt spöttisch als »Reichsscheiterhaufen« bezeichnen. Der Mann, dem das alles zu verdanken ist, Adolf Hitler, hat sich in den Führerbunker unter seiner zerbombten Reichskanzlei zurückgezogen. Es ist eine Flucht unter die Erde, eine Flucht in die künftige Grabkammer. Hitler weiß seit langem, dass der Krieg, den er angezettelt hat, verloren ist und dass er bald sterben muss. Und doch hofft er bis zur letzten Minute auf das Wunder, die große Wende des Krieges, die sein Leben noch retten könnte. Jeden Tag, den er noch lebt und um den er seinen Selbstmord hinauszögert, bezahlen Tausende Soldaten und Zivilisten mit ihrem Leben.

Der Führer des Deutschen Reiches ist am Ende seines Lebens nur noch ein Schatten früherer Tage. Auf dem Höhepunkt seiner Macht hatte er mit nahezu hypnotischer Überzeugungskraft große Menschenansammlungen in seinen Bann schlagen und auf sich einschwören können. Jetzt lösen seine letzten Ansprachen bei seinen Zuhörern zumeist Ungläubigkeit, Niedergeschlagenheit und im Einzelfall hysterische Zusammenbrüche aus. Es ist nicht lange her, dass Hitler als mächtigster Mann Europas aus seiner gigantischen Berliner Reichskanzlei nach der Weltherrschaft griff. Jetzt haben ihn seine militärischen Gegner gezwungen, sich in winzige, feuchte Bunkerzellen unter der schwer zerstörten Reichskanzlei zu verkriechen. Noch vor wenigen Jahren schien seine persönliche Ausstrahlung vielen, die ihm begegneten, unwiderstehlich. Jetzt lösen seine trüben Augen, sein greisenhaftes Aussehen und das beständige, heftige Zittern seines linken Armes bei seinen Besuchern nur noch blankes Entsetzen aus.

In den letzten Tagen vor seinem Tod verblasst die von Hitler und der nationalsozialistischen Propaganda geschaffene Figur des »Führers« unaufhaltsam, und der Mensch Hitler tritt zu Tage. Ein Egomane, in dessen Ich-fixierter Gedankenwelt die Frage nach eigenen Fehlern oder begangenem Unrecht nicht existiert. Nein, ausschließlich andere tragen die Verantwortung für das Scheitern seiner Vorhaben und den verlorenen Krieg. Vor allem seine Generäle, von denen er sich ebenso verraten fühlt wie von seinen alten Weggefährten Hermann Göring und Heinrich Himmler. Auch das deutsche Volk hat für Hitler versagt und unterliegt jetzt zu Recht dem stärkeren »Ostvolk«. Der Hitler, der sich im Bunker zeigt, ist ein Resignierender, der zugibt, dass alles verloren ist, und seinen Selbstmord ankündigt, dann aber ohne jegliche Skrupel alte Männer und Knaben buchstäblich als Kanonenfutter in die längst verlorene Schlacht gegen die Rote Armee treibt, um damit seinen Tod hinauszuzögern. Ein Bräutigam, der als Dank für ihre langjährige Treue seine Geliebte heiratet und in derselben Nacht den Mann ihrer Schwester erschießen lässt, weil der sich ohne Erlaubnis aus der Reichskanzlei abgesetzt hatte. Ein Tierfreund, der seine geliebte Schäferhündin, die ihn seit Jahren überallhin begleitet und ihm nach eigener Aussage näher steht als die Menschen, mit Blausäure vergiften lässt. Nur um zu testen, ob das Gift, das ihm vom »Verräter« Heinrich Himmler zur Verfügung gestellt wurde, auch wirklich wirkt.

Es ist in den Monaten vor dem Erscheinen dieses Buches oft gefragt worden: »Darf man Hitler als Menschen zeigen?« Ich glaube: Ohne den Menschen Hitler begriffen zu haben, kann man die Kunstfigur des »Führers« nicht verstehen.

Die Dramatik der Ereignisse um Hitlers Tod hat viele Autoren und Filmemacher bewogen, sich in Form von Büchern, wissenschaftlichen Aufsätzen, Filmen und unzähligen Zeitungs- und Zeitschriftenartikeln mit der Materie zu befassen. Doch noch immer besteht kein Konsens über den Ablauf der Ereignisse in diesen letzten Apriltagen des Jahres 1945. Immer wieder werden bestimmte Vorgänge im Bunker unterschiedlich beurteilt und bisweilen auch falsch dargestellt. Im Film »Der Untergang«, der im Herbst 2004 in die Kinos kam, vergiftet beispielsweise Magda Goebbels eigenhändig ihre sechs kleinen Kinder, indem sie ihnen jeweils eine Ampulle Blausäure im Mund zerdrückt. Diese Szene beruht auf einer Erfindung von Helmut Kunz, damals Zahnarzt in der Reichskanzlei. Kunz hat in sowjetischer Haft eine derartige Aussage gemacht, sie jedoch einige Tage später widerrufen. Es ist nicht bekannt, inwieweit diese erste Aussage unter Zwang zustande gekommen ist. Tatsächlich sind die Goebbels-Kinder durch Hitlers SS-Begleitarzt

Ludwig Stumpfegger getötet worden. Ebenso falsch ist die Darstellung am Schluss des Films, dass Joseph Goebbels seine Frau Magda und dann sich selbst erschießt. Tatsächlich hat sich das Ehepaar Goebbels mit Blausäure vergiftet.

Dass sechzig Jahre nach diesen Ereignissen das Geschehen so unterschiedlich rekonstruiert wird, hat verschiedene Gründe: Zum einen spielt den Augenzeugen, die damals im Bunker anwesend waren, die Erinnerung häufig einen Streich. Jeder der Beteiligten stand in den Tagen, über die berichtet wird, unter hohem psychischen Stress, und so widersprechen sich sogar bei einem so eindringlichen Ereignis wie Hitlers Selbstmord die Aussagen der Anwesenden teilweise elementar. Der eine schwört, er habe Hitlers Leiche auf dem Sofa vorgefunden, der andere ist sich sicher, dass der Leichnam des Diktators in einem Sessel gelegen habe. Der eine glaubt zuvor einen Schuss gehört zu haben, der nächste bezeugt, dass kein Schuss gefallen sei. Zum anderen haben die immer und immer wieder zum Geschehen befragten Hauptzeugen im Laufe der Zeit manchmal ihre Aussagen geändert oder variiert und damit – gewollt oder ungewollt – Zweifel am Wert ihrer Schilderungen genährt. So behauptete etwa der ehemalige Reichsjugendführer Artur Axmann zunächst, Hitler habe sich in den Mund geschossen, dann, es sei die Schläfe gewesen. Die sowjetische Untersuchungskommission, die die Leichen der Familie Goebbels und von Generalstabschef Hans Krebs obduzierte, hat ebenfalls zur Verwirrung beigetragen. Alle diese Leichen wurden am 2. Mai von Soldaten der Roten Armee im Garten der Reichskanzlei gefunden. Die Untersuchungskommission hat darüber hinaus behauptet, auch die Leichen von Adolf und Eva Hitler obduziert zu haben. Tatsächlich wurden deren Leichen jedoch im Garten der Reichskanzlei verbrannt, bis nur noch ein Aschehaufen und nicht obduzierbare Leichen übrig waren.

Hitlers Tod war die Voraussetzung für die Kapitulation. Solange er am Leben war, konnte das Dritte Reich nicht untergehen. Das macht die Bedeutung dieser letzten Tage im Bunker aus. Zu einer schlüssigen Rekonstruktion dieses zentralen historischen Ereignisses beizutragen ist das Anliegen dieses Buches. Zu diesem Zweck habe ich die Aussagen der Zeitzeugen und die wenigen erhalten gebliebenen Dokumente, soweit es ging, chronologisch geordnet und rasterartig nebeneinander gelegt. Wo sich im Vergleich wesentliche Widersprüche ergaben, bin ich der Darstellung gefolgt, die nach den verfügbaren Indizien die größte

Wahrscheinlichkeit besitzt. Auf die wichtigsten abweichenden Meinungen bin ich in solchen Fällen in einer Anmerkung eingegangen. Dabei habe ich allerdings nur solche abweichenden Darstellungen berücksichtigt, die nicht völlig aus der Luft gegriffen sind. Reine Erfindungen, für die es weder in Zeugenaussagen noch in Dokumenten Indizien gibt, wie zum Beispiel, Hitler habe noch lange Zeit im Ausland gelebt, oder er habe sich nicht erschossen, sondern sei von seinem Diener Linge erwürgt worden, finden keinen Niederschlag. Falsche Datierungen von Ereignissen wurden durch Zuordnung zum richtigen Datum »korrigiert«; auch hier wird die Diskrepanz in den Anmerkungen vermerkt. Bei nicht datierbaren Schilderungen (»Ende April«,»In den letzten Tagen seines Lebens«) habe ich mir in einigen wenigen Fällen die Freiheit genommen, sie an wahrscheinlichster Stelle dem Geschehen zuzuordnen. Offensichtlich falsche Schreibweisen wurden ohne Hinweis korrigiert, Zitate behutsam an die neue Rechtschreibung angeglichen. Bei der Darstellung selbst habe ich mich um der Authentizität willen mitunter eng an die Originalquellen angelehnt.

Eine Schilderung der letzten Tage Adolf Hitlers konzentriert sich notwendigerweise auf die Geschehnisse in der klaustrophobischen Enge des Bunkers. Diese extreme Verengung der Perspektive lässt leicht vergessen, welch dramatische Folgen Hitlers Zögern für die Menschen auf den Kriegsschauplätzen hatte, für die Opfer des Regimes in den Lagern und Gefängnissen. Jeder Tag endet daher mit einer kurzen Episode, die diese Konsequenzen in den Blick rückt.

Ich bedanke mich ganz herzlich bei Regina Schroda und Sabine Schäufele für die Korrektur des Manuskripts, bei Andreas Trautwein für die Hilfe bei der Beschaffung der Literatur sowie bei Thomas Sparr und Thomas Rathnow im Siedler Verlag, weil sie an den Erfolg dieses Projekts geglaubt haben.

Mario Frank
Dresden, im Januar 2005

+++ Die Rote Armee steht kurz vor Berlin +++ Das Oberkommando des Heeres flüchtet aus seinem Hauptquartier in Zossen +++ Adolf Hitler feiert seinen 56. Geburtstag und beschließt, in Berlin zu bleiben +++ Hermann Göring setzt sich auf den Obersalzberg ab +++ Viele Staats- und Parteifunktionäre fliehen aus Berlin +++

FREITAG, 20. APRIL

Berlin-Mitte, Führerbunker, Mitternacht
Auf dem Gelände der Alten und Neuen Reichskanzlei, im Zentrum
Berlins, befinden sich verschiedene Luftschutzkeller, eine Vielzahl von
Räumen, die teilweise durch Gänge miteinander verbunden sind. Den
Kern dieser Anlage bildet ein großer Bunker mit über vierzig Räumen,
den man über den Keller der Alten Reichskanzlei erreichen kann.[1] Die
Bunkeranlage ist in Teilen noch nicht fertig ausgebaut. Sie wirkt nüchtern und abstoßend. Mehrere der Bunkerzellen sind bis unter die Decke
mit Brot, Konserven und anderen Vorräten vollgestopft. Die kalten,
grauen Betonwände verströmen einen feuchten und muffigen Geruch.
Die Stimmen vieler Menschen und das Brummen von Ventilatoren erfüllen die Luft.[2] Von der Straße aus benötigt man einige Minuten, um
durch ausgedehnte Gänge, Stahltüren, Gasschleusen und an SS-Wachen vorbei ins Zentrum des Bunkers zu gelangen. Besucher, die nicht
der SS[3] angehören, werden streng durchsucht. Waffen müssen abgegeben werden.

In dieser unterirdischen Anlage befindet sich ein elf Quadratmeter
großer Raum. Die Betonwände sind weiß getüncht, der Fußboden –
eine zwei Meter starke Betonplatte – liegt exakt 7,60 Meter unter der
Erdoberfläche.[4] Die Kammer ist mit einem zweieinhalbsitzigen, blau-
weiß gemusterten Brokatsofa, drei Sesseln mit dem gleichen Bezug und
zwei Hockern ausgestattet. Auf einem kleinen Tischchen neben dem
Sofa steht ein Radio. An der gegenüberliegenden Wand befindet sich
ein kleiner Schreibtisch mit einem ovalen Ölbild von Friedrich dem
Großen darüber. Die Wand über dem Sofa ziert ein Stilleben eines
holländischen Meisters mit Früchten vor einer Landschaft. Den Stein-
boden bedeckt ein weicher, gemusterter Teppich.[5]

In dem engen Raum sitzen zwei körperlich schwer gezeichnete
Männer. Objektiv betrachtet, sind sie Invaliden, für den Kriegsdienst
untauglich. Aber beide führen Krieg, totalen Krieg. Beide werden trotz
ihrer körperlichen Gebrechen von einem fanatischen Willen angetrie-

Das vierhundert Quadratmeter große, zehn Meter hohe, vollständig mit Marmor ausgekleidete Arbeitszimmer in der Neuen Reichskanzlei sollte Besucher einschüchtern und den »Zuwachs an Macht und Größe Deutschlands« symbolisieren, von dem der Diktator träumte. Im April 1945 ist vom Raum wie von der Macht nicht mehr viel übrig.

ben. Dass das Deutsche Reich, für das sie kämpfen, den Krieg in Kürze verloren haben wird, ist unübersehbar. Dennoch werden beide unter keinen Umständen aufgeben. Für den »Endsieg« sind sie zu allem bereit. Auch zum Sterben.

Der eine der beiden Männer hat am 9. Februar bei einem Kampfeinsatz mit seinem Sturzkampfbomber sein rechtes Bein verloren und trägt seither eine Beinprothese. Nur sechs Wochen nach dieser schweren Verwundung ist er wieder ins Cockpit seines Flugzeugs gestiegen, und seit Anfang April befindet er sich als Führer seines Luftwaffenverbandes wieder im Einsatz. Er ist der am höchsten dekorierte Soldat des Deutschen Reiches, der einzige Wehrmachtsangehörige, der mit dem Goldenen Eichenlaub mit Schwertern und Brillanten zum Ritterkreuz des Eisernen Kreuzes ausgezeichnet worden ist. Mehr als 2500 Mal ist er mit seinem Sturzkampfbomber aufgestiegen, um die Gegner des Deutschen Reiches zu bekämpfen; dabei haben er und sein Verband mehr als fünfhundert feindliche Panzer vernichtet. Oberst Hans-Ulrich Rudel ist der größte deutsche Kriegsheld des Zweiten Weltkrieges, eine Legende.

Der andere ist körperlich ein Greis, der sich schwerfällig und gebeugt bewegt. Will er sich setzen, muss ihm ein Stuhl untergeschoben werden. Nur mit Mühe kann er sich aus eigener Kraft wieder erheben. Er leidet unter Magenbeschwerden, Herzschmerzen und starken Blähungen, die ihn manchmal so sehr quälen, dass er Mühe hat, das vor seiner Umgebung zu verbergen. Glaubt er sich allein, stiert er mit schmerzhaft verzerrter Miene vor sich hin. Mit Schrecken registrieren seine Mitarbeiter, dass sich sein Zustand und sein Aussehen täglich verschlechtern. Er selbst klagt, er werde alt und mit seiner Gesundheit gehe es rapide abwärts: »Es ist furchtbar zu spüren, dass man sich körperlich verschlechtert.«[6] Am meisten leidet er unter dem starken Zittern seines linken Armes und Beines, typischen Symptomen der Parkinsonschen Krankheit. In Anwesenheit Dritter verschränkt er oft die Hände hinter dem Rücken, um diese Behinderung zu verbergen. Beim Sitzen klemmt er sein linkes Bein zwischen Stuhl- und Tischbein, um das Beben auf diese Weise unter Kontrolle zu halten. Seit Wochen hat er kaum noch geschlafen. Sein Gesicht ist aufgedunsen und leichenblass. Adolf Hitler, der »Führer« des Deutschen Reiches, ist mit Anbruch des neuen Tages 56 Jahre alt geworden. Es ist sein letzter Geburtstag. Der Krieg, den er entfesselt hat, wird in wenigen Tagen zu Ende sein, und er weiß, dass er dann sterben muss.[7]

Vor vier Tagen hat an der Oder die letzte große, die endgültige Schlacht um Berlin und damit um das Schicksal des Deutschen Reiches begonnen. Die Rote Armee hat dafür mehr als zweieinhalb Millionen Soldaten aufgeboten. Sie sind in drei Armeegruppen gegliedert, »Fronten« genannt, die entlang der Oder und der Neiße in Stellung gegangen sind. Im Norden, in Mecklenburg, steht die »2. Weißrussische Front« unter ihrem Oberbefehlshaber Marschall Rokossowski. Im Süden, auf der Höhe von Cottbus, führt Marschall Konjew die »1. Ukrainische Front«. Östlich von Berlin, wo der Hauptangriff geplant ist, steht die »1. Weißrussische Front« unter ihrem Oberbefehlshaber Marschall Shukow. Georgi Konstantinowitsch Shukow ist einer der wenigen, die Stalins Säuberungen in der sowjetischen Militärführung vor dem Krieg überlebt haben. Er hat die erfolgreiche Verteidigung von Leningrad und Moskau organisiert. Er hat die kriegsentscheidende Schlacht um Stalingrad gewonnen. Und jetzt hat er als stellvertretender Oberbefehlshaber der sowjetischen Streitkräfte von seinem Oberbefehlshaber Stalin den Befehl erhalten, Berlin bis zum 1. Mai zu erobern.

Auf dem westlichen Oderufer hat sich die deutsche Heeresgruppe »Weichsel« unter ihrem Oberbefehlshaber General Heinrici mit rund 700 000 Soldaten verschanzt. Innerhalb weniger Tage sind die Deutschen auf Grund der erdrückenden Übermacht der Roten Armee an Kriegsmaterial und Menschen vernichtend geschlagen worden. Zwar kann die Wehrmacht beiderseits von Frankfurt an der Oder die Front noch halten. Aber am Tag zuvor, am 19. April, sind Shukows Armeen bei den Seelower Höhen bereits durchgebrochen und marschieren seither unaufhaltsam Richtung Westen auf die Reichshauptstadt zu. An diesem 20. April erreichen die ersten Einheiten der Roten Armee im Osten den Berliner Autobahnring. Zugleich dringen Panzereinheiten von Marschall Konjew, die die Oderfront bei Cottbus durchstoßen haben, von Süden her bis auf fünfzig Kilometer an Berlin heran. Im Norden geht an diesem Morgen die 2. Weißrussische Front unter Marschall Rokossowski ebenfalls in die Offensive. Im Laufe des Tages gelingt es Rokossowski, zwischen Stettin und Schwedt in Mecklenburg zahlreiche Brückenköpfe auf dem Westufer der Oder zu errichten.

Auch jetzt noch treibt der Invalide im Bunker seine völlig erschöpften Soldaten in den Kampf, fordert von ihnen unbedingten Gehorsam und Einsatz bis in den Tod. Weit über hunderttausend Menschen kommen in dieser letzten blutigen Schlacht ums Leben.[8] Die Zerstörungen sind unermesslich. Hitler jedoch hofft auf das Wunder, das die Wende im längst verlorenen Krieg bringen soll. Er gibt sich der Illusion hin, die Alliierten würden sich demnächst heillos zerstreiten und gegeneinander in den Krieg ziehen. Dann aber schlüge erneut die Stunde des Nationalsozialismus und Deutschlands. Täglich rechnet der Diktator mit der Meldung, die Schlacht zwischen der Sowjetunion und den Westalliierten habe begonnen.[9]

Der oberste deutsche Kriegsherr hat seinen Lieblingssoldaten zu sich ins Führerhauptquartier befohlen, weil er ihn davon überzeugen will, den Oberbefehl über die 180 Abwehrjäger der deutschen Luftwaffe zu übernehmen. Es handelt sich um Kampfflugzeuge mit Turbinenantrieb, die modernsten Maschinen, die der Wehrmacht zur Verfügung stehen. Hitler setzt, wie so oft, alles auf eine Karte. Sein bester Flieger und seine besten Maschinen sollen den Luftraum westlich von Berlin freihalten. Dort formiert sich eine neue deutsche Armee unter Führung von General Wenck. Auf diese Armee setzt der Diktator große Hoffnungen, um doch noch als Sieger aus diesem Krieg hervorzugehen.

Von Oberst Rudel (Zweiter von rechts), General Theodor Busse (ganz rechts) und Generaloberst Ritter von Greim (Zweiter von links) – hier in einer Aufnahme aus dem März 1945 – erhofft sich Hitler Rettung in letzter Minute. Starrsinnig und unbelehrbar hält er bis zum Schluss an unrealistischen Entsatzplänen und Offensiven fest, die niemandem mehr nützen, aber Tausende das Leben kosten.

Vor einigen Tagen hat Hitler seinem Fliegerass dieses Kommando schon einmal angeboten. Der hat allerdings mit der Begründung abgelehnt, er sei an der Ostfront unabkömmlich und habe keine Erfahrung mit Turbinenflugzeugen. »Sie sollen ja gar nicht mehr fliegen«, hat Hitler darauf erwidert, »nur organisieren. Wer deswegen an Ihrer Tapferkeit zweifelt, den hänge ich auf.«[10] Am heutigen Tag will Hitler Rudel endgültig überreden. Wie es seine Art ist, beginnt der Diktator zunächst weit ausholend, ohne das eigentliche Thema anzusprechen. Rudel, ein Flugzeugexperte in jeder Hinsicht, ist wieder einmal erstaunt über die Detailkenntnisse Hitlers in allen militärischen Belangen. Einerseits ist Hitler ein körperliches Wrack, das im privaten Kreis ermüdende Monologe hält und sich immer stärker gehen lässt. Andererseits beherrscht er seine Militärs mit eisernem Willen. »Verblüffend«, so Rudel, »sind immer wieder sein Zahlengedächtnis und die Spezialkenntnis in allen technischen Dingen. Ich habe zu dieser Zeit etwa sechstausend Flugstunden und bin in den betreffenden Flugzeugmustern hinreichend durch die viele Übung unterrichtet, es gibt aber nichts, was er mir nicht mit einer Selbstverständlichkeit ohnegleichen auseinandersetzt und wobei er nicht entsprechende Änderungsvorschläge macht.«[11]

Schließlich kommt Hitler zur Sache. Er trägt Rudel das Kommando mit derselben Begründung wie vor einigen Tagen noch einmal an und schließt: »Ich wünsche, dass diese schwere Aufgabe von Ihnen, dem alleinigen Träger der höchsten deutschen Tapferkeitsauszeichnung, übernommen wird.«[12] Doch der Kriegsheld lehnt erneut ab. Die militärische Lage hat sich seit ihrem letzten Gespräch weiter verschlechtert. Es ist absehbar, dass das Deutsche Reich in Kürze in einen Nord- und einen Südteil gespalten sein wird. Schon am 14. April hat Hitler in einem Führerbefehl festgelegt, wer dann den Kampf im »Nord«- und im »Südkessel« befehligen soll. Hans-Ulrich Rudel weiß, dass er die ihm gestellte Aufgabe unter solchen Gegebenheiten nicht mehr erfüllen kann. Das Gespräch endet ohne eine definitive Entscheidung. Hitler akzeptiert zwar anscheinend Rudels Haltung, erklärt aber, jetzt die Entwicklung der militärischen Lage einige Tage abwarten zu wollen. Sollten sich seine Vorstellungen realisieren, will er Rudel noch einmal nach Berlin beordern. Gegen 1.00 Uhr verlässt der Oberst den Führerbunker, um zu seiner Truppe und an die Front zurückzukehren.[13]

Berlin-Mitte, Führerbunker, 1.00 Uhr

Im Vorzimmer von Hitlers Privaträumen im Bunker warten die ersten Gratulanten. Traditionell ist Heinz Linge, Hitlers Diener im Rang eines SS-Sturmbannführers, der Erste, der dem Diktator um Mitternacht zum Geburtstag gratuliert. Danach – so sieht es das Ritual vor – schließt sich der persönliche Stab des Diktators mit seinen Glückwünschen an. Aber diesmal ist alles anders. Hitler ist nicht zum Feiern zu Mute. Er hat Linge angewiesen, niemanden vorzulassen. Es gebe nichts mehr, wozu man ihm noch gratulieren könne, lässt er seinen Diener wissen. Trotzdem haben sich seine engsten Mitarbeiter um Mitternacht im Vorraum versammelt in der Hoffnung, dem »Chef« – wie ihn seine persönlichen Mitarbeiter nennen – die Hand drücken zu dürfen. Als Linge das meldet, sieht Hitler ihn müde und niedergeschlagen an. Er habe, lässt er Linge mitteilen, dafür keine Zeit.

SS-Obergruppenführer Hermann Fegelein will sich damit nicht abfinden. Im Vorjahr hat Fegelein Gretl Braun, die Schwester von Hitlers Geliebter Eva Braun, geheiratet, die in diesem Frühling ihr erstes Kind erwartet. Der SS-General, der die Rolle des unbekümmerten Naturburschen und schneidigen Reiters spielt, ist Hitlers Verbindungsoffizier zum Reichsführer SS Heinrich Himmler. Er gilt als arroganter Wichtigtuer. »Aufgeblasen«, »taktlos« und »unverschämt« sind die Vokabeln, die fallen, wenn rangniedere Offiziere über ihn sprechen. Sein heimlicher Spitzname ist »Flegelein«. Man mokiert sich über seine beinahe groteske Selbstüberschätzung und Eitelkeit und die »extravagante Fantasieuniform«, in die er seinen »aufgeschwemmten« Körper kleidet. Respektlos mischt sich Fegelein in militärische Debatten ein und fällt ranghöheren Offizieren ins Wort,[14] vor allem, wenn er glaubt, dass die Leistungen von Verbänden der Waffen-SS nicht genügend gewürdigt werden. Doch die Kritik niederer Chargen kümmert Fegelein nicht. Schließlich ist er hochdekoriert, trägt das Ritterkreuz mit Eichenlaub und Schwertern. Er hat mit allen wichtigen Führern Bruderschaft getrunken, ist enger Vertrauter von Heinrich Himmler und mit Reichsleiter Martin Bormann befreundet. Sämtliche Frauen im Bunker fliegen auf den »schönen Hermann«, auch seine Schwägerin Eva Braun, zu der er ein freundschaftliches, ja geradezu intimes Verhältnis hat. Mit ihrem Schwager kann die junge, lebenslustige Eva nach Herzenslust scherzen und flirten, ohne dass jemand daran Anstoß nehmen könnte. Wobei das nur ein schwacher Trost dafür ist, dass Hitler seine Geliebte seit Jahren vor der Öffentlichkeit verbirgt, sie das Leben einer Mätresse führen muss, ausgeschlossen von allen gesellschaftlichen Anlässen und Veranstaltungen. Für Hitlers Gefolgsleute ist sie offiziell Privatsekretärin. So steht es auch in ihrem Pass, der am 3. April 1942 ausgestellt worden ist. Der Diktator will vor der Außenwelt den Mythos aufrechterhalten, dass er ausschließlich für Deutschland lebt und sich für den Dienst am Vaterland ein Familienleben versagt.

Eva Braun ist in der ersten Märzhälfte aus Bayern zu Hitler nach Berlin gekommen.[15] Es war ihre Entscheidung, sie hat gewusst, dass die Reichshauptstadt durch die Rote Armee gefährdet ist und welches Schicksal ihr in Berlin droht. Fegelein überredet nun seine Schwägerin, bei Hitler vorstellig zu werden, damit der Diktator die wartenden Gratulanten doch noch empfängt. Diese würden ansonsten nicht »von seiner Seite« weichen, droht der »schöne Hermann«. Eva Braun, die sich sonst nicht zu Interventionen bei Hitler hinreißen lässt und ergeben alle seine Entscheidungen als Schicksal hinnimmt, gibt Fegelein nach und hat mit ihrem Vorstoß Erfolg. Widerwillig erhebt sich der Diktator und geht gebückt, mit schleifenden Schritten in den Vorraum. Die Gratulationscour ist entsprechend. Jeder der Anwesenden kann gerade »ich gratuliere« sagen – dann sieht er den gebeugten Rücken des Chefs von hinten.[16]

Wie jeder Tag Hitlers endet auch dieser mit einer Teestunde in seinem kleinen Wohnraum im Bunker. Die nächtliche Teerunde ist ein Ritual. Sie beginnt in der Regel weit nach Mitternacht, bevor der Diktator am frühen Morgen versucht, für ein paar Stunden Schlaf zu finden. Es kann vorkommen, dass die Teestunde nach endlosen militärischen Besprechungen erst morgens um sechs Uhr anfängt. Gesellschaft leisten ihm dabei seine Sekretärinnen, die gewöhnlich von einem Adjutanten oder Diener geweckt und dazugebeten werden.[17] Die vier Frauen teilen sich mit Hitlers Einverständnis den »Teedienst« bei ihrem Vorgesetzten – eine Bezeichnung, die Hitler nicht gerne hört – im Schichtbetrieb.[18] Manchmal, wie an diesem Tag, nimmt auch Eva Braun teil. Die Teestunde hat jede Nacht denselben Ablauf. Hitler sitzt auf seinem blau-weiß gemusterten Sofa und hält Monologe, mitunter dieselben wie beim Mittag- und beim Abendessen. Sehr oft drehen sich die Gedanken des Diktators dabei um Ernährungsfragen.[19] So diszipliniert, ja asketisch der Vegetarier und Anti-Alkoholiker Hitler sich sonst generell ernährt, er hat eine Schwäche: seinen geradezu krankhaften Heißhunger auf Kuchen. Und während der Teestunden vertilgt er Unmengen an Süßigkeiten, lässt sich den Teller drei Mal hoch gefüllt reichen. Beim Abendessen hält er sich dafür extra zurück. Für die Anwesenden ist der Anblick der »kuchenverschlingenden menschlichen Ruine«, während Berlin sich in ein Trümmerfeld verwandelt, ein abstoßendes Bild.[20]

Das Hauptthema der nächtlichen Teerunden ist jedoch Hitlers Schäferhündin »Blondi«, die im Bunker zusammen mit ihren Welpen in einem separaten Raum untergebracht ist. Die Tiere haben einen eigenen Betreuer, den die übrigen Bunkerbewohner spöttisch als »Reichshundeführer« titulieren. Hitlers täglicher, halbstündiger Spaziergang mit seiner Hündin im Garten der Reichskanzlei ist seine einzige körperliche Betätigung. Auf dem Gelände der Reichskanzlei werden in den letzten Apriltagen durch Luftangriffe und sowjetischen Artilleriebeschuss viele Menschen getötet. Die Leichen werden verbrannt und ihre Überreste wahllos in Bomben- oder Granattrichter im Garten der Reichskanzlei geworfen. Hitler will keine Toten herumliegen sehen, wenn er sich für seinen kurzen Spaziergang an die Oberfläche wagt.

Blondi darf ebenfalls an der nächtlichen Teestunde teilnehmen. Hitler spielt mit ihr, sie muss »Männchen« machen und »Schulmädchen«. Dabei sitzt das Tier auf den Hinterbeinen und legt beide Pfoten auf die Lehne ihres Herrn. »Schau mich an, Blondi, oder bist du etwa auch so ein falscher Generalstäbler?«, neckt sie der Diktator. Ihr besonderes Kunststück ist »Singen«. Hitler lockt das Tier: »Blondi, sing!« und stimmt dann selbst ein lang gezogenes Geheul an. Die Hündin fällt ein, je stärker Hitler sich gebärdet, desto lauter. Ist die Tonlage zu hoch, korrigiert Hitler: »Blondi, sing tiefer, wie Zarah Leander!« Dann heult die Schäferhündin lang gezogen und tief wie ein Wolf. Jeden Abend bekommt das Tier drei kleine Kuchenstücke, und wenn Hitler drei Finger seiner Hand hochhebt, weiß es sofort, dass es jetzt seine Belohnung bekommt.[21] Eva Braun ist eifersüchtig auf »Blondi« und gesteht Hitlers Sekretärin Christa Schroeder: »Ich hatte mich so auf Berlin gefreut, aber nun ist er so ganz anders. Der Chef redet mit mir nur noch über das Essen und über die Hunde. Ich habe oft eine Sauwut über die ›Blondi‹. Manchmal gebe ich dem Vieh heimlich unterm Tisch einen Fußtritt, und Adolf wundert sich dann über das närrische Benehmen des Tieres. Das ist meine Rache.«[22]

Zossen, Hauptquartier des Oberkommandos des Heeres und des Wehrmachtsführungsstabes, früher Morgen

In Zossen, knapp vierzig Kilometer südlich von Berlin, befinden sich riesige Bunkerkomplexe der Wehrmacht. In den dort gelegenen Lagern »Maybach I und II« sind das Oberkommando des Heeres (OKH) und der Wehrmachtsführungsstab untergebracht. Ein Nachrichtenbunker mit dem Tarnnamen »Zeppelin« beherbergt das Amt 500, die größte Fernmeldeanlage Europas. Die Führung des Heeres ist von Adolf Hitler, dem Obersten Befehlshaber der Wehrmacht und seit 1941 zugleich Oberbefehlshaber des Heeres, nach dem Prinzip »teile und herrsche« organisiert worden. Das OKH mit seinem Kern, dem Generalstab des Heeres unter Führung von General Hans Krebs, ist für die Organisation, Ausbildung und Versorgung aller Heeresteile zuständig. Als kämpfende Einheit untersteht ihm aber nur die Ostfront. Alle anderen Fronten werden vom Wehrmachtsführungsstab im Oberkommando der Wehrmacht unter Leitung von Generaloberst Alfred Jodl befehligt.[23] Hitler hat sich dadurch zwei parallel arbeitende Generalstäbe geschaffen: einen für den Kampf an der Ostfront, den anderen für die übrigen Kriegsschauplätze.[24]

Die Anlage ist Mitte März von einem unerwarteten Bombenangriff der Alliierten getroffen worden. Es hat Tote und Verwundete gegeben, und einige Gebäude sind beschädigt worden. Generalstabschef Hans Krebs hat leichte Verletzungen im Gesicht durch Glassplitter erlitten, seine Stabshelferin ein Auge verloren. Die Leistungsfähigkeit des militärischen Hauptquartiers des Deutschen Reiches ist dadurch aber in keiner Weise beeinträchtigt worden. OKH und Wehrmachtsführungsstab haben ihre Arbeit auch während des Angriffs fortgesetzt.[25]

Unter den anwesenden Offizieren breitet sich an diesem Morgen Hektik aus. Panzereinheiten Marschall Konjews sind von Süden her bis nach Baruth, zwanzig Kilometer südlich von Zossen, vorgedrungen. Dort bleiben sie wegen Treibstoffmangels liegen. Doch es ist nur eine Frage der Zeit, bis die Rote Armee das militärische Hauptquartier des Deutschen Reiches erreicht haben wird. Die deutschen Generalstabsoffiziere in Zossen stehen dieser Bedrohung machtlos gegenüber. Verzweifelt schicken sie den anrückenden sowjetischen Truppen ihre letzte persönliche Kampfreserve entgegen, das Wachbataillon des OKH unter Führung von Oberleutnant Kränkel – 250 Soldaten gegen Hunderte von russischen Panzern und Flugzeugen.[26]

Um 6.00 Uhr früh wird Rittmeister Gerhard Boldt, militärischer Mitarbeiter des Chefs des Generalstabes des Heeres Hans Krebs, in Zossen durch einen Telefonanruf aus dem Schlaf gerissen. Am Apparat ist Oberleutnant Kränkel.»Etwa 40 russische Panzer sind an uns vorbeigestoßen«, berichtet dieser.»Um 7.00 Uhr greife ich an.« Um 9.00 Uhr meldet sich Kränkel erneut. Wie nicht anders zu erwarten, ist sein Angriff gescheitert. Von seiner Einheit sind ihm noch zwanzig Mann und eine Hand voll Fahrzeuge geblieben. Nichts kann die sowjetischen Panzer auf ihrem Weg nach Zossen jetzt noch aufhalten. Generaloberst Krebs leitet diese Meldung sofort weiter an die Reichskanzlei. Das militärische Hauptquartier müsse sofort evakuiert werden, fordert er.[27] Doch der Einzige, der diese Entscheidung treffen kann, Adolf Hitler, der Oberste Befehlshaber der Wehrmacht, schläft zu diesem Zeitpunkt.[28]

Berlin, morgens

In den Straßen der Reichshauptstadt herrscht fieberhaftes Treiben. Nervosität und Angst machen sich unter den Berlinern breit. Das dumpfe Donnern schwerer Artilleriegeschütze an der Ostfront, die jetzt vor den Toren der Stadt verläuft, treibt die Menschen schon früh aus ihren Häusern und den Kellern, in denen sie die Nächte verbringen. Die Journalistin Marta Hillers[29] notiert sich:»Ja, der Krieg rollt auf Berlin zu. Was gestern noch fernes Murren war, ist heute Dauergetrommel. Man atmet Geschützlärm ein. Das Ohr ertaubt, es hört nur noch die Abschüsse schwerster Kaliber. Eine Richtung ist längst nicht mehr auszumachen. Wir leben in einem Ring von Rohren, der sich stündlich verengt.«[30]

Die Machthaber des Dritten Reiches geben Befehl, die Reichshauptstadt – die in den vergangenen Jahren bereits durch die Luftangriffe der Alliierten fürchterliche Zerstörungen hinnehmen musste – solle sich zum Endkampf rüsten. Die vorbereiteten Panzersperren in und um Berlin werden bis auf kleine Durchfahrten geschlossen. Joseph Goebbels, der unter anderem auch die Funktion des Gauleiters von Berlin ausübt – und damit verantwortlich dafür ist, die Verteidigung der Stadt zu organisieren –, ruft den Berliner »Volkssturm« auf. Das ist Hitlers letztes Aufgebot: alle Männer zwischen sechzehn und sechzig Jahren, die bisher aus beruflichen, gesundheitlichen oder altersbedingten Gründen vom Kriegsdienst freigestellt gewesen sind. Die Organisation ist im Herbst des vergangenen Jahres zum Zweck der Heimatverteidigung und des Baus von Befestigungen aufgestellt worden. Äußeres Kennzeichen der nur oberflächlich ausgebildeten Männer ist eine Armbinde, Uniformen sind nicht vorgesehen. Jeder Mann, der gerade noch eine Waffe tragen kann, muss jetzt an die Front. Doch Waffen sind Mangelware beim »Volkssturm«. Es gibt Fälle, in denen eine ganze Einheit nur mit zwei Gewehren ausgerüstet wird. Andere Einheiten erhalten italienische Gewehre, für die keine Munition vorhanden ist. Schüler und alte Männer hasten zu den Sammelstellen. Gegen Mittag rollen sie angstvoll in S-Bahnen und Bussen der heranrückenden Roten Armee entgegen. Im Führerbunker werden darüber Witze gemacht: Berlin sei praktisch als Hauptquartier, bald könne man mit der S-Bahn von der Ostfront zur Westfront fahren. Hitler kann darüber lachen.[31]

Zu den Kriegern des letzten Aufgebots gehört auch der Hitlerjunge Dieter Borkowski. Als er sich bei seiner zuständigen NSDAP-Ortsgruppe zum Einsatz meldet, erlebt er, wie sich die bislang allmächtige Partei aufzulösen beginnt. Die meisten Parteigenossen sitzen oder liegen betrunken vor der Tür auf dem Rinnstein. Der Ortsgruppenleiter hat alkoholische »Beuteware« verteilt. Käsebleich hält der junge Mann eine Durchhaltterede vor den alten Kämpfern des Führers. Die können in ihren teilweise mit Übergebenem besudelten Uniformen kaum noch stehen. »Kameraden, die Stunde der Bewährung hat geschlagen! Ihr werdet an der Reichskanzlei eingesetzt und unseren geliebten Führer retten. Während ihr dort eure Pflicht tut, werde ich mich hier um eure

Frauen und Kinder kümmern.« Nach dem unvermeidlichen »Sieg Heil!« dreht der Ortsgruppenleiter sich auf dem Absatz um und verschwindet in einem nahe gelegenen Luftschutzbunker.[32]

Die hektisch eingeleiteten und verzweifelt wirkenden Verteidigungsmaßnahmen der NS-Führung stoßen beim Großteil der Berliner Bevölkerung auf Ablehnung. Die Wilmersdorferin Hertha von Gebhardt schreibt in ihr Tagebuch:»Man fragt sich, woher die Leute die Unverfrorenheit oder die Dummheit nehmen, Berlin noch verteidigen zu wollen! Sich davon noch etwas zu versprechen! Eine ausgepowerte, ausgebrannte Stadt, so ziemlich die letzte, die übrig ist. Wahnsinn, himmelschreiendes Verbrechen – oder beides?«[33]

Den erfahrenen deutschen Soldaten, die in und um Berlin stehen, ist klar, dass dieser Kampf nicht lange dauern wird. Dennoch leisten die meisten von ihnen der vorrückenden Roten Armee erbittert Widerstand. Immer wieder formieren sie sich in kleinen und kleinsten Verbänden, setzen sich in Häuserruinen fest, lassen ihr Leben bei dem sinnlosen Versuch, die unausweichliche Niederlage doch noch abzuwenden. Viele kämpfen weiter, weil sie auf ein Wunder hoffen. Sie hoffen auf die deutsche Entsatzarmee, die Armee Wenck, die bald in Berlin sein und den Endsieg bringen soll. Sie hoffen auf die deutsche Geheimwaffe, die jetzt endlich zum Einsatz kommen und die Kräfteverhältnisse umkehren wird. Vor allem aber hoffen sie auf die Amerikaner, die bei ihrem Vormarsch von Westen her an der Elbe stehen geblieben sind. Hoffen, dass sie doch noch auf Berlin marschieren und die Stadt vor den Russen besetzen. Die Amerikaner – sie müssen kommen, sie müssen.[34]

Für Hitlers Geburtstag interessieren sich die Berliner kaum noch, obwohl Joseph Goebbels, Hitlers »Trommler«, immer noch versucht, sie mit allen Mitteln für den Diktator einzunehmen. Der kleine, asketisch-drahtige Propagandaminister ist einer der ganz alten Gefolgsleute und ein durch und durch gläubiger »Jünger« seines Idols. Das bleibt er auch in den Tagen des Untergangs. Als Einziger der nationalsozialistischen Führer ist er entschlossen, in Berlin bei Hitler auszuharren und notfalls zusammen mit dem Mann, dem er sein Leben verschrieben hat, zu sterben. Pathetisch heißt es in seiner Tagesparole des Propagandaministeriums für die Presse:»Die Person des Führers erhebt sich heute klarer und reiner denn je als die eines Ritters ohne Furcht und Tadel inmitten

einer Welt, die Gefahr läuft, von den jüdisch-plutokratischen, bolschewistischen Kriegsverbrechern in ein Chaos von Zerstörung, Hunger,
Seuchen und Sklaverei gestürzt zu werden.«[35] Doch jetzt erreicht er, der
wie Hitler die Massen begeistern konnte, die Menschen nicht mehr.
Noch im vergangenen Jahr sind anlässlich von Hitlers Geburtstag die
Plätze und Ruinen der Hauptstadt mit Fahnen, Girlanden und Pla-
katen geschmückt gewesen. Jetzt glauben nur noch wenige Fanatiker,
ihren Führer feiern zu müssen. Ab und zu hängt eine Hakenkreuzfahne
aus dem Fenster eines zerschossenen Gebäudes. Aber einzelne Berliner
wagen es auch, gegen das Regime zu protestieren. So ist in einer Ruine
am Lützowplatz ein großes Plakat angebracht:»Das danken wir dem
Führer!« Der Spruch ist eine Erfindung von Goebbels und wurde von
der Propaganda des Dritten Reiches unzählige Male verwendet. Als
Aufschrift für Deutschlands Ruinen war er nicht gedacht.[36]

Berlin-Mitte, Führerbunker, 9.00 Uhr

Eva Braun und Adolf Hitler haben sich gerade erst schlafen gelegt, als
General Wilhelm Burgdorf, Hitlers Wehrmachtsadjutant, aufgeregt bei
Heinz Linge, dem Diener des Diktators, auftaucht und diesen hände-
ringend bittet,»um Gottes willen doch den Führer zu wecken«, damit
er ihm eine sehr wichtige Frontmeldung vortragen könne.[37]

Linge weckt Hitler, der im Schlafanzug zur Tür geht und, ohne sie
zu öffnen, fragt:»Was gibt es, Burgdorf?« Hitler nennt seine Mitarbeiter nur bei ihrem Nachnamen, redet sie weder mit Herr noch mit Titel
an – etwa»Linge, bringen Sie die Blondi hinaus« oder»Bormann, wie
spät ist es?«

Hitlers Chefadjutant berichtet durch die geschlossene Tür, Einheiten der Roten Armee hätten zwischen Guben und Forst – in der Nähe
von Cottbus – die Oder überquert und die deutsche Abwehrfront
durchbrochen. Damit ist für die Armeegruppe von Marschall Konjew
der Weg nach Berlin frei und die deutsche Hauptstadt nicht nur von
Osten, sondern auch von Süden her unmittelbar bedroht. Burgdorf berichtet weiter, Gegenangriffe seien bereits eingeleitet worden. Im Übrigen habe man den Kommandeur der eigenen Einheiten wegen Ver-
sagens bei der Verteidigung seines Frontabschnittes erschossen. Hitlers
Reaktion erschöpft sich in der Anweisung an seinen Diener:»Linge, ich
habe noch nicht geschlafen. Wecken Sie mich eine Stunde später als
sonst, um 14 Uhr.«[38] Tatsächlich legt sich der Diktator in der kleinen
Betonkammer, die ihm als Schlafraum dient, wieder in sein Bett. Neben

dem üblichen Mobiliar – einem Kleiderschrank, einer Kommode, zwei Stühlen und einem kleinen Teetisch – stehen hier noch ein Tresor und eine Flasche mit Sauerstoff, da Hitler ständig fürchtet, ihm könne im Bunker die Luft ausgehen.[39]

Zossen, Hauptquartier von OKH und Wehrmachtsführungsstab, 11.00 Uhr

Die Generalstabsoffiziere in Zossen sitzen in ihren Hauptquartieren wie auf glühenden Kohlen. Alle Vorbereitungen für eine rasche Räumung der Bunkeranlage sind getroffen, nicht mehr benötigte Papiere und Dokumente verbrannt worden. Hans Krebs unternimmt einen erneuten Versuch und bittet eindringlich darum, das Hauptquartier des Generalstabes des Heeres verlegen zu dürfen. Doch Hitler schläft noch. Auf den Gesichtern der Generalstabsoffiziere steht deutlich ein Gedanke zu lesen: »Also russische Gefangenschaft.«[40]

Berlin-Mitte, mittags

Generalfeldmarschall Wilhelm Keitel beobachtet einen Angriff britischer und amerikanischer Bomber auf das Zentrum Berlins, der zwei Stunden dauert. Der eitel und großspurig auftretende Chef des Oberkommandos der Wehrmacht im Rang eines Reichsministers übt keine unmittelbare Befehlsgewalt aus, sondern fungiert als Hitlers militärischer Berater und leitet dessen Führerbefehle an die deutschen Armeen und ihre Befehlshaber weiter. Bei der kämpfenden Truppe ist Keitel wenig beliebt. Wegen seiner Willfährigkeit und opportunistischen Haltung gegenüber Hitler, dem er nie widersprechen würde, gilt er bei den Frontoffizieren als »Totengräber der Wehrmacht«, jüngere Offiziere nennen in heimlich abschätzig »Lakeitel«.[41]

Die deutsche Luftwaffe verfügt über keine einsatzbereiten Abwehrflugzeuge mehr, die die Stadt verteidigen könnten. Die deutschen Flugabwehrkanonen sind wirkungslos, weil die alliierten Bomber zu hoch fliegen. Und so können sie ihre todbringende Fracht in aller Ruhe über Berlin abwerfen, »wie beim Friedensexerzieren«, notiert Keitel fasziniert, »in exakten Formationen und kommandomäßigem Abwurf der Bomben«.[42]

Zossen, Hauptquartier von OKH und Wehrmachtsführungsstab, 13.00 Uhr

Um 13.00 Uhr kommt endlich der erlösende Befehl zur Evakuierung.[43] Der Generalstab des Heeres verlegt daraufhin sein Hauptquartier in größter Eile in eine Kaserne in Potsdam-Eiche.[44] Der Wehrmachtsführungsstab zieht in die Reichsluftschutzschule Berlin-Wannsee am südöstlichen Stadtrand von Berlin um, die gerade von Stabsmitarbeitern von Reichsleiter Bormann geräumt worden ist. Größere Teile der militärischen Stäbe schlagen sich noch in der Nacht nach Süddeutschland durch. Allgemein wird angenommen, dass Hitler sein Führerhauptquartier in Kürze nach Berchtesgaden verlegen wird.[45]

Die Militärführung des Dritten Reiches räumt ihr Hauptquartier in Zossen nicht geordnet, sie flieht überstürzt. Als um 14.00 Uhr die letzten Fahrzeuge mit Angehörigen des OKH das Gelände verlassen, werden sie noch in Zossen von deutschen Flugzeugen beschossen. Die Piloten nehmen versehentlich an, dass es sich bei den Fahrzeugkolonnen um die Spitzen der sich nähernden sowjetischen Panzerverbände handelt.[46]

Auf dem Weg nach Potsdam trifft die deutsche Militärführung auf Tausende fliehender Menschen. Manche sind mit Pferd und Wagen oder mit Fahrrädern unterwegs. Die meisten haben sich jedoch zu Fuß auf den Weg gemacht, mit kleinen Leiterwagen, Schubkarren oder Kinderwagen im Schlepptau. Sie ziehen Richtung Westen, irgendwohin, nur fort von den Russen. Da und dort mischen sich erste Soldaten unter die flüchtenden Zivilisten. Zuerst sind es nur einzelne, dann kleine Gruppen, schließlich werden es viele. Einige haben noch Waffen und ein Ziel, die meisten aber sind abgestumpft, in haltloser Auflösung begriffen. Matt schleppen sie sich voran. Manche hinken. Die Gesichter sind stoppelig und eingefallen, auf dem Rücken tragen sie schweres Gepäck. Der Strom der Verwundeten und notdürftig Verbundenen reißt nicht mehr ab. Die meisten dieser Menschen sind völlig apathisch. Man sieht es am Gang, an der Kopfhaltung, am Blick. Sie sind besiegt.[47]

Berlin-Mitte, Führerbunker, nachmittags

Befehlsgemäß weckt Heinz Linge Hitler um 14.00 Uhr, indem er an die Schlafzimmertür klopft und die genaue Uhrzeit meldet. Linge ist Haushofmeister, Butler, Mädchen für alles. Er muss den Diktator morgens wecken und ihm die Morgennachrichten übergeben. Er bestimmt den Speiseplan, legt den Zeitpunkt der Mahlzeiten fest, gibt die entsprechenden Anordnungen an die Küche und serviert Hitler das Essen. Er bestellt beizeiten den Friseur und den Zahnarzt und versorgt die Schäferhündin Blondi und ihre Welpen. Dabei geht Linge ein Stab weiterer Diener, Ordonnanzen genannt, zur Hand, die Hitlers Garderobe in Ordnung halten und seine Räume im Bunker reinigen.

Zum Frühstück isst der Diktator wie jeden Morgen ein Bircher-Müsli.[48] An diesem Nachmittag tröpfelt Linge seinem Dienstherrn während des Frühstücks ein paar Kokaintropfen ins rechte Auge. Ein Gespräch kommt nicht zustande. Hitler lässt »Wolf« zu sich bringen, einen Welpen seiner Schäferhündin Blondi, der sein Liebling ist. Völlig abgekapselt von seiner Umwelt und den Geschehnissen, spielt Hitler mit dem jungen Rüden bis zum Mittagessen gegen 16.00 Uhr.[49]

Noch bis vor kurzem zählte das Mittagessen zu den Höhepunkten von Hitlers Tagesablauf, und er zelebrierte es als unterhaltsames gesellschaftliches Ereignis. Doch seit der Diktator Anfang März, entnervt durch die vielen Fliegeralarme, dauerhaft aus seiner Wohnung in der Alten Reichskanzlei unter die Erde gezogen ist, nimmt er die Mahlzeit nur noch im kleinen Kreis ein. Ausschließlich Frauen leisten ihm dabei Gesellschaft, Männer mag er beim Essen nicht mehr um sich haben. Jeden Tag kocht die Diätköchin Constanze Manziarly für den strikten Vegetarier ein nur für ihn bestimmtes Gericht. Hitler liebt einfache Speisen wie Kartoffelbrei mit Spiegeleiern, nimmt dazu ein Knäckebrot oder einen Tomatensalat und trinkt ein Glas Fachinger. Leidenschaftlich gern isst er gebackene Kartoffeln mit Quark und Leinöl. Auch Nudeln mit Tomatensauce und Käse oder »Hoppelpoppel«, Bratkartoffeln mit Ei, sieht der Diktator gern auf seinem Speiseplan. Frisches Gemüse und Früchte werden durch Martin Bormann geliefert, der sie aus seiner Mustergärtnerei mit ihren Treibhäusern in Bayern einfliegen lässt. Hitler ist der Auffassung, das er nur ganz frische Waren verdauen kann, und will allein aus der Bormannschen Gärtnerei versorgt werden.[50] Das Abendessen, das üblicherweise im gleichen Rahmen stattfindet wie das Mittagessen, besteht meist aus kalten Platten mit Salaten.

Der 1900 geborene Martin Bormann, Hitlers Privatsekretär und Leiter der Parteikanzlei mit den Befugnissen eines Reichsministers, hat in seinem früheren Leben als Gutsverwalter gearbeitet. Er steht bei seinem Parteichef nicht nur als Obst- und Gemüselieferant hoch im Kurs, er verwaltet auch Hitlers Privatvermögen und den unter seiner, Bormanns, Leitung aufwändig ausgebauten »Berghof« auf dem Obersalzberg bei Berchtesgaden. Über die Jahre hat sich der nach außen hin kaum bekannte Bormann zu einer mächtigen grauen Eminenz im Schatten Hitlers emporgedient. Er ist ein unermüdlich arbeitender »Papierkrieger«, der Hitler das Aktenstudium abnimmt, dem Diktator die Arbeit vorkaut und auch ansonsten alle lästigen Dinge für ihn erledigt. Hitler schätzt Bormann zu Recht als »Arbeitstier« und »Bullen« ein. Wer nicht zu den Auserwählten gehört, die direkten Zugang zu Hitler haben, muss sich an den Herrn der Parteiverwaltung Martin Bormann wenden, und der entscheidet, was er dem Diktator vorträgt und was er für sich behält. Viele Führungsfiguren des Dritten Reiches hassen Bormann. Er gilt allgemein als Machtmensch: verschlagen, unheimlich, bösartig, gefährlich. Albert Speer, der wie Bormann um Hitlers Gunst buhlt, urteilt über seinen Gegner: »Ein miserabler Kerl in jeder Beziehung; ein Feigling, nach oben dienernd, nach unten tretend.«[51] Hitler weiß genau, was seine Mitarbeiter und Gefolgsleute über Bormann denken, doch wenn sie ihn kritisieren, stellt sich der Diktator in einem Ton, der keinen Widerspruch duldet, vor seinen Sekretär: »Ich weiß, dass Bormann brutal ist. Aber was er anfasst, hat Hand und Fuß, und ich kann mich unbedingt und absolut darauf verlassen, dass meine Befehle sofort und über alle Hindernisse hinweg durch Bormann zur Ausführung kommen.«[52]

Eigentlich soll immer um 14.00 Uhr zu Mittag gegessen werden, doch mit der Zeit verschiebt sich die Mahlzeit immer weiter in den Nachmittag hinein. An diesem Tag sind Eva Braun und, gemäß dem Dienstplan – auch für das Mittagessen existiert ein Dienstplan –, seine Sekretärinnen Christa Schroeder und Johanna Wolf anwesend. Die Stimmung ist sehr gedrückt.[53]

Berlin-Mitte, Garten der Reichskanzlei, 17.00 Uhr
Richtig gefeiert wird Hitlers letzter Geburtstag nicht mehr. Wo an diesem Tage sonst zahlreiche Autos vorfuhren, die Ehrenwache präsentierte, Würdenträger des Reiches und des Auslands ihre Glückwünsche vorbrachten, herrscht Ruhe. Früher sind zu Hitlers Geburtstag wochenlang Waschkörbe voll Gratulationsschreiben eingetroffen. Kisten, Pakete, Päckchen haben sich in den Räumen der Partei- und der Reichskanzlei gestapelt. Firmen, Parteistellen, Organisationen, Vereine und Privatleute schickten Glückwünsche und Spenden: Zahnbürsten, Kinderkleider, feinste Damenwäsche, kostbares Porzellan, Museumsstücke. Unter den Geschenken fanden sich mit dem Hakenkreuz bestickte Pan-

toffeln und von Hand mit Hitlerkonterfei bestickte Taschentücher, liebevoll verpackte Kuchen, Torten, Kekse sowie Obst aus allen Teilen Deutschlands.[54] Diesmal: keine Geschenke, keine Festlichkeiten, keine Empfänge und Paraden.[55] Lediglich eine zwanzig Minuten dauernde Gratulationscour im Garten der Reichskanzlei erinnert an die Aufmärsche und den Glanz früherer Jahre. Dort sind um 17.00 Uhr drei Abordnungen angetreten: links fünf Vertreter der Division »Frundsberg«, einer Einheit der Waffen-SS, rechts zwölf Offiziere der Kurland-Armee[56] und in der Mitte eine Delegation der Hitlerjugend. Die deutschen Jungen im Alter von 10 bis 18 Jahren sind nahezu vollständig organisiert, die 10- bis 14-jährigen im Jungvolk, die 14- bis 18-jährigen in der Hitlerjugend. Zu Beginn des Krieges sind die Hitlerjungen als Meldegänger, Sanitäter, die älteren Jahrgänge als Helfer für die Bedienung von Flugabwehrkanonen eingesetzt worden. Zuletzt aber müssen sie unter Reichsjugendführer Artur Axmann auch als Infanteristen dienen. Seite an Seite mit Soldaten der Wehrmacht und der Waffen-SS werden teilweise erst zwölf Jahre alte Kinder in Berlin ins Feuer geschickt. Viele von ihnen kämpfen dabei mit einem ungeheuren Fanatismus. Einige von ihnen sollen heute dafür ausgezeichnet werden.

Vom Bunker aus führt eine 1,5 Meter breite Wendeltreppe mit 38 Stufen hoch zu einem Notausgang, von dem man in den Garten der Reichskanzlei gelangt. Dieser Ausgang wird ständig bewacht und ist durch eine eiserne Bunkertür gesichert.[57] Als Hitler mit einigen Begleitern heraustritt, nehmen die Gratulanten im Garten schweigend Haltung an und heben den rechten Arm zum »Deutschen Gruß«. Artur Axmann, Reichsjugendführer und Leiter der HJ-Delegation, erstattet Meldung. Axmann ist ein besessener Nationalsozialist, ein ergebener Gläubiger, ein blinder Gefolgsmann. Er hat an der Ostfront seinen rechten Arm verloren, muss also bei seiner pathetischen Ansprache den linken zum »Deutschen Gruß« erheben: »Mein Führer! Für den Endkampf steht Ihre Jugend bereit. Im Namen der Hitlerjugend gratuliere ich Ihnen zum Geburtstag. Ich bin stolz, Ihnen wieder eine Abordnung der tapfersten Jungen vorzustellen, deren Mut und Treue typisch sind für die Einsatzbereitschaft der deutschen Jugend. Alle haben großen Mut und Opferbereitschaft bewiesen und gehören zu den Jüngsten, die mit dem Eisernen Kreuz ausgezeichnet wurden. Sie sind mit eisernem Willen dazu entschlossen, den Endsieg zu erringen!« »Danke, danke Axmann!«,

Der gealterte Hitler in einer der letzten Aufnahmen aus dem März 1945 bei einem Empfang von HJ-Angehörigen.

antwortet Hitler. »Wenn im Kampf nur alle so tapfer wären wie diese Jungen!«[58]

Der Diktator tritt auf den Hitlerjungen Armin Lehmann zu, packt dessen linken Oberarm mit der rechten Hand und hält ihn zwei Sekunden lang fest. Hitlers runzliges, aschfahles Gesicht mit den dunklen Tränensäcken unter den Augen wirkt greisenhaft. Seine Zähne sind gelb, und er riecht aus dem Mund. Der Junge stammelt seinen Namen und wird von Hitler unterbrochen: »Wo hast du gekämpft?« »In Schlesien, südlich von Breslau, mein Führer«, antwortet Armin Lehmann. »Und mutig warst du und hast dir das Eiserne Kreuz verdient?« »Ich war verwundet, habe andere verwundete Kameraden in eine Schneemulde in Deckung gebracht, dann weiter gekämpft und ...« Hitler unterbricht ihn erneut: »Was für eine Verwundung?« »Oberschenkelschuss, mein Führer!« Noch einmal packt Hitler den Oberarm des Jungen und sagt, zu Reichsjugendführer Axmann gewandt: »Wieder ein mutiger Junge!«

Nachdem er jedem einzelnen Hitlerjungen die Hand geschüttelt oder die Wange getätschelt hat, schreitet Adolf Hitler gemeinsam mit Axmann die drei Delegationen ab. Der Diktator bewegt sich, wie jetzt immer, gebeugt und unsicher im Schritt. Er wirkt kraftlos und hält seine zitternden Hände auf dem Rücken verschränkt. Doch er nimmt sich die Zeit, jeden einzelnen der hochdekorierten Offiziere der Kurland-Armee zu begrüßen und mit ihm zu sprechen.

Der Kommandeur der SS-Division, Oberst Erwin Bachmann, der stolz sein Ritterkreuz zur Schau stellt, überreicht Hitler einen Scheck über mehr als eine Million Reichsmark, eine Spende für die Winterhilfe.[59] Als der das großzügige Geschenk entgegennimmt, wird für alle das starke Zittern seiner linken Hand sichtbar. Schnell gibt Hitler den Scheck an seinen persönlichen Adjutanten, Julius Schaub, weiter.[60] Schließlich tritt er wieder vor die Delegationen und hält eine kurze Ansprache: »An allen Fronten sind schwere Kämpfe in vollem Gange. Hier in Berlin stehen wir jetzt vor der großen Entscheidungsschlacht. Das Schicksal des Deutschen Reiches hängt vom Schicksal des deutschen Soldaten ab, seiner vorbildlichen Standhaftigkeit und seinem unbeugsamen Kampfeswillen. Ihr seid Zeugen dafür, dass der Feind mit hartnäckigem Widerstand trotz großer Übermacht zurückgeschlagen werden kann. Unser Glaube, dass die Schlacht in Berlin gewonnen werden kann, muss ungebrochen bleiben. Die Lage lässt sich mit der eines todkranken Patienten vergleichen. Er muss nicht sterben, denn er kann mit einem Medikament gerettet werden, das noch rechtzeitig erfunden worden ist. Es wird jetzt hergestellt. Nun müssen wir bereit sein, bis zur Anwendung dieses Medikaments durchzuhalten, um den Endsieg zu erzwingen. Darauf kommt es jetzt an: mit eisernem Willen durchzuhalten! Heil euch!«[61]

Nach Hitlers Ansprache bleibt es sekundenlang still. Keine Antwort, kein »Heil unserem Führer«; die Zuhörer sind erschüttert. Früher strahlte Hitler Macht, Gesundheit und Stärke aus und schlug seine Zuhörer durch seine Reden in seinen Bann. Jetzt hat er seine Suggestionskraft verloren. Nur wenige Kilometer entfernt steht die Rote Armee. Nach dieser Rede glaubt keiner der Angetretenen mehr an den Sieg.

Berlin-Mitte, Führerbunker, 17.30 Uhr

Hitler kehrt aus dem Garten zurück. Ein letztes Mal passiert er die Wachen am Notausgang. Von nun an wird er den Bunker nicht mehr verlassen. Alle seine wichtigen Mitstreiter haben sich hier versammelt, sind noch einmal in den Bunker gekommen, um ihm zu gratulieren: Hermann Göring, Heinrich Himmler, Joseph Goebbels, Albert Speer, Joachim von Ribbentrop, Karl Dönitz, Wilhelm Keitel, Alfred Jodl. Einzeln werden sie von Hitlers Diener Linge in dessen kleinen Wohnraum geführt. Alle drücken dem Diktator die Hand. Heinrich Himmler, Reichsinnenminister, Reichsführer SS und Befehlshaber des Ersatzheeres, hat bereits um Mitternacht mit einer Flasche Sekt auf Hitlers Geburtstag angestoßen. Jetzt gratuliert er persönlich:»Mein Führer, herzlichen Glückwunsch zum Geburtstag, auch im Namen der SS, alles Gute.«[62] Vom katastrophalen Ende spricht keiner. Die Gratulationen heitern Hitlers Stimmung nicht auf. Er nimmt die Glückwünsche kühl, ja fast abwehrend entgegen.

Hitlers Umfeld geht davon aus, dass der Diktator sich vor Stalins heranrückenden Truppen zu gegebener Zeit in die»Alpenfestung« nach Bayern in Sicherheit bringen wird. In den letzten Tagen wurden mit Hitlers Zustimmung Vorbereitungen getroffen, um eine Übersiedlung auf seinen»Berghof« bei Berchtesgaden zu ermöglichen und von dort aus den Krieg weiterzuführen. Einige Partei- und Regierungsstellen sind bereits dorthin evakuiert worden. Auch Martin Bormann, der wegen seiner Nähe zu Hitler gewöhnlich über dessen Pläne informiert ist, glaubt an diesem Tag noch an einen baldigen Aufbruch nach Süddeutschland. Er schreibt in sein Tagebuch:»Das Vorauskommando hat Befehl, nach Salzburg zu fliegen.«[63] Salzburg ist der Berchtesgaden am nächsten gelegene Flughafen.

Die Gratulanten versuchen Hitler zu überzeugen, dass es höchste Zeit sei, Berlin zu verlassen.[64] Als auch Generalfeldmarschall Keitel auf Hitlers Abreise zu sprechen kommen will, unterbricht der ihn mit den Worten:»Keitel, ich weiß, was ich will, ich werde mich vor, in oder hinter Berlin schlagen.« Als Keitel erneut anhebt, streckt Hitler ihm demonstrativ die Hand entgegen und verabschiedet ihn mit den Worten:»Ich danke Ihnen, rufen Sie mir Jodl herein, wir sprechen uns später noch.«[65]

Für 18.00 Uhr ist die tägliche»große Lagebesprechung« im Beratungsraum des Führerbunkers, dem so genannten Lageraum, anberaumt.[66] In der Regel finden hier täglich zwei, manchmal drei Vorträge über die militärische Lage statt, wobei die»große« Lage meist zwischen 15.00 Uhr und 16.00 Uhr angesetzt ist. An ihr nehmen die militärischen und politischen Spitzen des Reiches teil. Bei der»kleinen« Lage nach Mitternacht, gegen 1.00 Uhr, tragen normalerweise rangniedere Offiziere vor. Ständige Teilnehmer dieser nächtlichen Besprechung sind Botschafter Walter Hewel als Vertreter des Auswärtigen Amtes bei Hitler, ein Mitarbeiter des Propagandaministeriums, Hitlers militärische Adjutanten sowie Hermann Fegelein, der Verbindungsoffizier zur Waffen-SS.

Bei der heutigen großen Lagebesprechung sind die wichtigsten deutschen Militärführer anwesend: der Oberbefehlshaber der Luftwaffe Reichsmarschall Hermann Göring, der Oberbefehlshaber der Marine Großadmiral Dönitz, der Chef des OKW Generalfeldmarschall Keitel, der Chef des Wehrmachtsführungsstabes Generaloberst Alfred Jodl und der Chef des Generalstabes des Heeres General Krebs. Spätestens seit dem Attentat vom 20. Juli 1944 misstraut Hitler seinen Generälen tief und verbirgt dies auch nicht. Er hat die Kompetenzen seiner militärischen Führungsgremien kompliziert und verwirrend aufgeteilt. Dass es dabei notwendigerweise zu Kompetenzgerangel und -unklarheiten kommt, nimmt er billigend in Kauf.

Als Hitler zum Lageraum schlurft, trifft er im Gang auf General Koller, den Generalstabschef der Luftwaffe. Der Diktator nutzt die Begegnung, um Karl Koller die Garantie abzuverlangen, dass die in Tschechien liegenden Turbinenflugzeuge der deutschen Luftwaffe umgehend gegen die auf Berlin vorrückenden sowjetischen Verbände eingesetzt werden. Koller gibt zu bedenken, dass er die entsprechende Anordnung bereits erlassen habe, die Kommunikationsverbindung nach Tschechien aber unterbrochen sei; eine Garantie könne er daher nicht geben. Hitler reagiert auf diesen Einwand so, wie er jetzt immer auf schlechte Nachrichten reagiert: Er nimmt ihn nicht zur Kenntnis. Stattdessen wiederholt er in scharfem Ton die Forderung an seinen Luftwaffengeneral: »Sie garantieren mir, dass meine Befehle ausgeführt werden.«[67] Damit lässt er Koller stehen.

Der Lageraum ist ungefähr 3 mal 4 Meter groß und mit einer Wandbank, einigen wenigen Stühlen und einem kleinen Tisch möbliert, auf dem zwei Lampen stehen. Hier werden die Landkarten ausgebreitet, auf denen das Kriegsgeschehen nachvollzogen werden kann. Hitlers Stammplatz ist ein Stuhl am Tisch. Der jeweils Vortragende steht gewöhnlich an der linken Seite des Obersten Befehlshabers und erläutert ihm das Geschehen auf den Karten.[68] Der Diktator trägt dabei eine blaugetönte Brille – auch sein Sehvermögen hat stark nachgelassen. Die für ihn bestimmten schriftlichen Unterlagen sind mit übergroßen Schreibmaschinenbuchstaben, der so genannten Führertype, geschrieben.[69]

Die wenigen Stühle sind für die älteren Militärs reserviert, damit sie die oft Stunden dauernde Lagebesprechung durchhalten können. Alle anderen Teilnehmer müssen stehen. Und das ist sehr anstrengend. An die zwanzig Menschen drängen sich auf diesen zwölf Quadratmetern.[70] Obwohl der Raum eine Klimaanlage hat, ist die Luft regelmäßig stickig und verbraucht, was bei vielen Lageteilnehmern zu Müdigkeit und Kopfschmerzen führt. Manche kommen völlig benommen aus der Besprechung heraus. Hermann Göring schläft während der Sitzungen öfter ein. Ursache für die schlechte Luft ist Hitlers Anordnung, während der Konferenzen die Ventilatoren abzuschalten; er behauptet, die zugeführte Frischluft erzeuge bei ihm ein unangenehmes Druckgefühl.[71]

Wie immer hält General Krebs den Lagevortrag für die Ostfront und Generaloberst Alfred Jodl den für die übrigen Kriegsschauplätze. Was Krebs und Jodl zu berichten haben, ist katastrophal. Im Osten der Hauptstadt haben Einheiten von Marschall Shukow den Berliner Autobahnring erreicht und bewegen sich in einer Zangenbewegung nördlich und südlich der Stadtgrenze in Richtung Westen. Im Süden Berlins rücken Panzereinheiten Marschall Konjews aus dem Raum Cottbus gegen den Stadtrand vor. Damit droht die letzte freie Straße nach Süddeutschland abgeschnitten zu werden. Noch ist es möglich, mit dem PKW Süddeutschland zu erreichen und OKW und Führerhauptquartier auf dem Landweg nach Bayern zu verlegen. Ein späteres Ausfliegen der Stäbe ist angesichts des Brennstoffmangels und der militärischen Lage im Luftraum über Deutschland nicht mehr vorstellbar. Den Militärs ist das klar, weshalb sie Hitler bestürmen, die Chance zu ergreifen. Aber der weigert sich zu fliehen.»Wie soll ich die Truppe zum entscheidenden Kampf um Berlin bewegen, wenn ich mich im gleichen Augenblick in Sicherheit bringe!«, ereifert er sich.[72] Hitler reagiert auf die jüngste militärische Entwicklung mit einem schriftlichen Befehl an Karl Dönitz, den Oberbefehlshaber der Kriegsmarine, den er für den Fall der Teilung Deutschlands als Befehlshaber des Nordkessels vorgesehen hat:»Ich beauftrage den Oberbefehlshaber der Kriegsmarine mit der sofortigen Vorbereitung zur restlosen Ausschöpfung aller personellen und materiellen Möglichkeiten für die Verteidigung des Nordraumes im Falle der Unterbrechung der Landverbindung in Mittel-Deutschland. Ich erteile ihm die Vollmacht, die für diesen Zweck erforderlichen Befehle an alle Stellen von Staat, Partei und Wehrmacht in diesem Raum zu erteilen.«[73] Dass Hitler keinen Befehlshaber für den Südraum benennt, lässt seine Mitarbeiter weiter hoffen, dass er sich bald selbst nach Süddeutschland begeben und dort den Oberbefehl übernehmen wird.

So krank und vergreist Hitler in den letzten Wochen und Tagen seines Lebens auch erscheint, sobald er sich mit militärischen Fragen beschäftigt, ändert sich dieses Bild. Obwohl er körperlich sichtlich verbraucht und ausgelaugt ist, reagiert er in militärischen Belangen plötzlich wieder willensstark, zupackend und blitzschnell.[74] In den Lagebesprechungen hört er aufmerksam zu, stellt Fragen und mischt sich oft und energisch in die Vorträge seiner Generalstabsoffiziere ein. Er interessiert sich für jede Einzelheit, bis hin zu Aktionen kleinster militärischer Einheiten. Wenn er zu sprechen beginnt, bekommt sein sonst fahles Gesicht Farbe, die trüben Augen beleben sich. Seine Sprache wird energisch, oft auch scharf. Hitlers Fähigkeit, sich Zahlen und militärische Details merken zu können, ist legendär. Statistiken, militärische Berichte oder Strategiepapiere braucht er anscheinend nur zu überfliegen, um später daraus zitieren zu können. Sein Gedächtnis versetzt seine Militärführer ein ums andere Mal in Erstaunen. Der Oberste Befehlshaber ist stets auf dem Laufenden über alles, was sich an den ausgedehnten Fronten ereignet. Er hat die Kampfeinsätze größerer Einheiten im Kopf und kennt die Stärke der eingesetzten Divisionen. Er behält nicht nur Namen und Zahlen, sondern oft auch die Gesichter von Menschen in Erinnerung, die er getroffen hat. Er entsinnt sich sogar der Zeit, des Raumes und der Umstände der Begegnung. Immer wieder gelingt es ihm, Vortragenden Ungenauigkeiten in Details nachzuweisen und sie eines Besseren zu belehren. Außerdem kann er auch in dieser letzten Lebensphase seine ungeheure persönliche Ausstrahlung, eine Art hypnotischer Energie, bisweilen noch aktivieren und auf andere übertragen. So mancher Militärführer, der innerlich die Waffen gestreckt hat, glaubt nach einem Besuch bei Hitler im Bunker plötzlich wieder an den Sieg.

Am Schluss der jeweiligen Lagebesprechung machen die verantwortlichen Offiziere Vorschläge, wie an den Fronten militärisch zu handeln sei. Oft lehnt Hitler ihre Vorhaben ab, vor allem dann, wenn es um die Rücknahme einer Front geht – selbst wenn es sich nur um punktuelle Verlegungen oder um geringfügige Distanzen handelt. Nach seinem unerschütterlichen Diktum weicht »der deutsche Soldat« generell nicht zurück. Schließlich werden seine Entscheidungen telefonisch an das OKW durchgegeben, damit sie von dort an die nachgeordneten Einheiten übermittelt werden.

Die »Geburtstagslage« verläuft ruhig, ohne die gewöhnlich häufigen, erregten Ausbrüche des Diktators. Er hat seine Gemütsbewegungen unter Kontrolle und trifft klare und sachliche Entscheidungen. Ihm gegenüber, auf der anderen Seite des Tisches, hat Hermann Göring, Hitlers offizieller Stellvertreter, Preußischer Ministerpräsident und Oberbefehlshaber der deutschen Luftwaffe, Platz genommen. Als Einzigem seiner Militärführer hat Hitler Göring den Rang eines Reichsmarschalls verliehen, was ihn zum ranghöchsten Soldaten der Wehrmacht macht. Unter Görings vielen Funktionen und Titeln sind die des Reichsforstmeisters und des Reichsjägermeisters – oberster Herr über Wald und Jagd in Deutschland – die kuriosesten. Auch wenn formal immer noch der zweite Mann im Staat, ist er in den letzten Jahren tief im Ansehen gesunken, vor allem weil er nach Ansicht Hitlers als Luftwaffenchef versagt hat. Der korpulente und seit Jahren morphiumsüchtige Göring ist die schillerndste Figur der nationalsozialistischen Elite, ein unersättlicher Sammler von Ämtern, Kunstschätzen, Schlössern und Landsitzen. Doch trotz seines barocken Lebensstils ist er in der Bevölkerung bis zuletzt durchaus populär.

Zur Überraschung der Anwesenden trägt der eitle und prunksüchtige Reichsmarschall, der auf sein Äußeres großen Wert legt und sich in prachtvolle, selbst entworfene Fantasieuniformen zu kleiden pflegt, an diesem Tag eine einfache, braungraue amerikanische Uniform. »Hermann der Prächtige«, wie Goebbels den Reichsmarschall wegen dessen Eitelkeit boshaft nennt, hat seine bisherige silbergraue Dienstkleidung abgelegt. Die fünf Zentimeter breiten, goldgeflochtenen Schulterstücke sind einfachen Achselstücken aus Stoff gewichen, auf die schlicht sein Rangabzeichen, der goldene Reichsmarschall-Adler, geheftet ist. »Wie ein amerikanischer General«, flüstert ein Teilnehmer der Lage. Hitler scheint die symbolhafte äußerliche Verwandlung nicht wahrzunehmen.[75]

Göring ist von Carinhall gekommen, seinem monumentalen, nach seiner ersten, verstorbenen Frau Carin benannten Jagdschloss am Döllnsee, 65 Kilometer nördlich von Berlin. Er hat sich an diesem Morgen entschieden, sich nach Berchtesgaden abzusetzen. Hier haben die Militärführer, Parteiorgane und Verwaltungen des Dritten Reiches schon immer einen zweiten Dienstsitz für den Fall, dass Hitler sich auf seinem »Berghof« aufhält.

Ein Konvoi von Lastkraftwagen der Luftwaffe hat Göring nach Berlin begleitet. Sie sind beladen mit den Kunstschätzen, die der Reichsmarschall mit Hilfe seiner vier Sonderzüge in ganz Europa zusammengeraubt und in Carinhall gehortet hat. Der manische Sammler und Schnäppchenjäger trägt bis Kriegsende 1375 Gemälde, 250 Skulpturen, dazu Unmengen an antiken Möbeln, Teppichen und kunstgewerblichen Objekten zusammen. Die Hälfte davon stammt aus beschlagnahmtem Eigentum.[76] Die Fahrzeuge sollen noch an diesem Tag nach Bayern weiterfahren. Auch für Hermann Göring ist unübersehbar, dass der Krieg verloren ist und dass dem Deutschen Reich ein katastrophales Ende bevorsteht. An strategische, großräumige militärische Aktionen ist nicht mehr zu denken. Was Hitler noch befiehlt, ist sinnloses, unflexibles Festhalten an den Räumen, die von deutschen Soldaten noch verteidigt werden. Und letztlich müssen sie sie dann doch aufgeben, einen nach dem anderen.[77]

Jetzt sitzt der feiste Oberbefehlshaber der Luftwaffe in seiner neuen Uniform Hitler am Kartentisch zum letzten Mal von Angesicht zu Angesicht gegenüber. Dessen demonstrative Weigerung, nach Berchtesgaden zu fliehen – »Ich überlasse es dem Schicksal, ob ich in der Hauptstadt sterbe oder ob ich noch im letzten Augenblick nach dem Obersalzberg fliege!« –, nimmt Göring sichtlich mit.[78]

Kaum ist die Besprechung vorbei, wendet er sich verstört an seinen »Führer« und teilt ihm mit, dass er in Süddeutschland dringende Aufgaben zu erledigen habe. Er will Berlin noch in dieser Nacht verlassen. Hitler sieht ihn geistesabwesend an; gleichgültig reicht er ihm schließlich die Hand und verabschiedet sich mit nichtssagenden Worten von seinem Stellvertreter.[79] Auch von den anderen Anwesenden, wie SS-Chef Heinrich Himmler, Rüstungsminister Albert Speer oder Außenminister Joachim von Ribbentrop, trennt sich Hitler ohne viel Aufhebens. Es ist ein historischer Augenblick. Die Führung des Dritten Reiches bricht auseinander.

Allein der Oberbefehlshaber der Kriegsmarine, Karl Dönitz, genießt noch Hitlers Aufmerksamkeit. Aus den Worten und der Haltung des Führers bei der Verabschiedung wird das große Vertrauen deutlich, das er dem Großadmiral entgegenbringt. Auch Dönitz verlässt Berlin in dieser Nacht und fährt in das Hauptquartier der Kriegsmarine (Deckname »Koralle«) bei Bernau, nördlich von Berlin.[80]

Reitweiner Sporn,[81] Gefechtsstand von Marschall Schukow, 20.00 Uhr

Ungefähr zum selben Zeitpunkt wird Georgi Schukow, dem Oberbefehlshaber der 1. Weißrussischen Front, gemeldet, dass von Süden her Konjews Panzereinheiten auf Berlin zurollen. Schukow wird zu seinem Entsetzen klar, dass ihm damit Konkurrenz bei seinem historischen

Ziel droht, Eroberer von Berlin zu sein. Stalin hat entgegen den bisherigen Absprachen offenbar Konjew ebenfalls die Erlaubnis erteilt, auf Berlin zu marschieren.

Shukow reagiert darauf sofort mit einem Befehl an seine Panzergenerale Katukow und Bogdanow,[82] »als Erste in Berlin einzubrechen und die Siegesfahne zu hissen. Beauftrage Sie persönlich mit Organisation und Durchführung. Von jedem Korps müssen die besten Kräfte bis maximal Brigadestärke mit folgenden Befehlen nach Berlin vorrücken: spätestens um 4.00 Uhr früh am 21. April um jeden Preis in die Berliner Vororte einzubrechen und sofort zwecks Übertragung an Genossen Stalin und Presse Meldung zu machen.«[83]

Berlin-Mitte, Reichskanzlei, 22.00 Uhr

In den Bunkern unter der Reichskanzlei herrscht hektische Unruhe. Obwohl Hitler für seine Person zu diesem Zeitpunkt eine Flucht nach Berchtesgaden ablehnt, befiehlt er doch die Evakuierung von Partei-, Staats- und Verwaltungsstellen nach Süddeutschland. Viele Funktionäre rüsten sich befehlsgemäß an diesem Abend zum Aufbruch. Wagenkolonnen und Flugzeuge aus der Führerstaffel, die auf den Flughäfen Gatow und Staaken startbereit warten, starten ununterbrochen in Richtung Bayern. Auch seinen persönlichen Stab dünnt Hitler an diesem Abend aus. In den nächsten Tagen verlassen Adjutanten, Offiziere des Führerbegleitkommandos, Ärzte, Presseleute, Stenografen und zwei der vier Sekretärinnen Hitlers die Reichskanzlei. Johanna Wolf – in besseren Tagen von ihm liebevoll »das Wolferl« genannt – und Christa Schroeder werden kurz vor 22.00 Uhr zum Chef in den Führerbunker gerufen. Müde, blass und abgespannt empfängt er die beiden in seinem kleinen Arbeitszimmer und erläutert ihnen:»Die Lage hat sich in den letzten vier Tagen so verändert, dass ich mich gezwungen sehe, meinen Stab aufzulockern. Da Sie die Älteren sind, machen Sie den Anfang. In einer Stunde geht ein Wagen in Richtung München. Zwei Koffer können Sie mitnehmen, das Weitere sagt Ihnen Reichsleiter Bormann.«[84] Christa Schroeder bittet Hitler, in Berlin bleiben zu dürfen. Da sie keine Angehörigen hat, möge er statt ihrer die jüngere Kollegin Traudl Junge fahren lassen, deren Mutter in München lebt. Doch davon will Hitler nichts wissen.»Nein, ich will später eine Widerstandsbewegung gründen, und dazu brauche ich euch beide. Ihr seid mir die Wertvollsten. Wenn es zum Äußersten kommt, werden die Jungen immer durchkommen, Frau Christian wird sich auf jeden Fall durchschlagen, und wenn wirklich eine der Jungen draufgeht, so ist das eben Schicksal!«[85]

Es ist Hitlers Angewohnheit, sich von seinen Sekretärinnen mit einem Handkuss zu verabschieden. Diesmal entlässt er sie mit einem Handschlag, will – so interpretiert es Christa Schroeder – damit zum Ausdruck bringen, dass er keinen Widerspruch gelten lässt und das Gespräch für ihn beendet ist. Immerhin sagt er noch tröstend: »Wir sehen uns bald wieder, ich komme in einigen Tagen nach!«[86]

Währenddessen ziehen neue Gäste in den Führerbunker ein. Für Joseph Goebbels ist der Zeitpunkt gekommen, erneut demonstrativ seine durch nichts zu erschütternde Treue zu Hitler unter Beweis zu stellen. An diesem Mittag hat der Propagandaminister bereits seiner Wut freien Lauf gelassen, als er von der »Flucht« des Leiters der Präsidialkanzlei, Hans-Otto Meißner, erfahren hat. Der hat Goebbels gegen Mittag telefonisch mitgeteilt, die Reichsregierung habe »zur Wahrung ihrer Handlungsfreiheit« ihren Sitz von Berlin in das Landratsamt einer mecklenburgischen Kreisstadt verlegt. Wütend hat Goebbels darauf entgegnet, dass die Reichsregierung nicht da sei, wo Meißner sich aufhalte, sondern dort, wo Hitler und er selbst seien. An Meißners »Freiheit« sei ihm nichts gelegen. Völlig die Beherrschung verlierend, hat er schließlich ins Telefon gebrüllt: »Zwölf Jahre fühlte ich das Bedürfnis, Ihnen ins Gesicht zu spucken. Zwölf Jahre habe ich dieses Bedürfnis unterdrückt. Das bedaure ich heute.«[87]

Goebbels' Adjutant Günther Schwägermann begleitet seinen Minister notgedrungen in die Katakombe. Während der Propagandaminister in eine der kleinen Betonkammern gegenüber von Hitlers Wohnräumen zieht, bleibt für Schwägermann nur ein Schlafplatz in der Telefonzentrale des Führerbunkers.

Berlin-Mitte, Führerbunker, 23.00 Uhr

Am späten Abend versammeln sich Hitlers engste Mitarbeiter in seinem kleinen Wohnraum zu einem Geburtstagsumtrunk. Zusammengepfercht sitzen sie zu acht auf elf Quadratmetern. Wenn jemand durch das Zimmer gehen will, müssen Sessel oder Hocker beiseite geräumt werden.

Am besten versteht es wie immer Gerda Christian, eine der beiden jüngeren Sekretärinnen Hitlers und seine bevorzugte Gesellschafterin, den Chef auf andere Gedanken zu bringen. Doch es bleibt eine trostlose Veranstaltung. Eva Braun trägt ein neues Kleid aus blau-silbernem Brokat, das sie als Festkleid für diesen Geburtstag ausgesucht hatte. Hitlers Lebensgefährtin liebt es, sich schön zu machen, hat ein Faible für schöne Kleider, Schmuck und elegante Abendgarderobe. Der Diktator bemerkt ihre Bemühungen nicht einmal. Die meiste Zeit starrt er schweigend vor sich hin. Schließlich wird auch in dieser Runde die allen auf den Nägeln brennende Frage gestellt, ob Hitler Berlin nicht verlassen wolle. »Nein, das kann ich nicht«, antwortet er. »Ich käme mir vor wie ein Lamapriester, der eine leere Gebetsmühle betätigt. Ich muss hier in Berlin die Entscheidung herbeiführen – oder untergehen!«[88] Diese Antwort ist ein Schock für seine Mitarbeiter. Bislang haben sie sich an die Hoffnung geklammert, bald mit Hitler nach Süddeutschland aufbrechen zu können. Dass er in seinem Bunker ausharren will und dass er überhaupt in Erwägung zieht, dass der Krieg verloren gehen könnte, hören sie von ihm zum ersten Mal. Die übrigen Anwesenden wollen nicht »untergehen«, sie wollen leben. Der Sekt, den sie auf Hitlers Wohl trinken, schmeckt plötzlich fade. Kurz darauf erhebt sich der Diktator und geht in Begleitung von Eva Braun in sein angrenzendes Schlafzimmer. Die Geburtstagsgesellschaft löst sich auf.

Berlin-Mitte, Reichskanzlei, vor Mitternacht

Hitlers Sekretärin Christa Schroeder ist in ihrem Schlafraum im Bunker unter der Reichskanzlei und packt ihre Sachen für die Abreise. Es ist geplant, dass sie und ihre Kollegin Johanna Wolf mit dem Auto durch Tschechien nach Bayern gefahren werden sollen. Plötzlich klingelt das Telefon. Hitler ist am Apparat und sagt mit kraftloser Stimme: »Kinder, das Loch ist bereits geschlossen. Ihr kommt dort mit dem Wagen nicht mehr durch und müsst nun morgen früh fliegen!«[89]

Hamburg, Volksschule Bullenhuser Damm

Im Keller der Volksschule Bullenhuser Damm, einem Außenlager des Konzentrationslagers Neuengamme, ermorden SS-Männer in der Nacht vom 20. auf den 21. April zwanzig jüdische Kinder und ihre Betreuer. Die zehn Jungen und zehn Mädchen, zwischen fünf und zwölf Jahre alt, sind aus ganz Europa verschleppt worden. Seit November 1944 wurden an ihnen im Lager Neuengamme medizinische Versuche durchgeführt; an diesem Abend bringt man sie in das von Häftlingen geräumte Außenlager, betäubt sie und hängt sie anschließend an Haken auf »wie Bilder an der Wand«.[90]

+++ Marschall Georgi Shukow ruft seine Truppen zum Sturm auf Berlin auf +++ Die sowjetische Artillerie beschießt das Zentrum der Reichshauptstadt +++ Hitler weigert sich erneut, nach Süddeutschland zu fliehen +++ Der Exodus seiner Mitarbeiter setzt sich fort +++ Angriffsbefehl für SS-Obergruppenführer Steiner +++

SAMSTAG, 21. APRIL

Berlin-Mitte, Reichskanzlei, nach Mitternacht
Nach Mitternacht ruft Hitler ein zweites Mal bei seiner Sekretärin Christa Schroeder an: »Kinder«, sagt er, »ihr müsst euch fertig machen, beeilt euch, die Maschine startet sofort nach der Entwarnung.«[1] Seine Stimme klingt matt und bricht mitten im Gespräch ab. Christa Schroeder fragt noch etwas, aber Hitler, der den Hörer nicht aufgelegt hat, gibt keine Antwort mehr. Es sind die einzigen Telefonate, die seine Sekretärin in den zwölf Jahren, in denen sie für Hitler gearbeitet hat, mit ihrem Arbeitgeber führt.

Nachdem Eva Braun Hitler in sein Zimmer begleitet hat, kehrt sie zu den anderen Teilnehmern von Hitlers privater Geburtstagsfeier zurück. Hitlers Geliebte ist 33 Jahre alt, hat ein ovales, hübsches Gesicht und schönes, blondes Haar. Die mittelgroße, schlanke Münchnerin entspricht dem Weiblichkeitsideal des Dritten Reiches. Sie ist immer dezent, aber geschmackvoll und gut gekleidet. Ihr Schmuck ist wertvoll, aber nicht protzig. In ihrer Art, sich zu geben, wirkt sie auf einige der Bunkerbewohner allerdings »etwas affektiert und theatralisch«.[2] Als sie Anfang März aus ihrer Heimatstadt nach Berlin zu Hitler gekommen ist, sind einige Möbel aus ihrer kleinen Wohnung in der Reichskanzlei in den Bunker gebracht worden. Seither übernachtet Eva Braun in einem Raum in Hitlers Bunkerwohnung. »Ich hatte Sorge, dass die Russen Berlin einschließen«, vertraut sie in diesen Tagen Artur Axmann an. »Ich bin gekommen, weil ich in diesen Stunden beim Führer sein will, und ich werde auch mit ihm sterben.« Sie sagt es ohne Pathos und ohne jeden Unterton von Angst.[3]

Hitler ist der einzige Mann in ihrem Leben gewesen. Sie hat ihn 1929 als Siebzehnjährige kennen gelernt und ist seit Anfang der dreißiger Jahre seine Geliebte. Viel Glück hat ihr die Beziehung nicht gebracht. Während seiner Reisen durch Deutschland und langen Aufenthalte in Berlin hat er seiner Münchner Freundin allenfalls kurze, nichtssagende Briefe überbringen lassen. Tagelang hat sie auf Anrufe gewartet, die nie gekommen sind. Am 1. November 1932 schoss sie sich aus Verzweiflung mit der Pistole ihres Vaters in den Hals. Trotz allem ist sie jetzt zu ihm nach Berlin gekommen.

In dieser Nacht will Eva Braun noch ein Mal feiern, tanzen, trinken und vergessen. Und es gelingt ihr, die anderen Bunkerbewohner mit ihrer Lebensgier anzustecken. Sie will noch einmal heraus aus dem Bunker, dessen schwere Decke und kalt-feuchte Wände aufs Gemüt drücken. Wen sie trifft, wer ihr über den Weg läuft, den nimmt sie mit hinauf in ihr altes Wohnzimmer in der ersten Etage der Alten Reichskanzlei. Der große runde Tisch wird noch einmal festlich gedeckt, damit sich alle, die noch in Berlin sind und zu Hitlers Kreis gehören, dort versammeln. Sogar der immer arbeitende Martin Bormann verlässt seinen Schreibtisch. Hitlers Leibarzt, der dicke Theo Morell, kommt trotz des ständigen Dröhnens des Artilleriefeuers aus seinem sicheren Bunkerraum. Irgendwoher bringt jemand ein altes Grammophon mit einer einzigen Schallplatte: »Blutrote Rosen erzählen Dir vom Glück ...« Eva Braun will tanzen! Ganz gleich, mit wem. Und sie reißt die anderen Bewohner der Katakombe mit. Es wird Champagner getrunken und schrill gelacht. Eine Explosion in der Nähe lässt die Gesellschaft für einen Moment verstummen, doch gleich geht es weiter, das letzte, wilde Fest in der Reichskanzlei.[4]

Berlin-Tempelhof, ein Luftschutzbunker, 2.00 Uhr

Marta Hillers hat Angst, Todesangst. Wieder fallen Bomben. Wieder schwanken die Mauern des Luftschutzbunkers, in dem sie jede Nacht Schutz vor den englischen und amerikanischen Luftangriffen sucht. Ihre Finger zittern, und sie ist nass geschwitzt. Die Todesangst äußert sich immer gleich: Schweiß ums Haar, Bohren im Rückenmark, Stechen im Hals. Ihr Gaumen trocknet aus, und ihr Herz schlägt wie verrückt.

Als die erste Angriffswelle vorbei ist, bricht im Keller wie auf Kommando ein fiebriges Schwatzen los. Alle lachen, überschreien einander, reißen Witze. Jemand liest aus einer Zeitung die Goebbelsrede zu Hitlers Geburtstag vor, mit neuem, spöttischem und bösem Unterton: »Goldenes Korn auf den Feldern ... Menschen, die in Frieden leben ...«[5]

Berlin-Mitte, Reichskanzlei, 2.00 Uhr

Am 21. April lichten sich die Reihen in der Reichskanzlei zusehends. Sämtliche zur Verfügung stehenden Flugzeuge aus der Führerstaffel werden für den Abtransport der Mitarbeiter eingesetzt. Sie starten gegen 2.00 Uhr, um noch vor Tagesanbruch die Flughäfen München und Salzburg zu erreichen. Trotz Schneeregens, des schweren Artilleriefeuers und der feindlichen Flakbatterien gewinnen die überladenen Maschinen an Höhe und entkommen in Richtung Süden über die russische Front. Unter den Fluggästen sind Hausangestellte und Stenografen, Staatsdiener und Parteibonzen. Hitlers Sekretärinnen Christa Schroeder und Johanna Wolf werden vom Berliner Flughafen Staaken aus mit einer Transportmaschine ausgeflogen. Angsterfüllt und stumm hocken sie zwischen fremden Soldaten auf grün gestrichenen Munitionskisten. Obwohl sie sich Watte in die Ohren gestopft haben, zucken sie bei jedem Geräusch, das wie ein Beschuss klingt, zusammen. Ihr Magen verkrampft sich bei jedem vermeintlichen Absacken der Maschine. Niemand spricht ein Wort. Als sie im Morgengrauen auf dem Salzburger Flughafen landen, fühlen sie sich wie gelähmt.[6]

Reitweiner Sporn, Gefechtsstand von Georgi Shukow, morgens

Die Vorhut der von Marschall Shukow befehligten Truppen überschreitet an diesem Morgen von Osten her den Berliner Autobahnring und wird bis zum Abend, alle Widerstände überwindend, den östlichen Vorort Niederschönhausen erreichen. Zugleich dirigiert Shukow Teile seiner Truppen in einer Zangenbewegung an der nördlichen und südlichen Stadtgrenze entlang in Richtung Westen. Der Befehlshaber der 1. Weißrussischen Front ruft seine Offiziere und Soldaten zur letzten Schlacht auf:»Die Entscheidungsstunde des Kampfes ist angebrochen. Vor euch liegt Berlin, die Hauptstadt des faschistischen deutschen Staates, und hinter Berlin die Begegnung mit den Truppen unserer Verbündeten und der endgültige Sieg über den Gegner. Die zum Untergang verurteilten Reste deutscher Truppen leisten noch weiter Widerstand. Das deutsche Oberkommando kratzt die letzten Volkssturmreserven zusammen; es schont weder Greise noch fünfzehnjährige Kinder und versucht, unseren Angriff aufzuhalten, um die eigene Todesstunde hinauszuschieben.

Genossen Offiziere, Sergeanten und Rotarmisten! Eure Truppenteile haben sich mit unvergänglichem Ruhm bedeckt. Für euch gab es kein Hindernis, weder vor den Mauern Stalingrads noch in den Steppen der Ukraine, noch in den Wäldern und Sümpfen Belorusslands. Euch haben auch nicht die starken Befestigungen aufgehalten, die ihr soeben an den Zugängen nach Berlin überwunden habt. Vor euch, sowjetische Helden, liegt Berlin. Ihr müsst Berlin nehmen, so schnell wie möglich, damit der Gegner nicht zur Besinnung kommt. Fallen wir über ihn mit der ganzen Kraft unserer Kampftechnik her, mobilisieren wir unseren ganzen Siegeswillen und Verstand. Machen wir unserer Soldatenehre, der Ehre unseres Kampfbanners keine Schande.

Vorwärts zum Sturm auf Berlin – zum vollen und endgültigen Sieg, Kampfgenossen! Zerschlagen wir durch Wagemut und Kühnheit, durch gemeinsames Zusammengehen aller Waffengattungen, durch gute gegenseitige Unterstützung alle Hindernisse und stürmen wir voran, nur voran, zum Stadtzentrum, zum südlichen und westlichen Stadtrand – den von Westen anrückenden Truppen der Alliierten entgegen. Vorwärts zum Sieg!«[7]

Zugleich lässt die Rote Armee Flugblätter drucken und über den deutschen Linien abwerfen, in denen die deutschen Landser zur Kapitulation aufgefordert werden: »Deutsche Soldaten! Ihr habt nur eins zu befürchten: Die Durchführung der Befehle des Hitlerkommandos, denn das bedeutet euren sicheren Tod. Es gibt einen Ausweg – die Gefangenschaft. Aber ihr fürchtet euch. Viele glauben noch den Goebbelsschwindel, in der Gefangenschaft erwartet euch Tod oder Verbannung nach Sibirien. Das ist eine Lüge! In der russischen Gefangenschaft sind euch in Übereinstimmung mit den Internationalen Bestimmungen normale Lebensbedingungen garantiert.«[8]

Berlin-Mitte, morgens

Die Berliner hören in der Nacht deutlich den Geschützdonner von der Front, die jetzt in den Randbezirken ihrer Stadt verläuft, und sehen Mündungsfeuer gegen den Himmel flammen. Am Morgen sausen die ersten russischen Granaten ins Stadtinnere. Zunächst hört man ein Heulen, ein neues Geräusch für die Zivilbevölkerung. Fliegerbomben und das Feuer der Abwehrgeschütze erzeugen einen völlig andersartigen Lärm. Dann explodieren die schweren Granaten mit dumpfem Getöse. Die sowjetischen Geschützbesatzungen haben sie von Hand mit Aufschriften versehen: »Für die Ratte Goebbels«, »Für Stalingrad«, »Für Görings Bauch« und »Für die Witwen und Waisen«. Politoffiziere treiben die Kanoniere zu höchstem Tempo an. Von diesem Morgen

DB BAHN

REISEPLAN

VON: Berlin Zoolog. Garten   **NACH:** Stommeln

DATUM: Di 29.04.08   **Dauer:** 5:04

BAHNHOF/HALTESTELLE	UHR	GLEIS	ZUG	BEMERKUNG
Berlin Zoolog. Garten	ab 15:37	5	S 75	a)
Berlin-Spandau	an 15:57	4		
Berlin-Spandau	ab 16:02	4 D C	ICE 856	b)
Köln Hbf	an 20:09	6		a) nur 2. Klasse
Köln Hbf	ab 20:25	9 B-D	RE 11330	b) Bordrestaurant
Stommeln	an 20:41	1		

BITTE BEACHTEN SIE MÖGLICHE GLEISÄNDERUNGEN VOR ORT!

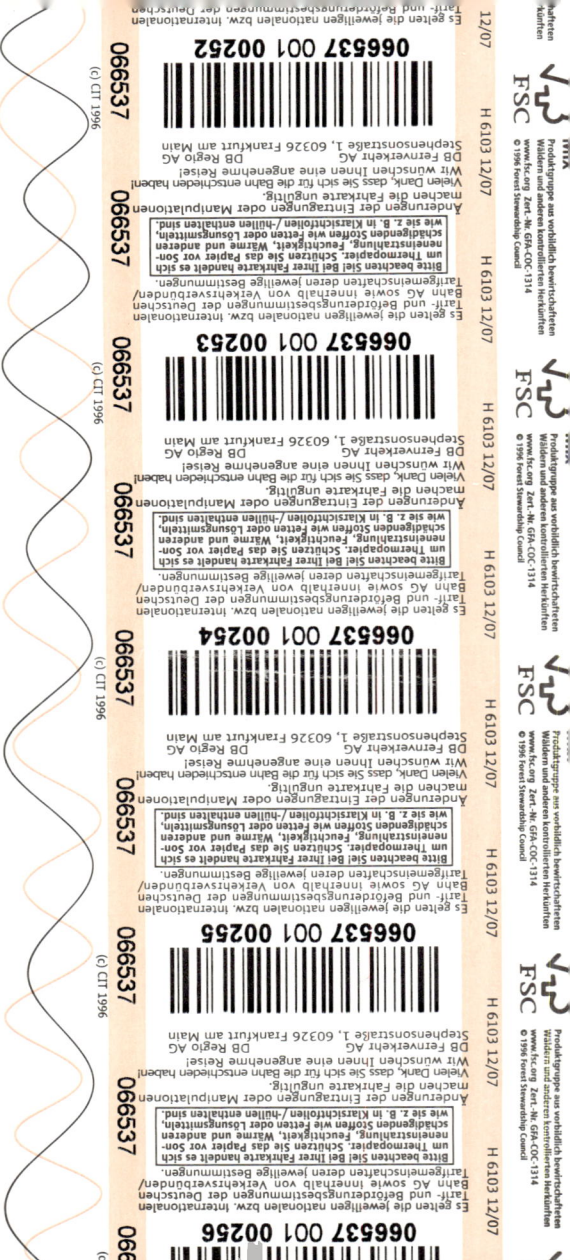

Die Bahn [DB] REISEPLAN

VON: Stommeln   NACH: Berlin Hbf   DATUM: Mo 02.06.08   Dauer: 4:53

BAHNHOF/HALTESTELLE	UHR		GLEIS	ZUG	BEMERKUNG
Stommeln	ab	14:15	2	RE 11321	
Köln Hbf	an	14:35	4		
Köln Hbf	ab	14:49	2	ICE 651	a)
Berlin Hbf	an	19:08	12 D - G		a) Bordrestaurant

BITTE BEACHTEN SIE MÖGLICHE
GLEISÄNDERUNGEN VOR ORT!

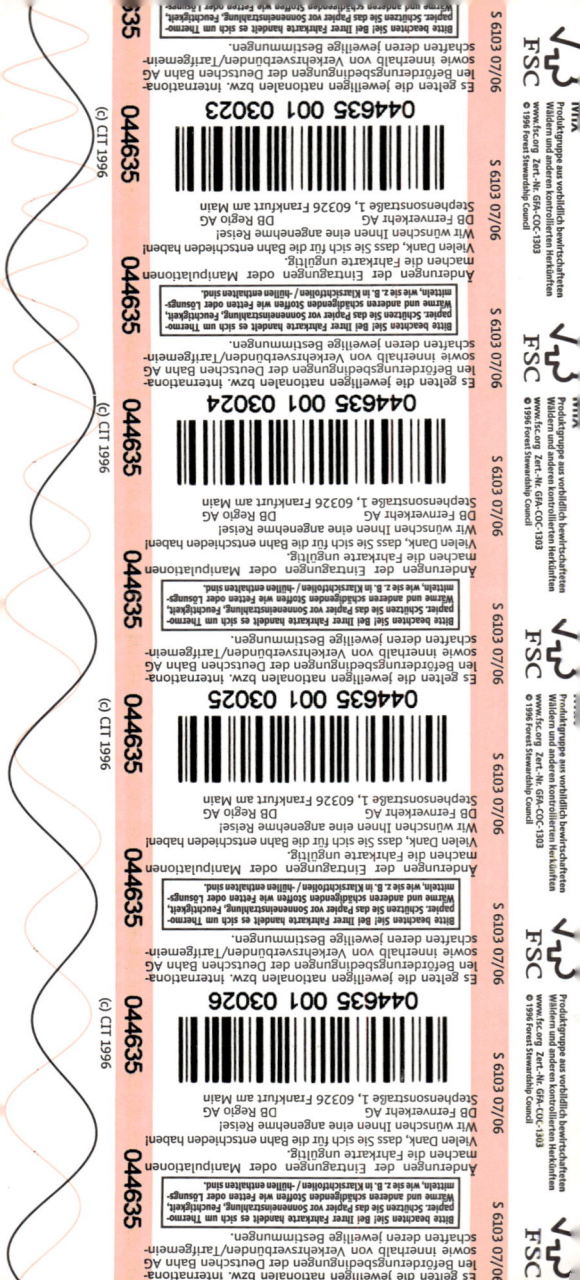

S 6103 07/06

Es gelten die jeweiligen nationalen bzw. internationalen Beförderungsbedingungen der Deutschen Bahn AG
sowie innerhalb von Verkehrsverbünden/Tarifgemein-
schaften deren jeweilige Bestimmungen.

**Bitte beachten Sie! Bei Ihrer Fahrkarte handelt es sich um Thermo-
papier. Schützen Sie das Papier vor Sonneneinstrahlung, Feuchtigkeit,
Wärme und anderen schädigenden Stoffen wie Fetten oder Lösungs-
mitteln, wie sie z. B. in Klarsichthüllen-/-hüllen enthalten sind.**

Änderungen der Eintragungen oder Manipulationen
machen die Fahrkarte ungültig.
Vielen Dank, dass Sie sich für die Bahn entschieden haben!
Wir wünschen Ihnen eine angenehme Reise!
DB Fernverkehr AG   DB Regio AG
Stephensonstraße 1, 60326 Frankfurt am Main

044635 001 03023

044635   (c) CIT 1996   835

S 6103 07/06

Es gelten die jeweiligen nationalen bzw. internationalen Beförderungsbedingungen der Deutschen Bahn AG
sowie innerhalb von Verkehrsverbünden/Tarifgemein-
schaften deren jeweilige Bestimmungen.

**Bitte beachten Sie! Bei Ihrer Fahrkarte handelt es sich um Thermo-
papier. Schützen Sie das Papier vor Sonneneinstrahlung, Feuchtigkeit,
Wärme und anderen schädigenden Stoffen wie Fetten oder Lösungs-
mitteln, wie sie z. B. in Klarsichthüllen-/-hüllen enthalten sind.**

Änderungen der Eintragungen oder Manipulationen
machen die Fahrkarte ungültig.
Vielen Dank, dass Sie sich für die Bahn entschieden haben!
Wir wünschen Ihnen eine angenehme Reise!
DB Fernverkehr AG   DB Regio AG
Stephensonstraße 1, 60326 Frankfurt am Main

044635 001 03024

044635   (c) CIT 1996

S 6103 07/06

Es gelten die jeweiligen nationalen bzw. internationalen Beförderungsbedingungen der Deutschen Bahn AG
sowie innerhalb von Verkehrsverbünden/Tarifgemein-
schaften deren jeweilige Bestimmungen.

**Bitte beachten Sie! Bei Ihrer Fahrkarte handelt es sich um Thermo-
papier. Schützen Sie das Papier vor Sonneneinstrahlung, Feuchtigkeit,
Wärme und anderen schädigenden Stoffen wie Fetten oder Lösungs-
mitteln, wie sie z. B. in Klarsichthüllen-/-hüllen enthalten sind.**

Änderungen der Eintragungen oder Manipulationen
machen die Fahrkarte ungültig.
Vielen Dank, dass Sie sich für die Bahn entschieden haben!
Wir wünschen Ihnen eine angenehme Reise!
DB Fernverkehr AG   DB Regio AG
Stephensonstraße 1, 60326 Frankfurt am Main

044635 001 03025

044635   (c) CIT 1996

S 6103 07/06

Es gelten die jeweiligen nationalen bzw. internationalen Beförderungsbedingungen der Deutschen Bahn AG
sowie innerhalb von Verkehrsverbünden/Tarifgemein-
schaften deren jeweilige Bestimmungen.

**Bitte beachten Sie! Bei Ihrer Fahrkarte handelt es sich um Thermo-
papier. Schützen Sie das Papier vor Sonneneinstrahlung, Feuchtigkeit,
Wärme und anderen schädigenden Stoffen wie Fetten oder Lösungs-
mitteln, wie sie z. B. in Klarsichthüllen-/-hüllen enthalten sind.**

Änderungen der Eintragungen oder Manipulationen
machen die Fahrkarte ungültig.
Vielen Dank, dass Sie sich für die Bahn entschieden haben!
Wir wünschen Ihnen eine angenehme Reise!
DB Fernverkehr AG   DB Regio AG
Stephensonstraße 1, 60326 Frankfurt am Main

044635 001 03026

044635   (c) CIT 1996

S 6103 07/06

Es gelten die jeweiligen nationalen bzw. internationalen Beförderungsbedingungen der Deutschen Bahn AG
sowie innerhalb von Verkehrsverbünden/Tarifgemein-
schaften deren jeweilige Bestimmungen.

**Bitte beachten Sie! Bei Ihrer Fahrkarte handelt es sich um Thermo-
papier. Schützen Sie das Papier vor Sonneneinstrahlung, Feuchtigkeit,
Wärme und anderen schädigenden Stoffen wie Fetten oder Lösungs-
mitteln, wie sie z. B. in Klarsichthüllen-/-hüllen enthalten sind.**

044635

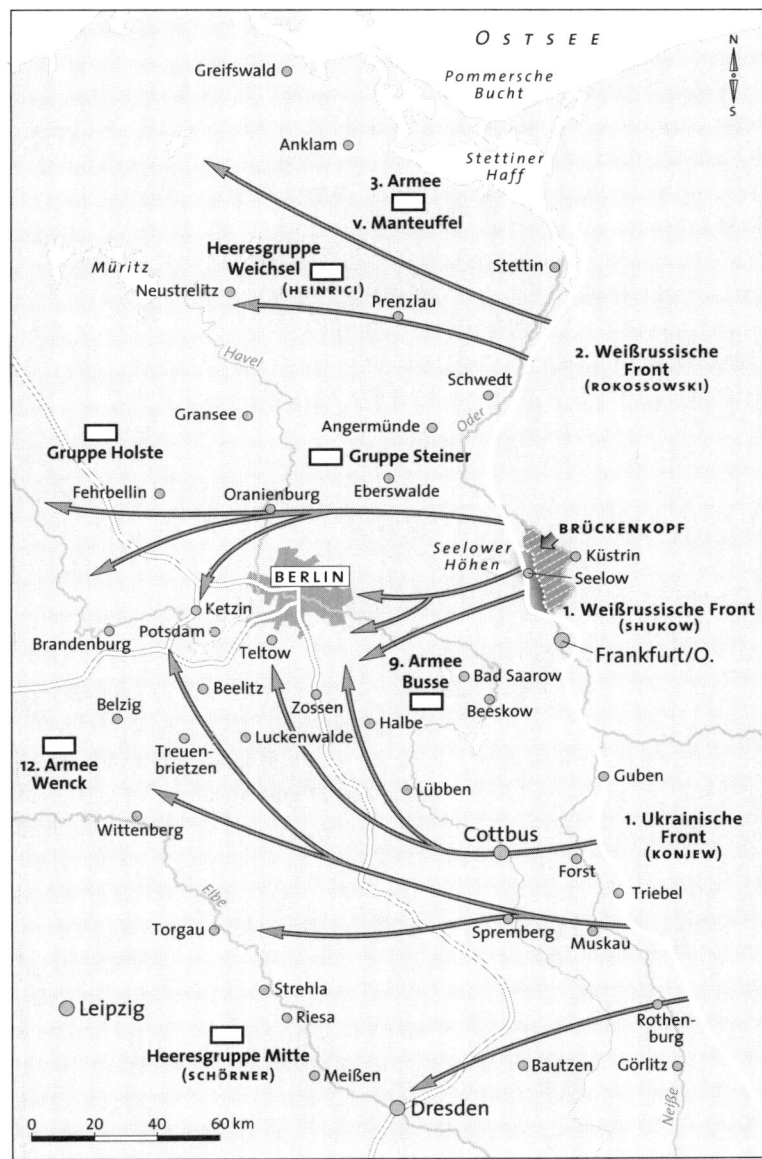

Die Schlacht um Berlin

bis zum 2. Mai werden 1,8 Millionen Geschosse auf die Stadt nieder-regnen.⁹

Dabei ist das Zentrum der Reichshauptstadt schon jetzt schwer zer-stört. Der Wilhelmplatz gleicht einer Kraterlandschaft. Das berühmte Hotel Kaiserhof ist ausgebrannt und die Alte Reichskanzlei durch Bom-ben und Granaten schwer beschädigt. Schon bilden sich überall neue Krater. Splitter surren umher, Fensterscheiben zerspringen. Die Luft ist voller Staub und Rauch. Die öffentliche Wasserversorgung funktioniert nicht mehr regelmäßig, so dass die Berliner gezwungen sind, ihren Trinkwasserbedarf an öffentlichen Pumpen zu decken – eine lebensge-fährliche Aktion angesichts der Granateneinschläge ringsum. Jeden Tag werden zahlreiche Frauen, die an den Pumpen oder in Schlangen um Lebensmittel anstehen, getötet.

Zugleich strömen Scharen von Flüchtlingen aus dem Osten vor der herannahenden Roten Armee in die Stadt. Lange Kolonnen wandern durch die Straßen. Sie führen Hausrat, Pferde und Kühe mit. Ein depri-mierender Anblick. Wo sollen sie unterkommen? Wovon sollen sie sich ernähren, woher das Futter für die Tiere nehmen?¹⁰

Berlin-Mitte, Führerbunker, 9.30 Uhr
Angesichts der neuen Situation weckt Heinz Linge seinen Dienstherrn an diesem Morgen schon um halb zehn. Zehn Minuten später hastet Hitler in den Lagevorraum. Das ist der größte Raum im Führerbunker, 3,60 Meter breit und 8 Meter lang, und er ist aufwändig mit Möbeln und Bildern aus Hitlers Wohnung im Obergeschoss der Reichskanzlei ausgestattet. Auf dem Boden dämpft ein roter Läufer die Schritte, an der einen Längswand hängen acht Ölgemälde alter Meister, Land-schaftsbilder und eine Madonna mit Kind. Darunter sind zwölf schwere, wertvolle Sessel aufgereiht. Auf der gegenüberliegenden Seite, wo sich die Türen zu Hitlers Wohnräumen und zum Lageraum befinden, steht eine Polsterbank, davor ein rechteckiger Tisch mit zwei Polsterstühlen. In diesem Raum versammeln sich die Generäle des Heeres, der Luft-waffe, Admirale und SS-Führer vor Beginn der täglichen Lagebespre-chung. Hier warten Hitlers Besucher, bis sie in sein Arbeitszimmer gebeten werden.¹¹ Völlig übermüdet, schläft mancher in einem der Ses-sel ein.

Wie immer trägt Hitler eine schwarze Hose, einen feldgrauen, weit geschnittenen zweireihigen Uniformrock, ein weißes Hemd und eine schwarze Krawatte. Seine Mitarbeiter sehen ihn nie anders. Der Rock ist, abgesehen von den silbernen Knöpfen, schmucklos, ohne Rangabzeichen. Allerdings prangen auf der linken Brustseite das goldene Parteiabzeichen der NSDAP, dazu das Eiserne Kreuz und das schwarze Verwundetenabzeichen aus dem Ersten Weltkrieg.[12] Seinem Diener Linge fällt auf, dass Hitler an diesem Morgen nicht rasiert ist. Gewöhnlich tut er das selbst. Sein allgemeines Misstrauen ist zu groß, als dass er jemanden mit einer Klinge in die Nähe seines Halses ließe.

»Was ist los? Woher kommt diese Schießerei?«, fragt Hitler, als er in den Raum stürmt. Hitlers Wehrmachtsadjutant, General Burgdorf, erstattet Bericht: Das Zentrum Berlins werde von einer Batterie schwerer russischer Artillerie beschossen, dem Anschein nach aus einer Stellung nordöstlich von Zossen. Hitler wird bleich: »Sind die Russen schon so nah?«[13]

Er greift zum Telefon und ruft Generalstabschef Koller in dessen Hauptquartier in Wildpark-Werder bei Potsdam an. Hitler: »Wissen Sie, dass Berlin unter Artilleriefeuer liegt? Das Stadtzentrum.« Koller: »Nein.« Hitler: »Hören Sie das nicht?« Koller: »Nein! Ich bin in Wildpark-Werder.« Hitler: »Starke Aufregung in der Stadt über Artillerie-Fernfeuer. Es soll eine Eisenbahnbatterie schweren Kalibers sein. Die Russen sollen eine Eisenbahnbrücke über die Oder haben. Die Luftwaffe hat die Batterie sofort auszumachen und zu bekämpfen.« Koller: »Der Feind hat keine Eisenbahnbrücke über die Oder. Vielleicht hat er eine schwere deutsche Batterie nehmen und herumschwenken können. Wahrscheinlich handelt es sich um mittlere Kanonen des russischen Feldheeres, mit denen der Feind bereits in die Stadtmitte reichen muss.«

Hitler und Koller debattieren erregt, ob die Rote Armee eine Eisenbahnbrücke über die Oder erobert hat oder nicht und ob die Artillerie des russischen Feldheeres bis ins Zentrum von Berlin schießen kann. Hitler beharrt darauf, die sowjetische Batterie sofort durch die Luftwaffe zu orten und zu bekämpfen. Er gibt Koller zehn Minuten, um herauszufinden, wo besagte Batterie steht.

Koller löst die ihm gestellte Aufgabe mit einem Anruf im großen Bunker am Zoo, auf dem ein Gefechtsstand mit Flugabwehrkanonen steht. Der hohe Flakturm ist ein ausgezeichneter Beobachtungsposten. Tatsächlich weiß die Besatzung dort Bescheid. Gefeuert wird aus einer russischen Batterie von Marzahn am Ostrand von Berlin aus, zwölf Kilometer vom Stadtkern entfernt.[14]

Berlin-Mitte, Führerbunker, vormittags

Im Lauf des Vormittags bedankt sich Hitler per Telegramm für die Geburtstagsglückwünsche Benito Mussolinis vom Vortag. Von Stalins Armeen nahezu eingeschlossen, verborgen in einem Bunker ohne Tageslicht, den er nicht mehr lebend verlassen wird, gibt er noch einmal den »Führer« bei der Erfüllung einer historischen Aufgabe: »Meinen Dank Ihnen, Duce, für Ihre Glückwünsche zu meinem Geburtstag. Der Kampf, den wir um unsere nackte Existenz führen, hat seinen Höhepunkt erreicht. Mit unbeschränktem Materialeinsatz setzen der Bolschewismus und die Truppen des Judentums alles daran, ihre zerstörerischen Kräfte in Deutschland zu vereinen und so unseren Kontinent in ein Chaos zu stürzen. Im Geiste zäher Todesverachtung werden das deutsche Volk und alle, die gleichen Geistes sind, diesen Ansturm zum Halten bringen, wie schwer der Kampf auch sein mag, und durch ihren einzigartigen Heldenmut den Verlauf des Krieges ändern. In diesem historischen Augenblick, in dem das Schicksal Europas auf Jahrhunderte hinaus entschieden wird, sende ich Ihnen meine herzlichsten Grüße[.]«[15]

In weiteren erregten Telefonaten mit Hitler wird Koller deutlich, wie angespannt und verzweifelt dieser tatsächlich ist. Zunächst will er genaue Zahlen über den laufenden Einsatz der Luftwaffe südlich von Berlin. Koller versucht zu erklären, dass er zur Beantwortung dieser Frage etwas Zeit benötigt, weil die Nachrichtenverbindungen zu den Armeen an der Front nicht mehr einwandfrei funktionieren. Als er Hitler bedeutet, er müsse sich mit routinemäßig eingehenden Morgen- und Abendmeldungen begnügen, bekommt der Diktator einen seiner berüchtigten Wutanfälle.[16] Je näher das Ende rückt, desto heftiger und zahlreicher werden seine Zornesausbrüche. Hitler wird dann zum Tobenden, schlägt mit geballten Fäusten auf seinen Schreibtisch oder gegen die Wände. Seine Gesichtszüge verzerren sich vor Hass und Erregung, und mit sich überschlagender Stimme brüllt er die vermeintlich Schuldigen an und beschimpft sie ohne Ansehen der Person. Diese oft minutenlangen Tiraden enden gewöhnlich mit den Sätzen: »Verschwinden Sie für immer aus meinen Augen und betrachten Sie sich als entlassen. Sie können von Glück sagen, wenn ich Sie nicht erschießen lasse.«[17]

Dann beanstandet Hitler, dass die Turbinenflugzeuge, die bei Prag liegen, am Vortag nicht gestartet sind. Koller erklärt, das sei nicht zu verantworten gewesen; feindliche Jäger hätten die Flugplätze so stark bedroht, dass die eigenen Flugzeuge wahrscheinlich schon beim Start am Boden zerstört worden wären. Hitler tobt:»Dann braucht man auch die Strahler nicht mehr, die Luftwaffe ist überflüssig.«Koller hält dagegen:»Bei der ständigen Verengung und Veränderung des Raumes, die Luftwaffe zusammengedrängt in dem kleinen deutschen Verteidigungskessel, geschieht, was möglich ist. Aber irgendwelche durchschlagenden Erfolge gibt es nicht mehr, und die Luftwaffe liegt in wenigen Tagen völlig tot.«Daraufhin verliert Hitler völlig die Beherrschung und schreit ins Telefon:»Man müsste die ganze Luftwaffenführung sofort aufhängen!«[18]

Berlin-Mitte, Ministerium für Volksaufklärung und Propaganda, 11.00 Uhr

Joseph Goebbels hält die letzte seiner täglichen Elf-Uhr-Konferenzen im Propagandaministerium ab. Übernächtigt und frierend sitzen zwanzig bis dreißig Männer im schwer demolierten Filmsaal der Villa am Wilhelmplatz. Die zerborstenen Fenster sind mit Holz vernagelt. Elektrischen Strom gibt es nicht. Drei Kerzen brennen auf einer langen Tafel, zwei auf runden Tischchen, an denen noch prächtige, aber nicht mehr ganz heile Sessel stehen. Auch der Propagandaminister ist durch die jüngste Entwicklung offensichtlich aufs Höchste erregt. Er hat sich noch nicht gesetzt, da bricht schon eine Anklage gegen den»Verrat« der Offiziere aus ihm hervor. Verrat, den sie nach seiner Meinung schon seit Jahren begangen hätten: damals, als sie Hitler abrieten, im Jahr 1940 noch den Versuch einer Landung in England zu unternehmen; als sie in Russland»die Nerven verloren«; als sie vor und während des Krieges »nicht großzügig genug« rüsteten und planten; als sie der Invasion nicht Herr wurden und als sie»die Kräfte pflegten«, die am 20. Juli 1944[19] »sichtbar« geworden seien. Und dann kommen Gedanken zum Vorschein, die er bislang offenbar sorgsam zurückgehalten hat:»Was fange ich mit einem Volke an, dessen Männer nicht einmal mehr kämpfen, wenn ihre Frauen vergewaltigt werden!«Das deutsche Volk, so Goebbels zornig, habe versagt; im Osten laufe es davon, im Westen hindere es die Soldaten am Kampf und empfange den Feind mit weißen Fahnen. Das deutsche Volk habe das Schicksal verdient, das es jetzt erwarte.»Ja, das mag für manche Leute eine Überraschung sein. Auch für meine Mitarbeiter. Aber geben Sie sich keiner Illusion hin. Ich habe ja niemanden gezwungen, mein Mitarbeiter zu sein, so, wie wir auch das deutsche Volk nicht gezwungen haben. Es hat uns ja selbst beauftragt. Warum haben Sie mit mir gearbeitet? Jetzt wird Ihnen das Hälschen durchgeschnitten!« Auf dem Weg zur Tür dreht er sich noch einmal um und schreit:»Aber wenn wir abtreten, dann soll der Erdkreis erzittern!«[20]

Während Goebbels tobt, kehrt Major Lehnhoff, der Chef des Wachregiments des Ministeriums, von der Front zurück. Gestern hat der Minister ihn mit seinen Männern an die Front geworfen. Sein gesamtes Regiment ist bei dem Einsatz vernichtet worden.[21]

Berlin-Mitte, Führerbunker, mittags

Auch beim Personal im Führerhauptquartier wächst die Erregung. Jeder der Männer um Adolf Hitler, auch der einfachste Diener, weiß, dass es nun um das eigene Leben geht. Je näher die Rote Armee rückt, desto nervöser werden die Zurückgebliebenen. Keiner hat Lust, untätig im Bunker auf sein Ende zu warten. Warum wartet Hitler nur so lange mit dem Befehl, sein Hauptquartier nach Berchtesgaden zu verlegen? Er muss endlich die Entscheidung treffen, Berlin zu verlassen!

Außenminister Joachim von Ribbentrop ist der Nächste, der einen Versuch unternimmt, Hitler davon zu überzeugen. Zu diesem Zweck wendet er sich an Eva Braun. Wenn überhaupt jemand Hitler dazu bewegen kann, sich nach Süddeutschland abzusetzen, dann sie, meint Ribbentrop:»Sie sind die Einzige, die den Führer von hier wegbringen kann. Sagen Sie ihm, dass Sie Berlin mit ihm verlassen wollen. Sie können damit ganz Deutschland einen großen Dienst erweisen.« Aber Eva Braun hat sich bereits in ihr Schicksal ergeben:»Ich werde dem Führer kein Wort von Ihrem Vorschlag sagen. Er muss allein entscheiden. Wenn er es für richtig hält, in Berlin zu bleiben, dann bleibe ich bei ihm. Wenn er weggeht, gehe ich auch.«[22]

In der Lagebesprechung sind es Keitel, Jodl und Bormann, die den Diktator beschwören, von den bereitstehenden Flugzeugen Gebrauch zu machen und sich selbst sowie den Führungsstab auf dem Obersalzberg in Sicherheit zu bringen. Von dort aus könne ein letzter Kampf besser geführt werden als aus dem von den Russen umzingelten Berlin, argumentieren sie verzweifelt. Hitler lehnt erneut ab.

Als Theo Morell, Hitlers langjähriger Leibarzt, seinem Patienten die übliche tägliche Spritze verabreichen will, kommt es zum Eklat. Morell, ein gebürtiger Hesse, mittelgroß und sehr korpulent, ist 1936 Allgemeinarzt mit einer Praxis am Kurfürstendamm, als Hitler sein

Patient wird. Obwohl der misstrauische Reichskanzler eine Abneigung gegen neue Ärzte hat, gelingt es Morell, ein hartnäckiges Magen-Darm-leiden des NSDAP-Führers entscheidend zu bessern und außerdem ein Ekzem an Hitlers Beinen zu heilen. Hitler ernennt Morell daraufhin zu seinem Leibarzt. Sein Vertrauen in Morell ist seither – soweit der Diktator Menschen überhaupt vertraut – ungewöhnlich groß.

Wenn Hitler sich erschöpft fühlt oder depressiv wegen schlechter Nachrichten von den Fronten, ruft er Morell zu sich und verlangt eine stimulierende Spritze. Erkältungen und Ermüdungserscheinungen werden mit Hilfe von aufputschenden Injektionen im Keim erstickt. Der Führer des Deutschen Reiches kann es sich nicht leisten, krank oder schwach zu sein. Ebenso ist Morell zur Stelle, wenn Hitler unter großer Aufregung oder Schlaflosigkeit leidet. Im Laufe der Jahre erhält Hitler von Morell Tausende von Injektionen. In Hitlers Umfeld nennt man den Leibarzt darum heimlich den »Reichsspritzenmeister«. Die Abstände zwischen den Behandlungen werden immer kürzer; in den letzten Wochen im Bunker gehören die Injektionen zur täglichen Routine. Die Wirkung dieser Spritzen ist für Hitlers Mitarbeiter augenfällig. Der Chef gewinnt danach neue Energien, ist wieder aktiv, arbeitet und redet bis in die Nacht hinein. Offiziell setzt Morell bei Hitler »Vitamultin« ein, sein Wundermittel, das er in seinem eigenen pharmazeutischen Werk sowohl in Ampullen als auch in goldverpackten Tablettentäfelchen herstellen lässt.[23] Alle wissen zwar von den Spritzen, aber keiner weiß, was sie enthalten. Der Patient selbst verliert nie ein Wort darüber, und auch Morell schweigt sich aus. Natürlich hegen Hitlers Mitarbeiter so manche Vermutung, aber offen wird darüber nicht gesprochen – ebenso wenig wie über die Lupe, die Hitler in den letzten Jahren zum Lesen braucht, die »Führertype« oder die Tatsache, dass er nur noch selten eine normale Mahlzeit verträgt.[24]

Morell selbst hat vor vierzehn Tagen einen leichten Schlaganfall erlitten, der den linken Mundwinkel und das linke Augenlid sichtbar in Mitleidenschaft gezogen hat. Kaum hat Hitlers Leibarzt an diesem Tag die Spritze aufgezogen und will sie dem Patienten verabreichen, da hält Hitler ihn auf und verwahrt sich zornig gegen die Injektion. Der Diktator wittert Verrat. Ist Morell Mitwirkender in einem Entführungskomplott? Will sein Arzt ihn etwa mit Morphium betäuben, damit seine Generäle ihn gegen seinen Willen aus Berlin fortbringen können? »Halten Sie mich für einen Wahnsinnigen?«, schreit Hitler Morell an. Und ohne Umschweife entlässt er den Mann, der jahrelang für ihn unverzichtbar war: »Verhalten Sie sich so, als hätten Sie mich nie gesehen. Ziehen Sie Ihre Uniform aus, ziehen Sie Zivil an und werden Sie wieder der Arzt vom Kurfürstendamm!«[25]

Berlin-Mitte, Ministerium für Volksaufklärung und Propaganda, mittags

Nach der Konferenz ist Propagandaminister Goebbels in sein Arbeitszimmer im ersten Stock seines Ministeriums gegangen. Die Konferenzteilnehmer unterhalten sich wie jeden Tag noch eine Weile in der Halle. Es ist 12.15 Uhr, als eine Explosion die Wände des Gebäudes erzittern lässt. Nur hundert Meter entfernt ist eine sowjetische Granate eingeschlagen. Der Kampf ums nackte Leben hat auch Goebbels und seine engsten Mitarbeiter erreicht.

Der Minister selbst reagiert darauf, als besäße er keine Nerven, und schreitet zur Aufnahme der von ihm seit langem vorbereiteten »Ernstfallrede«. Sie soll direkt im Anschluss im Berliner Rundfunk gesendet werden. Mit ruhiger Stimme liest der Propagandaminister die Rede vom Manuskript ab. Er hat gerade erst begonnen, als eine weitere Granate niedergeht, diesmal im Garten unmittelbar vor dem Haus. Die Detonation ist so heftig, dass die Fenster mit den Rahmen ins Zimmer gedrückt werden. Glassplitter, Holz und Mörtel fliegen auf Goebbels' Schreibtisch. Pulverdampf steht im Raum. Alle Anwesenden zucken zusammen, mit Ausnahme von Goebbels. Der unterbricht seinen Vortrag auch nicht eine Sekunde. Ungerührt hebt er das Blatt des Manuskriptes, von dem er gerade abliest, und schüttelt den Kalkstaub ab.[26]

Zossen, Hauptquartier von OKH und Wehrmachtsführungsstab, mittags

Im Süden erreichen Panzereinheiten Marschall Konjews gegen Mittag Zossen, wo sich bis zum Vortag noch das Hauptquartier des Generalstabs des Heeres und des Wehrmachtsführungsstabes befunden haben.[27] Die deutsche Militärführung ist nicht mehr dazu gekommen, die gigantischen Fernmeldeanlagen im Bunker »Zeppelin« zu zerstören. Der gesamte Komplex fällt der Roten Armee kampflos und völlig intakt in die Hände. Von den vier zur Bewachung zurückgelassenen Soldaten ergeben sich drei sofort, der vierte ist vollkommen betrunken.[28]

Die deutschen Militärs

Generalfeld-
marschall
Wilhelm
Keitel, Chef
des Oberkom-
mandos der
Wehrmacht

Generaloberst
Alfred Jodl,
Chef des
Wehrmachts-
führungs-
stabes

General
Wilhelm
Burgdorf,
Hitlers
Wehrmachts-
adjutant

SS-Ober-
gruppenführer
Felix Steiner,
General der
Waffen-SS

Generaloberst
Gotthard
Heinrici,
Oberbefehls-
haber der
Heeresgruppe
Weichsel

SS-Brigade-
führer
Wilhelm
Mohnke,
Kampfkom-
mandant des
Regierungs-
viertels
(»Zitadelle«)

General
Helmuth
Weidling,
Kampfkom-
mandant für
die Verteidi-
gung Berlins

Generalfeld-
marschall
Robert Ritter
von Greim,
Oberbefehls-
haber der
Luftwaffe

General
Walther
Wenck,
Befehlshaber
der 12. Armee

Großadmiral
Karl Dönitz,
Oberbefehls-
haber der
Kriegsmarine

Berlin-Mitte, Führerbunker, nachmittags

Hitlers Stimmung hebt sich am Nachmittag deutlich, als ihn zwei seiner Generäle im Bunker besuchen, zu denen er größtes Vertrauen hat.
Zunächst empfängt er in einem Vieraugengespräch Generalfeldmarschall Ferdinand Schörner, der den Oberbefehl über die Heeresgruppe Mitte, den größten und stärksten Armeeverband an der Ostfront, innehat. Seine Armeen stehen von den Karpaten bis südlich von Cottbus. Schörner genießt auch deshalb Hitlers Wertschätzung, weil er seine Front bislang halten konnte. Es ist ihm sogar gelungen, durch einen Gegenangriff den Vormarsch von Konjews Armeegruppe auf Dresden zu verzögern. Das Gespräch und diese Nachricht wirken belebend auf den Diktator, er macht im Anschluss an die Begegnung einen erleichterten Eindruck. Wilhelm Keitel stellt irritiert fest, dass sich Hitler wie ein Ertrinkender an diesen Strohalm klammert, obwohl es sich nur um einen begrenzten Frontteil handelt, der noch erfolgreich Widerstand leistet.[29]

Hitlers Stimmung hellt sich noch weiter auf, als während der Lagebesprechung unerwartet General Wenck erscheint. Der Befehlshaber der neu gebildeten, bei Magdeburg liegenden 12. Armee will den Führer über den Zustand seiner Divisionen und seine Operationsabsichten informieren. Hitler persönlich hat Wenck als Befehlshaber dieser neu aufgestellten Armee ausgewählt. Sie soll den Vormarsch der Amerikaner, die von Westen her bis zur Elbe vorgerückt sind, stoppen. Der Vortrag seines Hoffnungsträgers – Wenck berichtet über angebliche Erfolge seiner Panzereinheiten gegen die Amerikaner im Harz – flößt Hitler sichtlich neuen Optimismus ein.[30]

Um den weiteren Vormarsch Marschall Shukows zu stoppen, der Teile seiner Truppen im Norden Berlins am Stadtrand entlang nach Westen marschieren lässt bei dem Versuch, die Stadt einzuschließen, befiehlt Hitler einen Gegenangriff. Beim Studium der Lagekarte ist sein Blick auf das III. »Germanische« SS-Korps, eine Einheit der Heeresgruppe Weichsel, gefallen. Das Korps liegt bei Eberswalde, 56 Kilometer nordöstlich von Berlin, und wird von SS-Obergruppenführer Steiner geführt. Felix Steiner hat im Februar in Pommern einen erfolgreichen Angriff auf die 1. Weißrussische Front unternommen. Jetzt soll er von Nordosten her die Umklammerung Berlins durch Shukows Truppen aufbrechen. In einem geradezu absurden Akt der Realitätsverleugnung befiehlt Hitler die Bildung einer Heeresgruppe Steiner, der alle noch verfügbaren militärischen Kräfte zugeführt werden sollen. Jeder Soldat, jeder Matrose und jeder Flieger, dessen man habhaft werden kann, soll unter Führung des SS-Generals in den Gegenangriff geworfen werden. Alle noch einsatzfähigen Flugzeuge sollen diesen Angriff unterstützen.

Hitlers Umfeld hört stumm zu, als der Diktator den Einsatz von Divisionen befiehlt, die nicht mehr existieren, und Flugzeuge anfordert, die mangels Treibstoff nicht mehr starten können. Im Führerbefehl an Steiner, der um 16.50 Uhr abgesetzt wird, heißt es: »Ein Ausweichen für alle Truppenteile nach Westen ist verboten. Offiziere, die sich dieser Anordnung nicht bedingungslos fügen, sind festzunehmen und augenblicklich zu erschießen. Sie selbst mache ich mit Ihrem Kopf für die Durchführung dieses Befehls verantwortlich. Von dem Erfolg Ihres Auftrages hängt das Schicksal der deutschen Reichshauptstadt ab.«[31] Steiner ist angesichts der Kräfteverhältnisse über diesen Angriffsbefehl fassungslos. Er setzt sich mit seinem unmittelbaren Vorgesetzten, Generaloberst Heinrici, dem Oberbefehlshaber der Heeresgruppe Weichsel, in Verbindung, um diesen davon zu überzeugen, dass er mit seinen schwachen Truppen unmöglich einen Gegenangriff auf Berlin wagen kann, zumal wesentliche Kräfte seines Korps bereits an der Oderfront im Einsatz sind. Gotthard Heinrici, der sich in Rückzugskämpfen in der Sowjetunion, Rumänien, Ungarn und Schlesien einen hervorragenden Ruf als Verteidigungsexperte erworben hat, ist ebenso empört wie Steiner. Allerdings quälen ihn noch ganz andere Sorgen. Der Generaloberst, der seine Verbände rechtzeitig vor Artillerie-Eröffnungsschlägen der Roten Armee zurücknimmt, um so Verluste zu vermeiden, muss fürchten, dass ein Teil seiner Heeresgruppe, die 9. Armee, völlig vernichtet wird. Diese Armee, die östlich von Berlin die Hauptlast der Verteidigung gegen den sowjetischen Angriff zu tragen hatte, läuft jetzt Gefahr, südöstlich von Berlin eingekesselt zu werden. Marschall Shukows Truppen haben nach ihrem Durchbruch vom 19. April die 9. Armee in den Raum nördlich des Spreewaldes abgedrängt, und nun kämpfen sich Shukows Einheiten südlich von Berlin in Richtung Westen vor. An diesem Abend werden sie Königs Wusterhausen erreichen; damit ist die Verbindung der 9. Armee unter ihrem Befehlshaber Theodor Busse nach Berlin abgeschnitten. Durch das gleichzeitige Vorrücken von Konjews Panzereinheiten entlang der Autobahn von Dresden nach Berlin sind Busses Truppen von der Roten Armee bereits jetzt nahezu eingeschlossen. Heinrici ersucht darum ein weiteres Mal energisch um Hitlers Zustimmung zum sofortigen Rückzug der 9. Armee von der Oderfront. Dabei droht er sogar, als Befehlshaber der Heeresgruppe Weichsel zurückzutreten, sollte Hitler sich weigern. Er wolle dann lieber als einfacher Volkssturmmann dienen, als weiter die Verantwortung für die Heeresgruppe zu tragen, lässt er Generalstabschef Krebs wissen. Doch Hitler lässt sich nicht erweichen.³²

Wildpark-Werder, Hauptquartier des OKL, abends

Gegen 21.00 Uhr erhält Karl Koller im Hauptquartier der Luftwaffe erneut einen Anruf von Hitler:»Der Reichsmarschall unterhält in Carinhall eine Privatarmee. Diese sofort auflösen und einsetzen. Er braucht keine Privatarmee.« Koller antwortet, in Carinhall habe sich keine Privatarmee, sondern lediglich die Division»Hermann Göring« aufgehalten. Jetzt seien die meisten Kräfte der Division bereits eingesetzt. Hitler bestreitet das und behauptet, er sei über die Anwesenheit starker Kräfte in Carinhall genau informiert. Koller prüft das nach mit dem Ergebnis, dass sich bis auf ein einziges Bataillon bereits alle Teile der Division im Kampf befinden. Als er Hitler dies mitteilt, befiehlt der Diktator:»Das Bataillon unverzüglich SS-Obergruppenführer Steiner unterstellen« und bricht das Gespräch ab.

Während Koller noch überlegt, was das nun wieder bedeuten soll – er hat keine Ahnung von dem geplanten Angriff –, ruft Hitler schon wieder an.»Jeder verfügbare Mann der Luftwaffe im Raum zwischen Berlin und der Küste bis nach Stettin und Hamburg ist zu dem von mir befohlenen Angriff im Nordosten von Berlin heranzuziehen.« Als Koller einwendet, dass er keine kampferfahrenen Truppen zur Verfügung stellen könne, und wissen will, wo der Angriff denn überhaupt stattfinden soll, bekommt er keine Antwort. Hitler hat bereits aufgelegt.³³

Gegen 22.30 Uhr gelingt es Koller, General Krebs, den Chef des Generalstabes des Heeres, im Führerbunker telefonisch zu erreichen. Er bittet um genauere Angaben über den geplanten Angriff. Plötzlich schaltet sich Hitler aufgeregt in die Leitung ein:»Haben Sie noch Zweifel an meinem Befehl? Ich glaube, ich habe mich klar genug ausgedrückt. Alle Kräfte der Luftwaffe im Nordraum, die für den Einsatz auf der Erde verfügbar gemacht werden können, müssen sofort Steiner zugeführt werden. Jeder Kommandeur, der Kräfte zurückhält, hat binnen 5 Stunden sein Leben verwirkt. Das müssen die Kommandeure auch erfahren. Sie selbst haften mir mit Ihrem Kopf, dass der letzte Mann eingesetzt wird.«

Dann ist wieder Krebs am Hörer:»Alles zum Angriff von Eberswalde nach Süden.« Einzelheiten weiß Koller damit immer noch nicht, weder die genaue Zeit des Angriffs, noch wohin er die angeforderten

Truppen schicken soll. Der Luftwaffengeneral verzweifelt:»Alle fünf Minuten was Neues! Wie soll da geführt werden, da kann der Satan draus schlau werden.«[34]

Kurz vor Mitternacht läutet das Telefon bei Koller erneut. Hitler will wissen, wie es mit der Unterstützung der Luftwaffe für den Angriff Steiner aussieht. Koller berichtet, er könne fünftausend Luftwaffensoldaten für den befohlenen Angriff zur Verfügung stellen, betont aber, dass es sich um völlig kampfunerfahrene Truppen handele, weder für Erdkämpfe ausgebildet noch entsprechend ausgerüstet, dazu ohne schwere Waffen. Hitler hält dem Stabschef der Luftwaffe als Antwort einen kleinen Vortrag über die Lage und schließt wörtlich:»Sie werden sehen, der Russe erleidet die größte Niederlage, die blutigste Niederlage seiner Geschichte vor den Toren der Stadt Berlin.« Kollers Einwurf, ihm scheine die Lage um Berlin aussichtslos zu sein, wird von Hitler übergangen. Auf den Gegenangriff Steiner setzt er all seine Hoffnungen. Er muss gelingen, muss erfolgreich sein, koste es, was es wolle. Dafür setzt Hitler alle Willensstärke ein, über die er noch verfügt. Zu Alfred Jodl sagt der Diktator an diesem Tag:»Ich kann Ihnen nur eines sagen: Ich werde so lange kämpfen, solange ich noch einen Soldaten habe. Wenn mich der letzte Soldat verlässt, werde ich mich erschießen…«[35]

Koller setzt schließlich notgedrungen fünftausend Mann in Marsch, die lediglich mit Maschinenpistolen oder Sturmgewehren bewaffnet sind. Sie schaffen es tatsächlich zu Steiner in die Nähe von Eberswalde. Dazu kommen eintausend mit Gewehren ausgerüstete Hitlerjungen aus Schleswig-Holstein, die den befohlenen Gegenangriff unterstützen und sich den sowjetischen Panzern entgegenwerfen sollen.

Brandenburg, Konzentrationslager Sachsenhausen

45000 Lagerinsassen werden auf einen Todesmarsch in Richtung Ostsee in Marsch gesetzt. Dort sollen sie auf Schiffe gepfercht und auf hoher See versenkt werden. Auf dem Weg durch Mecklenburg kommen sechstausend Häftlinge ums Leben; wer nicht mehr laufen kann, wird von den Begleitmannschaften erschossen.[36]

+++ Die Rote Armee dringt in die Randbezirke Berlins vor +++ Der von Hitler befohlene »Angriff Steiner« findet nicht statt +++ Der Diktator kündigt daraufhin an, sich eine Kugel durch den Kopf zu schießen +++ Joseph Goebbels holt seine Familie in den Bunker +++ Angriffsbefehl für General Wenck und General Busse +++

SONNTAG, 22. APRIL

Wildpark-Werder, Hauptquartier des OKL, 1.00 Uhr

Karl Koller muss in seinem Hauptquartier bei Potsdam einen weiteren Tiefschlag hinnehmen, als ihm um 1.00 Uhr morgens gemeldet wird, dass seine Maschinen nicht über ausreichend Brennstoff verfügen. Die Tanklastzüge, die die Flugzeuge der Luftwaffe auftanken sollten, sind bei ihrer Anfahrt auf die Flugplätze von SS-Einheiten angehalten und leergetankt worden, um den eigenen Spritbedarf zu decken. Derartiges ist in der letzten Zeit des Öfteren vorgekommen.[1]

Berlin, morgens

Je kritischer die militärische Lage sich entwickelt, desto dramatischer werden die Befehle, Aufrufe und Appelle von Hitler und Goebbels. Der tägliche Wehrmachtsbericht meldet an diesem Tag, dass die Rote Armee im Osten Berlins bis in die Prenzlauer Allee vorgedrungen sei. Auch im Norden der Stadt stehen sowjetische Soldaten in den Randbezirken – für Goebbels kein Grund, die Waffen zu strecken, sondern zur »totalen Verteidigung« aufzurufen: »Die Stadt Berlin wird bis zum Letzten verteidigt. Kämpft mit fanatischer Verbissenheit um eure Frauen, Kinder und Mütter! […] Alle zur Verteidigung der Reichshauptstadt eingesetzten Soldaten und Volkssturmmänner haben die ihnen befohlenen Plätze zu besetzen und nehmen, sobald sowjetische Truppen oder Panzer sich zeigen, sofort den Kampf auf. […] Provokateure oder aufsässige Ausländer sind sofort festzunehmen oder noch besser unschädlich zu machen. Sollten Provokateure oder verbrecherische Elemente versuchen, durch das Hissen von weißen Fahnen oder sonstiges feiges Verhalten in die zur Verteidigung der Stadt entschlossene Bevölkerung Unruhe zu tragen und ihren Widerstand zu lähmen, so ist dagegen mit allen Mitteln einzugreifen. Jeder Berliner ist für sein Haus und seine Wohnung selbst verantwortlich. Häuser und Wohnungen, die weiße Flaggen hissen, haben kein Recht mehr auf Schutz der Gemeinschaftshilfe und werden entsprechend behandelt werden. […] Der örtliche

Hoheitsträger der Partei hat eisern darüber zu wachen und demgemäß zu handeln. Solche Häuser wären Krankheitsbazillen am Körper unserer Stadt, ihre rücksichtslose Bekämpfung ist daher ein Gebot der Stunde. [...] Alles, was vor uns lebenswert erschien, und all die Generationen, die nach uns kommen werden, all dies verteidigt ihr mit euren Waffen. Seid trotzig und kühn. Seid wendig und listenreich. Euer Gauleiter ist bei euch. Er erklärt, dass er mit seinen Mitarbeitern selbstverständlich in eurer Mitte bleiben wird. Auch seine Frau und seine Kinder sind hier. Er, der mit 200 Mann einst diese Stadt erobert hat, wird nun die Verteidigung der Reichshauptstadt mit allen Mitteln aktivieren. Der Kampf um Berlin muss für Deutschland das Fanal zum entschlossenen Einsatz der Nation werden. Die Hauptstadt darf nicht in die Hände der Bolschewisten fallen. Die Freiheit des Volkes und ein Reich sozialer Gerechtigkeit werden der Lohn für euren Kampf sein.«[2]

Hitler sagt dasselbe, nur knapper und in Form eines Führerbefehls: »Jeder, der Maßnahmen, die unsere Widerstandskraft schwächen, propagiert oder gar billigt, ist ein Verräter! Er ist augenblicklich zu erschießen oder zu erhängen! Das gilt auch dann, wenn angeblich solche Maßnahmen im Auftrage des Gauleiters Reichsminister Dr. Goebbels oder gar im Namen des Führers befohlen werden sollten.«[3]

Die Goebbelssche Propaganda hat fast keine Wirkung mehr. In der Stadt ist seit dem Morgen die Hölle los. Das Feuer der russischen Artillerie hat sich im Vergleich zum Vortag deutlich verstärkt und rückt dem Regierungsviertel immer näher. Die russischen Granaten schlagen mittlerweile häufig im Tiergarten und manchmal auch in den Parkanlagen der Ministerien in der Wilhelmstraße ein. Der Wilhelmplatz sieht trostlos aus; das berühmte Hotel Kaiserhof ist seit gestern wie ein Kartenhaus zusammengefallen. Eltern stülpen ihren kleinen Kindern, in deren Gesichtern nichts Kindliches mehr zu entdecken ist, zum Schutz schwere Stahlhelme über die Köpfe. Schreie von Verwundeten dringen aus den Häusern.

»Man traut seinen eigenen Augen nicht«, notiert der Berliner Jacob Kronika, »aber die Gazetten erzählen allen Ernstes den Berlinern, die Schlacht um die Reichshauptstadt leite den großen Wendepunkt dieses Krieges ein! Weniger als je kümmern sich die Leute um die Wahnsinnspropaganda der Nazis.«[4]

Berlin-Mitte, Führerbunker, 9.00 Uhr

Adolf Hitler wird durch das Donnern der Granaten gegen 9.00 Uhr aus seinem kurzen Schlaf gerissen. Nachdem er sich angezogen hat, ruft er seinen Diener Linge zu sich und fragt aufgeregt:»Welches Kaliber?« Den Rest des Vormittags richtet Hitler verzweifelte Anfragen an seine Generäle, wie es mit dem von ihm am Vortag befohlenen Gegenangriff von SS-Obergruppenführer Steiner stehe. Eine Frage, die alle Bunkerbewohner bewegt und die keiner beantworten kann. Hitlers jüngste Sekretärin Traudl Junge spricht jeden, der ihr im Bunker begegnet, auf den Entsatzangriff an, auf dessen Erfolg alle so hoffen. Er müsste doch jetzt begonnen haben. Keiner der Offiziere, an die sie sich wendet, weiß darauf eine Antwort.[5]

Hitlers Luftwaffen-Adjutant, Nicolaus von Below, telefoniert im Auftrag Hitlers in dieser Angelegenheit mit dem Hauptquartier der Luftwaffe. Koller teilt ihm mit, nach seiner Kenntnis sei der SS-Obergruppenführer noch nicht zum Kampf angetreten. Hitler will das nicht wahrhaben und lässt kurz darauf erneut bei Koller anrufen, um zu erfahren, wie es mit dem»Angriff Steiner«stehe. Koller kann keine andere Auskunft geben als zuvor. Kaum hat der Luftwaffengeneral den Hörer aufgelegt, läutet das Telefon erneut. Koller müsse sich irren. Soeben habe die Wehrmacht gemeldet, dass Steiners Truppen angetreten seien. Hitler verlange Aufklärung. So geht es den ganzen Vormittag. Schließlich erreicht Koller einen Major, der gerade noch Kontakt mit Steiner hatte, und erfährt von ihm, der Angriff sei verschoben worden. Steiner brauche mehr Zeit, um seine Truppen zu formieren. Erst für 21.00 Uhr sei ein Teilangriff geplant, der den Hauptangriff vorbereiten solle. Dieser werde aber erst am nächsten Tag stattfinden. Karl Koller ist nach dieser Nachricht klar:»Hitler wird rasen. Jetzt ist es aus!«[6]

Berlin-Mitte, Führerbunker, 12.00 Uhr

An diesem Mittag findet die kürzeste Lagebesprechung des ganzen Krieges statt. Es ist zugleich die letzte, die noch in größerer Besetzung abgehalten wird. Schon zu Beginn sehen die Gesichter der meisten Teilnehmer bedrückt aus. Aus der ersten Führungsebene sind Keitel, Jodl, Krebs, Burgdorf und Bormann anwesend. Alle reden mit gedämpfter Stimme und stellen sich immer wieder die alles entscheidende Frage:»Warum kann Hitler sich nicht endlich entschließen, Berlin zu verlassen?«

Der Diktator kommt mit gebeugtem Rücken aus seinen Privaträumen in den Lageraum, grüßt die Lageteilnehmer kurz angebunden und lässt sich sofort in seinem Sessel am Kartentisch nieder. Die Vortragenden können nur weitere Niederlagen vermelden. Die Rote Armee hat nun auch im Norden, südlich von Stettin, die deutschen Linien durchbrochen. Die Meldungen der Befehlshaber der um Berlin kämpfenden Armeen widersprechen einander. Während der Konferenz entsteht der Eindruck, dass die einzelnen Einheiten unkoordiniert agieren und nur noch um ihr eigenes Überleben kämpfen. Am härtesten aber trifft Hitler, dass SS-Obergruppenführer Steiner, auf den er am Vortag alles gesetzt hat, nicht wie befohlen zum Gegenangriff angetreten ist.

Das ist der Moment, in dem Hitler aufgibt. Er steht auf, will mit zitternden Händen etwas auf der Karte zeigen, dann verliert er die Beherrschung. Heftig atmend und mit zornesrotem Gesicht wirft er seine Buntstifte auf den Tisch. Die Augen weit aufgerissen, schreit er mit versagender Stimme:»Da hört doch alles auf! Ich kann unter diesen Umständen nicht mehr befehlen! Der Krieg ist verloren! Aber Sie irren sich, meine Herren, wenn Sie glauben, dass ich Berlin verlassen werde! Lieber schieße ich mir eine Kugel durch den Kopf!«[7]

Hitlers persönlicher Adjutant, Julius Schaub, der sich im Lagevorraum aufhält, registriert den Tumult im Lageraum durch die geschlossene Tür und hört Hitler in höchster Erregung und mit sich überschlagender Stimme schreien:»Der Krieg ist verloren … ich mache nicht mehr mit … meine Generäle haben mich belogen und betrogen … es ist alles sinn- und zwecklos.« Und nach einer Pause:»Und damit wir uns recht verstehen, meine Herren, ich glaube auch nicht mehr an einen Entsatz von Berlin.«[8]

Alle starren den Tobenden entsetzt an. Bis zu diesem Moment haben sie in ihrem eigenen Interesse gehofft, dass das Hauptquartier endlich doch noch nach Bayern, in die»Alpenfestung«, verlegt wird. Vor allem Martin Bormann, der bereits alle Vorbereitungen für die Übersiedlung eingeleitet hat, erschüttert diese Wende bis ins Mark. Er hat sich schon ausgemalt, wie»es in den Alpen« weitergehen würde.»Aber, mein Führer!«, versucht einer der Lageteilnehmer noch, Hitler zu beruhigen. Doch der hebt kaum merklich die Hand und verabschiedet sich mit den Worten:»Ich danke Ihnen, meine Herren!« Danach eilt der Diktator, ohne nach rechts oder links zu sehen, gebückt und kreideweiß im Gesicht, durch den Lagevorraum zurück in seine Privaträume. Die Konferenzteilnehmer bleiben fassungslos zurück. Ist das jetzt schon das Ende? Ist die Zeit gekommen, Selbstmord zu begehen? Hitlers SS-Adjutant, Otto Günsche, folgt seinem Vorgesetzten und holt ihn an der

Tür zum Arbeitszimmer ein. Hitler bleibt stehen und brüllt Günsche an:»Verbinden Sie mich mit Goebbels!«

Die Konferenzteilnehmer drängen aufgelöst aus dem engen Lageraum in den Lagevorraum. Bormann und Keitel stürzen sich auf Otto Günsche:»Wo ist der Führer? Was hat er noch gesagt?« Hitlers Adjutant erwidert, Hitler telefoniere mit Goebbels. Alle reden erregt durcheinander und fallen einander ins Wort. Martin Bormann ist völlig aus dem Häuschen und wiederholt immerzu nur:»Das kann doch nicht sein, dass der Führer es ernst meint, dass er sich erschießen will!« Keitel fuchtelt mit den Händen und schreit:»Wir müssen den Führer davon abhalten!« Es herrscht das blanke Chaos.[9]

Berlin-Mitte, Führerbunker, 12.30 Uhr

Goebbels hinkt in den Lagevorraum. Sein linkes Bein ist wegen eines Knochenmarkschadens fünf Zentimeter kürzer als das rechte, und der daraus entstandene Klumpfuß behindert den Propagandaminister zeit seines Lebens. Das Telefongespräch mit Hitler kurz zuvor hat auch ihn erschüttert. Das Unfassbare ist geschehen. Der Diktator hat seinem treuesten Gefolgsmann mit brüchiger Stimme eingestanden, dass alles zu Ende sei. Und er hat ihm angeboten, jetzt auch seine Frau und seine sechs Kinder in den Führerbunker zu holen und vor den herannahenden Rotarmisten in Sicherheit zu bringen.

»Wo ist der Führer?«, fragt Goebbels bei seiner Ankunft erregt und wird sofort in Hitlers Arbeitszimmer geführt, wo er sich etwa zehn Minuten unter vier Augen mit Hitler unterhält. Als der Propagandaminister wenig später dessen Arbeitszimmer wieder verlässt, stürzen ihm Bormann, Keitel und Jodl entgegen:»Was hat der Führer gesagt?« Goebbels bestätigt ihnen, was sie schon wissen. Hitler hält die Lage für hoffnungslos, sieht keine Chance mehr und erklärt den Krieg für verloren. Hitler fühle sich völlig zerschlagen, in solch einem Zustand habe er ihn noch niemals gesehen, berichtet Goebbels weiter. Bormann kann zwischenzeitlich vor Erregung kaum ruhig stehen. Wieder reden alle aufgeregt durcheinander. Weitgehend einig ist sich Hitlers Umfeld aber darin, dass es um jeden Preis gelingen müsse, den Diktator noch zur Flucht aus Berlin zu überreden.[10] Nur Joseph Goebbels nicht. Er hält Hitlers Entschluss, in Berlin zu bleiben und seinem Leben selbst ein Ende zu setzen, für eine historische Tat und ist insgeheim entschlossen, es seinem Führer gleichzutun. Damit, so glaubt er, wird er sich als Held und Märtyrer unsterblich machen.

Im Anschluss an das Gespräch mit Hitler bittet Goebbels dessen Sekretärin Traudl Junge:»Nachher kommt meine Frau mit den Kindern. Sie werden auf Wunsch des Führers von jetzt an im Führerbunker bleiben. Bitte seien Sie so gut und nehmen Sie meine Familie in Empfang.«»Mein Gott«, denkt Traudl Junge,»wo sollen all die Menschen unterkommen. Sechs kleine Kinder in diesem Durcheinander!« Doch es findet sich ein Platz. Im so genannten Vorbunker, der eine Treppe höher liegt als der eigentliche Führerbunker, wird einer der Räume, der mit Koffern, Kisten, Möbeln und Vorräten voll gestopft war, ausgeräumt.[11] Am Ende werden Magda Goebbels und ihre Kinder vier Räume bekommen.[12]

Berlin-Mitte, Führerbunker, 13.30 Uhr

Nachdem Hitler sich ein wenig beruhigt hat, bestellt er der Reihe nach die Lageteilnehmer in sein Arbeitszimmer. Alle versuchen, ihn wieder aufzurichten. Keitel, Jodl, Bormann, Fegelein und Burgdorf begeben sich einzeln und in wechselnden Gruppen zu ihm, machen Vorschläge zur Umgruppierung noch einsatzfähiger deutscher Armeen, mit denen sich angeblich doch noch Erfolge erzielen ließen. Die Lage – so ihr Mantra – sei keineswegs ausweglos![13] Allen entgegnet Hitler sinngemäß:»Ich sehe den Kampf als verloren an und fühle mich von denen, denen ich mein Vertrauen schenkte, belogen und betrogen und habe mich entschlossen, in der Hauptstadt des Kampfes gegen den Bolschewismus zu verbleiben und die Verteidigung dieser Hauptstadt selbst zu übernehmen.«[14] Und er hat sich festgelegt, was das Ende dieses Kampfes betrifft. Zu seinem Diener Linge sagt er an diesem Nachmittag:»Jetzt werde ich in Berlin bleiben und hier sterben. Da ich zu krank bin, um eine Waffe führen zu können, werde ich mir selbst das Leben nehmen, wie es sich für einen Festungskommandanten gehört.«[15]

Seine Militärführer und Vertrauten tun alles, um ihn von diesem Entschluss wieder abzubringen. Heinrich Himmler, der»treue Heinrich«, und Großadmiral Dönitz, einer der wenigen, die Hitler noch schätzt, versuchen vergeblich, ihn am Telefon umzustimmen. Außenminister Ribbentrop eilt aus dem nahe gelegenen Außenministerium herbei. Er ist über den»schrecklichen Zustand« Hitlers entsetzt, sein Zittern, das trübe linke Auge, das wie gebrochen scheint, und sein vollkommen blutleeres Gesicht. Wegen der ständig einlaufenden militärischen Meldungen ist ein ruhiges Gespräch mit Hitler praktisch nicht möglich. Der wiederholt nur in einem fort, dass seine Generäle ihn betrögen und er niemandem mehr vertrauen könne.[16] Hitler wittert überall Verrat, Versagen und Korruption. Selbst die SS lüge ihn jetzt an, klagt er verbittert. Dass der Obergruppenführer und General der Waffen-SS Steiner nicht zum befohlenen Gegenangriff angetreten ist, hat ihn völlig aus der Bahn geworfen. Dass gar keine Chance dazu bestand, will er nicht wahrhaben.

Generalfeldmarschall Ferdinand Schörner, der bei seinem Besuch im Bunker am Tag zuvor Hitler noch Mut und Vertrauen eingeflößt hatte, telegrafiert: »Mein Führer! In Fortsetzung der mir heute nacht gewährten Unterredung darf ich als Ihr Feldmarschall im Namen aller tapferen Soldaten, die für Sie kämpfen, und auch im Namen der Männer, die für Sie ihr Leben gelassen haben, Sie, mein Führer, im tiefen Ernst dieser Stunde bitten, sofort Berlin zu verlassen und die Führung des Reiches und der Wehrmacht vom südlichen Kriegsschauplatz aus zu übernehmen. Sie allein, mein Führer, sind der Garant für den weiteren Zusammenhalt des Reiches. Nur Ihnen allein ordnet sich jeder deutsche Mann, ordnet sich die gesamte anständige deutsche Wehrmacht bedingungslos unter. Nur Sie, mein Führer, sind Deutschland, auch für jeden Feindstaat. Mit Ihnen fiele Deutschland. Millionen deutscher Männer warten darauf, das Reich mit Ihnen, mein Führer, wieder aufbauen zu können. Nichts ist verloren, alles kann noch gerettet werden, aber einzig und allein mit Ihnen. Dies ist unser aller soldatische und nationalsozialistische Überzeugung. Ich erneuere meine Bitte für alle Tapferen, die Ihre Bedenken, Berlin zu verlassen, durchaus verstehen. Heil, mein Führer!«[17]

Hitlers Antwort ist nicht minder pathetisch: »Ich bleibe in Berlin, um in ehrenvoller Weise an der Entscheidungsschlacht Deutschlands teilzunehmen und ein gutes Beispiel für alle Übrigen zu geben. Ich glaube, Deutschland damit den besten Dienst zu erweisen. Im Übrigen muss alles versucht werden, die Schlacht um Berlin zu gewinnen. Sie können dabei entscheidend helfen, indem Sie möglichst frühzeitig nach Norden vorstoßen. In herzlichster Freundschaft. Ihr (gez.) Adolf Hitler.«[18]

Berlin-Mitte, Ministerium für Volksaufklärung und Propaganda, nachmittags

Im Propagandaministerium versuchen Goebbels und seine Mitarbeiter auch jetzt noch, die Berliner auf die nationalsozialistische Führung einzuschwören. Da die Radiogeräte wegen des ständigen Strommangels immer häufiger ausfallen, erscheint an diesem Nachmittag eine neue Zeitung: »Der Panzerbär«, in Form eines vierseitigen Flugblattes, soll die Durchhalteparolen Hitlers und Goebbels' unter die Leute bringen. Die erste Ausgabe fordert »Kampf bis zum Sieg«.

Das bekommen auch Goebbels' Mitarbeiter im Propagandaministerium zu spüren. Jeder, der schießen kann, hat eine Waffe bekommen und wartet auf den Angriff der Roten Armee. Der Personalchef des Ministeriums zieht es vor, sich, bevor es so weit ist, selber zu erschießen. Goebbels' Adjutant Günther Schwägermann und Wilfred von Oven, der Pressereferent des Ministers, bitten darum, zur kämpfenden Truppe entlassen zu werden. Sie kommen sich im Ministerium überflüssig vor. Goebbels lehnt dies mit der Begründung ab, er brauche sie noch.

Ein Leutnant eines in Tschechien kämpfenden Truppenteils meldet sich bei von Oven mit einem Pappkarton unter dem Arm, in dem sich 185 000 Mark in kleinen Scheinen befinden – das Ergebnis einer Spendenaktion seiner Einheit für das Winterhilfswerk. Niemand fühlt sich mehr dafür zuständig. Der Leutnant wird von Dienststelle zu Dienststelle geschickt, bis er schließlich im Propagandaministerium landet. Auch von Oven weiß nicht, was er mit dem Geld anfangen soll. Der Karton wird auf seinem Schreibtisch abgestellt. »Morgen schon«, denkt Goebbels' Pressereferent sich dabei, »ist es vielleicht Altpapier.«[19]

Berlin-Mitte, Führerbunker, nachmittags

Unter den restlichen Bunkerbewohnern macht sich nach dem Eklat in der Lagebesprechung Untergangsstimmung breit. Jede Hoffnung auf eine militärische Wende ist verflogen. Alle glauben in diesem Moment: »Es ist endgültig aus!« Man sieht betrunkene und resignierende, aber auch aufgeregte und hektische Soldaten und SS-Angehörige aller Rangstufen. Von Disziplin kann keine Rede mehr sein.[20]

Hitlers im Bunker verbliebene Sekretärinnen Traudl Junge und Gerda Christian sowie Martin Bormanns Schreibkraft Else Krüger sitzen in der Küche zusammen und trinken starken Kaffee. Sie reden über Belanglosigkeiten, »damit die verzweifelte Angst in uns nicht übermächtig wird. Jede versucht auf ihre Art, mit dieser Situation fertig zu werden. An Mittagessen denkt niemand, obwohl es längst Zeit wäre.«[21] Lange halten es die Sekretärinnen in der Küche nicht aus. Ungewissheit und Angst treiben sie in den Lagevorraum, wo sie wieder warten, rauchen, flüstern. Durch die geschlossene Tür zum Lageraum hören sie

Die beiden Sekretärinnen Christa Schroeder (links) und Gerda Christian (Mitte) in einer Aufnahme von 1939; im Hintergrund (links) hantiert Hitlers Diener Heinz Linge.

Links: Julius Schaub, Hitlers persönlicher Adjutant; Mitte: Constanze Manziarly, Hitlers Diätköchin; rechts: Traudl Junge, Hitlers jüngste Sekretärin

Hitler etwas schreien, können es aber nicht verstehen. Zwischendurch kommt Martin Bormann mit erregter Miene aus dem Lageraum und drückt seiner Sekretärin einige Blätter in die Hand, die sofort abgeschrieben werden müssen.

Endlich öffnet sich die Tür, und die Männer kommen heraus. Heinz Linge bittet Gerda Christian und Traudl Junge sowie Hitlers Diätköchin Constanze Manziarly zum Chef, der sich in seine privaten Räume zurückgezogen hat. Hitler steht regungslos in dem kleinen Vorraum vor seinem Wohn- und Arbeitszimmer. »Sein Gesicht hat jeden Ausdruck verloren, die Augen sind erloschen. Er sieht aus wie seine eigene Totenmaske. Sein Blick erfasst nichts«, hält Traudl Junge später erschreckt fest. »Unpersönlich und befehlend, wie ich ihn nie einer Frau gegenüber habe sprechen hören, stößt er hervor: ›Ziehen Sie sich sofort um. In einer Stunde geht ein Flugzeug, das Sie nach Süden bringt. Es ist alles verloren, hoffnungslos verloren.‹«[22]

Dies ist der Augenblick von Hitlers Geliebter Eva Braun. Demonstrativ löst sie sich als Erste aus der allgemeinen Erstarrung, geht auf ihn zu, nimmt seine beiden Hände und sagt lächelnd: »Aber du weißt doch, dass ich bei dir bleibe. Ich lasse mich nicht wegschicken.« Und Hitler, gerührt von dieser Liebesbekundung, tut etwas, was noch keiner, auch nicht seine vertrautesten Freunde und Diener je erlebt haben: Er küsst Eva Braun auf den Mund. Überwältigt von der Situation, lässt sich Traudl Junge ihrerseits zu einem Treueschwur hinreißen. Obwohl sie auf keinen Fall in dieser Katakombe bleiben und sterben will, sagt sie: »Ich bleibe auch.«[23]

Nach dieser Szene geht Hitler schleppend hinaus in den Lagevorraum zu seinen Offizieren: »Meine Herren, es ist zu Ende. Ich werde hier in Berlin bleiben und mich erschießen, wenn es so weit ist. Wer gehen will, kann gehen, es steht jedem frei.«[24]

Er habe keine Befehle mehr für die Wehrmacht, erklärt er weiter. Nun solle Göring, der ohnehin für Verhandlungen mit dem Feind besser geeignet sei als er, zusehen, wie er damit zurechtkomme. Auf eine Bemerkung aus dem Kreis seiner Offiziere, dass kein Soldat mit dem Reichsmarschall kämpfen würde, entgegnet Hitler resignierend: »Was heißt: Kämpfen? Da ist nicht mehr viel zu kämpfen, und wenn's aufs Verhandeln ankommt, das kann der Reichsmarschall besser als ich!«[25] Später sieht man ihn mit Blondis Welpen Wolf, seinem Liebling, auf dem Schoß im Korridor sitzen. Schweigend beobachtet er die ein- und ausgehenden Menschen.[26]

Berlin, nachmittags

Die Soldaten der Roten Armee dringen langsam, aber stetig immer tiefer in die Stadt ein, bewegen sich in Richtung Zentrum. Aufhalten soll die Rotarmisten Hitlers letztes Aufgebot, grauhaarige Volkssturmmänner und Hitlerjungen im Teenageralter, unzureichend bewaffnet und kaum ausgebildet. Auf den teilweise aufgerissenen Straßen ziehen verdreckte, mit Erde und Schlamm bespritzte Soldatenhaufen in endlosen Reihen durch die Stadt. Die meisten haben Panzerfäuste bei sich. Sie sind erschöpft. Stumm, mit leerer Miene, jeder für sich, trotten sie dahin. Ob sie im Gänsemarsch von Osten nach Westen durch den Tiergarten marschieren oder in Gruppen durch Tempelhof ziehen, das Bild ist überall dasselbe. An den Zivilisten, die am Bordstein stehen, schauen sie stumpf und blicklos vorbei.[27] Sie sind geschlagen. Zugleich fliehen die Berliner in Strömen Richtung Westen aus der Stadt, versuchen in Panik, mit allen möglichen Transportmitteln vor der Roten Armee zu entkommen.

Wo die deutschen Verteidiger zurückgedrängt sind, durchkämmen sowjetische Soldaten mit schussbereitem Gewehr systematisch die Keller und Häuser auf der Suche nach potenziellen deutschen Verteidigern. »Soldat?«, lautet ihre erste Frage. Ist dieses Thema erledigt, beginnen Shukows Männer vielfach zu plündern. Armbanduhren stehen als Trophäe an erster Stelle. Die Frage »Uri?« wird schnell zum geflügelten Wort unter den besiegten Deutschen. Die Sieger sind verrückt nach »Uri« und können nicht genug davon bekommen. Mancher sowjetische Soldat läuft bald mit zehn und mehr Uhren am Arm durch Berlin.

In der Nacht kommt es für die Zivilbevölkerung schlimmer. Wenn die sowjetischen Soldaten bei Dunkelheit in die Keller eindringen, verlangen sie nicht mehr nur nach Uhren, sondern häufig auch nach Frauen. Der Pfarrer von Lichtenberg, Heinrich Grüber, hört während der ganzen Nacht in seinem Bezirk vergewaltigte Frauen schreien. Er kann ihnen nicht helfen.[28] Unzählige Berlinerinnen werden in den folgenden Tagen und Wochen dasselbe Schicksal erleiden.

Berlin-Mitte, Garten der Reichskanzlei, nachmittags

Eva Braun geht mit Traudl Junge und Gerda Christian in einer ruhigen Minute, als der Beschuss durch sowjetische Granaten vorübergehend aussetzt, aus dem Bunker nach oben in den Garten der Reichskanzlei. Sie wollen ein bisschen frische Luft schnappen, endlich wieder einmal Tageslicht sehen und Hitlers Schäferhunden ein wenig Auslauf gönnen.

Eine dunstige Wolke aus Staub und Rauch hängt in der Luft, überall sind tiefe Löcher im einst gepflegten Rasen. Leere Kanister und zerbrochene Äste liegen herum. An der Mauer, die den Park umgibt, sind in regelmäßigen Abständen Unterstände und Haufen von Panzerfäusten gelagert. Hitlers allerletzte Verteidigungslinie. Traudl Junge mag nicht glauben, dass hier bald die Front verlaufen könnte, und träumt davon, dass die Soldaten der Roten Armee spätestens in ein paar Tagen vertrieben sein werden.[29]

Durch eine eingestürzte Stelle in der Mauer schleichen die drei Frauen hinüber in den angrenzenden Park des Auswärtigen Amtes. Noch vor ein paar Tagen haben sie hier Pistolenschießen geübt. Mit Erlaubnis Hitlers und unter der Anleitung von Johann Rattenhuber, dem Chef des Reichssicherheitsdienstes, haben sie auf Jagdscheiben gefeuert, die zerfetzten Papierscheiben hängen noch im Park. Eva Braun und ihre Begleiterinnen empfinden einen Moment des Glücks angesichts der blühenden Bäume, einer feinen Bronzestatue, die sie hier erstmals wahrnehmen, des Vogelgezwitschers, der blühenden Märzenbecher und der durch die Wiese tobenden Hunde.

Sie setzen sich auf einen Stein und rauchen eine Zigarette. Auch Eva Braun steckt sich eine an, ein ungewohnter Anblick für ihre Begleiterinnen.[30] Jeder in Hitlers Umfeld weiß, dass der Diktator ein militanter Nichtraucher ist. Bei jeder Gelegenheit hält er lange Vorträge über die Schädlichkeit des Rauchens und hat tatsächlich ernsthaft mit dem Gedanken gespielt, das Rauchen in Deutschland völlig zu untersagen; propagandistisch vorbereitet werden sollte dieses Verbot durch einen aufgedruckten Totenkopf auf jeder Zigarettenschachtel. Mehrfach hat Hitler betont: »Wenn ich jemals merken würde, dass Eva heimlich raucht, wäre das ein Grund, mich sofort und für immer von ihr zu trennen.«[31]

Doch jetzt raucht Eva trotz dieser harschen Drohung eine Zigarette. Die erstaunten Blicke ihrer Begleiterinnen registrierend, sagt sie: »Ach, Kinder, ich muss auch mal wieder rauchen. Wenn ich schon so außergewöhnliche Sorgen habe, darf ich auch etwas Außergewöhnliches tun.« Es ist eine kleine und kontrollierte Flucht aus dem Bunkeralltag. Plötzlich dröhnen die Sirenen, und die drei Frauen kehren in die Sicherheit des Bunkers zurück. Eva Braun steckt sich eine Mentholpastille in den Mund.[32]

Berlin-Mitte, Führerbunker, 16.00 Uhr

An der zweiten Lagebesprechung des Tages nimmt Hitler mit steinerner Miene teil. Er ist sichtbar nervös und gegen seine Gewohnheit teilweise mit seinen Gedanken abwesend. Zwischendurch verlässt er die Konferenz zwei Mal. Der Diktator und seine Militärführer entschließen sich zu einem letzten Angriff. Alle noch um Berlin stehenden einsatzfähigen Truppen und Flugzeuge sollen dafür eingesetzt werden. Wieder wird jeder einzelne Panzer, jedes Gewehr an die Front befohlen. General Wenck mit seiner an der Elbe stehenden 12. Armee soll sich nicht weiter um die amerikanischen Truppen am anderen Ufer kümmern, sondern kehrtmachen und mit seinen Divisionen die im Süden von Berlin vorrückenden Truppen Marschall Konjews angreifen. Dabei geht Hitler richtigerweise davon aus, dass von den Amerikanern, die auf Grund von Absprachen mit der Sowjetunion an der Elbe Halt gemacht haben und nichts unternehmen, um den Fluss zu überqueren, keine unmittelbare Gefahr ausgeht.

Zugleich bekommt die 9. Armee, nachdem ihr Befehlshaber General Busse und sein Chef Heinrici in den letzten Tagen darum mehrfach eindringlich, aber vergeblich gebeten haben, den Befehl, ihre Posten zu verlassen und in Richtung Nordwesten zu marschieren. Dieser Befehl zum Rückzug kommt viel zu spät. Die 9. Armee ist jetzt mit rund 80 000 Mann im Raum westlich der Oder und nördlich des Spreewaldes von der Roten Armee eingeschlossen und muss sich heftiger Angriffe seitens Shukows und Konjews Truppen erwehren. Busse meldet: »Die harten Kämpfe sind gekennzeichnet durch zunehmende Überanspruchung der Truppe und nicht mehr ersetzbare Ausfälle an Menschen und Material.«[33]

Derweil planen die Strategen im Lageraum des Führerbunkers, wie sich die beiden deutschen Armeen südlich von Berlin vereinen und gemeinsam nach Berlin marschieren sollen, um die Reichshauptstadt und den Führer des Deutschen Reiches zu retten. Die Tragweite von Busses Meldung erfasst niemand mehr.

Die Entscheidungen der Nachmittagslage werden sofort an die verantwortlichen Heerführer übermittelt. Alfred Jodl befiehlt General Busse per Funk, »unter Abdeckung ihres Rückens und ihrer Flanken durch Angriff nach Westen die Verbindung mit der 12. Armee herzustellen. Die Haltung der 9. Armee ist dafür entscheidend, dass es gelingt, die in den Verteidigungsring der Stadt Berlin eingebrochenen feindlichen Kräfte abzuschneiden und die Hauptstadt des Reiches wie-

der freizukämpfen, in der sich der Führer im Vertrauen auf seine Soldaten aufhält.«[34]

Großadmiral Dönitz schließlich bekommt in seinem Hauptquartier in Plön bei Flensburg von Hitler persönlich den Befehl, die »deutsche Schicksalsschlacht« zum Erfolg zu führen und Truppen auf dem
Luft-, See- oder Landweg an die vor Berlin kämpfenden Fronten heran-
zuführen. Demgegenüber seien alle anderen Aufgaben und Fronten
von sekundärer Bedeutung.[35]

Liebenwalde, nördlich von Berlin, Gefechtsstand
von SS-Obergruppenführer Steiner

Auf Felix Steiner, der ihn nach seiner Lesart verraten hat, setzt Hitler
nicht mehr. Seine wichtigsten Militärführer aber versuchen weiterhin,
den Obergruppenführer zu einem Entsatzangriff zu bewegen. Steiner,
dem für den gewünschten Gegenangriff gerade einmal drei Divisionen
eilig zusammengestellter, unerfahrener Soldaten sowie einige Panzer
zur Verfügung stehen, glaubt nicht recht zu hören, als sein Korps in
einem Telefongespräch mit Generalstabschef Hans Krebs plötzlich als
»Armeegruppe Steiner« bezeichnet wird. Krebs erläutert Steiner pathetisch die militärischen Entscheidungen des Nachmittages: Nunmehr
beginne die Entscheidungsschlacht um Berlin unter persönlicher Führung Hitlers. »Und Sie«, fährt Krebs fort, »werden von Norden auf
Spandau vorstoßen und damit den Ring um Berlin von Norden öffnen.« Steiner protestiert energisch gegen diesen Befehl: »Mir stellt sich
die Lage ganz anders dar. Wenck besitzt nur wenige Divisionen, davon
noch nicht mal eine voll kampffähige. Busse ist, soweit ich orientiert
bin, eingeschlossen und wird Mühe haben, den eigenen Einschließungsring zu sprengen. Gelingt es ihm, dann können sich nur noch
Trümmer retten. Ich selbst verfüge zur Zeit nur über drei Divisionen.
Der Angriff ist undurchführbar und sinnlos.«[36]

Auch als Generalfeldmarschall Keitel persönlich eingreift, um den
Befehl Steiner gegenüber durchzusetzen, bleibt der bei seiner kategorischen Ablehnung. Ein Angriff würde nur Tausende seiner Männer
nutz- und sinnlos das Leben kosten.[37]

Berlin-Mitte, Führerbunker, später Nachmittag

Fritz Beutler, SS-Obersturmbannführer und hoch dekorierter Teilnehmer an mehreren Feldzügen, erhält trotz Hitlers mittäglichem Zusammenbruch eine Audienz beim Obersten Befehlshaber der Wehrmacht,

um ihm ein nachträgliches Geburtstagsgeschenk zu überreichen. Die in Österreich kämpfende 6. SS-Panzerarmee hat 7,5 Millionen Reichsmark gesammelt, die traditionelle Führergeburtstagsspende von den Offizieren und Mannschaften für das »Winterhilfswerk des deutschen Volkes«.

Auf Beutler wirkt Hitler »nicht wie ein Wrack«. Der SS-Offizier sitzt etwa eine Viertelstunde in Hitlers Arbeitszimmer, als Hermann Fegelein, Himmlers Verbindungsoffizier im Führerhauptquartier, an der Tür erscheint. Hitler lädt ihn mit den Worten: »Kommen Sie ruhig herein, Fegelein« ein, sich dazuzusetzen. Fegelein nimmt sogleich Platz, beteiligt sich jedoch nicht an der Unterhaltung.[38] Nachdem sich Hitler noch einmal optimistisch gezeigt hat, die Einkreisung Berlins durch die Rote Armee durch Entsatzangriffe aufbrechen zu können, deutet er mit einer Handbewegung das Ende der Besprechung an. Beutler und Fegelein verlassen den Raum.

Kaum hat sich die Tür zu Hitlers Zimmer geschlossen, attackiert Fegelein Beutler wütend: »Wie kommen Sie hier herein, und was wollen Sie überhaupt beim Führer? Bis hierher dringt man sonst nur über meine Leiche vor. Wieso tragen Sie noch Ihre Pistole? Handwaffen sind abzulegen, das gilt auch für Sie!« Wütend packt Fegelein dabei Beutler am Arm. Der reagiert mit einem unwillkürlichen Griff an seine Pistolentasche. Mehrere Offiziere aus dem Führerbegleitkommando haben Beutler zuvor vor Fegelein gewarnt, Eva Brauns Schwager gar als »Verräter« und »Schwein« bezeichnet. Fegeleins Arroganz und Dreistigkeit erzürnen Beutler derartig, dass es um ein Haar zu einer gewaltsamen Auseinandersetzung kommt. Als Fegelein den Ernst der Lage bemerkt, lenkt er »blitzartig« ein und macht sich davon.[39]

Nach dessen Abgang unterhält Beutler sich noch kurz mit einigen SS-Leuten aus dem Führerbegleitkommando über die militärische Lage. Auf seine Frage: »Was soll denn nun noch werden?« erhält er ernsthaft die Antwort: »Warte nur ab, noch zwei- oder dreimal 24 Stunden, dann wird es einen großen Knall geben, und der Krieg ist aus und gewonnen.« Beutler ist sprachlos ob dieser Träumereien.[40] Etwa zum gleichen Zeitpunkt gelingt der Roten Armee an der Schönhauser Allee im Osten Berlins ein Durchbruch durch die deutschen Linien. Bald muss mit dem Auftauchen der ersten sowjetischen Panzer im Zentrum gerechnet werden.[41]

Hitler sitzt nach dem Gespräch mit Beutler eine Weile mit Joseph Goebbels, Martin Bormann und Wilhelm Burgdorf, seinem Chefadjutanten der Wehrmacht, im Lagevorraum. Sie reden über den bevorstehenden Entsatzangriff. Der Körper des Diktators hat sich wieder etwas gestrafft; er scheint den Zusammenbruch vom Mittag weitgehend überwunden zu haben. Eva entdeckt einige rote und blaue Flecken auf Hitlers feldgrauem Uniformrock: »Schau, du bist ganz schmutzig! Den Rock kannst du doch nicht mehr anziehen. Du musst dem ›Alten Fritz‹ nicht alles nachmachen und auch so unappetitlich herumlaufen wie er.« Hitler, immer pedantisch sauber, der nie jemandem die Hand gibt, wenn er zuvor einen seiner Hunde auch nur leicht berührt hat, protestiert: »Aber das ist doch schließlich mein Arbeitsanzug. Ich kann mir doch nicht eine Schürze umbinden, wenn ich zur Lagebesprechung gehe und mit Farbstiften hantieren muss.«[42]

Berlin-Mitte, Propagandaministerium, Villa der Familie Goebbels, 18.00 Uhr

Sichtlich erregt betritt Joseph Goebbels das Arbeitszimmer seines Pressereferenten Wilfred von Oven im Ministerium für Volksaufklärung und Propaganda und weist seinen Mitarbeiter an: »Bestellen Sie sofort den Kraftfahrer und einen zweiten Wagen für meine Frau und die Kinder. Wir fahren in die Reichskanzlei. Das Haus Hermann-Göring-Straße wird nicht verteidigt. Es ist sofort zu räumen. Niemand darf hier vom Feind angetroffen werden. Volkssturm und SS begeben sich in den Garten der Reichskanzlei. Meine Mitarbeiter kämpfen bei der Truppe. Bitte sorgen Sie für schnelle Erledigung.« Während von Oven noch telefoniert, um die Befehle auszuführen, kommt Magda Goebbels ins Ministerium. Ihr Mann teilt ihr kurz angebunden das Gleiche mit wie seinem Pressereferenten. Ihre Frage, ob sie Waschzeug mitnehmen solle, verneint er.

Die elegante, weltgewandte und glamouröse Magda Goebbels ist – da Hitler nicht verheiratet ist – faktisch die »First Lady« des Dritten Reiches. Vor fünfzehn Jahren hat sie im Alter von 29 Jahren und gerade frisch geschieden vom Großindustriellen Günther Quandt, einem der reichsten Männer Europas, auf einer NSDAP-Veranstaltung Hitler und Goebbels reden hören. Seither ist sie eine kompromisslose Anhängerin des Nationalsozialismus und glühende Verehrerin Hitlers; sie ist ihm geradezu verfallen. Kurz nach dieser ersten Begegnung wird sie Goebbels' Geliebte; am 19. Dezember 1931 heiratet das Paar. Aus vollster Überzeugung stellt Magda sich und ihre sechs Kinder in den Dienst der von ihrem Mann geleiteten nationalsozialistischen Propaganda. Ihr öffentliches Leben in der nationalsozialistischen Elite ist glanzvoll; privat wird sie in der Ehe mit Joseph Goebbels, trotz der sechs gemeinsamen Kinder, nicht glücklich. Der Propagandaminister, der unter anderem auch für die deutsche Filmindustrie zuständig ist, hat so viele Affären, dass er sich den wenig schmeichelhaften Spitznamen »Bock von Babelsberg« einhandelt. 1938 wird eine Scheidung nur durch Hitlers ausdrückliches Verbot verhindert.

Als Magda Goebbels jetzt zurück in ihre nahe gelegene Villa am Brandenburger Tor fährt, weiß sie, dass es ans Sterben geht. Zu Hause angekommen, entlässt sie umgehend ihr Kindermädchen und sonstiges Personal und fordert ihre Bediensteten auf, nur das Nötigste mitzunehmen und sofort das Haus zu verlassen. Der letzte Auftrag an das Kindermädchen lautet, schnellstmöglich die Kinder für die Abfahrt in die Reichskanzlei fertig zu machen. Magda Goebbels verabschiedet sich mit den Worten: »Leben Sie wohl. Wir fahren in die Reichskanzlei. Wir müssen uns alle vergiften.«[43]

Berlin-Mitte, Führerbunker, abends

Hitler beginnt, seinen Nachlass zu »säubern«. Er durchforstet persönlich die Schubladen und den Panzerschrank in seinem Schlafzimmer im Bunker nach Dokumenten, die er vernichtet wissen will. Auch die beiden Panzerschränke, die in seinem Schlafzimmer in der Alten Reichskanzlei stehen und voll gestopft sind mit Akten, Papieren und Briefen, werden geleert. Kofferweise schleppen SS-Männer aus dem Führerbegleitkommando Dokumente in den Garten der Reichskanzlei, damit sie dort verbrannt werden. Den Auftrag dazu erhält Julius Schaub. Er zählt zu den ältesten Gefolgsleuten des Führers, hat eine sehr niedrige Parteimitgliedsnummer, was innerhalb der NSDAP einem Adelstitel gleichkommt. Als junger Soldat hat er sich im Ersten Weltkrieg mehrere Zehen abgefroren, seither humpelt er. Als Hitler in den Anfangsjahren der nationalsozialistischen Bewegung erfuhr, dass Schaub wegen seiner Zugehörigkeit zur NSDAP seine Arbeit verloren hatte, stellte er ihn als seinen privaten Diener ein. Von anderen »alten Kämpfern« wird Schaub bis heute als »Kammerdiener« gehänselt, weil er damals auf der Maximilianstraße in München Hitlers Hosen zum Bügeln getragen hat.[44] Durch seine Anhänglichkeit, seine Loyalität und Verschwiegenheit ist er Hitler über die Jahre unentbehrlich geworden. Schaub unterhält den Diktator mit den neuesten Witzen, die im Bunker kursieren – sofern er die Pointe trifft –, und Hitler kann mit ihm in Erinnerungen an den Aufstieg der NSDAP schwelgen. Mit der Zeit arbeitet Schaub sich vom Diener zum Adjutanten und schließlich zum Chefadjutanten im Rang eines SS-Obergruppenführers empor. In dieser Funktion ist er Vorgesetzter von Hitlers Sekretärinnen, die auch seine Post zu erledigen haben. Meist handelt es sich dabei um Gesuche aus Hitlers Bekanntenkreis, die von Schaub an den Diktator weitergeleitet und anschließend beantwortet werden. Kaum ein Brief kann von den Sekretärinnen so geschrieben werden, wie er von Schaub diktiert wird. Hitlers Chefadjutant ist der Typ des bayerischen »Grantlers«; seine Diktate müssen erst vom Bayerischen ins Deutsche übersetzt werden.[45]

Mit unglücklichem Gesicht humpelt Hitlers Faktotum jetzt durch den Bunker, die Treppe hinauf zum Garten, um seinen Zerstörungsauftrag zu erfüllen. Gut zwanzig Meter vom Ausgang entfernt setzt er Hitlers schriftlichen Nachlass mit Hilfe von Benzin in einem Granattrichter in Brand.

Anschließend befiehlt ihm Hitler, noch in dieser Nacht nach Süddeutschland zu fliegen. Auch in der privaten Wohnung des Diktators in München und in seinem Domizil auf dem Obersalzberg sollen alle Papiere vernichtet werden, die nicht in das Bild passen, das Hitler für »kommende Generationen« von sich selber zeichnen will.[46]

Berlin-Charlottenburg, abends

Völlig überraschend wird der Kommandant des Verteidigungsbereiches Berlin, General Reymann, auf Befehl Hitlers an die Front nach Potsdam abgeschoben, wo er als neuer Befehlshaber der Armeeabteilung »Spree« Verwendung findet. Reymann, der nach Goebbels' Ansicht zu wenig Kampfgeist gezeigt hat, muss Platz machen für einen begeisterten Nationalsozialisten. Oberst Kaether hat sich als Regimentskommandeur an der Ostfront einen Namen gemacht und ist dann zum Stabschef beim Chef des nationalsozialistischen Führungsstabes ernannt worden. Unter Überspringung des Ranges eines Generalmajors wird Kaether gleich zum Generalleutnant befördert. Entscheidenden militärischen Einfluss auf die Lage kann der neue Befehlshaber trotz seiner »nationalsozialistischen Frische« nicht ausüben. Er beschränkt sich denn auch darauf, allen Parteigrößen baldmöglichst seine Ernennung mitzuteilen und Optimismus zu verbreiten. Das Kriegshandwerk überlässt er seinem Stab.[47]

Berlin-Mitte, Führerbunker, 19.00 Uhr

Magda Goebbels und ihre sechs Kinder treffen im Bunker ein. Im Gänsemarsch steigen die zarten, dunkel gekleideten fünf Mädchen und der Junge mit aufgeregten Gesichtern die Treppe zum eigentlichen Führerbunker hinab. Traudl Junge geht ihnen entgegen und nimmt sie in Empfang, während Magda Goebbels sofort zu Hitler geführt wird. Hitlers Sekretärin bringt die Kinder währenddessen in den Raum, in dem Hitlers Geburtstagsgeschenke aufgestapelt liegen, darunter auch Spielsachen und Kleider. Jedes Kind sucht sich aus, was ihm gefällt. Die sechs sind fröhlich und unbefangen. Sie freuen sich, bei »Onkel Führer« sein zu dürfen, und bald erfüllen sie den Bunker mit ihren Spielen.[48] Helga (12), Hildegard (11), Helmut (9), Hedwig (8), Holdine (7) und Heidrun (4), deren Namen zu Ehren des Führers alle mit »H« beginnen, wissen nichts von dem Schicksal, das sie erwartet, und die Erwachsenen tun alles, um sie nichts davon spüren zu lassen.

Eva Braun schreibt einen Abschiedsbrief an ihre beste Freundin Herta Ostermayr: »Mein liebes Hertalein! Dies werden wohl die letzten Zeilen und damit das letzte Lebenszeichen von mir sein. Ich wage es nicht, an Gretl[49] zu schreiben, Du musst ihr also das schonend beibringen. Ich werde Euch meinen Schmuck senden und bitte, ihn nach meinem Testament, in der Wasserburgstraße liegend, zu verteilen. Ich hoffe, dass Ihr Euch damit noch etwas über Wasser halten könnt. Geht bitte nach Möglichkeit vom Berg[50] runter, der Ort ist zu gefährlich für Euch, wenn alles zu Ende sein sollte. Wir kämpfen hier bis zum Letzten, aber ich fürchte, das Ende rückt bedrohlich näher und näher. Was ich persönlich um den Führer leide, kann ich Dir nicht schildern. Entschuldige bitte, wenn ich etwas konfus schreibe, aber um mich sind die 6 Kinder von Goebbels, und die sind beileibe nicht ruhig. Was soll ich Dir noch sagen? Ich kann nicht verstehen, wie alles so kommen konnte, aber man glaubt an keinen Gott mehr!

Der Mann wartet schon auf den Brief! Alles, alles Liebe und Gute für Dich, meine treue Freundin! Grüße die Eltern, sie sollen zurück nach München oder Traunstein gehen. Grüße alle Freunde, ich sterbe so, wie ich gelebt habe. Schwer fällt es mir nicht. Das weißt Du. Seid alle herzlich gegrüßt und geküsst von Eurer Eva. Halte diesen Brief zurück, bis ihr unser Ende erfahrt. Ich weiß, ich verlange viel von Dir, aber du bist tapfer. Vielleicht wird auch alles wieder gut, aber er hat den Glauben verloren, und wir, fürchte ich, hoffen umsonst.«[51]

Berlin-Mitte, Führerbunker, abends

In den folgenden Stunden setzt sich der Exodus aus den Bunkern der Reichskanzlei fort. Hitler hat angewiesen, dass weiterhin möglichst viele Mitarbeiter der Reichskanzlei mit den Maschinen der Führerstaffel aus Berlin ausgeflogen werden sollen. In dieser Nacht verlassen unter anderen Karl Koller, der Generalstabschef der Luftwaffe, und Theo Morell, den Hitler am 21. April als Leibarzt entlassen hat, Berlin.[52] Koller fliegt zu Göring auf den Obersalzberg, Morell hat vor, sich auf seine alte Burg im Salzburger Land zurückzuziehen, die er vor Jahren gekauft hat. Sein Zimmer im Führerbunker hat er gleich nach dem Eklat geräumt. Es wird jetzt von Joseph Goebbels bewohnt. Als Morell sich von Hitlers Pilot Hans Baur verabschiedet, weint er »wie ein kleines Kind«.[53]

Natürlich muss Hitlers Sekretär und Leiter der Parteikanzlei, Martin Bormann, bei seinem Dienstherrn bleiben, obwohl er alles dafür geben würde, sich ebenfalls nach Süddeutschland absetzen zu dürfen. Das Personal der Reichskanzlei – Köche, Mitarbeiter der Hausverwaltung und der Telefonzentrale – muss gleichfalls bis auf wenige Ausnahmen ausharren und haust notdürftig auf Feldbetten und provisorischen Schlafstellen in den höher gelegenen Räumen im Vorbunker. Die Küche, die bislang in der Reichskanzlei betrieben wurde, ist jetzt auch unter die Erde verlegt worden, und der vorderste Teil des durch die Mitte des Vor- und des Führerbunkers verlaufenden Korridors dient als Speisesaal.[54] Unbeirrt tut Hitlers Personal weiter seinen Dienst. Die Diener funktionieren ruhig und zuverlässig wie immer, erfüllen klaglos die Wünsche ihres Herrn.[55]

Wilhelm Keitel bittet um ein Vieraugengespräch mit Hitler. Dem Chef des Oberkommandos der Wehrmacht ist durchaus bewusst, dass Hitlers letzter Angriffsbefehl keine Chance auf Erfolg hat. Keitel sieht nur noch zwei Möglichkeiten: entweder ein Angebot zur Kapitulation, bevor Berlin im Häuserkampf völlig zerstört wird, oder aber eine Flucht Hitlers und seiner Führungsmannschaft nach Berchtesgaden, um von dort aus Verhandlungen mit den Alliierten einzuleiten. Doch auch diesmal lässt Hitler Keitel nicht über die ersten Worte hinauskommen. Er unterbricht seinen Heerführer mit den Worten: »Ich weiß schon, was Sie sagen wollen. Es muss jetzt ein ganzer Entschluss gefasst werden! Diesen ganzen Entschluss habe ich bereits gefasst: Ich gehe aus Berlin nicht mehr hinaus; ich werde die Stadt bis zum Letzten verteidigen. Entweder ich befehlige diesen Kampf um die Reichshauptstadt, wenn Wenck mir die Amerikaner vom Halse hält und hinter die Elbe zurückschlägt, oder aber ich gehe in Berlin mit meinen Soldaten unter und falle im Kampf um das Symbol des Reiches.«[56]

Dem sonst so willfährigen Opportunisten Keitel entfährt darob das Wort »Wahnsinn«, und er besteht darauf, noch in dieser Nacht nach Berchtesgaden abzufliegen, um von dort aus die Wehrmacht zu führen. Hitler hat keine Einwände: »Es steht Ihnen nichts im Wege, sofort nach Berchtesgaden abzufliegen. Ich befehle es Ihnen hiermit. Aber ich bleibe in Berlin! Ich habe das dem deutschen Volke und der Reichshauptstadt bereits vor einer Stunde über den Rundfunk bekannt gegeben. Ich kann nicht mehr zurück.«[57]

Daraufhin erklärt Keitel – mittlerweile ist Generaloberst Jodl hinzugekommen –, es komme für ihn überhaupt nicht in Frage, allein nach Süddeutschland zu fliegen. Hitler wiederum besteht nunmehr darauf, dass seine beiden wichtigsten Militärführer sich nach Berchtesgaden absetzen. Er ruft Martin Bormann dazu und befiehlt allen dreien den Abflug nach Süddeutschland noch in dieser Nacht. Dort soll Keitel – zusammen mit Göring als Hitlers offiziellem Stellvertreter – die Führung im Südraum übernehmen. Bormann, Keitel und Jodl weigern sich. Keitel: »Ich habe Ihnen in den sieben Jahren niemals den Befehl verweigert. Diesen Befehl aber führe ich auf keinen Fall aus. Sie können und dürfen die Wehrmacht nicht im Stich lassen, in dieser Lage erst recht nicht.« Hitler: »Ich bleibe hier, das steht fest. Ich habe mich absichtlich ohne Ihr Wissen durch öffentliche Bekanntgabe gebunden. Es muss jetzt ja auch mit den Feinden verhandelt werden, und das kann Göring sowieso besser als ich. Entweder ich gewinne die Schlacht um Berlin, oder ich falle in Berlin. Das ist mein unabänderlicher Entschluss.«[58]

Keitel muss endgültig erkennen, dass Hitler Berlin freiwillig nicht verlassen wird. Also schwenkt er auf die am Nachmittag beschlossene Strategie um, einen Entsatzangriff auf Berlin zu führen, und erklärt, sofort zur 12. Armee fahren zu wollen, um General Wenck persönlich den Befehl zu übermitteln, sich mit der 9. Armee zu vereinen und gemeinsam von Süden nach Berlin zu marschieren. Hitler ist einverstanden. Mit Keitel bricht auch Jodl auf. Er will nach Krampnitz, südöstlich von Berlin, nur wenige Kilometer von Wannsee gelegen, wohin die Reste des OKW und des Wehrmachtsführungsstabes nach der Lagebesprechung am Nachmittag verlegt und zu einem »Gesamtstab OKW« fusioniert wurden.[59] Hitlers wichtigste militärische Ratgeber verlassen den Bunker gegen 20.30 Uhr.

Als ranghöchster Offizier bleibt überraschend General Hans Krebs, der Chef des Generalstabes des Heeres. Krebs hat diese Position erst vor einem Monat angetreten, nachdem Hitler sich mit seinem langjährigen Generalstabschef Heinz Guderian überworfen hatte. Der joviale Stabsoffizier trinkt gern einen über den Durst, liebt fröhliche Runden, in denen gesungen und sein sarkastischer Humor geschätzt wird. Er weiß in jeder Situation den passenden Witz zu erzählen. 1941 ist Krebs kurz vor dem Einmarsch der Wehrmacht in der Sowjetunion Militärattaché in Moskau gewesen. Stalin persönlich hat ihm damals auf die Schulter geklopft und zu ihm gesagt: »Wir müssen Freunde bleiben, was immer auch geschieht.« »Davon bin ich überzeugt«, hat Krebs, der die Episode oft und gern erzählt, geantwortet. Ähnlich wie Keitel und Jodl ist der Generalstabschef bei seinen Frontoffizieren wegen seines Opportunismus und mangelnden Durchsetzungsvermögens gegenüber Hitler wenig beliebt.[60] Krebs hat immer nur als Stabsoffizier, nie an der Front gedient. Er ist der ewige »zweite Mann« – genau das, was Hitler jetzt braucht.

Bernd Freiherr Freytag von Loringhoven, Krebs' Adjutanten, durchfährt ein eisiger Schreck, als sein Vorgesetzter ihm mitteilt, dass er anstelle von Keitel und Jodl bei Hitler im Bunker bleiben wird. Loringhoven ist klar, dass diese Entscheidung auch für ihn gilt und dass sie mehr oder weniger einem Todesurteil gleichkommt. Ein Entrinnen erscheint ihm in dieser Sekunde als nahezu ausgeschlossen.[61] Dasselbe Schicksal ereilt Krebs' Ordonnanzoffizier, Rittmeister Gerhard Boldt, der sich im neuen Hauptquartier des OKH in Potsdam befindet. Hier wird ihm der Befehl seines Vorgesetzten übermittelt: »Vor einer halben Stunde rief General Krebs an. Sie sollen sofort in den Bunker der Reichskanzlei kommen, um Freytag zu unterstützen. Ihre Sachen sollen Sie mitbringen. Ich glaube, Sie wissen, was das für Sie bedeutet.« Der Überbringer der schlechten Nachricht legt Boldt die Hand auf die Schulter und fügt hinzu: »Wenn es soweit ist, wenn der Russe da ist und der Augenblick kommt, wo der Gasschlauch in Tätigkeit tritt, dann gehen Sie rechtzeitig aus dem Bunker und sterben einen anständigen Soldatentod auf dem Wilhelmplatz.« Für Boldt ist es »ein grausames Erwachen«.[62]

Berlin-Mitte, Führerbunker, später Abend

Zwar hat Hitler sich am Nachmittag bei der Lagebesprechung noch einmal zusammengerissen, doch im »privaten« Kreis wird abends deutlich, dass er an eine Wende des Krieges tatsächlich nicht mehr glaubt. Während das sowjetische Artilleriefeuer unaufhörlich dröhnt, versuchen seine Gesellschafterinnen bei der nächtlichen Teerunde ihn aufzumuntern. Sie deuten auf das Bild Friedrich des Großen, das in dem kleinen Zimmer über seinem Schreibtisch hängt, um den »Chef« an das Mirakel des Hauses Brandenburg zu erinnern, das Friedrich den Großen 1762 noch rettete, als der Krieg gegen die vereinten Armeen von Österreich, Russland und Frankreich für Preußen schon verloren schien. »Mein Führer, wo bleibt das letzte Bataillon?«, fragen sie ihn. »Glauben Sie nicht mehr an die Beispiele der Geschichte?« Hitler schüttelt müde den Kopf: »Die Armee hat mich verraten, die Generale taugen nichts. Meine Befehle sind nicht ausgeführt worden. Es ist endgültig vorbei. Der Nationalsozialismus ist tot und wird nie mehr auferstehen!« Die Anwesenden sind angesichts dieses drastischen Stimmungsumschwungs wie erschlagen.[63]

Eva Braun wechselt das Thema und kommt auf Hitlers engste Wegbegleiter zu sprechen. »Weißt du«, fragt sie naiv, »dass dich alle verlassen haben, verstehe ich nicht. Wo ist Himmler, wo sind Speer, Ribbentrop, Göring? Warum sind sie nicht bei dir geblieben, wo sie hingehören?« Auch als Hitler entgegnet, draußen nützten ihm die Angesprochenen mehr, bleibt sie dabei: »Aber Speer zum Beispiel. Er war doch dein Freund. Er wird bestimmt kommen, ich kenne ihn.«[64]

Berlin-Mitte, Reichskanzlei, später Abend

SS-Brigadeführer und Generalmajor der Waffen-SS Wilhelm Mohnke, der Führer der Leibstandarte Adolf Hitler, erhält vom Diktator den Befehl, sämtliche in Berlin vorhandenen Kräfte der Waffen-SS zur »Kampfgruppe Mohnke« zusammenzufassen. Sein Auftrag: die Verteidigung des Zentrums und damit des Regierungsviertels der Reichshauptstadt. Berlin ist in Vorbereitung auf den Angriff der Roten Armee in acht Verteidigungsabschnitte – A bis H – eingeteilt worden. Jeder dieser Abschnitte wird von einem General oder Oberst geführt. Im Zentrum dieser letzten Verteidigungslinie liegt als neunter Abschnitt Z, was für »Zitadelle« steht und das Regierungsviertel meint. Diesen Abschnitt soll nun Mohnke übernehmen. Dem 34-Jährigen eilt der Ruf voraus, einer der härtesten Offiziere der Waffen-SS zu sein. Mohnke ist Träger des Ritterkreuzes, er hat an diversen Feldzügen teilgenommen, an fast allen Fronten gekämpft und ist dabei sieben Mal verwundet worden.

Als Mohnke seine neue Aufgabe antritt, stellt er sofort fest, dass für

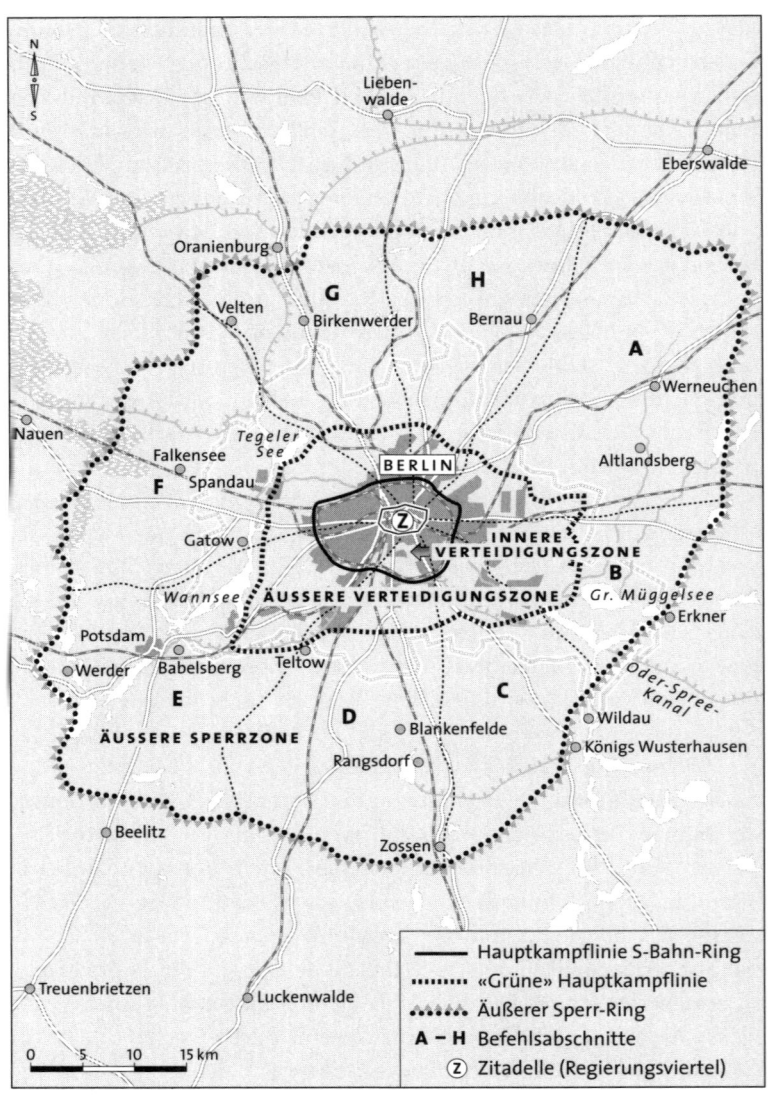

Verteidigungsplan für Berlin nach dem »Grundsätzlichen Befehl« vom 9. März 1945

die militärische Verteidigung der Reichskanzlei keinerlei Vorbereitungen getroffen worden sind. Was er und seine Männer an Waffen, Munition und sonstiger Ausrüstung benötigen, müssen sie sich erst selbst beschaffen. Der neue Kampfkommandant des Regierungsviertels lässt unverzüglich Transportzüge mit Waffen und Munition, die auf den Berliner Güterbahnhöfen stehen, entladen und die Fracht in die Reichskanzlei schaffen. Außerdem gibt er Befehl, ausreichende Mengen an Nahrungsmitteln aus den noch erreichbaren Arsenalen und Proviantämtern am Spreehafen in die Neue Reichskanzlei zu schaffen. Sogar einen Brunnen lässt er im Garten der Reichskanzlei anlegen.[65] Wenig später ist die viertausend Mann starke Kampfgruppe Mohnke formiert und kommt sofort zum Einsatz. Im Laufe der nächsten Tage werden ihr zusätzlich verschiedene kleinere Einheiten von Heer und Luftwaffe und schließlich auch eine 160 Mann starke Kompanie der Marine zugeordnet, außerdem die Berliner Hitlerjugend. Seinen Gefechtsstand bezieht Mohnke im Bunker unter der Neuen Reichskanzlei.

Guttau bei Bautzen

In Guttau, nördlich von Bautzen, ist ein polnisches Feldlazarett aufgebaut worden, das zu Konjews Heeresgruppe gehört und sich mit der Front in Richtung Dresden bewegt. Bei einem Gegenstoß wird das Lazarett von deutschen Truppen überrannt. Das polnische medizinische Personal wird erschossen, das Gebäude in Brand gesetzt. Die Verwundeten verbrennen bei lebendigem Leib. Niemand kann entkommen.[66]

+++ Generalfeldmarschall Keitel befiehlt General Wenck persönlich, Hitler »aus Berlin herauszuhauen« +++ Das Regierungsviertel wird zur »Zitadelle« +++ Albert Speer kehrt noch einmal in die Reichskanzlei zurück +++ Görings »Verrat« und Verhaftung +++

MONTAG, 23. APRIL

Belzig in Brandenburg, Hauptquartier von Walther Wenck, nach Mitternacht

Generalfeldmarschall Keitel erreicht General Wenck nach Mitternacht nahe Belzig, südwestlich von Potsdam. Hier hat der Befehlshaber der 12. Armee sein Hauptquartier in der Oberförsterei »Alte Hölle« bezogen. Die Tagesmeldung der Wehrmachtsführung macht deutlich, wie riskant dieser Ausflug Keitels an die Front ist: »In der Schlacht um die Reichshauptstadt erzielte der Feind ... Einbrüche bis in die Räume südostw. Brandenburg, südl. Potsdam, nördl. Königs Wusterhausen und drang bis in die Randgebiete der östlichen und westlichen Stadtteile vor. Im Norden Berlins wurden zwischen Niederschönhausen und der Nordspitze des Tegeler Sees Feindangriffe abgewiesen.«[1]

Unter vier Augen schildert Keitel Wenck zunächst Hitlers Zusammenbruch vom Vortag und dessen Entschluss, die Entscheidung in Berlin zu suchen und nicht nach Berchtesgaden auszuweichen. Dann kommt der Chef des OKW zur Sache: Er befiehlt Wenck den im Bunker beschlossenen Entsatzangriff auf Berlin. Hitler müsse aus der Reichskanzlei geholt werden, »nötigenfalls mit Gewalt«.[2] »Befreien Sie Berlin! Machen Sie mit allen verfügbaren Kräften kehrt. Vereinigen Sie sich mit der 9. Armee. Hauen Sie den Führer heraus. Sein Schicksal ist Deutschlands Schicksal. Sie, Wenck, haben es in der Hand, Deutschland zu retten!«[3]

Wenck schwante schon Übles, als Keitel, der bislang nur ganz selten an der Front aufgetaucht ist, sich zu einem Besuch anmeldete. Der vom OKW-Chef vorgeschlagene Operationsplan stützt sich auf Divisionen, die sich längst in Luft aufgelöst haben oder noch gar nicht existieren. Zudem weiß Wenck, dass die 80 000 Mann der 9. Armee südöstlich von Berlin von sowjetischen Truppen eingeschlossen und in schwere Kämpfe verwickelt sind. Die 9. Armee ist bereits schwer dezimiert worden und verfügt kaum noch über Munition. Ehe Keitel wieder aufbricht – es ist 3.00 Uhr morgens –, fühlt er sich bemüßigt, noch einen

Durchhalteappell an Wenck zu richten. Seine Wortwahl entlarvt, wie sehr er eine Marionette Hitlers ist. Es komme jetzt nur noch darauf an, auszuhalten und nicht weich zu werden, denn über kurz oder lang würden die Russen und die Amerikaner sich verfeinden, versucht Keitel Walther Wenck allen Ernstes einzureden.

Wenck versichert Keitel, dass er seine Divisionen auf dem schnellsten Wege nach Osten verlegen und dann angreifen werde. Doch innerlich vollzieht er in diesen Stunden den Bruch mit Hitler und Keitel. Nach Beratung mit seinem Stab beschließt General Wenck wie schon SS-General Steiner, von diesem Moment an eigene Wege zu gehen, unabhängig von den Befehlen des Diktators im Führerbunker und dessen Sprachrohr Keitel. Das fast eingeschlossene Berlin kann er mit den schwachen Kräften seiner frisch zusammengestellten »Befreiungsarmee« unmöglich befreien. Eine richtige Armee ist die 12. Armee ohnehin nicht. Von ihren geplanten zehn Divisionen sind nur drei zu voller Aufstellung gelangt – und die sind mangelhaft ausgerüstet und bewaffnet. So verfügt die 12. Armee über keinen einzigen Panzer und fast keine Flak.[4] Wenck ist sich darüber im Klaren, dass er seine Männer sinnlos opfern würde, wenn er Hitlers Befehlen folgte.

Ein Angriff seiner Division in Richtung Potsdam ist hingegen sinnvoll. Damit kann für die Garnison von Potsdam, rund 20 000 Soldaten unter Führung von General Reymann, eine Schneise nach Westen geöffnet werden. Das ist immerhin ein Weg, um zu verhindern, dass die Garnison von der Roten Armee eingeschlossen und gefangen genommen wird. Ein Weg, um Richtung Magdeburg über die Elbe in amerikanische Kriegsgefangenschaft zu fliehen. Nichts fürchten die deutschen Landser mehr als »Sibirien«. Vielleicht hilft ein Angriff nach Osten auf Konjews Truppen sogar der 9. Armee, aus ihrem Kessel auszubrechen.[5]

Berlin-Mitte, Führerbunker, 2.00 Uhr

Nach Mitternacht erscheint SS-Gruppenführer und Generalleutnant der Waffen-SS Karl Gebhardt im Führerhauptquartier. Der Chefarzt der Rotkreuz-Krankenanstalten in Hohenlychen, rund hundert Kilometer nördlich von Berlin – hier hat Heinrich Himmler in den letzten Apriltagen sein Hauptquartier aufgeschlagen –, ist ein enger Freund und Berater des Reichsführers SS. Jetzt hat Himmler seinen Vertrauten als neuen Präsidenten des Deutschen Roten Kreuzes vorgeschlagen, nachdem sein Vorgänger und Reichsarzt SS Ernst-Robert Grawitz sich und seine Familie während des Abendessens mit zwei Handgranaten in die Luft gesprengt hat. Gebhardt ist gekommen, um sich von Hitler in diesem Amt bestätigen zu lassen. Bei dieser Gelegenheit bietet er an, die Evakuierung der noch im Bunker verbliebenen Frauen und Kinder zu organisieren. Während Hitler mit sichtbarem Desinteresse Gebhardts Gesuch der Bestätigung im Amt stattgibt, lehnt er das Angebot einer Evakuierung der Frauen in seinem Umfeld ab. Daran bestünde kein Interesse, lässt der Diktator wissen, weil diese sich aus freien Stücken entschieden hätten, bei ihm im Bunker zu bleiben.[6]

Berlin-Mitte, Bunker unter der Reichskanzlei, nachts

Als der in den Führerbunker abkommandierte Gerhard Boldt in der Reichskanzlei ankommt, bietet sich ihm in den Gängen und Bunkern überall dasselbe Bild. Soldaten der Waffen-SS sitzen oder liegen auf dem Boden. Die zumeist großen, kräftigen, jungen Männer sehen nicht so aus, als wollten sie noch kämpfen. Resigniert und teilnahmslos haben sie sich in ihr Schicksal ergeben. Manche schlafen, ihr Gewehr im Arm, andere stehen an die Wände gelehnt, nur wenige haben sich zu Gruppen zusammengefunden und unterhalten sich. Freytag von Loringhoven, der Adjutant von General Krebs, begrüßt den Neuankömmling mitfühlend: »Ja, mein Lieber, mitgefangen, mitgehangen.«[7]

Es dauert nicht lange, bis die beiden Generalstabsoffiziere ihre Überlebenschancen erörtern. »Wie lange wird der Kampf wohl noch dauern?«, fragt Boldt. Loringhovens Antwort kommt schnell, auch für ihn ist das die entscheidende Frage: »Acht, allerhöchstens zehn Tage.« »Und was hältst du von Wenck?« »Nichts, gar nichts, denn mit seinen Kräften ist es ausgeschlossen, irgendwie entscheidend auf den Kampfverlauf einzuwirken.« Boldt: »Gibt es also gar keinen Hoffnungsschimmer mehr?« Loringhoven: »Nein, nur die Möglichkeit, die letzte Katastrophe, wenn auch nur für ein paar Tage, aufzuschieben.«[8]

Börnersdorf, südlich von Dresden, nachts

Nicht alle Maschinen, die von Berlin nach Süddeutschland gestartet sind, erreichen ihr Ziel. Major Friedrich Gundelfinger, einer der Flugkapitäne aus der Führerstaffel, musste auf einige seiner Passagiere warten. An Bord sind außerdem Papiere und Akten, deren Inhalt nach Hitlers Willen kommenden Generationen erhalten bleiben soll. Sie sind von Julius Schaub in Kisten verpackt und von Beamten des Reichssicherheitsdienstes in die Maschine gebracht worden, darunter mehrere Zinkkisten mit allen stenografischen Aufzeichnungen von Hitlers

Tischgesprächen seit 1942 im Original.[9] Hitlers Lieblingsdiener Wilhelm Arndt soll die Dokumente an ihren Bestimmungsort bringen. Die verspätet gestartete Junkers 352 stürzt in der Nähe von Börnersdorf, 35 Kilometer südlich von Dresden, ab. Die Maschine brennt restlos aus, und alle Passagiere kommen ums Leben. Hitler reagiert sehr erregt, als er am Morgen erfährt, dass die Maschine und sein Diener vermisst werden: »Ich habe ihm außerordentlich wichtige Akten und Papiere anvertraut, die der Nachwelt Zeugnis von meinen Handlungen ablegen sollen!« Der Verlust dieser Papiere geht dem Diktator so nahe, dass er sich lange nicht beruhigen kann.[10]

Berlin, morgens

Das Leben der Bevölkerung wird immer unerträglicher. Die Soldatensender, sofern die ständigen Stromausfälle deren Empfang überhaupt noch zulassen, vermelden ein rasches Vordringen der sowjetischen Einheiten. Gerüchte schwirren durch die Luft. Deutsche Arbeiter sollen sich Kämpfe mit der SS liefern, heißt es. Die wenigen Männer, die noch zu Hause sind, stellen in Erwartung »roter« Überfälle und Plünderungen Wachen auf. Ein Waffenstillstand mit Amerikanern und Engländern soll bevorstehen. Angeblich wollen die westlichen Alliierten dann gemeinsam mit den Deutschen Russland bekämpfen.[11] Die Illusionen von Hitler und Goebbels haben das Volk erreicht – und die gequälten Berliner sind anfällig für Illusionen. Die Realität holt sie jedoch immer wieder schnell auf den Boden der Tatsachen zurück.

In den Randbezirken Berlins wird verzweifelt gekämpft. Plünderungen und Vergewaltigungen durch Rotarmisten sind an der Tagesordnung. Aber auch die Berliner »hamstern«, wo immer es etwas zu holen gibt. Sie stehlen für die Luftwaffe vorgesehene Verpflegung aus Eisenbahnwaggons, räumen das Kaufhaus Karstadt am Hermannplatz fast leer und plündern die Bäcker- und den Fleischerladen in ihren Vierteln.[12]

Derweil nimmt die sowjetische Artillerie die Innenstadt immer heftiger unter Beschuss. Vor allem das Regierungsviertel liegt praktisch unter Dauerfeuer. Hinzu kommen pausenlos geführte, massive Angriffe der sowjetischen Luftwaffe. Die deutschen Soldaten, Volkssturmmänner und Hitlerjungen haben sich in Kellern, Ruinen und auf Dachböden verschanzt und lauern auf die vorrückenden sowjetischen Soldaten. Oft kaum oder nur unzureichend bewaffnet, treten sie zum hoffnungslosen Kampf an und setzen sinnlos ihr Leben aufs Spiel. Ihre Taktik: Sie lassen die vordersten Einheiten der Angreifer vorbei, manchmal auch noch die zweite Welle und eröffnen dann das Feuer im Rücken der sowjetischen Frontlinie. Überall lodern Brände, die kein Mensch mehr löscht, krachen Explosionen, sterben Soldaten und Zivilisten, Männer, Frauen und Kinder. Verzweifelt fliehen die Menschen aus ihren zertrümmerten Häusern und suchen in den U-Bahn-Schächten Zuflucht. Die Bedingungen in den Luftschutzbunkern sind nahezu unerträglich geworden. In der riesigen Luftschutzanlage des Anhalter Bahnhofs haben auf 3600 Quadratmetern fast zwölftausend Menschen Unterschlupf gefunden. Manche müssen tagelang auf einer Treppenstufe ausharren. In dem Gedränge kann niemand mehr die Toiletten erreichen. Wegen der ständigen Stromausfälle funktionieren auch die strombetriebenen Pumpen und Lüftungen nicht mehr, so dass es kein Trinkwasser und keine Frischluft gibt.[13] Genauso sieht es im Bunker in Adlershof aus. Die Kinder und die Windeln der Babys können nicht mehr gewaschen werden. In ruhigen Minuten wagen sich einige Mutige nach draußen, um unter Lebensgefahr in allen möglichen Gefäßen Wasser in den Bunker zu holen.[14]

Berlin-Mitte, Führerbunker, morgens

Apathisch und teilnahmslos, mit wachsbleichem Gesicht, gebeugtem Rücken und entsetzlich zitternden Gliedern schlurft Hitler durch seine unterirdische Behausung, in der Putz und Staub von den Wänden rieseln. Das ist vom Führer des deutschen Volkes, dem allmächtigen Herrscher fast ganz Europas übrig geblieben. Seine Sekretärinnen halten sich ständig in seiner Nähe auf, auch in der unheimlichen Erwartung, dass er seinem Leben ein Ende macht.[15] Aber Hitlers Ringen mit der Entscheidung zum Selbstmord wird noch Tage dauern.

Als Wilhelm Mohnke, der Befehlshaber der »Zitadelle« und Kampfkommandant der Reichskanzlei, an diesem Morgen seinen neuen Posten antritt und sich bei Hitler meldet, ist auch er entsetzt über den Anblick, den der Diktator bietet: »gealtert, gebeugt, zitternd und offenbar von Injektionen abhängig«. Mohnke beobachtet, wie Hitler sich mit dem SS-Arzt Ludwig Stumpfegger und einer Spritze in seine Wohnräume zurückzieht.[16] Stumpfegger war früher der behandelnde Arzt von Heinrich Himmler und ist auf dessen Empfehlung hin seit Oktober 1944 Hitlers chirurgischer Begleitarzt. In den letzten Wochen ohne Aufgabe, hat der Zwei-Meter-Hüne im Rang eines SS-Obersturmbannführers seit Morells Entlassung die Verabreichung der stimulierenden Injektionen übernommen.

Die Nervosität unter den Bunkerbewohnern steigt unaufhörlich. Die Angst steht vielen ins Gesicht geschrieben und wird auch nicht mehr verborgen. Selbst furchtlose Typen wie Mohnke empfinden die Atmosphäre im Führerbunker mit seinen zellenartigen Räumen als bedrückend. Die meisten hier sitzen beschäftigungslos herum und warten, die Gespräche kreisen um das nahe Ende. Es gibt nichts mehr für sie zu tun. Mit ihnen wartet und leidet auch Eva Braun. Nach außen hin zeigt sie immer eine von den anderen bewunderte, ruhige Gelassenheit, ja fast Heiterkeit. Nur selten lässt sie erkennen, wie es in ihrem Innern aussieht, etwa als sie plötzlich die Hände von Hitlers Sekretärin in ihre nimmt und mit zitternder, heiserer Stimme hervorstößt: »Frau Junge, ich habe solche entsetzliche Angst. Wenn es nur endlich vorbei wäre!«[17]

Johannes Hentschel hat wenigstens noch eine Aufgabe. Er ist seit 1933 als Chefelektriker in der Reichskanzlei beschäftigt und dafür zuständig, im Maschinenraum des Führerbunkers die technischen Anlagen in Betrieb zu halten. Das gilt insbesondere für den Dieselmotor, der die Energieversorgung sichert. Der Führerbunker ist im Hinblick auf die Versorgungs- und Nachrichtentechnik nie ganz fertig gestellt worden, und Hentschel muss in den letzten Apriltagen in den Gängen und auf den Treppen im Labyrinth unter der Reichskanzlei elektrische Kabel ausrollen, damit überall Strom verfügbar ist. Außerdem verlegt er Feuerwehrschläuche als Ersatz für Wasserleitungen. Bei dem ständigen Hin und Her im Bunker kommt es vor, dass »sich die Kabel und Schläuche ineinander wie Spaghetti« verheddern.[18] An diesem Tag zieht Hentschel aus dem Bunker der Reichskanzlei in den Führerbunker um und hält sich von nun an Tag und Nacht fast ausschließlich im Maschinenraum des Führerbunkers auf, wenn er nicht im Vorbunker schläft oder isst. Den Dieselmotor für die Energieversorgung will er keinem anderen anvertrauen. Sein Vorrat an Dieselöl reicht, um den Motor bis Mitte Mai in Betrieb zu halten. Als Mohnke und seine Männer in der Reichskanzlei auftauchen, fühlt Hentschel Entsetzen in sich aufsteigen. Ihm wird klar, dass Hitler Mohnke den Befehl erteilt hat, bis zum letzten Mann und zur letzten Kugel zu kämpfen. Und Mohnke verkörpert so vollkommen den Typ des »eisenharten Kommandeurs«, dass kein Zweifel daran bestehen kann, dass er diesen Befehl auch bis zur letzten Konsequenz befolgen wird.[19] In der Tat wird Mohnkes Truppe in den nächsten Tagen todesverachtend um jeden Meter Gelände kämpfen.

In ganz anderer Verfassung als Hitler ist Joseph Goebbels. Es scheint, als würde ihn die hoffnungslose Lage zu höchster Aktivität anspornen. Mit Hilfe seines Adjutanten Günther Schwägermann und seines Staatssekretärs Werner Naumann schickt der Propagandaminister einen Aufruf und Befehl nach dem anderen aus dem Bunker. In einem Flugblatt für die Berliner Bevölkerung heißt es: »Die Armee Wenck kommt und gibt euch Freiheit und Sieg.« Auch Goebbels' Mitteilung, dass Hitler in Berlin bleiben wird und persönlich den Befehl über »alle zur Verteidigung Berlins angetretenen Kräfte« übernommen hat, soll die Berliner motivieren, das Unmögliche möglich zu machen.[20] An die »Männer Berlins« appelliert Goebbels in seiner Eigenschaft als Reichsverteidigungskommissar: »In dieser schicksalhaften Stunde des Kampfes um die Reichshauptstadt wende ich mich an alle nichteingesetzten Soldaten und Männer Berlins, sich umgehend in die Verteidigungsfront der Reichshauptstadt einzureihen. […] Den gleichen Appell richte ich an alle Berliner Männer, die nicht im Volkssturm erfasst und für die Verteidigung eingesetzt sind. […] Ehrenhaft und männlich wollen wir unsere Pflicht tun, dem ganzen Volk ein Vorbild der tapferen Gegenwehr sein. Ein Hundsfott, wer in dieser Stunde die schimpfliche Feigheit dem männlichen Kampfe vorzieht. Soldaten, Verwundete, Männer Berlins! Auf zu den Waffen!«[21]

Berlin-Mitte, Reichskanzlei, morgens

Die beiden Neuankömmlinge im Bunker, von Loringhoven und Boldt, nehmen ihre Arbeit auf. Bis vor kurzem waren Dutzende von Generalstabsoffizieren damit beschäftigt, die täglichen Lageberichte von allen Fronten zusammenzustellen und auszuwerten. Jetzt sind von Loringhoven und Boldt allein dafür verantwortlich, die militärische Lage zu beobachten und Hitler einen Überblick zu verschaffen. Schon am frühen Morgen erleben die beiden Generalstabsoffiziere ihre erste bittere Enttäuschung. Sie verfügen über keine eigene Funkverbindung mehr mit der Außenwelt. Die Nachrichtenabteilung im Führerhauptquartier ist über Nacht verschwunden; die Männer haben die letzte Gelegenheit genutzt, sich zusammen mit den anderen Stäben der Reichskanzlei nach Süddeutschland abzusetzen.[22] Wer den Befehl dazu gegeben hat, lässt sich nicht mehr ermitteln, jedenfalls ist damit eine unmittelbare Kommunikation zwischen der Reichskanzlei und der Außenwelt nur noch eingeschränkt möglich. Innerhalb von Berlin kann aus der Reichskanzlei weiterhin über das städtische Telefonnetz telefoniert werden, obwohl die Rote Armee schon nennenswerte Teile der Stadt besetzt hat. Aus der Stadt heraus gibt es lediglich noch eine Funksprechverbindung zum OKW in Neu-Roofen, und die Qualität dieser Verbindung ist oft sehr schlecht.[23] Im Reichspropagandaministerium ist jedoch noch im April 1945 eine Funkstelle der Marine eingerichtet worden, und auf die können Hitler und Krebs zugreifen. Allerdings müssen die ein- und ausgehenden Nachrichten und Befehle dabei von Boten zwischen der Reichskanzlei und dem Propagandaministerium hin- und hertransportiert werden, eine Aufgabe, bei der die Melder - meist Hitlerjungen, die die unter ständigem, starkem Beschuss liegende Wilhelmstraße überqueren müssen - jedes Mal ihr Leben riskieren. Und schließlich verfügt Martin Bormann als Leiter der Parteikanzlei über eine eigene Funkanlage, die für die Kommunikation mit militärischen Stellen aber kaum geeignet ist. Zum einen kann Bormann darüber ausschließlich zu den Gauleitern im Reich eine Funkverbindung herstellen. Zum anderen wird der Funkverkehr der NSDAP über einen eigenen Nachrichtenschlüssel (Parteicode) abgewickelt, der sich erheblich von den Schlüsseln des Heeres und der Marine unterscheidet.[24]

Notgedrungen müssen sich von Loringhoven und Boldt mit einer für die oberste deutsche Heeresführung reichlich primitiven Form der Nachrichtenbeschaffung behelfen. Gerhard Boldt ruft einfach die Nummern von Bekannten in den umkämpften Stadtteilen an oder wählt aufs Geratewohl aus dem Telefonbuch geeignete Adressen und Nummern: »Sagen Sie, gnädige Frau, waren die Russen schon bei Ihnen?«[25] Um zu erfahren, wie es an den anderen Fronten steht, hören Boldt und von Loringhoven die Nachrichten der alliierten Rundfunksender ab.[26] Es ist eine Groteske, dass sie Hitler schließlich ein Lagebild vortragen, das sich zum großen Teil aus Meldungen des feindlichen Rundfunks und telefonischen Berichten von Zivilisten zusammensetzt.

Belzig in Brandenburg, Hauptquartier von Walther Wenck, morgens

General Wenck steht mitten in seinen Angriffsvorbereitungen, als ein Kurierflugzeug aus Berlin landet. Es ist voll bepackt mit Flugblättern, die den Führerbefehl vom 23. April verkünden: »Soldaten der Armee Wenck! Ein Befehl von größter Tragweite hat euch aus euren Aufmarschräumen gegen unsere westlichen Feinde herausgerufen und in Richtung nach Osten in Marsch gesetzt. Euer Auftrag ist klar: Berlin bleibt deutsch. Die euch befohlenen Ziele müssen unter allen Umständen erreicht werden, denn auch von anderer Seite sind Operationen mit dem Ziel im Gange, im Kampf um die Reichshauptstadt den Bolschewisten die entscheidende Niederlage beizubringen und damit die Lage Deutschlands grundlegendst zu ändern. Berlin kapituliert nie vor dem Bolschewismus. Die Verteidiger der Reichshauptstadt haben bei der Nachricht von eurem schnellen Aufmarsch frischen Mut gefasst und kämpfen mit Trotz und Verbissenheit in dem Glauben, bald das Donnern eurer Geschütze zu hören. Der Führer hat euch gerufen. Ihr seid, wie in alten Zeiten des Sieges, zum Sturm angetreten. Berlin wartet auf euch. Berlin sehnt euch mit heißem Herzen herbei.«[27] Es ist ein haarsträubender Fehler, einen militärischen Angriffsplan öffentlich bekannt zu geben. Wenck denkt denn auch gar nicht daran, die Flugblätter zu verteilen, sondern lässt sie verbrennen.[28] Hitler, der keinem General mehr traut, will mit dieser Aktion verhindern, dass Wenck sich wie zuvor Steiner seinem Angriffsbefehl widersetzt. Zur Sicherheit lässt der Diktator seinen Befehl an die 12. Armee auch noch über den Rundfunk senden. Aus dem unter Goebbels' Ägide stehenden »Werwolfsender«[29] tönt es: »Der Führer hat aus Berlin Befehl erlassen, dass alle Einheiten, die noch gegen die Amerikaner kämpfen, sofort nach Osten verlegt werden, um Berlin zu verteidigen. 16 Divisionen sind bereits auf dem Marsch und werden stündlich in Berlin erwartet.«[30] Das ist zwar eine glatte und bewusste Lüge, aber sie erzielt die gewünschte Wirkung. Die Nachricht gibt vielen Berlinern, aber auch Wehrmachtssoldaten noch einmal Auftrieb. Vielleicht kann der Krieg doch noch siegreich beendet werden?

Obersalzberg, Bayern, mittags

Gegen 12.00 Uhr meldet sich General Koller, der Generalstabschef der Luftwaffe, bei Hermann Göring in dessen Landhaus auf dem Obersalzberg, in das der Reichsmarschall sich nach seiner Verabschiedung von Hitler am 20. April abgesetzt hat. Koller kommt mit dem Flugzeug direkt aus Berlin. Er will seinen Vorgesetzten persönlich über den Eklat des gestrigen Nachmittags informieren. Außerdem anwesend sind Görings Chefadjutant, Oberst Bernd von Brauchitsch, und Reichsleiter und SS-Obergruppenführer Philipp Bouhler, der Chef der Kanzlei des Führers. Koller merkt mit Blick auf Bouhler an, dass er ganz entscheidende Meldungen zu überbringen habe, doch Göring meint: »Der Bouhler kann ruhig hier bleiben, er kann alles hören.«[31] Was Koller, der nicht persönlich an der Lagebesprechung teilgenommen hat, aus dritter Hand zu berichten weiß, elektrisiert den massigen Reichsmarschall. Hitler will entgegen seinen ursprünglichen Plänen in Berlin bleiben; er hat den Krieg verloren gegeben und seinen Selbstmord angekündigt. Von entscheidender Bedeutung in Kollers Bericht ist Hitlers resignierende Aussage: »Wenden Sie sich an den Reichsmarschall, er soll mit den Feinden verhandeln, das kann er besser als ich.«[32]

Im Anschluss an Kollers Bericht entspinnt sich eine längere Diskussion, was jetzt zu tun sei. Göring würde die Chance, Hitlers Nachfolge anzutreten, liebend gern wahrnehmen. Doch wie wird der Diktator darauf reagieren? Und was ist, wenn Hitler inzwischen Martin Bormann zu seinem Stellvertreter oder Nachfolger erklärt hat? »Bormann ist mein Todfeind«, wirft Göring in die Runde. »Der wartet nur drauf, mich umzulegen. Handle ich jetzt, stempelt man mich zum Verräter, handle ich nicht, macht man mir den Vorwurf, dass ich in den schwersten Stunden versagt habe.«[33] Der Text des Gesetzes vom 29. Juni 1941, mit dem Hitler Göring zu seinem Stellvertreter erklärt hat, wird aus einer Stahlkassette geholt und analysiert: »Wenn ich in meiner Handlungsfreiheit beschränkt sein oder durch irgendwelche Ereignisse ausfallen sollte, so ist der Reichsmarschall Hermann Göring mein Stellvertreter bzw. Nachfolger in allen Ämtern von Staat, Partei und Wehrmacht«, heißt es da. Die Anwesenden und der hinzugezogene Heinrich Lammers, der Chef der Reichskanzlei, der ebenfalls nach Berchtesgaden ausgewichen ist, kommen zum Ergebnis: Göring ist der offizielle Stellvertreter Hitlers und in dieser Situation berechtigt, den Führer zu vertreten. Doch Göring zögert. Koller schlägt vor: »Wenn Sie ganz sichergehen wollen, schicken Sie Hitler einen Funkspruch und stellen Sie ihm die klare Frage. Eine Frage kann er nicht übel nehmen, er hat Sie ja selbst in diese Situation gebracht.« Dieser Vorschlag wird sofort aufgegriffen.[34]

Göring funkt an Hitler: »Mein Führer! Sind Sie einverstanden, dass ich nach Ihrem Entschluss, im Gefechtsstand in der Festung Berlin zu verbleiben, gemäß Ihres Erlasses vom 29.6.1941 als Ihr Stellvertreter sofort die Gesamtführung des Reiches übernehme mit voller Handlungsfreiheit nach innen und außen? Falls bis 22.00 Uhr keine Antwort erfolgt, nehme ich an, dass Sie ihrer Handlungsfreiheit beraubt sind. Ich werde dann die Voraussetzungen Ihres Erlasses als gegeben ansehen und zum Wohle von Volk und Vaterland handeln. Was ich in diesen schwersten Stunden meines Lebens für Sie empfinde, wissen Sie und kann ich durch Worte nicht ausdrücken. Gott schütze Sie und lasse Sie trotz allem baldmöglichst hierher kommen. Ihr getreuer Hermann Göring.«[35]

Berlin-Mitte, Führerbunker, 14.00 Uhr[36]

Alfred Jodl und Wilhelm Keitel sind noch einmal in den Führerbunker zurückgekehrt, um Hitler über die Ergebnisse ihrer Bemühungen zu unterrichten, Berlin aus der Umklammerung durch die Rote Armee zu befreien. Die Besprechung verläuft außergewöhnlich ruhig. Zunächst referiert General Krebs über die Situation an der Ostfront – sie hat sich gegenüber dem Vortag nicht wesentlich verschlechtert –, dann trägt Jodl vor, wie es an den übrigen Fronten aussieht, schließlich berichtet Keitel über seinen Besuch bei General Wenck.[37]

Als das Gespräch auf seinen letzten Hoffnungsträger kommt, schaltet sich Hitler, der bislang hauptsächlich zugehört hat, wieder ins Gespräch ein. Hitler:»Bis wann ist damit zu rechnen, dass die Hilfskräfte hierher kommen?«Krebs:»Diese Frage ist noch ungelöst. Was wir schaffen konnten, ist herangebracht.«Hitler:»Es ist sehr spät. Bis dorthin kann er [der Russe] in der Innenstadt bereits stehen. Von einer wirklichen Verteidigung kann nicht die Rede sein, wenn keine Truppe da ist. – Ich habe wieder erschütternde Nachrichten gehört: An einer Stelle ist die Truppe zurückgegangen. Volkssturm und Hitlerjugend haben die Geschichte wieder repariert. Die Truppe hatte von irgendjemand Rückzugsbefehle.«Krebs:»Da ist eingegriffen worden. Die ganze Sache wurde unter hohen blutigen Opfern wieder in Ordnung gebracht.«Hitler:»Ein ganzes Korps ist völlig verschwunden. Nur die SS-Division Nordland allein ist da. Alles Übrige ist verschwunden, einschließlich des Kommandeurs des Korps. Die einzige Truppe, die sich dem nicht angeschlossen hat, ist Nordland. Es ist so schandbar! Wenn man es sich alles überlegt, warum dann überhaupt noch leben!«Keitel: »Es muss durch den Verband von Wenck sofort etwas auf Kraftfahrzeugen nach Berlin hereingeworfen werden.«Burgdorf:»Wenck hat vier Reichsarbeitsdienst-Divisionen und keine Waffen!«Hitler:»Dann müssen auch noch Marine-Verbände her. [...] Alle verfügbaren Reserven müssen Wenck zugeführt werden, auch wenn sie schlecht bewaffnet sind, zur Auffüllung der Lücken. Zu Steiner braucht nichts mehr hin. Keitel, sehen Sie zu, was an Bataillonen noch hereinkommt.«Keitel: »Jawohl, mein Führer, es wird alles geschehen.«[38]

Berlin, nachmittags

SS-Sonderkommandos durchkämmen die noch nicht von der Roten Armee besetzten Stadtteile. Vor allem in den Kellern und Luftschutzbunkern suchen sie nach desertierten deutschen Soldaten, die immer häufiger versuchen, in Zivilkleidern unterzutauchen. Auf wen auch nur der Hauch eines Verdachts fällt, sich unerlaubt von der Truppe entfernt zu haben, der wird von SS-Standgerichten gnadenlos zum Tode verurteilt und erschossen oder kurzerhand am nächsten Laternenpfahl aufgeknüpft. Zur Abschreckung hängt man den Toten ein Schild an die Brust, etwa: »Ich hänge hier, weil ich meine Waffe nicht so gebrauchte, wie es der Führer befahl.«[39] Der Wilmersdorferin Ruth Andreas-Friedrich bietet sich an diesem Nachmittag eine solch grausige Szene: »Gerechter Himmel! Jetzt sehen wir es selbst. Lang und hager, die Arme auf dem Rücken zusammengebunden, baumelt es vor uns am Pfahl. Zwei schlotternde Soldatenstiefel schlagen mit gespenstischem Klappern gegen den Laternenmast. Aus bläulichem Totenantlitz glotzen blutunterlaufene Augen blicklos auf das Straßenpflaster. Ein erhängter Mann! Mitten im Getümmel des Frontverkehrs. Wir steigen von den Rädern. [...] Wir sehen nicht mehr die Menschen um uns. Nicht mehr die Autos, die Trecks und die Lastwagen. Wir sehen nur noch den Toten. Die ihn aufknüpften, haben ihm ein Schild um den Hals gehängt. Aus grauer Pappe, mit Bindfaden verknotet. Darauf steht in windschiefen Druckbuchstaben: ›Ich, Unteroffizier Heinrich Lehmann, war zu feige, Frauen und Kinder zu verteidigen. Darum hänge ich hier.‹«[40]

Die Journalistin Marta Hillers beobachtet in Tempelhof, wie Hitlerjungen sich auf die Schlacht mit der Roten Armee vorbereiten: »Man sieht dort blutjunge Kinder, Milchgesichter unter viel zu großen Stahlhelmen, hört mit Schrecken ihre hellen Stimmen. Die können höchstens fünfzehn sein, hängen so schmal und winzig in den schlotternden Uniformjacken. [...] Dass diese Knaben schon vergeudet werden, bevor sie reif sind, muss wohl gegen ein Naturgesetz verstoßen, es ist triebwidrig, gegen jeden Trieb der Arterhaltung gerichtet.«[41] Einer dieser Kindersoldaten, Dieter Borkowski, sieht in Friedrichshain die ersten Toten. Vor den Läden bilden sich trotz des Beschusses nach wie vor Schlangen. Eine alte Frau und ihr Enkelkind, die vor einem Milchgeschäft angestanden haben, sind durch eine Granate getroffen worden und verblutet. Niemand hat sich um sie gekümmert, jeder ist nur noch mit dem eigenen Überleben beschäftigt. Nicht weit

Eine letzte Gruppenaufnahme im Garten der Reichskanzlei: Hitler und sein persönlicher Stab am 20. März 1945 (von links: Heinz Lorenz, Artur Axmann, Hermann Fegelein, Julius Schaub, Otto Günsche, Wilhelm Burgdorf und Heinz Linge).

davon prügeln sich Menschen um das Fleisch eines angeschossenen Pferdes. Sie beginnen an dem Tier herumzusäbeln, da zuckt es noch.[42]

Berlin-Mitte, Führerbunker, nachmittags

Während Hitler sich an Wenck wie an einen Strohhalm klammert, unternehmen einige aus seiner Umgebung noch einmal den Versuch, ihn zur Flucht aus Berlin zu überreden. Reichsjugendführer Artur Axmann versichert Hitler, die nach ihm benannte Jugendorganisation bliebe ihm auch dann treu, wenn er sich entschlösse, auf den Obersalzberg zu gehen. Hitler winkt ab und erklärt zum x-ten Mal, er wolle in Berlin bleiben und sich erschießen, wenn Berlin für ihn verloren gehen sollte. »Am liebsten würde ich draußen fallen«, sagt er zu Axmann. »Aber kämpfen kann ich nicht mehr. Und mit dem Feind zu verhandeln, ist für mich unmöglich. Meine Person steht im Wege. Wenn ich tot bin, können andere das tun, beispielsweise Göring.«[43]

Wilhelm Keitel hat in der Lagebesprechung ebenfalls neue Hoffnung geschöpft, Hitler doch noch »zur Vernunft zu bringen«. Wie am Tag zuvor bittet er ihn um eine Unterredung unter vier Augen. Der besteht jedoch darauf, die Generäle Jodl und Krebs dazuzuholen. Der Grund wird sofort klar. Hitler will sich vor Zeugen erneut festlegen.

Ruhig, aber mit äußerster Bestimmtheit weist er Keitels Ansinnen ein weiteres Mal von sich. Nur seine Anwesenheit in Berlin werde die Truppe zum Standhalten veranlassen und die Bevölkerung vor Panik bewahren, erklärt Hitler. Und das sei die Voraussetzung für die jetzt eingeleiteten Operationen zum Entsatz von Berlin. Allein das Vertrauen auf ihn, behauptet der Diktator mit einem erstaunlichen Verlust an Realitätssinn weiter, biete eine letzte Chance auf den immer noch möglichen Erfolg.

Resignierend melden sich Keitel und Jodl ab und fahren in ihr neues Hauptquartier in Krampnitz bei Potsdam. Dort angelangt, zwingt sie der Vormarsch der Roten Armee zu einer erneuten überstürzten Evakuierung ihrer Stäbe. Die deutsche Heeresführung muss befürchten, in ihrem Standort bei Potsdam in Kürze eingeschlossen zu werden.[44] In einem nächtlichen Marsch flieht der militärische Führungsstab in ein Forsthaus nach Neu-Roofen, in der Uckermark nördlich von Berlin zwischen Rheinsberg und Fürstenberg gelegen. Keitel und Jodl werden Hitler nicht mehr wiedersehen. Ersterer ist von den Ereignissen noch so erregt, dass er Jodl auf dem Weg nach Krampnitz vorschlägt, man müsse Hitler notfalls mit Gewalt aus dem Bunker herausholen. Der gesteht, er denke seit dem gestrigen Tag ebenfalls über so etwas nach.[45]

Währenddessen schreibt Eva Braun einen Abschiedsbrief an ihre Schwester Gretl: »Es kann jeden Tag und jede Stunde mit uns zu Ende sein, und da muss ich die letzte Gelegenheit benützen, um Dir zu sagen, was noch getan werden muss. Vorausgeschickt: Hermann [Fegelein] ist nicht bei uns! Er ist nach Neuen gefahren, um ein Bataillon oder sowas aufzustellen. Ich bin der felsenfesten Überzeugung, dass Du ihn noch einmal sehen wirst. Er wird sich sicher durchschlagen, um vielleicht in Bayern den Widerstand wenigstens für einige Zeit fortzusetzen. Der Führer selbst hat jeden Glauben an einen glücklichen Ausgang verloren. Wir alle hier, und ich inbegriffen, hoffen, solange noch Leben in uns ist. Bitte behaltet jetzt den Kopf oben und verzweifelt nicht! Noch gibt es Hoffnung. Aber es ist auch selbstverständlich, dass wir uns nicht lebend fangen lassen.«[46] Der Rest des Briefes ist eine Art Testament. Ihre Bedienstete, die »treue Liesl«, die nicht von ihrer Seite weichen will, soll ihre goldene Uhr bekommen. Gretl vermacht Eva ein goldenes Armband, ihre Brillantuhr und den Topasanhänger, den Hitler ihr zu ihrem letzten Geburtstag geschenkt hat. Eva Braun hat sich in den vergangenen Tagen von den meisten Wertgegenständen, die sie besitzt, ge-

Als innig, fast intim wird die Beziehung zwischen Eva Braun und ihrem Schwager Hermann Fegelein (hier beide in einer Aufnahme von Fegeleins Hochzeit mit Gretl Braun am 3. Juni 1944) von vielen beschrieben. Eva tanzte und flirtete gern, und Fegelein war als ihr Schwager der einzige Mann in Hitlers Entourage, mit dem sie dies gefahrlos tun konnte.

trennt. Ihre schönsten Kleider, ihren Schmuck, alles, woran ihr Herz hängt, hat sie dem entlassenen Leibarzt Morell mitgegeben. Auch Tabak, Kaffee, Konserven und Schokolade hat sie in einem Koffer in ihre Heimat verfrachten lassen. Eva Braun legt in ihrem Brief exakt fest, wer diese Geschenke bekommen soll. Anders als Hitler weiß sie noch nicht, dass die Maschine, in der Hitlers Diener Wilhelm Arndt mitgeflogen ist, abgestürzt ist. Besorgt fragt sie ihre Schwester: »Ist Arndt mit dem Brief und Koffer angekommen? Wir hörten hier nur, das Flugzeug sei überfällig. Hoffentlich ist Morell mit meinem Schmuck bei Euch gelandet, das wäre ja fürchterlich, wenn etwas passiert wäre!«[47]

Brandenburg, Gefechtsstand von General Weidling, östlich von Berlin

General Helmuth Weidling versteht die Welt nicht mehr. Mit seinem Panzerkorps leistet er östlich von Berlin verzweifelt Widerstand gegen Shukows vielfach überlegene Truppen. In den letzten Tagen ist die Verbindung zur eingekesselten 9. Armee, der seine Einheit angehört, abgebrochen, und Weidling kämpft seither auf sich allein gestellt. Er hat darum einen General als Verbindungsoffizier zum Stab der 9. Armee geschickt. Der kommt an diesem Tag zurück und erklärt dem verdutzten Weidling, Hitler habe den Befehl erteilt, ihn, Weidling, zu erschießen, weil er angeblich unerlaubt seinen Gefechtsstand von der Ostfront nach Döberitz westlich von Berlin verlegt habe. Bereits am Vortag ist ein General nach Döberitz geschickt worden, um Weidling festzunehmen. Der Panzergeneral, der nicht einmal mit dem Gedanken gespielt hat, sich und sein Korps von der Front zurückzuziehen, entschließt sich, sofort nach Berlin zu fahren, um das Missverständnis in einem persönlichen Gespräch mit Krebs aus dem Weg zu räumen.[48]

Berlin-Mitte, Reichskanzlei und Führerbunker, 16.15 Uhr

Kurz nach 16.00 Uhr taucht überraschend Albert Speer noch einmal in der Reichskanzlei auf. Hitlers Rüstungsminister hat sich noch einmal nach Berlin fliegen lassen und zur Reichskanzlei durchgeschlagen, um sich in einem persönlichen Gespräch endgültig von Hitler zu verabschieden. Das formlose Auseinandergehen am Abend von Hitlers Geburtstag erscheint ihm als Ende ihrer langjährigen, für Hitlers Verhältnisse intim zu nennenden Beziehung nicht angemessen. Vor Jahren hat der Diktator, der ein besonderes Faible für Architektur hat, dem jungen Speer Möglichkeiten eröffnet, von denen die meisten nur träumen können. Speer ist schnell zum Lieblingsarchitekten des wichtigsten Bauherrn in Deutschland avanciert. Auch die Neue Reichskanzlei, durch die Speer jetzt geht, ist sein Werk. Der von den alliierten Luftangriffen und dem Artilleriefeuer sowjetischer Geschütze schwer gezeichnete Repräsentationsbau ist Sinnbild sowohl für den Aufstieg und Fall des Dritten Reiches als auch seines eigenen.

Mit den Jahren hat Hitler und seinen Architekten mehr verbunden als die Architektur. Eine Zeit lang stand Speer dem Diktator von allen Unterführern am nächsten. Zwar duzen sich Hitler und sein Architekt nicht, aber ihr Verhältnis war zeitweilig doch fast freundschaftlich zu nennen, soweit Hitler überhaupt zu Freundschaft fähig ist. Anfang 1942 ist Speer zum Minister für Rüstung und Industrieproduktion aufgestiegen. Auch diese Aufgabe hat er so gut erledigt, dass er in der Gunst des Diktators – und damit in der Hierarchie des Dritten Reiches – in die erste Reihe gerückt ist. Doch jetzt sind sie einander entfremdet. Speer ist seinem Mentor auf dem letzten Stück des Weges nicht mehr gefolgt. Als Hitler beschloss, dass, wenn er untergeht, auch die Deutschen den Krieg nicht zu überleben brauchen, hat sich Speer vom Diktator abgewandt. Hitlers Strategie, dem Feind nur »verbrannte Erde« zu überlassen, wollte er sich nicht beugen. Insgeheim hat der Rüstungsminister deshalb den »Führerbefehl über Zerstörungsmaßnahmen im Reichsgebiet« sabotiert, in dem Hitler verfügt hatte: »alle militärischen, Verkehrs-, Nachrichten-, Industrie- und Versorgungsanlagen sowie Sachwerte innerhalb des Reichsgebiets, die sich der Feind für die Fortsetzung seines Kampfes irgendwie sofort oder in absehbarer Zeit nutzbar machen kann, sind zu zerstören«.[49]

Hitler ist nicht verborgen geblieben, dass sein Rüstungsminister gegen die Umsetzung dieses Befehls – und damit gegen die totale Zerstörung der gesamten Infrastruktur des Deutschen Reiches – gearbeitet hat. Albert Speer riskiert darum mit seiner Rückkehr in die Reichskanzlei buchstäblich sein Leben.

Über ein Gewirr verbrannter Balken gelangt Speer unter eingestürzten Decken hindurch zu Hitlers ehemaligem Wohnzimmer, in dem er vor Jahren endlose Abende mit dem Diktator verbrachte. Jetzt sitzen Hitlers Adjutant Schaub und einige seiner Bekannten aus dem Tross der Reichskanzlei in dem Raum, in dem schon Bismarck residierte, und trinken Weinbrand. Zu Speers Beruhigung begrüßt Julius Schaub ihn herzlich und begibt sich sogleich zu Hitler, um die Ankunft des Rüstungsministers zu melden – für Speer ein Indiz, dass Hitler noch nichts davon weiß, dass er am 21. April unter Mithilfe des Hamburger Gauleiters Kaufmann im Funkhaus Hamburg eine Platte mit einer Rede besprochen hat, in der er zum Widerstand gegen Hitler und seine Politik aufruft. Speer hat angeordnet, dass diese Rede unter bestimmten Bedingungen – etwa im Fall seiner Ermordung oder Verurteilung zum Tode – öffentlich ausgestrahlt werden soll.[50]

Bald kommt Schaub zurück: »Der Führer möchte Sie sprechen.« Auf dem Weg in den Führerbunker fragt Speer sich bang, ob er lebend aus dieser Gruft wieder herauskommen wird. Unten begegnet er als Erstem Martin Bormann, der ihn vor allem in der letzten Zeit mit all der Niedertracht bekämpft hat, zu der der Leiter der Parteikanzlei fähig st. Zu Speers Erleichterung begegnet ihm Bormann mit ungewöhnlicher Höflichkeit, ja Freundschaftlichkeit. Der Rüstungsminister entspannt sich ein wenig. Bormanns oder Schaubs Mienen sind schon immer Gradmesser für Hitlers Stimmung gewesen. Bescheiden bittet Bormann – er hat Speer noch nie um etwas gebeten –, Speer möge Hitler umstimmen, Berlin doch noch zu verlassen und das Kommando in Süddeutschland zu übernehmen. Speer antwortet ausweichend und empfindet angesichts Bormanns fast flehentlichen Ausdrucks einen späten Triumph über seinen langjährigen Gegner.[51]

Eva Braun kommt Speer mit ausgestreckter Hand entgegen und sagt: »Ich wusste ja, dass Sie kommen würden. Sie lassen den Führer nicht allein.« Speer lächelt still und entgegnet nach kurzer Pause: »Ich verlasse Berlin heute Abend wieder.«[52]

Berlin-Mitte, Führerbunker, 16.30 Uhr

Als Albert Speer in Hitlers Bunkerraum geführt wird, regt sich der Diktator nicht. Speer hat erneut den Eindruck, als sei sein ehemals geliebter Führer leer und ausgebrannt, ohne Leben. Geschäftsmäßig fragt Hitler seinen Rüstungsminister, welchen Eindruck Großadmiral Dönitz auf ihn mache. Speer spürt, dass Hitler auf die Nachfolgefrage zielt. Er äußert sich positiv, versucht aber nicht, Hitler für Dönitz einzunehmen. Er weiß aus Erfahrung, dass das genau zum Gegenteil führen könnte.

Gleich darauf stellt Hitler unvermittelt die entscheidende Frage: »Was meinen Sie? Soll ich hierbleiben oder nach Berchtesgaden fliegen? Jodl sagte mir, nur noch morgen sei dazu Zeit.« Speer rät dem Diktator trotz Bormanns Intervention, in Berlin zu bleiben. Was er noch auf dem Obersalzberg solle, gibt er dem Obersten Befehlshaber der Wehrmacht zu Recht zu bedenken. Wenn Berlin falle, sei auch der Kampf zu Ende. »Ich finde es besser, Sie beenden, wenn es sein muss, Ihr Leben als Führer hier in der Hauptstadt als in Ihrem Wochenendhaus.«[53]

Diesmal redet Hitler nicht mehr davon, dass eine Wende bevorstehe, dass noch Hoffnung sei. Apathisch, müde und wie selbstverständlich beginnt er über seinen Tod zu sprechen: »Ich bin auch dazu entschlossen, hier zu bleiben. Ich wollte Ihre Ansicht noch einmal hören.« Völlig ruhig wiederholt er dann ein weiteres Mal, wie er sein Ende plant: »Ich werde nicht kämpfen. Die Gefahr ist zu groß, dass ich nur verwundet werde und lebend in die Hände der Russen falle. Ich möchte auch nicht haben, dass meine Feinde mit meinem Körper Schindluder treiben. Ich habe angeordnet, dass ich verbrannt werde. Fräulein Braun

Hitlers Lieblingsarchitekt und Rüstungsminister Albert Speer – hier in einer Plastik von Arno Breker für die Große Deutsche Kunstausstellung 1943 – wusste sich immer zu inszenieren. Daran wird sich auch nach dem Krieg nichts ändern.

will mit mir aus dem Leben gehen, und Blondi werde ich vorher erschießen. Glauben Sie mir, Speer, es fällt mir leicht, mein Leben zu beenden. Ein kurzer Moment, und ich bin von allem befreit, von diesem qualvollen Dasein erlöst.« Es ist eine unheimliche und unwirkliche Atmosphäre. Speer hat Hitler in den letzten Monaten zeitweise gehasst. Er hat seine Befehle verweigert, ihn bekämpft und belogen; aber in diesem Augenblick steht er wieder in seinem Bann, ist verwirrt und erschüttert. Außer Fassung gesteht er, dass er die befohlenen Zerstörungen nicht durchgeführt, ja sie sogar teilweise aktiv verhindert hat. Speer meint Tränen in Hitlers Augen zu sehen. Doch davon abgesehen reagiert er nicht auf die Enthüllung. Geistesabwesend starrt er Speer an, als dieser ihm zögernd anbietet, bei ihm in Berlin zu bleiben, und schweigt dazu.[54] Speers Hoffnung, sich würdig von Hitler verabschieden zu können, wird enttäuscht.[55]

Zur gleichen Zeit spielen die sechs Kinder von Goebbels, scheinbar ahnungslos im Hinblick auf ihr Schicksal, glücklich und zufrieden in den Korridoren des Bunkers. Sie lesen Märchen an dem runden Tisch, der auf einem Treppenabsatz auf halber Höhe zum tiefsten Teil des Bunkers steht. Die regelmäßigen Einschläge der sowjetischen Artillerie beunruhigen sie nicht, sie fühlen sich sicher in »Onkel Führers« Nähe, mit dem sie am Nachmittag Schokolade trinken und ihm dabei ihre Schulerlebnisse erzählen. Helmut, der einzige Junge unter den Geschwistern, liest seinen Aufsatz vor, den er zu Hitlers Geburtstag geschrieben hat. »Das hast du von Vati geklaut«, meint seine Schwester Helga. Und die Erwachsenen lachen, als der Junge antwortet: »Oder der Vati von mir.«[56]

Berlin-Mitte, Führerbunker, 17.00 Uhr

Obwohl sich kaum mehr Militärs im Bunker aufhalten, nimmt Hitler wie gewohnt die Lageberichte von den Fronten entgegen. Die Reichskanzlei ist weitgehend von der Außenwelt abgeschnitten und die Nachrichtenlage verworren, so dass Generalstabschef Hans Krebs bei seinem Vortrag vielfach auf Vermutungen angewiesen ist. Die Karte, die er vor Hitler ausbreitet, deckt nur noch das Gebiet um Berlin und Potsdam ab, und selbst in diesem begrenzten Raum stimmen die Angaben nicht mehr. Wie Speer einige Stunden zuvor beim Anflug auf Berlin selbst gesehen hat, sind die sowjetischen Truppen längst näher herangerückt, als auf der Karte eingezeichnet.[57]

Zu Speers Erstaunen demonstriert Hitler während der Besprechung plötzlich wieder Widerstandsgeist. Hitler: »Es müssen Kräfte hereingeführt werden nach Berlin mit allen Mitteln, um den Grunewald abzudecken. Berlin ist nun einmal jetzt der Hauptanziehungspunkt für den Gegner. Der Gegner weiß, dass ich hier bin. Der Gegner wird alles tun, um sich hier zu konzentrieren. Das kann die beste Gelegenheit für uns geben, um ihn hier in eine Falle zu locken. Das setzt aber voraus, dass man sich bei uns endgültig über die Bedeutung dieser Stunde im Klaren ist und wirklich gehorsam nach dem von oben befohlenen Plan arbeitet. Es muss aufrichtig gearbeitet werden!« Auf die Karte deutend, beschwert sich der Diktator ein weiteres Mal über SS-Obergruppenführer Steiner: »Das hier oben ist nicht ehrlich! Steiner hat zu viel Bedenken angesichts der vor ihm stehenden Abwehrfront.« Krebs: »Ich glaube, dass wir noch vier Tage Zeit haben.« Hitler: »In vier Tagen muss die Sache entschieden sein.«[58]

Berlin-Mitte, Führerbunker, 18.00 Uhr

Gegen 18.00 Uhr trifft General Weidling, dessen Exekution Hitler am Vortag angeordnet hat, in der Reichskanzlei ein. Generalstabschef Hans Krebs und Wilhelm Burgdorf, Hitlers Wehrmachtsadjutant, empfangen ihn mit kühler Zurückhaltung. Weidling, der sich keiner Schuld bewusst ist, geht sofort in die Offensive und fragt, was eigentlich los sei und warum er erschossen werden soll. Das Missverständnis, das für Weidling hätte tödlich enden können, wird schnell aufgeklärt. Weidling legt zweifelsfrei dar, dass sein Gefechtsstand sich ständig nur ein bis zwei Kilometer hinter der vordersten Kampflinie an der Ostfront befunden habe und von einer Verlegung Richtung Westen keine Rede sein könne. Krebs und Burgdorf werden daraufhin bedeutend liebenswürdiger und tragen den Fall unverzüglich Hitler vor, der nach der Lagebesprechung in sein Zimmer gegangen ist.[59]

Kurz darauf wird Weidling in Hitlers Wohn- und Arbeitszimmer geführt. Der Diktator sitzt über Landkarten gebeugt in einem Sessel und erhebt sich mit großer Mühe. Wieder zittern seine Hände und eines seiner Beine stark. Weidling ist nicht nur darüber, sondern auch über Hitlers aufgedunsenes Gesicht und die fiebrigen Augen entsetzt. Mit verzerrtem Lächeln gibt der Oberste Befehlshaber seinem General, der eben noch ein Todeskandidat war, die Hand und fragt mit kaum vernehmbarer Stimme, ob er ihm schon früher begegnet sei. Hitler habe ihn am 13. April 1944 auf dem Obersalzberg mit dem Eichenlaub zum Ritterkreuz ausgezeichnet, erwidert Weidling. Diesmal versagt Hitlers viel gerühmtes Gedächtnis: »Ich erinnere mich an den Namen, aber an das Gesicht kann ich mich nicht mehr entsinnen.«[60]

Währenddessen verabschiedet sich Speer von der Familie Goebbels. Der Propagandaminister ist noch immer ganz der durch nichts zu erschütternde Gefolgsmann: »Gestern hat der Führer eine ganz große Entscheidung getroffen. Eine Entscheidung von weltgeschichtlicher Bedeutung. Er hat den Kampf nach dem Westen einstellen lassen, so dass die westlichen Truppen ungehindert nach Berlin kommen können.«[61] Goebbels meint damit den Befehl an General Wenck, sich nicht weiter um die Amerikaner an der Elbe zu kümmern, sondern einen Entsatzangriff auf Berlin zu führen. Der Propagandaminister klammert sich wie Hitler und andere im Bunker an eine Illusion.

Goebbels erzählt Speer, dass seine Frau und seine sechs Kinder in den Bunker gezogen seien, um an dieser »historischen Stätte [...] ihr Leben zu enden«. Als Speer daraufhin darum bittet, sich auch von Frau Goebbels verabschieden zu dürfen, weicht ihm sein Kabinettskollege nicht von der Seite und begleitet ihn in den kleinen Bunkerraum seiner Frau. Er will sie nicht mit Speer allein lassen. Magda Goebbels liegt bleich, schwach und mit Herzbeschwerden in ihrem Bett.

Obwohl Speer spürt, dass sie unter dem Gedanken an den gewaltsamen Tod ihrer Kinder leidet, kommt wegen der Anwesenheit ihres Mannes kein persönliches Gespräch zustande. Erst gegen Ende lässt sie durchblicken, was sie bewegt: »Wie glücklich ich bin, dass wenigstens mein Harald« – ihr Sohn aus erster Ehe – »am Leben ist.« Auch Speer ist gehemmt und findet kaum Worte. Wie schon von Hitler verabschiedet er sich auch von Magda Goebbels »schweigend und befangen«.[62]

Hitler hält zur selben Zeit in seinem Wohnzimmer wirre Monologe, mit welcher Strategie Berlin zu befreien sei. General Weidling sitzt mit wachsendem Erstaunen dabei und kann nicht fassen, in welcher Traumwelt Hitler sich bewegt. Als erfahrenem Frontsoldaten steht für ihn außer Zweifel, dass die Tage bis zur endgültigen Niederlage gezählt sind. Ehe er zur Besinnung kommt, gibt ihm General Krebs den Befehl, mit seinem Panzerkorps die Verteidigung des Ost- und Südabschnittes von Berlin zu übernehmen, und verabschiedet ihn. Wieder versucht Hitler aufzustehen, aber diesmal gelingt es ihm nicht. Sitzend reicht er Weidling die Hand. Der Panzergeneral verlässt erschüttert und wie benommen den Bunkerraum. »Was«, fragt er sich, »ging hier vor?«[63]

Berlin-Mitte, Führerbunker, früher Abend

Am frühen Abend trifft Görings Fernschreiben im Bunker ein. Nicolaus von Below, Hitlers Luftwaffenadjutant, ist einer der Ersten, die es zu lesen bekommen. Von Below spürt sofort, welcher Sprengstoff darin steckt. Wenn Hitler einen Verrat an seiner Person wittert, wird er nicht zögern, auch einen alten Gefolgsmann wie Göring kompromisslos zu entmachten. Mit dem Fernschreiben in der Hand geht er sofort in den Führerbunker, um es Hitler zu überbringen. Doch Martin Bormann ist ihm zuvorgekommen. Als von Below den Lagevorraum erreicht, diskutieren Bormann und Hitler bereits über den Text.[64] Wie vom Reichsmarschall befürchtet, nutzt Bormann die Gelegenheit, um Hitlers Stellvertreter erneut in Misskredit zu bringen. Er unterstellt Göring, mit diesem Telegramm nicht weniger als einen Staatsstreich unternommen zu haben. Und Bormann steht mit seiner Empörung nicht allein. Görings »Verrat« wird von allen, die von dem Vorgang erfahren, erregt diskutiert. Goebbels kocht vor Wut und macht seinen Gefühlen in einem theatralischen Wortschwall Luft, in dem es von »Ehre, Treue, Tod, Blut, Ehre, Sie, mein Führer, Ihnen, mein Führer« nur so wimmelt. Hitlers Fahrer Erich Kempka liest aus dem Telegramm geradezu »diktatorische Forderungen an den Chef«, die er Göring niemals zugetraut hätte. Er betrachtet Görings Schritt als »offenen Hochverrat«.[65]

Hitler selbst reagiert auf das Telegramm weniger harsch und erklärt, dass Göring sich wahrscheinlich kein Bild über die Verhältnisse in Berlin machen könne.[66] Immerhin antwortet er auf die Anfrage seines Stellvertreters mit einer im Ton scharf gehaltenen Absage: »Der Führererlass vom 26.6.1941 ist hiermit für ungültig erklärt. Ihr Verhalten und Ihre Maßnahmen sind ein Verrat an meiner Person und der nationalsozialistischen Sache. Ich bin in vollem Besitz meiner Handlungsfreiheit und verbiete jede weitere Maßnahme.«[67]

Obersalzberg, Bayern, früher Abend

Die Wirkung dieser Antwort auf Göring und sein Umfeld auf dem Obersalzberg ist niederschmetternd. Wie konnte es zu einer derartig harschen Absage an die doch berechtigte Anfrage seines Stellvertreters kommen? Gerade über Hitlers mögliche Reaktionen hatte man sich doch vor dem Absenden des Telegramms ausführlich Gedanken gemacht. Was ist in Berlin inzwischen geschehen, dass Hitler wieder alles selbst in die Hand genommen hat?[68] »Das ist ziemlich ruppig und unfreundlich«, fasst Karl Koller die Stimmung auf dem Obersalzberg zusammen. »Göring kann nun nichts unternehmen, es sei denn, er brauche Gewalt.«[69]

Berlin-Mitte, Führerbunker, abends

Die Empörung unter den Bunkerinsassen ist noch nicht abgeklungen, als ein zweiter Funkspruch von Göring, gerichtet an Außenminister von Ribbentrop, eingeht: »Ich habe den Führer gebeten, mich mit Weisungen bis zum 23.4., 22.00 Uhr zu versehen. Falls bis zu dieser Zeit ersichtlich ist, dass der Führer seiner Handlungsfreiheit für die Führung des Reiches beraubt ist, tritt sein Erlass vom 29.6.1941 in Kraft, nach welchem ich als Stellvertreter in all seine Ämter eintrete. [Wenn] Bis 24.00, 23.4.45 kein anderer Bescheid vom Führer direkt oder von mir erhalten, bitte ich Sie, unverzüglich auf dem Luftwege zu mir zu kommen.«[70]

Damit hat Martin Bormann ein weiteres Argument. »Göring übt Verrat«, ruft er erregt. »Er sendet bereits Telegramme an die Regierungsmitglieder und teilt ihnen mit, dass er auf Grund seiner Vollmacht Ihr Amt, mein Führer, heute Nacht um vierundzwanzig Uhr antreten werde.«[71] Diesmal hat Bormanns Attacke gegen Göring Erfolg. Hitler reagiert auf dieses zweite Telegramm mit äußerster Schärfe. »Was Sie gemacht haben, ist Hoch- und Landesverrat und wird nach deutschem Recht mit dem Tode bestraft. Lediglich mit Rücksicht auf Ihre großen Verdienste nehme ich von dieser Bestrafung Abstand. Ich verlange jedoch von Ihnen, dass Sie innerhalb von 24 Stunden Ihre sämtlichen Ämter niederlegen.«[72] Da die Öffentlichkeit selbst jetzt noch, wo alles fast vorbei ist, an die Geschlossenheit ihrer Führung glauben soll, kann Hitler Göring nicht einfach entlassen; vielmehr muss eine Krankheit des Reichsmarschalls vorgetäuscht werden. Etwa eine halbe Stunde später bringt Bormann Görings Antworttelegramm. Der Reichsmarschall erklärt darin, wie von Hitler verlangt, dass er »wegen eines schweren Herzleidens« alle seine Ämter niederlege.[73]

Nach Görings Entmachtung wütet Hitler ähnlich wie am Vortag wie ein Besessener. Erbitterung, Ohnmacht, Selbstmitleid und Verzweiflung machen sich hemmungslos Luft. Mit hochrotem Kopf und stieren Augen schreit er: »Ich weiß es schon lange. Ich weiß, dass Göring faul ist. Er hat die Luftwaffe verludern lassen. Er war korrupt. Sein Beispiel hat die Korruption in unserem Staate möglich gemacht. Zu allem ist er seit Jahren Morphinist.[74] Ich weiß es schon lange.«[75] Und dann, plötzlich, verfällt er wieder in Apathie. Jetzt gibt er zum zweiten Mal auf.[76]

Irgendwann hat Hitler in seiner Erregung auch befohlen, Göring festzunehmen. Bormann versteht das als eine Ermächtigung, seinen alten Gegner auszuschalten. Handschriftlich verfasst Hitlers Sekretär ein Fernschreiben an SS-Obersturmbannführer Dr. Bernhard Frank, den Kommandeur der SS-Wachmannschaft auf dem Obersalzberg, und versieht den Befehl mit Hitlers Unterschrift: »Umstellt sofort Haus Göring und verhaftet sofort unter Brechung jeden Widerstandes den bisherigen Reichsmarschall Hermann Göring.«[77] Um ganz sicherzugehen, dass Göring sich der befohlenen Festnahme nicht entziehen kann, schickt Bormann außerdem ein Fernschreiben an den Münchner Gauleiter Paul Giesler: »Führer erteilte gegen Reichsmarschall Göring wegen Hochvertratsplänen Befehl zu sofortiger Verhaftung an SS-Kommando Obersalzberg. Jeder Widerstand ist zu brechen. Besetzt sofort Flugplätze Salzburg usw., damit Flucht unmöglich. Benachrichtigt sofort sämtliche Nachbargauleiter, SS und Polizei.«[78] Und als wäre das nicht genug, schiebt Bormann ein zweites Fernschreiben an Bernhard

Frank nach: »Ihr haftet mit eurem Kopf für die Durchsetzung des Führerbefehls. Stellt fest, wo Speer.[79] Nehmt Lammers zunächst in Ehrenhaft. Alles umsichtig, aber blitzschnell.«[80]

Obersalzberg, nachts

Hermann Göring und seine Frau Emmy sitzen seit Stunden in ihrem Haus auf dem Obersalzberg. Der Reichsmarschall kann nicht fassen, was ihm im Laufe des Tages widerfahren ist. Plötzlich stürzt einer ihrer Angestellten in das Zimmer und ruft: »Herr Reichsmarschall, draußen steht die SS und will Sie verhaften!« Göring lächelt ihn ungläubig an und versucht seine Frau zu beruhigen: »Mach dir doch keine Sorgen, das muss ein Missverständnis sein. Das kann nur ein Missverständnis sein!« In diesem Moment betreten bewaffnete SS-Männer das Zimmer und fordern Emmy Göring auf, den Raum zu verlassen.[81] SS-Obersturmbannführer Frank kann Vollzug der Befehle nach Berlin melden. Er funkt in die Reichskanzlei: »Mein Führer: Melde gehorsamst, Hermann Göring mit Gefolge verhaftet. Weiter befohlene Maßnahmen in Durchführung begriffen. Bisher keine Zwischenfälle. Nähere Erläuterungen folgen.«[82]

Nicht nur Hermann Göring wird festgesetzt. Auch sein Generalstabschef Karl Koller, Reichsleiter Philipp Bouhler und Heinrich Lammers werden unter Bewachung gestellt. Bernhard Frank lässt außerdem Hitlers Berghof von seinen Männern umstellen und untersagt den Bewohnern dort, das Haus zu verlassen. Keiner weiß, warum plötzlich SS-Männer mit Maschinenpistolen und Patronentaschen am Gürtel in der Diele des Berghofes Wache halten. Hitlers Sekretärin Christa Schroeder vermutet spontan, dass Heinrich Himmler die Macht an sich gerissen haben könnte. Erst nach Stunden erfahren die Leute im Berghof, dass Göring verhaftet worden ist.[83]

Berlin, Gefängnis Lehrter Straße

Klaus Bonhoeffer, Jurist und Justitiar der Deutschen Lufthansa, wird von einem SS-Kommando erschossen. Über seinen Schwager Hans von Dohnányi in Kontakt zum militärischen Widerstand und über den Cousin seiner Frau, Ernst von Harnack, auch zum sozialdemokratischen, gehört Bonhoeffer zu denjenigen, die nach dem Attentat vom 20. Juli verhaftet wurden. Am 2. Februar 1945 verurteilte ihn der Volksgerichtshof zum Tode.[84]

+++ Heinrich Himmler erklärt sich hinter Hitlers Rücken gegenüber den Westmächten zur Kapitulation bereit +++ General Weidling wird Befehlshaber des Verteidigungsbereiches Berlin +++ Erste sowjetische Einheiten dringen in das Stadtzentrum vor +++ Nikolai Bersarin wird erster sowjetischer Stadtkommandant von Berlin +++

DIENSTAG, 24. APRIL

Berlin-Mitte, Führerbunker, Mitternacht

Gegen Mitternacht sucht Speer zum letzten Mal Eva Braun auf, um auch von ihr Abschied zu nehmen. Einer der SS-Diener führt ihn in den kleinen Bunkerraum, der ihr als Schlaf- und Wohnzimmer dient. Sie ist allein, Hitler hat sich in seine Räume zurückgezogen. Speer kennt das Mobiliar in ihrem Zimmer. Er hat die aufwändigen Möbelstücke vor einigen Jahren für Eva Brauns Räume in Hitlers Wohnung in der Reichskanzlei entworfen. Hitlers Geliebte hat sie nach ihrer Ankunft in Berlin Mitte April in den Bunker schaffen lassen. Speer – für einen Moment wieder ganz Architekt – sinniert darüber, dass weder die Proportionen noch die Furniere der Möbel in das neue Umfeld passen. Als besonders unpassend empfindet er, dass eine der Intarsien auf den Türen der Kommode Eva Brauns Initialen zu einem Glücksklee stilisiert.

Auch dem Rüstungsminister fällt an Eva Braun die außergewöhnliche, fast heitere Gelassenheit auf. Sie ist die Einzige der prominenten Todgeweihten im Bunker, die ihn durch ihre bewundernswerte und überlegene Ruhe beeindruckt. Goebbels steuert heroisch auf seinen Abgang als Selbstmörder zu. Martin Bormann sucht verzweifelt nach dem Schlupfloch, durch das er lebend aus der Katakombe entfliehen kann. Eva Braun dagegen bietet ihrem Besucher, so als fände die Begegnung in Hitlers Ferienhaus auf dem Obersalzberg statt, etwas zu essen und zu trinken an: »Wie wäre es mit einer Flasche Sekt zum Abschied? Und etwas Konfekt. Sie haben sicher schon längere Zeit nichts mehr gegessen.« Bald stehen eine Flasche Moët et Chandon, Kuchen und Süßigkeiten auf dem Tisch. »Wissen Sie«, meint seine Gastgeberin ahnungslos, »es war gut, dass Sie noch einmal kamen. Der Führer hatte angenommen, Sie würden gegen ihn arbeiten. Aber Ihr Besuch hat ihm das Gegenteil bewiesen. Nicht wahr?« Speer schweigt. »Übrigens«, nimmt sie den Faden wieder auf, »hat es ihm gut gefallen, was Sie ihm heute sagten. Er hat sich entschlossen, hier zu bleiben, und ich bleibe

bei ihm. Und das Weitere wissen Sie ja auch … Er wollte mich zurück-
schicken nach München. Ich habe mich aber geweigert, ich bin gekommen, um hier Schluss zu machen.«[1]

Lübeck, schwedische Gesandtschaft, Mitternacht

Etwa zur selben Zeit versucht Reichsführer SS Heinrich Himmler, hinter Hitlers Rücken zwecks Kapitulationsverhandlungen Kontakt zu den
Westmächten aufzunehmen. Zu diesem Zweck trifft er sich in der
schwedischen Gesandtschaft in Lübeck mit Graf Folke Bernadotte. Der
ist Beauftragter des Schwedischen Roten Kreuzes und bemüht sich um
die Freilassung beziehungsweise Rückführung skandinavischer Staats-
bürger, die nach Deutschland in Konzentrationslager oder als Zwangsarbeiter verschleppt worden sind. Es ist das dritte Treffen Bernadottes
mit Himmler,[2] dem nicht nur die Konzentrationslager unterstehen,
sondern der pikanterweise auch für das Deutsche Rote Kreuz zuständig ist.

»Hitler ist sehr wahrscheinlich schon tot«, beginnt Heinrich Himmler das Gespräch. Was dann folgt, ist ein Offenbarungseid. Der Fall Berlins sei nur noch eine Frage von Tagen, die Lage hoffnungslos und der
Krieg verloren. Deutschland müsse sich darum für besiegt erklären. Bis
vor kurzem habe er es nicht über sich gebracht, mit Hitler zu brechen,
doch jetzt sehe er die Lage anders, erklärt Himmler mit resignierender
Gebärde.[3]

Himmler weiter: »Um möglichst große Teile Deutschlands vor der
russischen Invasion zu bewahren, bin ich bereit, an der Westfront zu
kapitulieren, damit die Truppen der Westmächte so schnell wie möglich nach Osten vorrücken können. Dagegen bin ich nicht bereit, an der
Ostfront zu kapitulieren. Ich bin immer ein geschworener Feind des
Bolschewismus gewesen und werde es allzeit bleiben. Zu Beginn des
Krieges habe ich verbissen gegen den deutsch-russischen Pakt gekämpft.
Sind Sie bereit, eine Mitteilung dieser Art an den schwedischen Außenminister weiterzuleiten, damit er die Westmächte über meinen Vorschlag orientieren kann?« Bernadotte: »Meines Erachtens ist es ganz
unmöglich, eine Kapitulation an der Westfront durchzuführen und
dann den Kampf an der Ostfront fortzusetzen. England und Amerika
werden sich bestimmt auf keine Sonderabmachung mit Deutschland
einlassen.« Himmler: »Ich begreife, wie unerhört schwierig das ist. Aber
ich will auf alle Fälle einen Versuch machen, Millionen Deutsche vor
einer russischen Besetzung zu retten.« Als Bernadotte von Himmler

wissen will, was er zu tun gedenke, wenn sein Angebot zurückgewiesen wird, antwortet dieser: »In diesem Fall übernehme ich das Kommando eines Bataillons an der Ostfront und falle im Kampf.«[4]

Himmler schreibt einen Brief an den schwedischen Außenminister Günther: »Ich erkläre, dass die Westmächte die deutsche Wehrmacht besiegt haben. Ich bin bereit, an der Westfront bedingungslos zu kapitulieren. Ich bin ebenfalls bereit, die technische Durchführung einer Kapitulation der deutschen Streitkräfte in Dänemark und Norwegen zu diskutieren.«[5] Unter dieser Prämisse ist Bernadotte seinerseits bereit, dieses Schreiben dem schwedischen Außenminister persönlich zu übergeben.

Das Treffen endet gegen halb drei Uhr morgens. Himmler setzt sich selber ans Steuer seines Wagens, um in sein Hauptquartier in Hohenlychen[6] zurückzufahren. Er kommt nicht weit. Beim Start rast er schnurstracks in den Stacheldrahtzaun, der die Villa umgibt. Die Anwesenden haben Mühe, den Wagen wieder flottzumachen. Die Schweden nehmen Himmlers Fehlstart als Symbol.[7]

Obersalzberg, Mitternacht

Karl Koller isst zusammen mit seiner Frau eine Suppe, als ein SS-Obersturmführer namens Bredow eintritt und dem erstaunten Generalstabschef der Luftwaffe in dienstlicher Haltung mitteilt, dass er ihn verhaften müsse: »Herr General, ich bedaure meinen Auftrag außerordentlich und bitte um Entschuldigung. Ich habe Sie im Auftrage des Führers in Haft zu nehmen.« Koller: »Wissen Sie, warum?« Bredow: »Nein.« »Wo ist der Reichsmarschall?« »Festgenommen!« »Brauchitsch und die Umgebung des Reichsmarschalls?« »Festgenommen!« »Der Reichsminister Lammers und Reichsleiter Bouhler?« »Festgenommen!« »Also dann wissen Sie auch, warum ich festgenommen werde?« »Ja.« »Ich mache Sie darauf aufmerksam, dass das, was hier geschieht, Wahnsinn ist. Der Reichsmarschall hat völlig rechtmäßig gehandelt und an Hitler überhaupt nur eine Frage gerichtet.« Doch Kollers Widerspruch richtet sich an den Falschen. Bredow hat darüber nicht zu entscheiden und erklärt Koller, er könne sich in einen Raum seiner Wahl zurückziehen. Dort werde er dann unter Bewachung gestellt.[8]

Berlin-Adlershof, Luftschutzbunker, nachts

Während Himmler in Lübeck seine Haut zu retten versucht, Speer ein letztes Mal mit Eva Braun plaudert und Koller auf dem Obersalzberg unter Hausarrest gestellt wird, setzt sich das Leiden der Berliner Zivilbevölkerung fort. Im großen Luftschutzbunker in Berlin-Adlershof können die Menschen schon den Nahkampf zwischen Rotarmisten und Wehrmachtsangehörigen ausmachen. Einige Männer versuchen, eine weiße Fahne auf dem Dach des Bunkers zu hissen. Der Bunkerwart reißt sie jedoch mehrfach wieder herunter und setzt stattdessen eine Hakenkreuzfahne. Plötzlich erschüttert ein furchtbarer Schlag den Bunker. Das ganze Gebäude wankt. Ein russischer Volltreffer hat das Dach so schwer beschädigt, dass die obere Etage geräumt werden muss. Der Bunker ist bereits so vollgestopft mit Menschen, dass es unmöglich erscheint, noch mehr in den unteren Etagen unterzubringen. Diejenigen, die bislang noch einen Platz zum Liegen hatten, wenn auch zusammengepfercht bis zum Äußersten, müssen jetzt stehen. Die Luft wird unerträglich schlecht. Es stinkt nach Urin, Kot, Schweiß, Blut und Zigarettenrauch. Die kleinen Kinder wimmern leise und fangen an zu röcheln. Es gibt keine Windeln mehr, um sie trocken zu legen, sie sind alle wund.

Die Insassen des Luftschutzbunkers haben sich von dem Schrecken des Volltreffers noch nicht ganz erholt, als der Befehl durchgegeben wird, den Bunker zu räumen. Die sowjetischen Soldaten vermuten ein Waffenversteck im Bunker und wollen ihn sprengen. Die Frauen legen ihre Kinder mit den Matratzen wieder in die Kinderwagen und packen ihre Habe obendrauf oder in Rucksäcke. Als es heißt: »so wenig Gepäck wie möglich«, nehmen sie die Kinder wieder heraus und binden sie sich gegenseitig in Decken vor den Bauch. Angespannt warten sie auf den vermeintlichen Todesmarsch nach draußen, als der Räumungsbefehl ohne Begründung wieder abgeblasen wird.

Es dauert nicht lange, bis die nächste Panik ausbricht. Von irgendwo kommt die Parole, alles, was mit einem Hakenkreuz versehen ist, müsse zur eigenen Sicherheit vernichtet werden. Das löst ein wildes Gedränge zu den Toiletten aus. Wahllos werden Abzeichen aller Art, Arbeitsbücher, Wohlfahrtsbescheinigungen und wichtige Dokumente in die Kloschüsseln geworfen: Auf jedem staatlichen Papier prangt ein Hakenkreuz.[9]

Berlin-Mitte, Führerbunker, 3.00 Uhr

Um 3.00 Uhr morgens unternimmt Speer einen letzten Versuch, von Hitler Abschied zu nehmen. Das ist schließlich der Grund für seinen riskanten Besuch. Zitternd, wie ein Greis, steht der Diktator vor ihm. Während Speer zwischen widersprüchlichen Gefühlen schwankt, zeigt Hitler keinerlei Regung. Seine Worte sind distanziert und kalt: »Also, Sie fahren? Gut. Auf Wiedersehen.« Nichts weiter.[10]

Obersalzberg, Bayern, morgens

Hermann Göring steht kurz vor einem Zusammenbruch. Er wird rund um die Uhr durch die SS bewacht, auch nachts in seinem Schlafzimmer. Göring und sein Umfeld werden konsequent voneinander isoliert, jeder in einem eigenen Zimmer. Das Sprechen untereinander ist verboten. Auch nach außen ist keine Kommunikation möglich, die Telefonzentrale in Görings Haus steht ebenfalls unter Bewachung der SS. Frühmorgens durchsuchen Mitarbeiter des Reichssicherheitsdienstes das gesamte Haus. Doch Beweise für den »Verrat« des Reichsmarschalls sind nirgends zu finden.[11]

Für Koller entspannt sich hingegen die Lage an diesem Morgen. Auf Befehl Hitlers soll er sofort nach Berlin fliegen, um den Diktator über die genauen Vorgänge am Vortag zu informieren. Koller weigert sich. Es ist bereits zu spät, um Berlin noch im Schutze der Dunkelheit erreichen zu können, wie er SS-Obersturmführer Bredow auseinander setzt: »Bei Tag kann man sich nicht durchschlängeln, und mit meinem Verlust ist wohl niemandem gedient. Daher lehne ich ab.«

Nach einiger Zeit erscheint Bredow erneut. Kollers Festnahme sei auf Befehl Hitlers aufgehoben; auch seine Weigerung, am Tag nach Berlin zu fliegen, ist in Berlin akzeptiert worden. Die SS-Wachen werden sofort abgezogen.[12]

Der verzweifelte Göring versucht derweil, trotz der über ihn verhängten Kontaktsperre Hitler zu erreichen. Er bittet einen SS-Offizier, für ihn einen Funkspruch in die Reichskanzlei zu senden, in dem sinngemäß stehen soll: »Wenn Adolf Hitler mich für treulos hält, dann soll er mich erschießen lassen. Aber er soll meine Familie und die Menschen, die bei uns sind, endlich in Freiheit setzen.« Görings Frau Emmy lässt den Funkspruch, der nicht mehr aufzuhalten ist, um folgenden Zusatz ergänzen: »Wenn Adolf Hitler es für möglich hält, dass mein Mann ihm die Treue nicht gehalten habe, dann möchte er Edda[13] und mich mit erschießen lassen.«[14]

Gruppenbild aus harmonischeren Zeiten: die kleine Edda mit ihren Eltern und ihrem Patenonkel Adolf Hitler in einer Aufnahme aus dem Januar 1940.

Berlin, Brandenburg, morgens

Speer kann Berlin nur so verlassen, wie er zwölf Stunden zuvor hineingekommen ist. Sein Pilot und er müssen mit seinem »Storch« auf der Allee zwischen Brandenburger Tor und Siegessäule starten, wo sie am Nachmittag auch gelandet sind. Man hat ein paar rote Laternen aufgestellt für eine improvisierte Startbahn. Die Löcher, die die letzten Granateinschläge gerissen haben, sind von Arbeitskommandos zugeschüttet worden. Speers Pilot bekommt die Maschine tatsächlich in die Luft, und in der ersten Morgendämmerung, gegen fünf Uhr, erreichen sie den Erprobungsflughafen Rechlin, 150 Kilometer nördlich von Berlin. Von dort aus fährt Speer mit dem Auto die 57 Kilometer nach Hohenlychen, wo Heinrich Himmler gerade von seinem Gespräch mit dem Grafen Bernadotte zurückgekommen ist.

Himmler gibt sich der Illusion hin, dass er trotz seiner Vergangenheit, trotz der Millionen Ermordeten in den Konzentrationslagern – für die er als Innenminister, Chef der Deutschen Polizei und Reichsführer SS die Verantwortung trägt – im Nachkriegseuropa eine zentrale Rolle spielen wird. »Ohne mich kommt Europa auch in Zukunft nicht aus«, erklärt er dem Rüstungsminister allen Ernstes. »Es braucht mich weiter als Polizeiminister, um Ruhe zu halten. Eine Stunde mit Eisenhower, und er wird der gleichen Überzeugung sein! Sie werden bald erkennen, dass sie auf mich angewiesen sind – oder sie bekommen ein heilloses Durcheinander.«[15]

Himmler erzählt Speer außerdem von seinen Gesprächen mit Graf Bernadotte. Dabei sei es um die Übergabe von Konzentrationslagern an das Internationale Rote Kreuz gegangen; von seinem Versuch, Kontakt zu den Westalliierten aufzunehmen, kein Wort. Schließlich eröffnet er Speer die Aussicht, in einer künftigen Reichsregierung unter ihm Minister zu werden. Speer bietet ihm daraufhin, nicht ohne Ironie, sein Flugzeug für einen Abschiedsbesuch bei Hitler an. Doch Himmler winkt ab. Dazu habe er jetzt keine Zeit: »Denn jetzt muss ich meine neue Regierung vorbereiten und außerdem: für die deutsche Zukunft ist meine Person zu wichtig, als dass ich das Risiko eines Fluges eingehen könnte.«[16]

Berlin-Mitte, Reichskanzlei, morgens

Gerhard Boldt wird um 5.30 Uhr morgens durch die Einschläge schwerer russischer Granaten aus dem Schlaf gerissen. Eine halbe Stunde später liegt die Reichskanzlei wieder unter Dauerbeschuss – alle drei Minuten geht eine russische Granate auf das Gelände nieder. Dabei wird an diesem Morgen ein großer Teil von Hitlers Fuhrpark vernichtet. Sechzig noch intakte Fahrzeuge werden in ihrer unterirdischen Garage durch die einstürzende Betondecke zerstört. Die Rote Armee greift seit der Morgendämmerung nach jeweils kurzer Artillerievorbereitung praktisch von allen Seiten her an.[17] Im Süden erreichen die Rotarmisten an diesem Tag Neukölln und den Grunewald. Im Westen stehen sie schon in Spandau. Und der von Hitler und seinem Umfeld so dringend erhoffte Entlastungsangriff der 12. Armee hat bislang nicht stattgefunden. Im Wehrmachtsbericht vom Tage heißt es: »Der Angriff der bisher an der Elbe stehenden 12. Armee zum Entsatz von Berlin scheint nicht wirksam geworden zu sein. Die Kräfte dieser Armee sind im Einzelkampf im Raum südl. und westl. Berlin verwickelt.«[18]

Joseph Goebbels gibt auch angesichts dieser Lage nicht auf. Am Morgen erscheint die zweite Ausgabe des »Panzerbären«,[19] dem vom Propagandaministerium herausgegebenen »Kampfblatt für die Verteidiger Groß-Berlins«. Auf dem Titel prangt der Berliner Bär mit geschulterten Panzerfäusten. Tatsächlich handelt es sich eher um ein Flugblatt als um eine Zeitung. Auf der Titelseite ist ein Aufruf an die »Männer Berlins!« abgedruckt: »Der Feind ist in einige Außenbezirke der

Reichshauptstadt eingedrungen. Er wird mit äußerster Entschlossenheit und Einsatz aller Mittel bekämpft, und zwar unter dem Befehl des Führers, der in Berlin weilt. Berlin kämpft! Wenn anderslautende Parolen auftauchen, wenn insbesondere von irgendeiner Kapitulation die Rede ist, so sind dies Gerüchte, die von feindlichen Agenten, die sogar in deutscher Uniform auftauchen, ausgegeben werden. Ihnen ist mit aller Schärfe entgegenzutreten. Männer Berlins, Soldaten der Wehrmacht und Kämpfer des Volkssturms! In unserer Hand liegt das Schicksal der Reichshauptstadt. Wir haben in unseren Mauern die Waffen, die notwendig sind, und wir haben auch den Mut, diese Waffen anzuwenden und einzusetzen. Wir kämpfen für unsere Frauen und Kinder. Wir kämpfen in den Trümmern unserer Stadt, die wir einmal wieder aufbauen wollen, schöner als sie war. Manche Stadt des deutschen Ostens hat uns ein Beispiel gegeben, wie man gegen Bolschewisten kämpft. Am leuchtendsten ist das Beispiel von Breslau, das nun schon so lange alle Angriffe der Bolschewisten abgewehrt hat. Berlin wird sich von diesem Beispiel nicht beschämen lassen. Berlin wird den Bolschewisten nicht übergeben. Die Reichshauptstadt selbst steht jetzt mit ihrer ganzen Kraft in der Lücke der Ostfront, die der Feind riss, dieser Ostfront, deren nördlicher und südlicher Abschnitt allen Angriffen standgehalten hat. Neue Kräfte werden in Kürze in diesen unseren Kampf eingreifen. Vor Berlin muss und wird der bolschewistische Ansturm zerschellen.«[20]

Neu-Roofen, nördlich von Berlin, Hauptquartier des OKW

Wilhelm Keitel und Alfred Jodl sind unterdessen in ihrem neuen Hauptquartier angelangt. Sie setzen sofort alle Hebel in Bewegung, um den Willen ihres Obersten Befehlshabers zu erfüllen. Sie haben Hitler beim Verlassen der Reichskanzlei versprochen, dass sie ihn aus Berlin befreien werden, und nun sind sie entschlossen, dieses Versprechen unter allen Umständen einzulösen. Sie verlangen von ihren Armeeführern Unmögliches. So bestürmen sie den Oberbefehlshaber der Heeresgruppe Weichsel, General Heinrici, endlich mit dem am 22. April befohlenen Entsatzangriff zu beginnen. Was immer der erstaunte Heinrici, dessen Armeen sich in schweren Abwehrkämpfen oder auf dem Rückzug befinden, an Argumenten für die Undurchführbarkeit dieser Befehle vorbringt, er prallt an der eisigen Zurückhaltung Jodls und den wortreichen Widerreden Keitels ab.[21]

Obersalzberg, Haus Göring, vormittags

Endlich, nach Stunden, kommt aus der Reichskanzlei die Antwort auf den Funkspruch des Ehepaars Göring: Ja, wenn Berlin gefallen ist, sollen die Hochverräter erschossen werden und mit ihnen alle, die sich bei ihnen befinden. Nur der Diener von Hermann Göring, die gemeinsame Krankenschwester und Emmy Görings Zofe sollen verschont bleiben. Göring kann weniger denn je fassen, was ihm gerade widerfährt. Die drei vom Erschießungsbefehl Ausgenommenen sagen nach einem Moment der Sprachlosigkeit: »Nein, wenn der Reichsmarschall, seine Frau und sein Kind erschossen werden, dann wollen wir auch nicht mehr leben, dann soll man uns *mit* erschießen!« Göring wendet sich erschüttert und mit Tränen in den Augen an seine Frau: »Siehst du, dafür lohnt es sich zu leben. Es gibt noch Treue in der Welt.«[22]

Berlin, vormittags

Die Verwüstung der Hauptstadt schreitet stündlich voran. Straßen- und Häuserkämpfe fordern immer mehr Opfer unter der Zivilbevölkerung. Die ersten russischen Einheiten tauchen im Zentrum, am Anhalter und am Potsdamer Bahnhof auf. Behutsam, ohne große Risiken einzugehen, dringen die sowjetischen Soldaten Straßenzug um Straßenzug vor. Der Wilhelmplatz, an dem die Reichskanzlei liegt, ist nur noch von Schutt und Ruinen umgeben. Die Berliner nennen ihre Stadt jetzt spöttisch »Reichsscheiterhaufen«.

Es ist eine alte russische Tradition, dass der Befehlshaber der ersten Armee, die in eine Stadt einrückt, zu ihrem Kommandanten ernannt wird.[23] Daran anknüpfend, ernennt Marschall Schukow an diesem Tag Generaloberst Nikolai Erastowitsch Bersarin, den Befehlshaber der Fünften Stoßarmee, zum Stadtkommandanten von Berlin.

»Heute bin ich zum Chef der Besatzung und zum Stadtkommandanten von Berlin ernannt worden«, werden die Berliner kurz darauf per Flugblatt informiert. »Die gesamte administrative und politische Macht geht laut Bevollmächtigung des Kommandos der Roten Armee in meine Hände über. [...] Ich befehle: 1. Die Bevölkerung der Stadt hat volle Ordnung zu bewahren und an ihren Wohnsitzen zu verbleiben. 2. Die Nationalsozialistische Deutsche Arbeiterpartei und alle ihr unterstellten Organisationen (Hitlerjugend, N.S. Frauenschaft, N.S. Studentenbund usw.) sind aufzulösen. Ihre Tätigkeit wird hiermit verboten. Das gesamte führende Personal aller Dienststellen der N.S.D.A.P., Gestapo, Gendarmerie, des Sicherheitsdienstes, der Gefängnisse und aller übrigen staatlichen Dienststellen hat sich binnen 48 Stunden in den militärischen Bezirks- und Revierkommandanturen zwecks Registrierung zu melden. Binnen 72 Stunden haben sich ebenfalls alle in der Stadt verbliebenen Angehörigen der deutschen Wehrmacht, der SS und der SA zwecks Registrierung zu melden. Wer sich zu der festgesetzten Frist nicht meldet oder wer sich der Verbergung solcher Personen schuldig macht, wird gemäß den Gesetzen der Kriegszeit zu strenger Verantwortung gezogen. […] 7. Alle Personen, die Feuerwaffen und blanke Waffen, Munition, Sprengstoff, Radioempfänger oder Radiosender, Fotoapparate, Kraftfahrzeuge, Krafträder, Treib- und Schmierstoffe besitzen, haben oben Erwähntes binnen 72 Stunden nach Veröffentlichung dieses Befehls auf den militärischen Bezirkskommandanturen abzuliefern. […] 8. Der Bevölkerung der Stadt ist verboten: a) zwischen 22.00 Uhr und 8.00 Uhr morgens Berliner Zeit die Häuser zu verlassen, auf den Straßen und Höfen zu erscheinen, sich in unbewohnten Räumen aufzuhalten und dort irgendwelche Arbeit zu verrichten[…].«[24]

Das Anstehen nach Lebensmitteln oder die Wasserbeschaffung an öffentlichen Brunnen fordert jeden Tag aufs Neue viele Tote. Auf dem Prager Platz in Wilmersdorf fallen an diesem Vormittag acht Frauen vor einem Lebensmittelgeschäft sowjetischen Granaten zum Opfer. »Als ich mit dem Fahrrad vorüberkomme«, berichtet Jacob Kronika, »ist man dabei, die Leichen fortzutragen. – Verschwinden Sie, hier ist's lebensgefährlich! Brüllt ein Feuerwehrmann mich an. Eine der Frauenleichen hat keinen Kopf. Das Übrige ist ein blutiger blauer Overall.«[25]

In den Kellern tauchen immer mehr Soldaten auf, die versuchen, der Todesgefahr des letzten Gefechts zu entrinnen. Sie verstecken ihre Uniformen, ziehen sich Zivilkleidung an und hoffen, auf diese Weise den SS-Streifen zu entgehen, die die Luftschutzkeller nach Deserteuren durchforsten. Und die SS-Kommandos werden häufig fündig. Was dann geschieht, schildert wiederum Jacob Kronika: »An der Ecke Hauptstraße – Reppichstraße, dort, wo der Verkehr am stärksten brandet, hat man einen Mann an den Mast einer Omnibus-Haltestelle aufgeknüpft. Ein Grauen schüttelt uns. Das wagen die Nazis der Bevölkerung Berlins zu bieten! Dabei sind es vielleicht nur noch wenige Stunden bis zum definitiven Untergang! Der Gehenkte hat sein Schild bekommen. Ich habe mir den Text abgeschrieben, nämlich: ›Ich, Obergefreiter Höhne aus Berlin, hänge hier, weil ich zu feige war, Frauen und Kinder zu verteidigen.‹ Zu seinen Füßen liegt ein weiteres Plakat: ›So werden Deserteure gehenkt.‹ […] Der Gehenkte ist offenbar mit einem roten Leitungsdraht erdrosselt worden. Erst nachher ist er an einem Strick aufgeknüpft worden. Der Leitungsdraht ist noch um den Hals zusammengezogen. Was sagen die Vorübergehenden? Nichts, gar nichts. Sie schämen sich. Sie sind erschüttert. Sie richten verstohlene Blicke aus blassen, entsetzten Gesichtern auf den gehenkten Landsmann und Volksgenossen.«[26]

Berlin-Mitte, Führerbunker, 11.00 Uhr

General Krebs und seine Mitarbeiter Boldt und von Loringhoven sind zum Lagevortrag bei Hitler bestellt. Sie warten im Lagevorraum, bis Hitler sein Frühstück beendet hat, das er zusammen mit Goebbels und Bormann in seinen privaten Räumen einnimmt. Als der Oberbefehlshaber aus seinem Wohnraum kommt, begrüßt er die drei wartenden Militärs per Handschlag und geht dann schleppend und gebeugt in den Lageraum voran. Hans Krebs stellt sich links neben ihn an den Kartentisch, Goebbels ihm gegenüber. Der kleine, hagere Propagandaminister wirkt jetzt auch zusammengefallen und sieht ähnlich blass und hohlwangig aus wie Hitler. Goebbels stellt während des Lagevortrags nur selten eine Frage, verhält sich meist schweigend.

Als Krebs und Boldt mit ihrem Bericht fertig sind – wieder können sie nur Niederlagen vermelden –, poltert Hitler nach kurzer Pause los. Vornüber geneigt, die hölzernen Armlehnen krampfhaft umspannend, stößt er hervor: »Der ganze russische Erfolg ist angesichts des breiten Naturhindernisses der Oder nur auf die Unfähigkeit der dortigen deutschen, militärischen Führung zurückzuführen.« Krebs deutet vorsichtig die unterschiedlichen Kräfteverhältnisse der Deutschen und der Rotarmisten an, doch Hitler weist das mit einer Handbewegung zurück und fordert erneut den Beginn der befohlenen Entsatzangriffe auf Berlin: »Der Angriff aus dem Raum nördlich Oranienburg muss spätestens morgen eingeleitet werden. [...] Es muss gelingen, bis morgen Abend die Verbindung mit Berlin vom Norden wiederherzustellen. Lassen Sie das sofort durchgeben.«[27] Im Anschluss an die Lagebesprechung lässt Hitler an Jodl und Keitel im Oberkommando der Wehrmacht telegrafieren: »Hauptaufgabe des Oberkommandos der Wehrmacht bleibt es, durch Angriff mit allen Kräften und Mitteln und unter größter Beschleunigung von Nordwesten, Südwesten und Süden her eine breite Verbindung mit Berlin wiederherzustellen und damit die Schlacht von Berlin siegreich zu entscheiden.«[28]

Berlin-Mitte, Reichskanzlei, 11.30 Uhr

General Weidling, der gestern noch auf Befehl Hitlers erschossen werden sollte und nach einem Gespräch mit dem Diktator rehabilitiert worden ist, erhält gegen 11.00 Uhr einen Anruf aus der Reichskanzlei. Er möge sich bitte sofort bei Generalstabschef Krebs melden. In der Reichskanzlei angekommen, erklärt Krebs dem verdutzten Panzergeneral: »Bei Ihrem Bericht gestern abend haben Sie auf den Führer einen guten Eindruck gemacht, er ernennt Sie zum Kommandanten der Verteidigung von Berlin.« Weidling soll umgehend zum Befehlsstand des Verteidigungsbereiches am Hohenzollerndamm fahren und seine neue Aufgabe antreten. Weidling ist keineswegs erfreut über dieses neue Kommando und erwidert lakonisch: »Es wäre besser, wenn Sie befohlen hätten, mich zu erschießen, dann ginge dieser Kelch an mir vorüber!« Er sei nur unter bestimmten Umständen bereit, die Aufgabe wahrzunehmen: Alle Nichtmilitärs hätten sich aus seiner Arbeit herauszuhalten, auch Goebbels in seiner Eigenschaft als Verteidigungskommissar von Berlin, insistiert Weidling. Befehle an seine Soldaten dürften ausschließlich durch ihn erteilt werden. Andernfalls werde er unverzüglich um seine Ablösung bitten. General Burgdorf, Hitlers Chefadjutant, versucht, Weidling zurechtzuweisen. Es bleibt beim Versuch;[29] die alleinige Befehlsgewalt erhält Weidling gleichwohl nicht.[30]

In den unterirdischen Räumen der Reichskanzlei wird es unterdessen immer enger. Zum einen wegen der Vorräte, die Wilhelm Mohnke für seine Truppe hat anlegen lassen. Zum anderen flüchten ständig weitere Offiziere, Beamte, Amtsträger der NSDAP, der SA und der SS vor den heranrückenden Rotarmisten hierher. Der Zustrom der Menschen verstärkt sich in dem Maße, wie sich die Rote Armee herankämpft. Bald sind die meisten Räume hoffnungslos überfüllt. Am Ende herrschen ähnliche Zustände wie in den öffentlichen Luftschutzbunkern: Der Wasserdruck sinkt, und in der Folge verstopfen die Toiletten. Bald stinkt es erbärmlich.[31]

Eva Braun hofft, wie die Sekretärinnen von Hitler und Bormann, auf die Befreiung Berlins durch General Wenck. Sie haben noch nicht mitbekommen, dass die 12. Armee auf dem Weg nach Berlin bislang nicht vorangekommen ist. Die Frauen im Bunker vertreiben sich die Zeit, indem sie mit den Goebbels-Kindern und Hitlers Hunden spielen. Die Angst vor den Russen ist allgegenwärtig, aber nach der Parole »Kopf hoch, solange er noch dran ist« geht das unterirdische Leben weiter. Datum und Uhrzeit spielen keine Rolle mehr. Tag und Nacht fließen ineinander. Man schläft, wenn man schlafen kann, sei es auch nur für eine Stunde; die Nervosität weckt einen meist nach kurzer Zeit wieder auf.[32]

Berlin-Charlottenburg, Gefechtsstand des Kommandanten von Berlin, 19.00 Uhr

Gegen 19.00 Uhr trifft der neue Kommandant von Berlin, General Weidling, auf seinem Gefechtsstand am Hohenzollerndamm ein,[33] stellt sich seinen militärischen Mitstreitern vor und bilanziert, was er an Menschen und Material für die Verteidigung Berlins zur Verfügung hat: 45 000 Soldaten der Wehrmacht und der SS sowie 40 000 Volkssturmmänner,[34] außerdem rund sechzig Panzer. Die Rote Armee steht mit einer Streitmacht von zweieinhalb Millionen Mann in und um Berlin. Dem neuen Kampfkommandanten Berlins ist schon an diesem Abend klar, dass er die ihm gestellte Aufgabe unmöglich bewältigen kann.

Südöstlich von Berlin, nachts

Theodor Busse wagt an diesem Abend mit den Resten seiner 9. Armee tatsächlich einen Ausbruchversuch aus dem Kessel südöstlich von Berlin – allerdings nicht wie von Hitler befohlen in Richtung Nordwesten, um Berlin zu entsetzen. Das hält er für aussichtslos. In der Absicht, seine Soldaten vor der völligen Vernichtung zu bewahren, will er sie im Süden von Berlin im Schutz der ausgedehnten märkischen Wälder nach Westen führen, sich mit der 12. Armee von General Wenck vereinen und sich dann gemeinsam an die Elbe zu den Amerikanern zurückziehen. Busse und sein Stab beschließen, bei Halbe, einem kleinen Städtchen an der Autobahn Dresden–Berlin, Konjews Linien zu durchbrechen. Das schlägt fehl. Zwar kommen die meisten der noch einsatzfähigen Panzer der 9. Armee durch die sowjetische Front, doch bevor Busses Infanterie nachrücken kann, sind die Panzer verschwunden, und die Rote Armee hat die Lücke wieder geschlossen.[35]

Bunker in Berlin-Adlershof, nachts

Im völlig überfüllten Bunker in Berlin-Adlershof wird den Menschen klar, dass der Krieg in ihrem Stadtbezirk innerhalb von Stunden zu Ende sein wird. Köpenick und Adlershof sind von der Roten Armee schon eingenommen. Nur noch um die Durchgangsstraße direkt am Bunker wird gekämpft. Der Bunkerwart, der bis zuletzt immer wieder die Hakenkreuzfahne auf seinem Bunker gehisst hat, ist auf und davon.

Mitten in der Nacht werden die Bunkertore geöffnet. Laute, energische Rufe in russischer Sprache dröhnen durch den Bau. Offiziere der Roten Armee gehen von Kabine zu Kabine und leuchten mit ihren Blendlaternen jeden Einzelnen ab. Sie haben eine deutsche Dolmetscherin dabei, die die Bunkerinsassen beruhigt: »Bleibt ruhig liegen, die Russen tun euch nichts.« Nachdem die Offiziere sich überzeugt haben, dass sich hier nur vollkommen erschöpfte Mütter und kranke Kinder aufhalten, lassen sie ihnen durch die Dolmetscherin eine gute Nacht wünschen und ziehen ab.[36]

Berlin und München, vor Mitternacht

Adolf Hitlers Reich hat noch eine Nord-Süd-Ausdehnung von fünf Kilometern. Doch der Diktator besteht nach der Ausschaltung Hermann Görings darauf, einen neuen Oberbefehlshaber für die deutsche Luftwaffe zu ernennen. Einen Oberbefehlshaber, für den es nichts mehr zu befehlen gibt, weil die Luftwaffe praktisch keine Kampfflugzeuge mehr hat und die traurigen Reste mangels Treibstoff nicht starten können. Hitlers Wahl fällt auf Generaloberst Ritter von Greim, den Oberbefehlshaber der 6. Luftflotte in München. Robert Ritter von Greim ist Berufssoldat, dient seit 1917 in der Luftwaffe und ist Träger des selten verliehenen Tapferkeitsordens Pour le Mérite. Als er in dieser Nacht von Hitler angerufen und in die Reichskanzlei befohlen wird, ist von Greim völlig verdutzt. Von den Vorgängen auf dem Obersalzberg weiß er nichts und kann sich darum keinen Reim darauf machen, was Hitler von ihm will. Irritiert ruft er Karl Koller auf dem Obersalzberg an: »Koller, ich bin zum Führer nach Berlin befohlen, was ist los?« »Ja«, entgegnet der Generalstabschef der Luftwaffe dem Generaloberst lakonisch, »dann werden Sie wohl Oberbefehlshaber der Luftwaffe werden.« Greim: »Was ist denn los? Können Sie mich nicht unterrichten?«[37]

Berlin, Gefängnis Lehrter Bahnhof und Umgebung

Ohne Prozess oder Urteil wird der Jurist Dr. Hans Koch, Mitglied der Bekennenden Kirche und einer der Verteidiger Pastor Niemöllers, von einem Sonderkommando des Reichssicherheitshauptamtes hingerichtet. Koch und seine Familie waren im Januar 1945 denunziert worden.

Die Verschwörer des 20. Juli hatten ihn im Falle eines gelungenen Attentats als Präsident des Reichsgerichts vorgesehen.[38] Albrecht Graf von Bernstorff und Legationsrat Richard Kuenzer, Mitglieder des Solf-Kreises, werden an diesem 24. April ebenfalls in der Nähe des Lehrter Bahnhofs ermordet.[39]

+++ Die Rote Armee beginnt mit dem Sturm auf das Zentrum +++ Die Amerikaner bombardieren Hitlers Berghof auf dem Obersalzberg +++ Bei Torgau in Sachsen treffen amerikanische und sowjetische Einheiten aufeinander +++ Das Deutsche Reich ist damit geteilt +++ Berlin wird von sowjetischen Truppen völlig eingeschlossen +++

MITTWOCH, 25. APRIL

Berlin-Mitte, morgens

In einem »amtlichen Kommuniqué« an die Berliner heißt es an diesem Morgen: »Im Kampf um die Reichshauptstadt gegen den bolschewistischen Ansturm trifft der Führer selbst die Entscheidungen über den Einsatz der Kräfte und die Heranführung von Verstärkungen. In nahezu stündlichen Besprechungen melden die für die Verteidigung von Berlin verantwortlichen Männer dem Führer die Lage. Der Führer lässt sich Offiziere und Männer, die sich im Kampf besonders ausgezeichnet haben, direkt vom Einsatz kommen und übergibt ihnen selbst ihre Auszeichnungen. So erhielten aus der Hand des Führers Hauptmann Jaschke, Kommandeur einer Sturmgeschützabteilung, das Ritterkreuz und ferner Unteroffizier Paul vom Führer persönlich das Ritterkreuz.«[1]

Um Punkt 5.30 Uhr setzt das bisher schwerste Artilleriefeuer auf das Zentrum ein.[2] Längst können die Berliner die unterschiedlichen Einschläge von Bomben, Flak, leichter und schwerer Artillerie unterscheiden. Der Beschuss an diesem Morgen übertrifft alles, was sie bisher kennen gelernt haben. Eine Stunde lang bricht für die Einwohner von Berlin-Mitte die Hölle aus. Unter Einsatz tausender schwerer Geschütze bereitet die Rote Armee ihren Sturm auf das Stadtzentrum und das Regierungsviertel vor. Wassili Tschuikow, einer von Shukows Generälen, beobachtet von einem vierstöckigen Haus in der Nähe des Flugplatzes Johannisthal im Südosten der Reichshauptstadt aus, wie sein konzentriertes Artilleriefeuer wirkt. Selbst hier, weitab vom Zentrum, beginnt der Boden durch das Donnern der Geschütze zu schwanken. In der Stadtmitte richten die Granaten Verheerendes an. Ganze Häuser brechen zusammen, Barrikaden, die der Roten Armee den Weg versperren sollen, fliegen in die Luft. Erneut sterben Tausende deutscher Zivilisten und deutscher und sowjetischer Soldaten.[3] Bis zum Abend werden Shukows Truppen im Süden bis nach Charlottenburg, im Norden bis zum Lehrter Bahnhof vorstoßen.[4]

Berlin-Mitte, Reichskanzlei, morgens

Salve um Salve prasselt auch auf die Reichskanzlei nieder. Der Bunkerboden und die Wände zittern, Lampen tanzen und erlöschen zeitweise, flackern wieder auf. Gesteinsstaub liegt in der Luft. Bei Volltreffern in unmittelbarer Nähe dringen Rauch und Schwefel in die Luftschutzkeller ein. Zeitweilig müssen die Ventilatoren abgestellt werden, so dass die Luft unter der Erde stickig wird. Der etwa sechzig Meter[5] lange, unterirdische Verbindungsgang zwischen den Kellern der Neuen und der Alten Reichskanzlei ist an mehreren Stellen beschädigt worden. Er liegt nur anderthalb Meter unter der Erde. In der mit einem Meter Stärke vergleichsweise dünnen Betondecke klaffen Löcher, durch die man das Tageslicht sehen kann. Der Boden steht teilweise unter Wasser, so dass die Menschen auf ausgelegten Brettern über die Pfützen balancieren müssen.[6] Hitler veranlasst darum, dass seine Sekretärinnen Gerda Christian und Traudl Junge aus ihren Räumen in der Reichskanzlei in den Führerbunker umziehen. Ein paar Matratzen werden auf dem Boden des Lageraums ausgebreitet. Bei halb geöffneter Tür und angezogen schlafen die beiden Frauen dort ab und zu für ein paar Stunden. Derweil liegen draußen im Lagevorraum Krebs, Burgdorf und Bormann in den Sesseln und erwarten schnarchend ihre Befreiung durch die Armee Wenck.[7]

In den Kellern der Reichskanzlei kauern Angehörige der Waffen-SS gefechtsbereit auf den Betonfluren, neben ihnen Zivilisten, die sich hierhin geflüchtet haben. Privilegiertere Bewohner starren von Feldbetten aus an die Decke. Verwundete werden heruntergeschleppt und zum Lazarett getragen. Alle sitzen mit eingezogenen Köpfen und aufgesetzten Stahlhelmen da. Angst ist das vorherrschende Gefühl. Werden gleich die Munitionsdepots des Bunkers hochgehen? Halten die Betonwände des Luftschutzkellers dem Beschuss stand? Ja. Die Reichskanzlei wird zwar schwer mitgenommen, aber nicht zerstört. Der von Johannes Hentschel gepflegte Dieselgenerator im Führerbunker liefert weiter Strom. Es gibt auch jetzt noch fließendes Wasser, und die Köche in der Reichskanzlei fabrizieren mit aufgesetzten Stahlhelmen warme Mahlzeiten für die Bunkerbewohner.

Der Befehlshaber des Bereichs »Zitadelle«, Wilhelm Mohnke, nimmt in seinem Gefechtsstand Meldungen entgegen, schickt Ablösungen und Ersatz hinaus, studiert Stadtkarten und verfolgt die Bewegungen der Roten Armee, so gut das seine beschränkten Möglichkeiten und Kräfte zulassen. Zwei Mal täglich begibt er sich in den Führer-

bunker, um an der Lagebesprechung teilzunehmen. Wenn er zurückkommt, lässt sich an seiner Stimmung die im Lageraum des Führerbunkers ablesen. Wird von der kommenden Wunderwaffe geschwärmt,
ist er in Hochform, hat Adolf Hitler keine Hoffnung mehr, wettet
Mohnke keinen »roten Heller« mehr auf das Leben derjenigen, die unter der Reichskanzlei ausharren.[8]

Neu-Roofen, Hauptquartier des OKW, morgens

In den frühen Morgenstunden meldet die 9. Armee an das OKW:
»Durchbruchsversuch missglückt. Gepanzerte Angriffsspitzen gegen
ausdrücklichen Befehl anscheinend nach Westen durchgebrochen oder
vernichtet. Übrige Angriffsgruppe unter empfindlichen eigenen Ver-
lusten zum Stehen gebracht. Körperlicher und seelischer Zustand von
Offizieren und Mannschaft sowie Munitions- und Betriebsstofflage ge-
statten weder erneuten planmäßigen Durchbruchsangriff noch langes
Durchhalten. Besonders belastend ist die erschütternde Not der im Kessel zusammengedrängten Zivilbevölkerung. Nur durch die von sämtlichen Generalen getroffenen Maßnahmen ist es gelungen, die Haltung
der Truppe bis jetzt zu gewährleisten.« Zum Schluss meldet der Oberbefehlshaber der 9. Armee, General Busse: »Haltung und Kampf der
9. Armee bis zum Letzten selbstverständlich.«[9]

Obersalzberg, Berghof, morgens

Regelmäßig sind Berchtesgaden und der Obersalzberg, das »Ferien-
dorf« der NS-Führung, in den letzten Monaten von amerikanischen
und britischen Bombern überflogen worden. In den letzten Tagen ist
das täglich geschehen. Jedes Mal, wenn sich feindliche Flugzeuge nähern, wird Fliegeralarm ausgelöst und der Obersalzberg vernebelt, um
einen gezielten Angriff zu verhindern. Bis zu diesem Morgen ist keine
einzige Bombe auf die Urlaubsdomizile von Hitler, Göring, Speer, Bormann und anderen prominenten Nationalsozialisten gefallen.

Es ist 9.30 Uhr. Karl Koller in Berchtesgaden hat nach kurzem
Schlaf gerade damit begonnen, sich zu rasieren, als wieder einmal die
Sirenen aufheulen. Fliegeralarm! Zuerst Voralarm, gleich darauf akute
Angriffsgefahr. Und schon hört man das Dröhnen sich nähernder,
viermotoriger amerikanischer Bomber, dazu das Krachen schweren
Flakfeuers aus Berchtesgaden. Dann schlagen die ersten Bomben auf
dem Obersalzberg ein. Die Fenster klirren, als würden sie gleich zer-
springen.

Hitlers Sekretärin Christa Schroeder, die am 21. April aus Berlin auf den Obersalzberg gekommen ist, kann gerade noch ihre Handtasche greifen und ihren Mantel umhängen. Sie stürzt in das Zimmer ihrer Kollegin Johanna Wolf, ruft warnend: »Komm schnell, es fallen Bomben!«[10] und rennt, ohne zu warten, ob diese ihr folgt, die Treppe hinunter zum Eingang des Luftschutzbunkers. Der liegt nur wenige Meter von Hitlers Berghof entfernt. Martin Bormann hat ihn bauen lassen. Er gilt als vollkommen bombensicher, ist aber – ebenso wie der Führerbunker in Berlin – nicht völlig fertig gestellt worden. Christa Schroeder hastet die sechzig Stufen hinab durch Felsengestein. Mit ihr stürzen andere Bewohner des Obersalzberges die Treppe hinunter, völlig überrascht von dem Angriff, viele nur halb angezogen.[11] Unter ihnen ist die hochschwangere Gretl Fegelein, die Schwester Eva Brauns.

Auch Görings Adjutanten werden an diesem Morgen durch den Lärm der Flugabwehrkanonen aus Berchtesgaden geweckt. Unmittelbar darauf fallen um sie herum auch schon die ersten Bomben. Als sie wie alle anderen in den Luftschutzkeller flüchten wollen, wird das durch die SS-Wachen verhindert, die »für diesen Fall keine Weisung« haben. So bleibt ihnen nur der Keller von Görings Haus. Emmy Göring eilt mit Beginn des Bombardements zum Zimmer ihrer Tochter Edda. Auf dem Weg dahin kommt ihr das Kindermädchen entgegen, das mit dem Kind schon auf dem Weg in den Keller ist. Emmy Göring ruft nach ihrem Mann und hastet, als sie keine Antwort bekommt, die Treppe hinauf in sein Schlafzimmer. Göring steht vor dem Spiegel und rasiert sich: »Bleib du bei Eddalein –; ich gehe nicht in den Keller.« Erst als seine Frau ihn damit erpresst, dass sie ohne ihn auch nicht gehen wird, kommt er mit.

Die Kellertür ist mittlerweile durch die Druckwellen der gefallenen Bomben verbogen und lässt sich nicht mehr schließen. Görings Tochter zittert am ganzen Körper. Als ihr Vater beruhigend auf sie einredet, geht einer der SS-Männer aus der Wachmannschaft dazwischen: »Sie dürfen nicht bei Ihrer Frau und Ihrem Kind sitzen, auch nicht mit ihnen sprechen!« Der bis vor kurzem zweite Mann im Staat sieht seinen Bewacher nur lächelnd an, während Emmy Göring sich demonstrativ an die Stirn tippt. Während des Angriffs fällt der Strom aus, und das Licht erlischt. Über dem Krachen der Bombenexplosionen kann man sein eigenes Wort nicht mehr verstehen. Schließlich ebbt der Angriff ab, und es wird still. Nach ein paar Minuten kommt ein höherer SS-Offizier in den Keller und erteilt die Erlaubnis, dass jetzt auch Göring und seine Familie in den großen Luftschutzbunker gehen dürfen.[12] Der SS-Wachmannschaft ist es selber zu mulmig geworden.

Kaum sind Hermann und Emmy Göring mit ihrer Tochter die dunkle Treppe in den Felsen hinabgestiegen – es ist 10.00 Uhr –, beginnt ein zweiter Angriff. Im Vergleich dazu wirkt der erste wie ein Vorspiel. Zwanzig Minuten dauert der Großangriff der amerikanischen Luftwaffe auf den Obersalzberg. Pausenlos fallen Bomben, manche direkt auf den Bunker. Die Einschläge hallen fürchterlich in dem Felsen, Angst und Chaos machen sich breit. Bei jedem Einschlag ziehen die Insassen den Kopf ein. Die technischen Einrichtungen der als so sicher gepriesenen Bunkeranlagen versagen, Licht und Belüftung fallen aus. Wasser läuft die Eingangstreppe herunter und dringt in den Bunker ein.[13]

Berlin-Mitte, Führerbunker, 10.30 Uhr

An diesem Morgen treffen in Torgau an der Elbe die sowjetischen und amerikanischen Truppen bei ihrem jeweiligen Vormarsch aufeinander. Damit ist eingetreten, was die deutschen Militärs lange befürchtet haben: Das von Deutschland noch kontrollierte Gebiet ist in zwei Hälften geteilt. Doch in der morgendlichen Lagebesprechung steht nicht diese weitere Niederlage im Mittelpunkt. Bei dem Zusammentreffen der alliierten Streitkräfte ist es nämlich zu geringfügigen Meinungsverschiedenheiten zwischen den Befehlshabern der beiden Armeen gekommen. Die Sowjets werfen den Amerikanern vor, sie hätten in diesem Bereich die in Jalta[14] getroffenen Abmachungen bezüglich der zu besetzenden Abschnitte nicht eingehalten. Diese für die Gesamtsituation zu vernachlässigende Nachricht wirkt auf Hitler regelrecht elektrisierend. Genau davon hat er seit Wochen geträumt. »Meine Herren«, versucht der Diktator Krebs, Bormann und Goebbels glauben zu machen, »das ist wieder ein ganz eklatanter Beweis für die Uneinigkeit unserer Feinde. Würde das deutsche Volk und die Geschichte mich nicht zum Verbrecher stempeln, wenn ich heute Frieden schließen würde und noch morgen die Möglichkeit bestünde, dass unsere Feinde uneinig werden? Kann nicht täglich, ja stündlich der Krieg zwischen den Bolschewiken und Angelsachsen um die Beute Deutschland ausbrechen?«[15]

Unverändert hofft der Diktator auf die militärische Befreiung Berlins durch den von ihm befohlenen deutschen Gegenangriff und redet sich die militärische Lage schön: »In Berlin sieht es schlimmer aus, als es ist. Der Berliner Raum muss ausgeschöpft werden von Menschen, soweit es irgend möglich ist. Die 12. und die 9. Armee, die im Westen und Osten feste Fronten bilden, müssen an Berlin herangezogen werden. Die in Berlin stehenden Divisionen müssen auf jede nur mögliche Weise aus der Bevölkerung aufgefüllt werden. Erfassungskolonnen müssen gebildet werden, um alles heranzuholen.«[16]

Die morgendliche Lagebesprechung wird weitgehend von einem endlosen Dialog zwischen Hitler und Goebbels beherrscht. Dabei bestätigen sich die beiden gegenseitig auf ihre gewohnt markig-heroische Art, wie richtig und wichtig die Entscheidung gewesen sei, in Berlin zu bleiben. Hitler: »Ich kann nur hier allein einen Erfolg erringen. Erringe ich hier einen Erfolg, und wenn es nur ein moralischer sein sollte, so ist das zumindest die Möglichkeit, das Gesicht zu wahren und Zeit zu gewinnen. Eines weiß ich: Es ist völlig zwecklos, im Süden zu sitzen, weil ich dort keinen Einfluss und keine Armee habe. Ich wäre dort nur mit meinem Stabe. Einen süddeutsch-ostmärkischen Gebirgsblock könnte ich nur halten, wenn auch Italien als Kriegsschauplatz behauptet werden könnte. Aber auch dort herrscht ein völliger Defätismus bei der Führung, die von oben herunter zerfressen ist.« Goebbels: »In Berlin kann man einen moralischen Welterfolg erzielen. Dieser Erfolg kann nur an diesem Punkte, auf den das Auge der ganzen Welt gerichtet ist, errungen werden. Dass die Sowjets in Brandenburg einziehen, wird nicht so bedauernd empfunden, als dass Berlin von ihnen in Besitz genommen ist. Wenn sie aber vor Berlin zurückgeschlagen werden, dann wäre das Grund für ein großes Beispiel der Welt gegenüber.« […] Hitler: »Als ein ruhmloser Flüchtling von Berlin habe ich weder in Nordnoch in Süddeutschland irgendwelche Autorität, und in Berchtesgaden erst recht nicht. […] Man soll nicht sagen: Sie als der Führer. […] Der Führer bin ich, solange ich wirklich führen kann. Führen kann ich nicht dadurch, dass ich mich irgendwo auf einen Berg setze, sondern dazu muss ich Autorität über Armeen besitzen, die gehorchen. Lassen Sie mich hier einen Sieg erringen, und mag es noch so schwierig und hart sein, dann habe ich auch wieder ein Recht, die trägen Elemente, die dauernd Obstruktion machen, zu beseitigen; dann werde ich mit den Generalen arbeiten, die sich bewährt haben. Nur eine heroische Haltung kann uns diese schwerste Zeit bestehen lassen. […] Wenn ich diese Schlacht gewinne, dann verspreche ich mir davon nichts für meinen persönlichen Namen. Aber dann bin ich rehabilitiert. Dann kann ich eine Anzahl von Generalen und Unterführern einschließlich in der SS beseitigen, die in entscheidenden Punkten versagt haben.« [...] Goebbels: »Geht die Sache gut, ist es sowieso gut. Geht es nicht gut und würde der Führer in Berlin einen ehrenvollen Tod finden und Europa bolschewistisch werden – in fünf Jahren spätestens wäre der Führer eine legendäre Persönlichkeit und der Nationalsozialismus ein Mythos, weil er durch den letzten großen Einsatz geheiligt wäre und alles Menschliche, was man heute an ihm kritisiert, dann mit einem Schlage abgewischt wäre.« Hitler: »Das ist die Entscheidung: Hier und nur hier alles zu retten und den letzten Mann einzusetzen, das ist unsere Pflicht.«[17]

Berlin-Charlottenburg, vormittags

In den Seitenstraßen von Charlottenburg, vor allem in den baumbestandenen, warten deutsche Soldaten auf die heranrückenden Rotarmisten. Sie schlafen zwischen Panzern, Kanonen, Lkws und Pferdewagen, flirten mit den Mädchen, machen Tauschgeschäfte. Über den Krieg wird nicht geredet. Ein Professor, der in der Nacht seine Amtswalteruniform im Lietzensee versenken wollte, ist dabei angeblich von »Werwölfen« ermordet worden. So jedenfalls geht das Gerücht unter den Anwohnern. Ihm ist die Kehle durchschnitten worden. Und um die Stelle, wo er in seinem Blut gelegen hat, hat jemand einen Kreis gezogen und hineingeschrieben: »Verräter«.[18]

Obersalzberg, 14.30 Uhr

Erst am frühen Nachmittag, nach drei Angriffswellen, können die Prominenten auf dem Obersalzberg den Luftschutzbunker wieder verlassen. Oben angekommen, bietet sich ihnen ein Bild totaler Verwüstung. Hitlers Berghof steht zwar noch, aber die Mauer auf einer Seite des Hauses ist geborsten, das Blechdach hängt zerfetzt herab, und Türen und Fenster gibt es nicht mehr. Im Innern ist der Boden dick mit Schutt bedeckt und der größte Teil der Möbel demoliert. Alle Nebengebäude sind zerstört, zudem sind viele kleine Bauernhäuser in der Umgebung getroffen worden. Die Wege sind verschüttet und unpassierbar. Nicht ein Baum steht mehr, nichts Grünes ist mehr sichtbar, das Gelände sieht aus, als wäre es völlig umgepflügt worden, wie eine Kraterlandschaft.[19] Der militärisch sinnlose Angriff hat mehrere Tote und Verletzte gefordert.[20] Das Haus von Hermann Göring ist nicht mehr bewohnbar. Emmy Göring holt einige heil gebliebene Sachen aus der Ruine, dazu Matratzen und richtet für ihre Familie ein Notquartier im

Luftschutzbunker ein.[21] Adolf Hitler nimmt die Nachricht von der Bombardierung des Obersalzberges und der Zerstörung seines geliebten Hauses äußerlich ungerührt auf.[22]

Berlin-Mitte, nachmittags

Der Häuserkampf, bei dem um jede Ruine, jede Straße gerungen wird, neigt sich dem Ende zu. Im Wesentlichen ist nur noch das Zentrum in deutscher Hand. Das Ziel der Roten Armee, den Reichstag und das Regierungsviertel zu erobern, ist in greifbare Nähe gerückt. Nur noch die Spree und der Landwehrkanal halten Shukows Truppen vom Führerbunker fern. Dass Adolf Hitler sich im Zentrum Berlins aufhalten muss, wissen die Führungsstäbe der Roten Armee aus den Funksprüchen, die aus der Reichskanzlei gesendet werden.[23]

Selbst für die Verteidigung wichtiger strategischer Stellungen hat Gerhard Weidling, der Kampfkommandant von Berlin, keine Truppen und keine Geschütze mehr. Reichsjugendführer Axmann hat auf der Fahrt von seiner Wohnung zu seinem Gefechtsstand in der Wilhelmstraße festgestellt, dass die Pichelsdorfer Brücken, die im Westen Berlins über die Havel führen, nicht durch Soldaten gesichert sind. Lediglich ein Volkssturm-Mann ist dort postiert worden, der den Auftrag hat, die Brücken zu bewachen und sie mit Hilfe von bereits installierten Sprengkapseln in die Luft zu jagen, wenn die Russen sich nähern sollten. Die Gefahr, dass den Sowjets diese Schlüsselstellung unversehrt in die Hände fällt, ist beträchtlich. Sollte Hitlers große Hoffnung, die Armee Wenck, aber tatsächlich Berlin erreichen, ist es entscheidend, dass die Brücken in deutscher Hand – und intakt – sind. Axmann dringt bei Hitler darauf, sofort Soldaten dorthin abzustellen. Doch Weidling muss passen. »Mein Führer«, entgegnet der General auf den entsprechenden Befehl, »mir stehen keine Truppen mehr zur Verfügung.« Generalstabschef Krebs bestätigt das: »Alle unsere Kräfte stehen bereits im Einsatz, mein Führer.« Darauf wendet sich Hitler an den Reichsjugendführer: »Und Sie, Axmann? Haben Sie noch eine Einheit, die wir dort einsetzen können?« Axmann: »Im Reichssportfeld liegt noch ein HJ-Bataillon.« Das ist zwar nur für den Panzernahkampf ausgebildet und ausgerüstet und verfügt auch nicht über schwere Waffen, dennoch erhalten die Jungen den Befehl, die Havelbrücken unter allen Umständen zu verteidigen. Das wird ab sofort zur Hauptaufgabe der Hitler-Jugend erklärt. Teilweise erst vierzehn Jahre alte Kinder stellen sich den angreifenden sowjetischen Tanks entgegen. Die Hitlerjungen werden die Brücken bis zum Ende des Krieges erfolgreich verteidigen, obwohl die Rote Armee vor und hinter ihnen auf der Heerstraße steht. Zur Unterstützung der Jungen beordert der Diktator eine 8,8 Zentimeter Flak-Kanone an die Pichelsdorfer Brücken. Die Verfügungsgewalt des Oberkommandierenden der deutschen Wehrmacht über schwere Waffen ist ziemlich klein geworden. Im Übrigen kommt die Kanone trotz Hitlers Befehl nie an ihrem Bestimmungsort an.[24]

London, Hauptquartier von Winston Churchill

Der englische Premier wird durch ein Telegramm des britischen Botschafters in Stockholm über den Vorstoß Heinrich Himmlers informiert, Kapitulationsverhandlungen mit den Westalliierten aufnehmen zu wollen. Bei einem Treffen im schwedischen Außenministerium, zu dem der britische und der amerikanische Botschafter in Schweden eingeladen waren, hat Graf Bernadotte über seine nächtliche Begegnung mit Himmler am Vortag in Lübeck berichtet.[25]

Churchill sendet das Telegramm sofort weiter an Stalin und den neuen amerikanischen Präsidenten Truman, verbunden mit einer klaren Absage an einen Sonderfrieden der Westalliierten: »Es kommt, was die Regierung Seiner Majestät betrifft, nichts anderes in Frage als eine bedingungslose Kapitulation gleichzeitig gegenüber den drei Großmächten. Nach unserer Meinung sollte Himmler mitgeteilt werden, dass sich die deutschen Streitkräfte, als einzelne Soldaten oder in geschlossenen Einheiten, überall den alliierten Truppen oder den an Ort und Stelle befindlichen alliierten Vertretern ergeben sollen. Solange dies nicht geschieht, wird der Angriff der Alliierten von allen Seiten und überall dort, wo der Widerstand anhält, mit aller Macht fortgesetzt.«[26]

Stalin antwortet: »Ich danke Ihnen für Ihre Botschaft vom 25. April über die Absicht Himmlers, an der Westfront zu kapitulieren. Ich halte Ihren Vorschlag, von Himmler die bedingungslose Kapitulation an allen Fronten, auch an der sowjetischen, zu fordern, für den einzig korrekten. Ich kenne Sie und habe nie daran gezweifelt, dass Sie so und nicht anders handeln würden. Ich bitte Sie, in dem von Ihnen vorgeschlagenen Sinne zu verfahren. Die Rote Armee wird im Interesse unserer gemeinsamen Sache weiterhin ihren Druck gegen Berlin ausüben. Ich teile Ihnen zu Ihrer Information mit, dass ich eine ähnliche Antwort Präsident Truman gegeben habe, der sich mit der gleichen Anfrage an mich gewandt hatte.«[27]

München, Hauptquartier der 6. deutschen Luftflotte

Generaloberst Ritter von Greim, den Hitler in die Reichskanzlei nach Berlin befohlen hat, um ihn zum Nachfolger Görings zu küren, fragt sich, wie er dorthin gelangen soll. Die Hauptstadt ist in weiten Teilen von der Roten Armee besetzt, eine Landung auf den noch in deutscher Hand befindlichen Flughäfen Tempelhof und Gatow wäre ein Vabanquespiel. Also beschließt der Fliegergeneral zu versuchen, mit einem Hubschrauber direkt zur Reichskanzlei zu gelangen. Von Greim kennt eine Frau – und ist mit ihr befreundet –, die ihm bei diesem lebensgefährlichen Vorhaben behilflich sein kann. Sie heißt Hanna Reitsch und hat vor nicht allzu langer Zeit mit einem Hubschrauber Trainingsflüge über dem zerstörten Berlin unternommen.

Die 33 Jahre alte, vielfach ausgezeichnete Hanna Reitsch ist Deutschlands berühmteste Pilotin. Sie arbeitet seit Jahren als Testpilotin für die deutsche Luftwaffe. Ihre Leistungen als Fliegerin sind legendär. Sie hat als Segelfliegerin Weltrekorde im Langzeitfliegen und im Höhenfliegen für Frauen aufgestellt. Als erste Frau der Welt hat sie den Pilotenschein für Verkehrsmaschinen erworben und darf sich seit 1937 Flugkapitän nennen. Schließlich ist sie als einzige Frau mit dem Eisernen Kreuz Erster Klasse und dem Militärfliegerabzeichen in Gold mit Brillanten ausgezeichnet worden. Von Greim weiß, dass der geplante Flug für ihn und Hanna Reitsch der letzte sein könnte. Deshalb fragt er zunächst die Eltern der Pilotin um Erlaubnis. Die zögern »keinen Augenblick, ihre Zustimmung zu geben«.[28]

Berlin-Mitte, Führerbunker und Reichskanzlei, nachmittags

Eva Braun, die Sekretärinnen Gerda Christian und Traudl Junge sowie Hitlers Diätköchin Constanze Manziarly essen mit Hitler zu Mittag. Traudl Junge fragt: »Glauben Sie, mein Führer, dass der Nationalsozialismus wiederkommen wird?« Der antwortet über die Frauen hinweg, als spräche er zu sich selbst: »Nein. Der Nationalsozialismus ist tot. Vielleicht wird in hundert Jahren einmal eine ähnliche Idee entstehen, mit der Kraft einer Religion, die über die ganze Welt geht. Aber Deutschland ist verloren. Es war wohl nicht reif genug und nicht stark genug für die Aufgabe, die ich ihm zugedacht hatte.«[29] Traudl Junge versteht ihren Arbeitgeber nicht mehr.

Das heillose Durcheinander in den Kellerräumen der Neuen Reichskanzlei verschlimmert sich stetig. In den langen Gängen hausen erschöpfte Soldaten von Volkssturm und Wehrmacht. Eine Feldküche versorgt sie mit warmen Getränken und Suppen. Überall liegen schlafende Gestalten auf dem Boden, dazwischen bewegen sich hilfsbereite Frauen und Mädchen – Flüchtlinge, Krankenschwestern, Angestellte der Reichskanzlei –, die Unterstützung und Hilfe leisten, wo sie können.

In einem der größeren Räume ist notdürftig ein Operationssaal eingerichtet worden. Hier ist das Reich des Chirurgen Werner Haase. Haase ist ehemaliger Begleitarzt Adolf Hitlers im Rang eines SS-Obersturmbannführers. Mitte April ist er von der Charité, wo er zuletzt als Oberarzt tätig gewesen ist, in die Krankenstation im Keller der Reichskanzlei übergesiedelt. Obwohl selbst schwer krank, operiert er seither rund um die Uhr bis zur totalen Erschöpfung die Verwundeten, die zu ihm gebracht werden. Zu ihm stößt an diesem Nachmittag Ernst Günther Schenck, ein Internist mit demselben SS-Rang wie Haase. Schenck hat seit Jahren nicht praktiziert und war bis vor kurzem Inspektor für Truppenverpflegung und -ernährung der Wehrmacht. Haase und die beiden Krankenschwestern, die ihn unterstützen – die eine assistiert bei den Operationen, die andere gibt Narkosen –, sind glücklich über die Verstärkung. Ab sofort werden Haase und Schenck gemeinsam zersplitterte Gliedmaßen amputieren, Kugeln aus Körpern operieren, Blutungen verbinden, mit Morphium Schmerzen lindern, wo sie können. Die Betten, die überall, wo es möglich ist, aufgestellt worden sind, reichen schon lange nicht mehr aus. Bald gibt es keine Hemden, keine Wäsche mehr für die Verwundeten. Es mangelt sogar an Verbandsmaterial.

Schenck kümmert sich zunächst darum, die wartenden Verletzten für die Behandlung vorzubereiten. Mit einer Gipsschere schneidet er Uniformjacken und Hemden auf, trennt Ärmel oder Hosenbeine ab. Einige der Verwundeten sterben, bevor die beiden Ärzte eine Chance haben, ihnen zu helfen. »Morphium dort, Spritzen hier«, ruft die Operationsschwester in dem Moment, als Schenck in den Operationssaal tritt.

Nach zwei Stunden reißt sich Haase die Maske von Mund und Nase und lässt sich völlig erschöpft auf einem Feldbett nieder. Der Chirurg leidet an einem Pneumothorax, einer Störung der Lungenfunktion, die zu einem teilweisen oder kompletten Kollaps eines Lungenflügels führen kann. »Warum sind Sie […] hier und nicht in einem Lazarett?«, fragt Schenck den um Luft ringenden Haase. »Sie wissen nicht«, entgegnet Haase, »dass ich bis 1936 Begleitarzt des Führers war. […] Als ich hörte, dass der Führer gerade jetzt ohne chirurgischen Begleiter sei, zog ich meine Uniform an und meldete mich an seinem Geburtstag bei ihm. Inzwischen hatte aber Gebhardt,[30] ehe er Hohenlychen verließ und nach Süddeutschland ging, seinen Oberarzt Stumpfegger vorgestellt, und dieser hat sich dem Führer ganz als Begleitarzt attachiert. Hitler wollte aber doch, dass ich in der Reichskanzlei bliebe, und so habe ich dieses Revier übernommen, in dem noch kein Arzt arbeitete.« Schenck fragt nach: »Kann Stumpfegger Sie nicht wenigstens hier etwas entlasten?« Haase winkt müde ab: »Der ist drüben, kommt manchmal herüber, um zu sehen, wie es mit dem Verwundetenanfall aussieht, und berichtet dem Führer. Zur Versorgung der Neuen findet er keine Zeit. Aber auch ich werde immer wieder zum Führer befohlen. Deshalb freuen wir uns alle sehr über Ihr Kommen. Es geht ja erst an. Wir werden Liegeräume für die Operierten schaffen und sie versorgen müssen. Es wird so viel zu schneiden geben, dass es über meine Kraft geht und Sie es tun müssen. Falls Sie Zweifel überkommen, können Sie fragen. Einen Ratschlag kann ich immer noch geben, auch wenn ich hier sitze und nach Luft schnappe.«[31]

Berlin-Mitte, Führerbunker und Reichskanzlei, abends

Im Führerbunker reißen die schlechten Nachrichten nicht ab. Schon gegen Mittag haben die Spitzen der Roten Armee den Flughafen Tempelhof erreicht, der seither unter starkem sowjetischem Artilleriefeuer liegt. Um 18 Uhr wird in der Reichskanzlei bekannt, dass auch der letzte verbliebene Flughafen, Gatow im Westen der Stadt, seit rund einer Stunde von der Roten Armee beschossen wird.[32] Hier stehen noch acht einsatzfähige Maschinen der Führerstaffel, alles viermotorige Condor. Zwar können in Gatow – bis zur völligen Eroberung des Flughafens in der Nacht vom 26. auf den 27. April – noch einige deutsche Maschinen auf dem umkämpften Rollfeld landen und starten, eine Versorgung Berlins auf dem Luftweg ist damit jedoch unmöglich geworden. Ohnmächtig muss Hitler mit ansehen, wie Berlin an diesem Tag von der Roten Armee komplett eingeschlossen wird.

Hitler reagiert auf die unaufhaltsame Entwicklung mit Befehlen, die bei seinen obersten Militärführern zwar hektische Betriebsamkeit auslösen, aber faktisch keine Wirkung mehr haben. »Die Zuspitzung der Lage in Berlin und die inzwischen eingetretene Abschließung der Reichshauptstadt macht die schnellste Durchführung aller Entsatzangriffe in den bisher befohlenen Richtungen zwingend notwendig. Nur wenn ohne jede Rücksicht auf Flanken und Nachbarn mit Härte und

Entschlossenheit die Angriffsgruppen scharf zusammengefasst den Durchstoß vollenden, wird es gelingen, die Verbindung der 9. Armee mit Berlin wiederherzustellen und hierbei starke Feindteile zu vernichten«, appelliert er erneut an Jodl und Wenck.[33]

Willfährig wie immer, kommen die beiden Hitlers Wunsch nach. Gegen 19.40 Uhr befiehlt OKW-Chef Keitel SS-Obergruppenführer Steiner am Telefon wieder einmal, dass sein SS-Korps nunmehr unbedingt nach Berlin durchzustoßen habe. Alle verfügbaren Kräfte müssten sofort nachgeschoben werden, fordert Keitel weiter: »Es ist der ausdrückliche Wille des Führers, dass hier der Kernpunkt der weiteren Entwicklung der Lage liegt.« Alfred Jodl begibt sich sogar persönlich an die Front zu Steiner, um vor Ort sicherzustellen, dass der SS-General dem Befehl Hitlers endlich gehorcht und angreift.[34]

Von anderen bekommt Hitler noch immer Treuebekundungen, erwünschte wie unerwünschte. So sendet Außenminister Joachim von Ribbentrop, der sich in Wittstock in Brandenburg aufhält, an diesem Tag ein Telegramm und bittet um Zustimmung, sich als Soldat der Armee Wenck anschließen zu dürfen. Alternativ bittet er um ein Flugzeug, um nach Berlin zurückkehren und im Berliner Volkssturm mitkämpfen zu können. Hitler, der schon seit Jahren jedes Vertrauen zu Ribbentrop verloren hat, lässt seinem Außenminister telefonisch mitteilen, dass er sich über dessen Telegramm gefreut habe. Ribbentrops Wunsch, am Kampf teilzunehmen, lehnt er ab.[35] Dasselbe gilt für ein entsprechendes Angebot von Großadmiral Raeder, dem ehemaligen Oberbefehlshaber der Kriegsmarine.[36]

Wie ein Lauffeuer verbreiten sich in den Kellern unter der Reichskanzlei die Meldungen über die sich ständig verschlechternde militärische Lage. Bei vielen Bunkerbewohnern kippt die Stimmung von banger, nervöser Hoffnung zu totaler, niederschmetternder Hoffnungslosigkeit. Die erzwungene Untätigkeit unter der Erde, während die russischen Granaten über den Köpfen krepieren, muss auf die Dauer demoralisierend wirken. Vielen wird an diesem Abend klar, dass der Schutzraum zu ihrem Grab werden könnte. Einige sitzen an Tischen zusammen, diskutieren laut und trinken Alkohol oder dämmern ihrem Schicksal entgegen. Die meisten bleiben jedoch in ihren Räumen oder versuchen, auf den Korridoren Neuigkeiten zu erfahren. Gerhard Boldt und Bernd Freytag von Loringhoven, die zu den Bestinformierten im Bunker und in der Reichskanzlei gehören, können sich vor den vielen, angsterfüllten Fragestellern kaum noch retten, die sie an jeder Ecke des

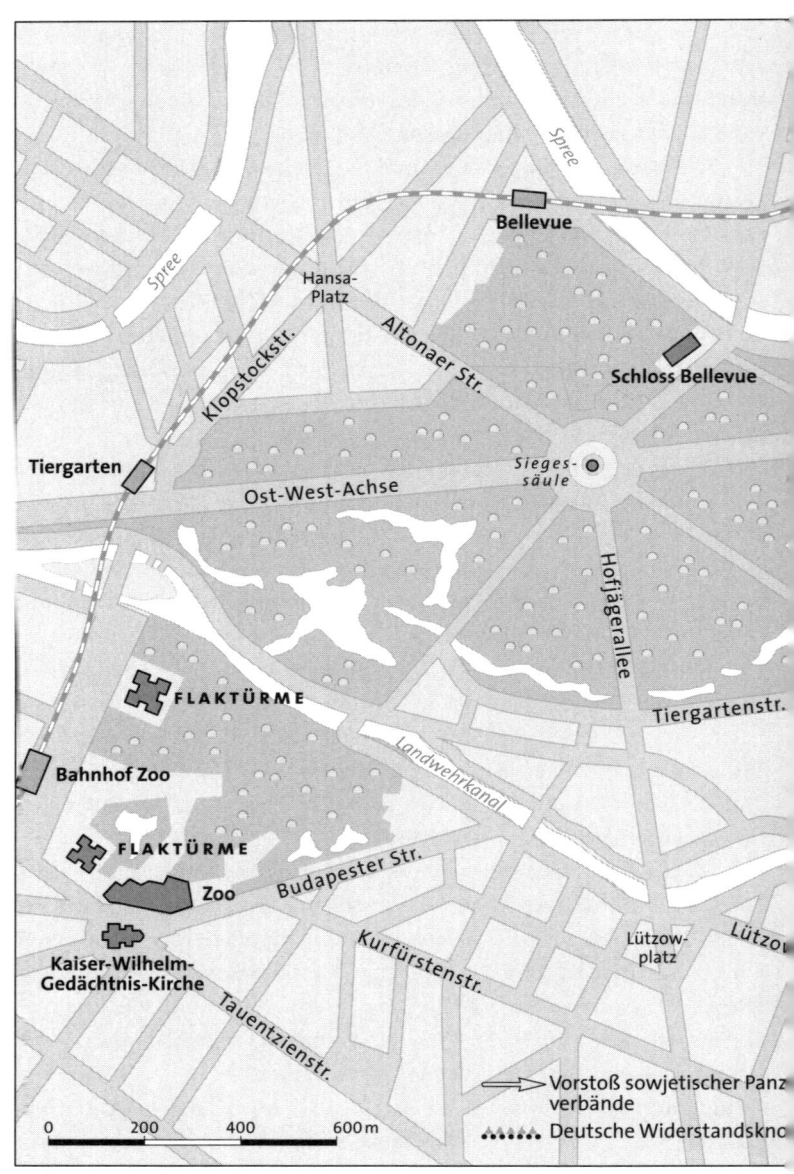

Das Regierungsviertel

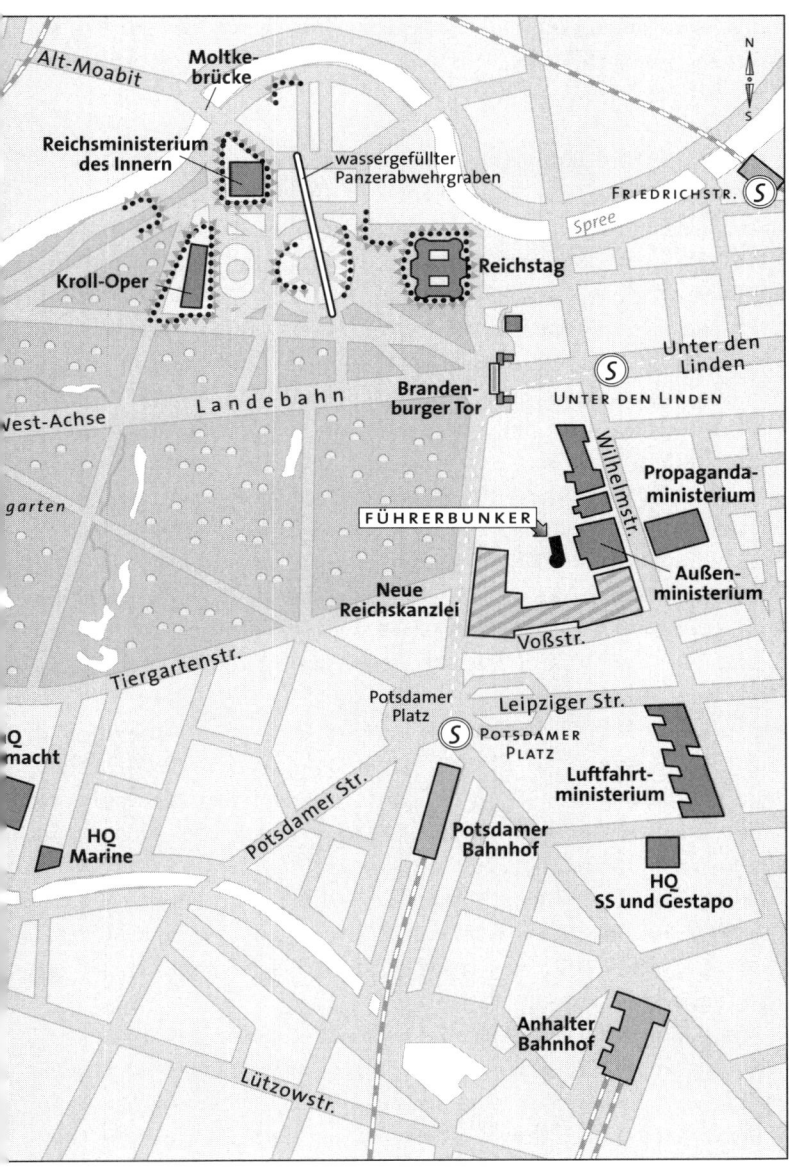

Alt-Moabit

Moltke-
brücke

Reichsministerium
des Innern

wassergefüllter
Panzerabwehrgraben

FRIEDRICHSTR. Ⓢ

Spree

Kroll-Oper

Reichstag

Unter den
Linden

Ⓢ

Vest-Achse

Landebahn

Branden-
burger Tor

UNTER DEN LINDEN

garten

Wilhelmstr.

Propaganda-
ministerium

FÜHRERBUNKER

Außen-
ministerium

Neue
Reichskanzlei

Voßstr.

Tiergartenstr.

Potsdamer
Platz

Leipziger Str.

Ⓢ POTSDAMER
PLATZ

Q
macht

Potsdamer Str.

Luftfahrt-
ministerium

HQ
Marine

Potsdamer
Bahnhof

HQ
SS und Gestapo

Anhalter
Bahnhof

Lützowstr.

Bunkers anhalten. »Was meinen Sie, wann Wenck in Berlin sein kann?«
»Werden wir nach Westen ausbrechen?« »Wie lange können wir uns
noch halten?«[37]

Berlin-Mitte, Führerbunker, 22.00 Uhr

Wieder findet eine Lagebesprechung statt. Im kleinen Lageraum haben
sich alle bei Hitler verbliebenen Parteiführer und Militärs versammelt:
Goebbels, Krebs, Burgdorf, Bormann, außerdem Adjutanten und Ver-
bindungsoffiziere, Botschafter Hewel, Staatssekretär Dr. Naumann,
auch Axmann und Mohnke sind dabei. Der Kampfkommandant von
Berlin, Helmuth Weidling, trägt vor. Die Anwesenden hängen mit ge-
spannter Aufmerksamkeit an seinen Lippen. Weidling hat auf einem
großen Bogen Papier eine Skizze mit den Stoßrichtungen der Roten
Armee anfertigen lassen. Nun wird auch für den Letzten unübersehbar: Am 25. April wurde Berlin vollständig von der Roten Armee eingeschlossen. Weidlings Einheiten sind überall in das Stadtzentrum zurückgedrängt worden. Als der Kampfkommandant schließlich die Zahl
der angreifenden russischen Divisionen der Zahl, dem Zustand und der
Ausrüstung der Verteidiger gegenüberstellt, muss auch dem größten
Optimisten klar werden, dass der Kampf um Berlin nur noch wenige
Tage dauern wird.

Doch die Realität kümmert Hitler bereits seit geraumer Zeit nicht
mehr. Wie schon in der Morgenlage monologisiert er ausschweifend
über seine Gründe, in Berlin zu bleiben und hier entweder zu siegen
oder unterzugehen, denn darauf läuft es immer wieder hinaus: Mit
Berlin werde Deutschland untergehen. Während Hitler spricht, wirft
Goebbels ständig Worte oder Sätze ein, auf die Hitler reagiert wie auf
die Einflüsterungen eines Souffleurs. Schweigt er, fühlen Bormann und
Naumann sich verpflichtet, etwas zu sagen.[38] Zur militärischen Lage
fällt kein Wort.

Weidling ist entsetzt. Niemand in diesem Raum wagt es, eine eigene
Meinung zu äußern. Weidling ist über diese Erkenntnis so erregt, dass
er sich kaum beherrschen kann und am liebsten schreien würde: »Mein
Führer, das ist doch Wahnsinn! Eine solche große Stadt wie Berlin kann
man nicht mit unseren Kräften und mit der vorhandenen geringen
Menge an Munition verteidigen. Bedenken Sie, mein Führer, das un-
endliche Leid, das die Bevölkerung von Berlin in diesen Kämpfen wird
ertragen müssen.«[39] Aber er tut es nicht.

Berlin-Charlottenburg, Gefechtsstand
von General Weidling, Mitternacht

Als Weidling nach der Lagebesprechung in seinen Gefechtsstand zurückkehrt, ist er entschlossen, diesem Spuk ein Ende zu setzen. Hitler muss aus dem eingeschlossenen Berlin ausbrechen. Zusammen mit seinem Stabschef, Oberst Theodor von Dufving,[40] arbeitet er noch in der Nacht einen entsprechenden Plan und die notwendigen Befehle aus. Nach seiner Vorstellung soll ein Durchbruch durch die sowjetischen Linien in drei Gruppen erfolgen: an der Spitze eine »Stoßgruppe« aus der Masse der noch einsatzfähigen Divisionen, unterstützt von den etwa vierzig noch verfügbaren Panzern; dann eine Gruppe mit Hitler und allen übrigen noch in der Reichskanzlei befindlichen Prominenten, geschützt durch eine weitere Division; als Nachhut soll eine verstärkte Division folgen.[41]

Konzentrationslager Kaufering

Das Lager Kaufering IV mit circa dreitausend Häftlingen wird geräumt. Die meisten Häftlinge der in den letzten Kriegsmonaten als »Krankenlager« genutzten Anlage werden in Zügen Richtung Dachau transportiert. Etwa dreihundert werden zu Fuß in Marsch gesetzt. Zurückbleiben 268 Schwerstkranke. Bevor die SS das Lager verlässt, übergießen die Wachmannschaften die Baracken, in denen die Häftlinge liegen, mit Benzin und zünden sie an. Kein Einziger überlebt.[42]

+++ Die letzte deutsche Offensive +++ Ritter von Greim macht sich auf den Weg zur Reichskanzlei, um Görings Nachfolge anzutreten +++ Beim Anflug auf Berlin wird er verwundet +++ Co-Pilotin Hanna Reitsch landet die Maschine vor dem Brandenburger Tor +++

DONNERSTAG, 26. APRIL

Berlin-Mitte, Führerbunker, 0.25 Uhr

Obwohl Hitler sich mit seinem Selbstmord schon abgefunden zu haben scheint, treibt er seine Soldaten weiterhin unerbittlich in die Schlacht und in den Tod. Kurz nach Mitternacht befiehlt er Alfred Jodl per Fernschreiben ein weiteres Mal, die deutschen Heerführer dazu zu bringen, Berlin endlich zu befreien: »Schnellste Durchführung aller Entsatzangriffe in den bisher befohlenen Richtungen ist zwingend notwendig. Die 12. Armee hat auf die Linie Beelitz-Ferch anzutreten und unverzüglich den Angriff in ostwärtiger Richtung bis zur Vereinigung mit der 9. Armee fortzusetzen. Die 9. Armee greift auf kürzestem Weg nach Westen an und stellt die Verbindung mit der 12. Armee her. Nach Vereinigung der beiden Armeen kommt es darauf an, unter Eindrehen nach Norden die feindlichen Verbände im Südteil von Berlin zu vernichten und eine breite Verbindung mit Berlin herzustellen.« Auch auf die »Armeegruppe Steiner« hofft der Oberbefehlshaber der Wehrmacht jetzt noch einmal, obwohl Felix Steiner bislang wenig Vorwärtsdrang bewiesen und Hitlers Hoffnungen in den letzten Tagen mehrfach enttäuscht hat: »Die nordwestlich Oranienburg vorgehende Angriffsgruppe Steiner muss im ersten Durchstoß die Gegend von Bötzow erreichen.«[1]

Neu-Roofen, Hauptquartier des OKW, nach Mitternacht

Zur gleichen Zeit erfährt Wilhelm Keitel in einem Telefongespräch mit Hans Krebs vom Sturz Görings. Keitel ist erschüttert und versichert Krebs, es könne sich nur um ein Missverständnis handeln. Hitler selbst habe doch am Abend des 22. April kundgetan, es sei gut, dass Göring in Berchtesgaden sei: Verhandlungen könne der Reichsmarschall besser führen als er. Plötzlich schaltet sich Martin Bormann in das Gespräch ein, der offensichtlich heimlich mitgehört hat. Hörbar befriedigt über Görings Entmachtung teilt er Keitel mit, dass Göring »auch als Reichsjägermeister« abgesetzt worden sei.[2]

Hermann Göring nach seiner Festnahme: Am 11. Mai 1945 stellt sich der ehemalige Reichsmarschall auf einer Pressekonferenz den Fragen amerikanischer Offiziere. Die helle, schmucklose Uniform, untypisch für den Prachtmenschen Göring, war schon im Bunker aufgefallen und hatte manchen an die Berufskleidung eines amerikanischen Generals erinnert.

Obersalzberg, 0.30 Uhr

Hermann Göring und seine Frau werden im selben Moment vom Obersalzberg nach Mauterndorf bei Salzburg gebracht, wo der Reichsmarschall ein Schloss besitzt. Hier soll er mit seiner Familie jetzt interniert werden, nachdem sein Haus auf dem Obersalzberg unbewohnbar geworden ist. Görings Adjutanten werden dagegen unter strengster Bewachung in einer SS-Kaserne in der Nähe von Salzburg untergebracht. Nicht weniger als 39 SS-Soldaten stehen mit der Maschinenpistole im Anschlag, als Görings Mitarbeiter die fünf Meter vom Ausgang des Luftschutzbunkers zur bereitgestellten »Grünen Minna« zurücklegen. Zum Abschied schenkt Göring seinem persönlichen Adjutanten seinen Ring und eine Uhr.[3]

Südwestlich von Potsdam, früher Morgen

Die letzte deutsche Offensive des Zweiten Weltkrieges beginnt. Südwestlich von Potsdam treten die Soldaten von General Wenck zum Angriff nach Norden an – allerdings nicht, um, wie von Hitler gefordert, Berlin zu entsetzen, sondern um der eingeschlossenen Garnison in Potsdam und der 9. Armee zu helfen. Es sind die Divisionen »Schill«, »Scharnhorst«, »Hutten« und »Theodor Körner«.

Hans-Dietrich Genscher, der sich mit seinem Bataillon acht Kilometer südlich von Beelitz befindet, erlebt vor dem Angriff eine Ansprache von Walther Wenck an seine Männer: »Kameraden, ich verspreche, euch über die Elbe in amerikanische Kriegsgefangenschaft zu führen. Ihr kommt nicht in sowjetische Gefangenschaft, aber ihr müsst noch drei Tage hier aushalten. Aus dem Raum Frankfurt an der Oder versuchen sich unsere Kameraden von der 9. Armee zu uns durchzuschlagen. Sie haben viele Verwundete dabei, dazu Krankenschwestern, Nachrichtenhelferinnen, wir müssen sie mitnehmen. Das sind wir ihnen schuldig.«[4]

Um überhaupt vorwärts zu kommen, müssen Wencks Divisionen die Straßen verlassen, denn alle Wege sind durch Flüchtlinge verstopft. Die frisch aufgestellten deutschen Divisionen gewinnen schnell an Boden. Marschall Konjews Kräfte, die sich auf Berlin konzentriert haben, werden durch den deutschen Vorstoß überrascht. Bis zum Nachmittag dringt die 12. Armee keilförmig achtzehn Kilometer tief in das von der Roten Armee kontrollierte Gebiet ein. Aus den Heilstätten von Beelitz – 25 Kilometer Luftlinie von Berlin entfernt –, die drei Tage lang in sowjetischer Hand gewesen sind, befreien sie dreitausend Verwundete und das gesamte Personal. Mit allen verfügbaren Kraftfahrzeugen, einschließlich eines Eisenbahnzuges, werden die Verwundeten und das Krankenhauspersonal im Pendelverkehr nach Südwesten an die Elbe gefahren. Ihr Ziel ist das westliche Elbufer, das die Amerikaner besetzt halten. Gegenüber der russischen Kriegsgefangenschaft ziehen die Deutschen jede Alternative vor.[5]

Berlin, morgens

Die Mitarbeiter des Kampfkommandanten von Berlin, Weidling, werden in ihrem Gefechtsstand am Hohenzollerndamm höchst unsanft aus dem Schlaf gerissen. Rings um sie herum schlagen plötzlich in schneller Folge und unter ohrenbetäubendem Lärm Granaten ein. Erfahrene Frontoffiziere erkennen diese Art von Einschlägen sofort als

»Grüße« aus mehreren Stalinorgeln. Weidling verlegt daraufhin sein Hauptquartier in die Stadtmitte, in den Bendlerblock[6] am Landwehr-kanal, ungefähr zwei Kilometer Luftlinie von der Reichskanzlei entfernt.

Noch einmal flackert in Hitlers Umfeld Hoffnung auf, als bekannt wird, dass die 12. Armee an diesem Morgen zum Angriff angetreten ist. Goebbels nutzt sofort die Gelegenheit zu einem neuen Flugblatt: »Berliner! Haltet aus, die Armee Wenck ist zum Entsatz angetreten, nur noch wenige Tage, und Berlin ist wieder frei!« Tatsächlich ist der vermeintliche Gegenangriff der 12. Armee an diesem Tag in aller Munde.[7] Parteileiter Martin Bormann funkt an den Münchner Gauleiter der NSDAP, Paul Giesler: »Lasst euch da unten nur nicht erschüttern, sondern kämpft fanatisch. Wir geben nicht auf […].«[8]

Berlin-Mitte, verschiedene Bunker im Regierungsviertel, vormittags

In den Bunkeranlagen unter dem Regierungsviertel wird die Situation immer grotesker. Hitler verteilt immer noch Orden, zeichnet Gläubige aus, die auch in diesen hoffnungslosen letzten Stunden bereit sind, für ihn ihr Leben zu geben. An diesem Morgen verleiht er zusammen mit Joseph Goebbels Reichsjugendführer Artur Axmann zu dessen Überraschung das Goldene Kreuz des Deutschen Ordens, die höchste Auszeichnung für »Verdienste« um das Deutsche Reich. »Ohne Ihre Jungen«, sagt Hitler erklärend, »wäre der Kampf überhaupt nicht durchzuführen, nicht nur hier in Berlin, sondern in ganz Deutschland.« Axmann erwidert heroisch: »Es sind Ihre Jungen, mein Führer.« Und während es Otto Günsche, seinerseits Träger des Goldenen Ehrenzeichens der Hitlerjugend, dem Diktator abnimmt, Axmann den Orden umzulegen, deklamiert Goebbels pathetisch: »Auf die alten Berliner Kampfgefährten ist Verlass.«[9] Axmann platzt fast vor Stolz, als er kurz darauf mit seiner Auszeichnung in seinen Gefechtsstand im Keller der Parteikanzlei zurückkehrt. Er trägt seinen Orden wie ein Ritterkreuz und ruft vor seinem Stab enthusiastisch aus: »Für die Treue! Für uns alle!«[10]

Nicht weit davon operiert Ernst Günther Schenck im Lazarett unter der Reichskanzlei fast ununterbrochen Verwundete, bis er vor Müdigkeit fast blind ist, so dass er zwar noch Menschen sieht, aber einzelne Gesichter nicht mehr erkennen kann. Doch als an diesem Morgen eine etwa dreißigjährige Prostituierte in den Luftschutzbunker unter der Reichskanzlei steigt, werden selbst die Müdesten wieder munter. Sie trägt verwegen eine Feldmütze schief auf dem Kopf und eine Hakenkreuzbinde am linken Oberarm. An der Taille hängt eine Revolvertasche mit einem Colt größeren Kalibers. Sie gehöre, erklärt sie den sich um sie versammelnden Männern, zum Freikorps »Adolf Hitler« und sei gekommen, den Führer zu beschützen und zu verteidigen. Ob er in der Nähe sei? Vergeblich versucht sie, in den Führerbunker zu gelangen. Die dort stehenden SS-Posten lassen sie nicht durch, so dass sie schließlich unverrichteter Dinge wieder abzieht.[11]

Viktor Bojew, Leutnant in der Roten Armee, liegt an diesem Tag mit seiner Truppe in Berlin-Siemensstadt. Der gut Deutsch sprechende Offizier lässt sich während einer Unterredung mit zwei sowjetischen Kriegsberichterstattern zu der skurrilen Idee anstiften, den deutschen Propagandaminister anzurufen. Er bekommt tatsächlich eine Verbindung und schließlich auch den Minister an den Apparat: »Dr. Goebbels.« Bojew: »Hier spricht ein russischer Offizier. Ich möchte ein paar Fragen an Sie stellen.« Goebbels: »Bitte.« Bojew: »Wie lange sind Sie imstande und willens, um Berlin zu kämpfen?« Goebbels: »Mehrere ... [unverständlich]« Bojew: »Was mehrere? Wochen?« Goebbels: »Oh nein, Monate. Warum nicht Monate? Ihr habt Sewastopol neun Monate verteidigen können. Warum wir nicht unsere Hauptstadt?« Bojew: »Noch eine Frage: Wann und in welcher Richtung wollen Sie aus Berlin fliehen?« Goebbels: »Diese Frage ist viel zu unverschämt, um beantwortet zu werden.« Bojew: »Sie müssen im Auge haben, wir werden Sie ausfindig machen, und sei es auch am Ende der Welt. Und einen Galgen für Sie halten wir schon bereit.« Dann, nach einer Pause: »Möchten Sie mich auch etwas fragen?« Goebbels: »Nein.« Ohne ein weiteres Wort legt der Propagandaminister auf.[12]

Derweil schickt Hitler Befehl um Befehl an seine Militärführer. Um 9.40 Uhr heißt es in einem Fernschreiben an das OKW, Großadmiral Dönitz solle jede mögliche Hilfe leisten, alles nach Berlin werfen, was sofort abgegeben und bewaffnet werden kann. »Führer hält es für richtig«, können die erstaunten Militärs lesen, die nicht wissen, wo sie noch Männer herbekommen sollen, »den Wert aller Verbände dadurch zu steigern, dass jüngere Soldaten der Marine und Luftwaffe die älteren Soldaten aus zweit- und drittklassigen Truppen ablösen.«[13]

Berlin, verschiedene Stadtteile, vormittags

Der Hitlerjunge Dieter Borkowski hat sich unerlaubt von seiner Einheit in Friedrichshain abgesetzt und auf den Weg zu seiner kranken Mutter in Kreuzberg gemacht, um sie mit Lebensmitteln zu versorgen. In Berlin-Mitte wird der junge Mann von einer SS-Streife kontrolliert und als Fahnenflüchtiger aufgegriffen. Die SS-Männer bringen Borkowski zum Spittelmarkt, wo der für diesen Abschnitt zuständige Kampfkommandant im Keller eines Kaufhauses seinen Gefechtsstand hat. Der junge SS-Sturmführer, völlig betrunken, brüllt den Jungen an: »Verräter, feiges Schwein, du wolltest fliehen!« Er liest ihm Goebbels' Aufruf vom 22. April vor: »Provokateure oder aufsässige Ausländer sind festzunehmen oder, noch besser, unschädlich zu machen, Verräter und Deserteure sind niederzuschießen oder aufzuhängen ...« Übergangslos verurteilt er den Jungen zum Tode und trinkt darauf ein großes Glas Kognak. Zusammen mit französischen und holländischen »Fremdarbeitern«, denen dasselbe Schicksal bestimmt ist, soll Borkowski sogleich zur Vollstreckung abgeführt werden. Der Junge, vor Schrecken fast besinnungslos, rennt hin zu dem betrunkenen Kampfkommandanten, heult vor Aufregung und Angst laut los, schreit: »Ich bin kein Verräter, ich will ja nicht desertieren!« Der winkt seine Männer heran, zwei nehmen Borkowski in die Mitte und führen ihn nach oben. Die ausländischen Arbeiter werden sofort erschossen. Borkowski hat dagegen unglaubliches Glück. Der SS-Sturmführer, der ihnen gefolgt ist, packt ihn am Kragen und zischt: »Hau ab! Die nächste Streife legt dich sowieso um ...«[14]

Obersalzberg, Berghof, vormittags

Inzwischen ist Hitlers persönlicher Adjutant, Julius Schaub, auf dem Obersalzberg eingetroffen. Ohne weitere Erklärungen abzugeben, ohne überhaupt etwas zu sagen, beginnt Schaub befehlsgemäß damit, den Panzerschrank in Hitlers Arbeitszimmer auszuräumen. Auf der Terrasse des halb zerstörten Berghofes verbrennt er anschließend mit Hilfe einiger Kanister Benzin Briefe, Akten, Strategiepapiere, Bücher – alles, was an Hitler erinnern, was Rückschlüsse auf seine Persönlichkeit und seine Handlungen zulassen würde. Schaub spricht mit keinem der Anwesenden ein Wort. Von ihm erfahren sie nichts über die Entwicklung in Berlin, über Hitler. Er verfolgt seinen Auftrag wie eine Maschine.[15]

Neu-Roofen, nördlich von Berlin,
Hauptquartier des OKW, mittags

Um 11.45 Uhr beantragt der Oberbefehlshaber der Heeresgruppe Weichsel, Generaloberst Heinrici, beim OKW die Einstellung des an diesem Morgen erneut befohlenen Gegenangriffs durch Steiners SS-Korps. Wie der ihm unterstellte SS-Obergruppenführer ist Heinrici der Auffassung, ein derartiger Angriff habe keinerlei Aussicht auf Erfolg. Heinricis Wunsch wird vom OKW abgelehnt mit der Begründung, dass dies dem ausdrücklichen Befehl Hitlers zuwiderlaufe.[16]

Berlin-Mitte, Führerbunker, nachmittags

Noch einmal bemüht sich Heinrich Himmler, Hitler zum Verlassen Berlins zu bewegen. Allerdings fährt er nicht selbst, sondern schickt dazu einen jungen SS-Offizier mit einer gepanzerten Gruppe, darunter sechs Tigerpanzern, in das eingeschlossene Berlin, ein Himmelfahrtskommando. Der schafft es mit seinen schweren Kampfpanzern von Neubrandenburg aus tatsächlich bis vor die Reichskanzlei. Unterwegs schießt seine Einheit neun russische Panzer ab. Als der Kommandoführer sich freudestrahlend bei Hitler mit Himmlers Auftrag meldet, empfängt der ihn zwar freundlich und dankt ihm, erklärt aber, dass er Berlin nicht verlassen werde. Der junge SS-Offizier und seine Panzer werden General Weidling unterstellt.[17]

Immer wieder kommen abgekämpfte Melder von der Front und berichten von den Fortschritten der sowjetischen Einheiten. Im Führerbunker geht das Gerücht um, die Rotarmisten missbrauchten bei ihrem Vorrücken deutsche Frauen als lebende Schutzschilde für ihre Panzer. Nach einem kurzen Stimmungshoch am Morgen wegen der Nachricht vom Angriff der Armee Wenck macht sich am Nachmittag wieder Untergangsstimmung breit. Der Tod scheint nun wieder der einzige Ausweg aus der Katastrophe zu sein.[18] Plötzlich kommt ein Posten in den Führerbunker gerannt und meldet: »Die Russen schießen schon mit Maschinengewehr auf den Eingang.« In panischem Schrecken eilt er durch die Räume, aber seine Meldung löst bei den apathisch Wartenden kaum noch Reaktionen aus. Kurz darauf stellt sich das Ganze als Fehlalarm heraus. Nur ein einfacher Artillerieschuss ist ganz in der Nähe eingeschlagen. »Noch eine Gnadenfrist!«, denkt Hitlers Sekretärin Traudl Junge.[19]

Im Bunker wird jetzt überall und viel geraucht, ganz gleich, ob der militante Nichtraucher Hitler dabei ist oder nicht. Die dicken Rauch-

schwaden stören ihn offenbar nicht mehr. Selbst Eva Braun verbirgt ihr
»Laster« nicht länger und raucht jetzt offen, wann immer sie das Bedürfnis hat. Sie ist nach wie vor ruhig und gefasst. In einem längeren
Gespräch mit Hitlers Fahrer Erich Kempka, den sie seit 1932 gut kennt,
wird deutlich, dass sie mit ihrem Leben abgeschlossen hat: »Ich will den
Führer unter keinen Umständen verlassen«, erklärt sie, »sondern, wenn
es sein muss, gemeinsam mit ihm sterben. Er hat zuerst darauf bestanden, dass ich Berlin mit dem Flugzeug verlasse. Ich habe ihm geantwortet: ›Ich will nicht! Dein Schicksal ist auch mein Schicksal!‹«[20]

Ansonsten fragt sich Eva Braun, wo sich ihr Schwager Hermann
Fegelein aufhält. Sie hat ihn seit zwei Tagen nicht mehr gesehen. Schon
davor hatte sie das Gefühl, dass er ihr aus dem Weg gegangen ist. Sie
fragt jeden, der ihr begegnet, nach ihm. Nein, Fegelein ist an diesem Tag
überhaupt nicht im Bunker gesehen worden. Auch seine Offiziers-
kameraden, die mit ihm einen Raum in der Neuen Reichskanzlei teilen,
wissen nichts. Niemand hat eine Ahnung, wo er steckt.[21]

Berlin, nachmittags

Der Hitlerjunge Dieter Borkowski verbraucht an diesem 26. April das
ganze Glück seines Lebens. Kurz nach seiner angeordneten Exekution
entgeht er wie durch ein Wunder ein zweites Mal dem Tod. Auf seinem
Weg nach Kreuzberg sieht er sich plötzlich braun-uniformierten Soldaten gegenüber, die er zunächst für Angehörige der deutschen Organisation Todt hält, nur die fremdartigen Maschinenpistolen machen ihn
stutzig. Dann entdeckt er mit Entsetzen drei sowjetische Stalin-Panzer.
Er ist auf eine sowjetische Einheit gestoßen! Wie von Sinnen dreht er
um und rennt weg, immer in Erwartung einer Maschinengewehrsalve.
Doch plötzlich hört er in seiner Todesangst hinter sich ein Lachen und
das Wort »dawai«, »schnell … «. Die Soldaten amüsieren sich über den
deutschen Jungen mit seiner Schulmappe und dem viel zu langen Kara-
biner. Sie schießen nicht, sondern spornen ihn beim Fortlaufen an.[22]

Nicht weit davon entfernt haben andere Hitlerjungen weniger
Glück. In der Nähe des Flughafens Tempelhof trifft eine Einheit von
Generaloberst Wassili Tschuikow auf einen Haufen von etwa vierhundert Hitlerjungen, keiner davon scheint älter als fünfzehn Jahre zu
sein. Alle in schwarzen kurzen Jacken, jeder eine Panzerfaust geschul-
tert, marschieren sie direkt auf eine von Tschuikows Sturmgruppen zu.
Die hartgesottenen Rotarmisten bringen es nicht über sich, die Jungen
einfach über den Haufen zu schießen. Über Funk fragen die einzelnen

Kommandeure an: »Wie sollen wir uns verhalten? Durchlassen oder das Feuer eröffnen?« Tschuikows Antwort: »Nicht schießen! Findet einen Weg, sie zu entwaffnen.«

Tschuikows Soldaten lassen als Warnsignal gelbe Leuchtzeichen hochsteigen, doch die Jungen marschieren unbeirrt weiter. Als sie die sowjetischen Geschütze und Fuhrwerke sehen, stürzen sie sich wie Wahnsinnige darauf, schießen ihre Panzerfäuste ab und töten Menschen und Pferde. Jetzt eröffnen auch die sowjetischen Soldaten das Feuer. Erst als einige ihrer Kameraden von Kugeln getroffen zu Boden gehen, entschließen sich die restlichen Hitlerjungen zur Flucht.[23]

Halbe, südöstlich von Berlin, abends

An diesem Abend versucht General Busse erneut, bei Halbe mit den Resten seiner 9. Armee aus dem Kessel auszubrechen, aus dem zwei Tage zuvor nur seine Panzer entkommen sind. Der Befehlshaber der 9. Armee weiß, dass der geplante Ausbruch extrem schwierig und extrem verlustreich sein wird. Die Kämpfe der 9. Armee bei Halbe dauern die ganze Nacht über an. Nördlich und südlich des Städtchens haben Konjews Truppen starke Stellungen besetzt. Die Kämpfe werden sich über Tage hinziehen.[24]

Im »Storch« über Berlin, 18.30 Uhr

Unterdessen sind Ritter von Greim und seine Begleiterin Hanna Reitsch von München kommend auf dem Militärflughafen Rechlin, 150 Kilometer nördlich von Berlin, eingetroffen.[25] Beide wissen, dass ihnen die schwerste Etappe ihrer Reise noch bevorsteht. Statt wie geplant mit einem Hubschrauber – der ist inzwischen auf dem Flugplatz Rechlin bei einem Bombenangriff zerstört worden[26] – müssen sie mit einem Flieger auf der Ost-West-Achse, zwischen Siegessäule und Brandenburger Tor, landen.[27] Das ist mittlerweile der einzige Weg in die Stadt, wie auch Albert Speer schon hatte feststellen müssen.

Hier, auf der ehemaligen Aufmarschallee der Reichshauptstadt, ist vor sechs Jahren aufwändig Hitlers fünfzigster Geburtstag gefeiert worden. Jetzt ist die Prachtstraße auf Befehl des Diktators in eine Notlandebahn umfunktioniert worden. Auf Veranlassung von Hitlers Flugkapitän Hans Baur sind rechts und links der Ost-West-Achse im Tiergarten die Bäume gefällt worden, um das Rollfeld vor dem Brandenburger Tor auf 120 Meter zu verbreitern. Durch den ständigen Beschuss seitens der sowjetischen Artillerie entstehen immer wieder

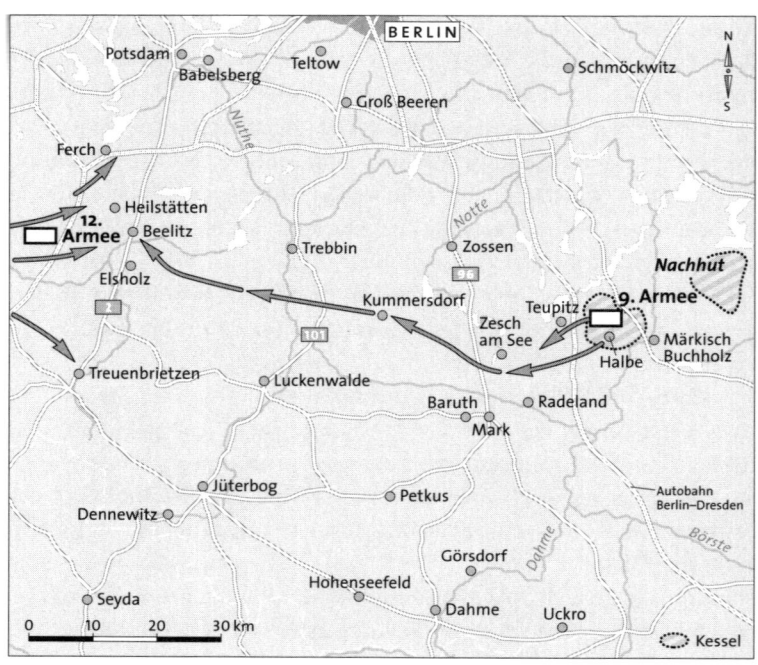

Der Ausbruch der Neunten Armee (26.4.–1.5.1945)

Löcher und kleinere Krater auf der ehemaligen Aufmarschstraße, die dann schleunigst mit Sand aufgefüllt werden müssen.[28]

Von Greim und Hanna Reitsch entschließen sich gegen jede Vernunft, mit einem Fieseler Storch[29] die Landung in der Stadt zu wagen. Sie fliegen von Rechlin zunächst zum Westberliner Flughafen Gatow. Dort rollen schon sowjetische Panzer, und auch hier trägt die Landebahn deutliche Spuren des sowjetischen Artilleriefeuers. Der erste Storch, den sie benutzen wollen, fällt kurz vor dem Start durch einen sowjetischen Artillerietreffer aus. Erst gegen sechs Uhr abends ist der zweite noch flugbereite Storch startklar. Greim, der die Maschine steuert, fliegt so tief wie möglich, zuerst über den Wannsee, dann über den Grunewald, immer dicht über den Baumwipfeln, um den sowjetischen Jägern zu entgehen, die überall am Himmel auftauchen. Trotz aller Vorsicht gerät die Maschine plötzlich unter heftigen Beschuss. Am Boden wimmelt es von russischen Panzern und Soldaten, Hanna Reitsch, die hinter von Greim sitzt, kann deutlich ihre Gesichter erkennen. Die

Rotarmisten feuern mit allem, was sie haben – Gewehren, Maschinenpistolen und Panzerwaffen –, auf das kleine Flugzeug. Es ist nur eine Frage der Zeit, wann die Maschine einen Treffer abbekommt. Da kracht es schon, und eine gelblich-weiße Flamme leuchtet neben dem Motor auf. Gleichzeitig schreit von Greim vor Schmerz auf. Ein Panzersprenggeschoss hat seinen rechten Fuß durchschlagen. Der Pilot wird ohnmächtig und sackt am Steuerknüppel zusammen.[30]

Hanna Reitsch greift über von Greims Schultern hinweg nach Gashebel und Steuerknüppel. Nach wie vor explodieren Geschosse rund um den Storch, einige treffen auch. Hanna Reitsch erkennt mit Schrecken, dass aus den beiden Tanks in den Tragflächen Benzin rinnt. Doch wie durch ein Wunder explodiert die Maschine nicht, sie bleibt sogar manövrierfähig.[31]

Dicht vor dem Brandenburger Tor setzt Hanna Reitsch die schwer beschädigte Maschine auf; in den Tanks ist kaum noch Benzin. Mit größter Mühe gelingt es der Pilotin, den wieder zu Bewusstsein gekommenen Generaloberst aus der Maschine zu hieven und an den Straßenrand zu zerren. Dort sitzen sie und warten auf Hilfe. Der Tiergarten wirkt wie ausgestorben. Ausgerissene Bäume, abgeschlagene Äste und Betonbrocken liegen herum. Es scheint, als sei jegliches Leben hier erloschen. Und wenn doch ein Auto vorbeikommen sollte – wird es ein deutsches oder ein sowjetisches sein? Als tatsächlich nach einer Zeit des Wartens, die Hanna Reitsch unendlich vorkommt, ein Wagen hält, ist es ein deutscher. Er bringt die beiden zur Reichskanzlei.[32]

Berlin-Mitte, Bunker unter der Reichskanzlei und Führerbunker, abends

Zwei SS-Soldaten legen von Greim auf eine Trage und bringen den Verwundeten sofort in die Krankenstation unter der Reichskanzlei. Dort wird der rechte Fuß des Generals geschient und bandagiert. Die beiden SS-Männer, die Greim hierher getragen haben, warten, bis der Verband angelegt ist, um den Fliegergeneral anschließend in den Führerbunker zu bringen. Hanna Reitsch bleibt die ganze Zeit bei ihm, hält seine Hand und streicht ihm über die Stirn. Einer der beiden SS-Männer kommentiert das mit den Worten: »Das Püppchen weicht ihm nicht von der Seite.«

Die kleine, zierliche, sehr weibliche Hanna Reitsch reagiert nicht auf diese Bemerkung. Als jedoch unmittelbar darauf der Hitlerjunge Armin Lehmann, der sie erkennt, vor ihr salutiert und sie mit: »Frau

Reitsch«, anspricht, unterbricht sie ihn ärgerlich: »Ich bin nicht Frau Reitsch, sondern Flugkapitän Reitsch!«[33] Der Pilotin sieht man die Strapazen an. An ihren Händen und in ihrem Gesicht klebt Schmieröl. Sie steckt in einer einfachen, viel zu großen und weiten Lederjacke, auf der weder Rangabzeichen noch Orden zu sehen sind. Ihre weiße Bluse ist schmutzig und an einigen Stellen zerrissen.[34] Dennoch strahlt sie eine Aura aus, mit der sie die Bunkerbewohner sofort in ihren Bann zieht. Angst scheint ihr fremd zu sein. Ihre Augen versprühen einen stählernen Lebenswillen, was umso stärker wirkt, als viele der anwesenden Männer schon fast allen Lebensmut verloren haben.[35] Wie Eva Braun und Magda Goebbels gehört Hanna Reitsch zu jenen Frauen, die Hitler bedingungslos und ohne Vorbehalte anbeten. Auch in dieser Stunde ist sie dem Diktator so fanatisch ergeben, dass sie bereit ist, für ihn jederzeit ihr Leben zu opfern.

Auf der Treppe vom Vorbunker in den tiefer liegenden Führerbunker begegnet ihnen Magda Goebbels. Die starrt völlig überrascht den kleinen Zug an, zunächst nicht begreifend, dass es noch Menschen gibt, die zu diesem Zeitpunkt freiwillig in den Bunker kommen. Als sie Hanna Reitsch erkennt, bricht sie in Tränen aus und schließt die Pilotin weinend in die Arme.

Im eigentlichen Führerbunker treffen die Neuankömmlinge im Korridor auf Adolf Hitler. Der Generaloberst erstattet – von der Trage aus – Bericht über den abenteuerlichen Flug nach Berlin. Hitler hört aufmerksam zu. Als von Greim geendet hat, ergreift Hitler die Hände seines Fliegergenerals und sagt zu Hanna Reitsch gewandt: »Sie tapfere Frau! Es gibt noch Treue und Mut auf der Welt.«

Dann erläutert er, warum er von Greim überhaupt in die Reichskanzlei befohlen hat. Er zeigt ihm Görings Funkspruch und beklagt noch einmal den vermeintlichen Verrat seines langjährigen Weggefährten. Hitler ernennt Ritter von Greim zu Görings Nachfolger und befördert ihn gleichzeitig zum Generalfeldmarschall. Im Raum wird es still. Hanna Reitsch blickt den neuen Feldmarschall an, der unbeweglich und mit zusammengepressten Lippen zugehört hat. Er ist Oberbefehlshaber einer Luftwaffe geworden, die nicht mehr existiert. Und er liegt verwundet im eingeschlossenen Berlin, ohne Hoffnung, die Stadt wieder verlassen zu können. Die Beförderung bedeutet für ihn, so sieht es Reitsch, den sicheren Tod.[36]

Kurz darauf lässt Adolf Hitler über den Deutschen Rundfunk bekannt geben: »Reichsmarschall Hermann Göring ist an einem seit längerer Zeit bestehenden chronischen Herzleiden, das in ein akutes Stadium getreten ist, erkrankt. Er hat selbst gebeten, in dieser Zeit, die den Einsatz aller Kräfte erfordert, von der Führung der Luftwaffe und den damit zusammenhängenden Aufgaben entbunden zu werden. Der Führer hat der Bitte entsprochen und zum neuen Oberbefehlshaber der Luftwaffe den Generaloberst Ritter von Greim unter gleichzeitiger Beförderung zum Generalfeldmarschall ernannt.«[37]

Magda Goebbels bittet Hanna Reitsch zu sich, damit diese sich waschen und ihre ramponierte Kleidung wechseln kann. In dem Raum, in dem Hanna Reitsch sich zurechtmacht, sind auch die Goebbels-Kinder untergebracht. Neugierig betrachten die sechs von ihren doppelstöckigen Luftschutzbetten aus, wie sich die Pilotin wäscht. Dass die neue Besucherin des Bunkers fliegen kann, macht sie für die Kinder interessant.[38]

Als Traudl Junge an der Tür des Kinderzimmers vorbeigeht, hört sie die sechs klaren Kinderstimmen singen. Sie tritt ein und sieht die Kinder auf ihren Betten sitzen. Sie singen dreistimmig und halten sich dabei die Ohren zu, um ihre jeweilige Stimme besser halten zu können. Vor ihnen steht dirigierend und mitsingend Hanna Reitsch. Als das Lied vorbei ist, wünschen sich die Geschwister gegenseitig fröhlich »gute Nacht« und legen sich zum Schlafen hin. Von dem, was ihnen bevorsteht, scheinen sie nichts zu ahnen. Nur das älteste Mädchen, Helga, ist meist still und nachdenklich. Die Erwachsenen fragen sich mit schlechtem Gewissen, ob sie ihre übertriebene Anteilnahme und aufgesetzte Freundlichkeit durchschaut.

Magda Goebbels leidet sichtbar unter dem geplanten Mord an ihren Kindern. Nach jedem Zusammensein mit ihnen bricht sie hinterher in Tränen aus. Aber zugleich steht sie in grausamer Entschlossenheit hinter der Entscheidung, dass es für die Geschwister kein Überleben geben soll. Sie bekommt in diesen Tagen mehrere Vorschläge zu hören, wie man ihre Nachkommenschaft in Sicherheit bringen könnte, doch Magda Goebbels lehnt sie alle kompromisslos ab: »Meine Kinder sollen lieber sterben, als in Schande und Spott zu leben. In einem Deutschland, wie es nach dem Krieg sein wird, haben unsere Kinder keinen Platz.«[39]

Nach außen spielt Magda Goebbels wie ihr Mann vollendet die Rolle der Heroin, die sich ungebeugt in ihr Schicksal ergibt. Wer ihr in diesen Tagen im Bunker begegnet, bemerkt an ihr bis zum Schluss nicht das geringste Zeichen von Todesfurcht. Sportlich und elegant eilt sie, zwei Stufen auf einmal nehmend, die Treppe vom Führerbunker in den Vorbunker hinauf. Für alle, denen sie begegnet, hat sie ein freundliches Lächeln übrig und trägt eine von den anderen Bunkerbewohnern bewunderte Seelenstärke zur Schau. Ähnlich wie bei Hanna Reitsch prägt ein fanatischer, ja geradezu religiöser Glaube an Hitler ihre Haltung, eine »berauschende Vergötterung« des Führers, die ihr offenbar hilft, das Geschehen im Bunker zu ertragen.[40]

Die Goebbels-Kinder halten sich derweil an Hanna Reitsch. Bei jeder Mahlzeit lassen sie sich von ihr von fremden Ländern und Menschen und von ihren Flügen berichten oder bitten sie, Märchen zu erzählen. Auch die Pilotin schließt die Kinder in ihr Herz, entzückt über deren Natürlichkeit, Klugheit und Aufgeschlossenheit und ergriffen von ihrem geschwisterlichen Zusammenhalt. Als eines der Kinder wegen einer Halsentzündung allein in einem Nebenraum liegt, muss Hanna Reitsch ab und zu ihre Erzählungen unterbrechen, damit abwechselnd eines der Geschwister das kranke Schwesterchen auf dem Laufenden halten kann. Das Donnern und Krachen der Einschläge scheint die Kinder nicht zu beunruhigen; denn sie glauben, was die Erwachsenen ihnen vorgesagt haben, dass der »Onkel Führer« damit die Feinde besiegt. Und wenn doch einmal eines ängstlich wird, lässt es sich von den älteren Geschwistern mit dieser Vorstellung schnell trösten. Wenn Hanna Reitsch – zusammen mit Eva Braun[41] – die Kinder abends ins Bett bringt, singt sie mit ihnen vor dem Einschlafen: »Morgen früh, wenn Gott will, wirst du wieder geweckt.« Insgeheim fragt sie sich dabei bedrückt, ob sie tatsächlich noch einmal geweckt werden.[42]

Berlin-Tiergarten, Bendlerblock, Gefechtsstand von General Weidling, abends

Helmuth Weidling, der bei seiner Ernennung zum Kampfkommandanten von Berlin ausdrücklich darauf gedrängt hat, dass ihm in militärischen Fragen keine Partei- oder Regierungsstelle Anweisungen erteilen darf, ärgert sich über einen seiner Meinung nach typischen Fall von Vetternwirtschaft der »Parteibonzen«. Joseph Goebbels hat ihn in seiner Eigenschaft als Gauleiter von Berlin angerufen und darum gebeten, Oberstleutnant Bärenfänger zu ihm zu schicken. Erich Bärenfänger, der zur Garde der bedingungslos bis in den Tod Überzeugten gehört, ist unzufrieden damit, dass er seit der Neuorganisation der Verteidigung Berlins durch Weidling keinen eigenen Verteidigungsabschnitt mehr leiten darf. Als ehemals hochrangiger Führer in der Hitlerjugend kennt er Goebbels persönlich gut und hat sich deshalb an ihn gewandt. Zwei Stunden später erhält Weidling einen Anruf von General Burgdorf aus der Reichskanzlei: Hitler habe den Oberstleutnant unter Auslassung des Dienstgrades Oberst zum Generalmajor befördert. Der Oberbefehlshaber wünsche, so Burgdorf, dass General Bärenfänger selbstständiger Abschnittskommandeur bleibe. Dem dreißigjährigen Bärenfänger werden daraufhin wunschgemäß die Verteidigungsabschnitte »A« und »B« unterstellt.[43] Berlin wird durch diese Intervention von Goebbels und Hitler nicht gerettet. Für Weidling aber steht jetzt endgültig fest, dass er sich »in einem Irrenhaus« befindet.[44]

Berlin-Mitte, Reichskanzlei, später Abend

Um 22.12 Uhr sendet Vizeadmiral Hans-Erich Voß, der ständige Vertreter des Oberbefehlshabers der Marine im Führerhauptquartier, den letzten Hilferuf für diesen Tag aus der Reichskanzlei. Er ist an seinen Vorgesetzten, Großadmiral Dönitz, gerichtet: »In Schlacht um Berlin erfreuliche Erfolge. Armee Wenck aus SW und 9. Armee aus SO. Auch Angriffsgruppe Steiner von Norden macht Fortschritte. Im Stadtbereich Verschärfung der Lage, besonders auf Regierungsviertel liegt laufend schwerstes Artillerie- und Bombenfeuer. Führer erhofft von Operationen außerhalb Berlins Erleichterung der Lage im Stadtgebiet. Alle nur möglichen Maßnahmen müssen schnellstens getroffen werden. Die nächsten 48 Stunden meiner Überzeugung nach entscheidend.«[45]

Konzentrationslager Dachau

In Dachau werden an diesem Tag 67 665 Gefangene registriert, darunter 22 100 Juden. Über siebentausend von ihnen werden auf einen Todesmarsch nach Süden gezwungen. Die SS-Wachen werden jeden erschießen, der nicht mehr weiterkann, Unzählige werden an Hunger, Kälte oder Erschöpfung zugrunde gehen.[46]

+++ Die Rote Armee erreicht das Stadtzentrum +++
Magda Goebbels bereitet die Ermordung ihrer sechs Kinder
vor +++ Hermann Fegelein versucht, sich abzusetzen +++
Er wird von der SS verhaftet und wegen Fahnenflucht vor
ein Kriegsgericht gestellt +++

FREITAG, 27. APRIL

Berlin-Mitte, Führerbunker, nach Mitternacht

Gegen Mitternacht hört Eva Braun endlich von ihrem Schwager Hermann Fegelein. Der Anruf kommt aus seiner Privatwohnung. Der schneidige SS-Obergruppenführer bekniet seine Schwägerin, gemeinsam mit ihm aus Berlin zu fliehen: »Eva, du musst den Führer verlassen, wenn es dir nicht gelingt, ihn aus Berlin herauszubekommen. Sei nicht so dumm, jetzt geht es um Leben und Tod!« Eva Braun erwidert verwirrt: »Hermann, wo bist du denn? Komm sofort hierher, der Führer fragt schon nach dir, er will dich sprechen!« Sie fordert umgekehrt ihren Schwager auf, wieder seinen Dienst anzutreten und warnt ihn vor den möglichen Folgen seiner Fluchtabsichten. Doch Fegelein hat sich entschieden. Er will sich zu seinem Chef, Heinrich Himmler, durchschlagen. Eine Rückkehr in die Reichskanzlei lehnt er ab. Er hat nicht vor, das absehbare Schicksal Hitlers und seiner Schwägerin zu teilen.[1]

Über den Bunkeranlagen trommelt unaufhörlich Artilleriefeuer. Mittlerweile rieselt selbst tief unten im Bunker der Mörtel von den Wänden. An Schlaf ist nicht zu denken, jeder bleibt in Alarmbereitschaft. Die sowjetischen Truppen besetzen an diesem Tag endgültig die Flughäfen Tempelhof und Gatow und erreichen an anderen Stellen das Stadtzentrum. Der Wehrmachtsbericht vom 27. April spricht eine unmissverständliche Sprache: »Im Kampf um Berlin ist der Feind in den inneren Verteidigungsring von Norden her in Charlottenburg und von Süden her in das Tempelhofer Feld eingebrochen. Am Halleschen Tor und am Alexanderplatz hat der Kampf um den Stadtkern begonnen. Die Ost-West-Achse liegt unter schwerem Feuer.«[2] Die Rote Armee steht damit nur noch rund drei Kilometer von der Reichskanzlei entfernt. Lediglich der Landwehrkanal trennt Shukows Soldaten vom Regierungsviertel. Allerdings haben die sich, wie von Stalin vorgegeben, auf den Reichstag fixiert, nicht auf die Reichskanzlei mit dem darunter liegenden Führerbunker.

Halbe, südwestlich von Berlin, früher Morgen

Bei Tagesanbruch gelingt es Teilen der 9. Armee endlich, an der Autobahn Berlin–Dresden die sowjetischen Linien zu durchbrechen. Bis zum Nachmittag können Busses Männer sich bis zur Straße Zossen-Baruth in Richtung Westen bewegen; dort wird ihr Vormarsch an einer neuen Sperrlinie der Roten Armee zunächst zum Stehen kommen. Doch zuvor müssen die Soldaten und die Zivilisten in ihrem Gefolge durch den Engpass von Halbe. Was sich dort abspielt, ist entsetzlich. Eingekeilt zwischen Panzerfahrzeugen, läuft Herbert Maeger, Angehöriger der SS-Leibstandarte, mit anderen Soldaten durch die Straßen der kleinen Stadt um sein Leben. Die Häuser sind zerschossen, die Fahrbahn ist in mehreren Schichten mit Leichen bedeckt. Über Hunderte von Metern kann man seinen Fuß nicht auf freien Boden setzen. Um Maeger herum fallen die Soldaten im Trommelfeuer. Wer getroffen wird oder strauchelt, wird unweigerlich von den nachfolgenden Fahrzeugen überrollt und zermalmt. Von den Panzerketten trieft buchstäblich das Blut. Maeger gehört zu den wenigen Glücklichen, die nach Westen durchbrechen können.[3]

Berlin, verschiedene Stadtteile, morgens

Helmuth Weidling ist auf dem Weg von seinem Gefechtsstand im Bendlerblock an die Front. Die ist jetzt zum Alexanderplatz in Berlin-Mitte vorgerückt. Erich Bärenfänger, der am Vortag von Hitler zum Generalmajor ernannt wurde, versucht hier seine Verteidigungsabschnitte »A« und »B« gegen Angriffe der Rotarmisten aus der Frankfurter Allee zu halten. Das Fahrzeug, das Weidling zu Bärenfänger bringen soll, kommt nur langsam voran. Der Potsdamer Platz ist ein Trümmerfeld. Die Straßen sind mit Geschosstrichtern und Ziegelsteintrümmern übersät. Weidlings Fahrer sucht sich seinen Weg durch Artilleriebeschuss und aufspritzende Steinsplitter. In der Nähe des Stadtschlosses gibt es kein Durchkommen mehr. Weidling lässt den Wagen stehen und schlägt sich mit seinen Begleitern den letzten Kilometer bis zur U-Bahn-Station Alexanderplatz zu Fuß durch. In der zweigeschossigen unterirdischen Anlage haben viele Berliner Zuflucht gesucht, Massen von verschreckten Menschen.

Bärenfänger hat in seinem Verteidigungsabschnitt zwar eine beträchtliche Zahl sowjetischer Panzer vernichtet, aber es fehlt ihm an Munition. Den Hauptteil seiner Truppen bilden Volkssturmeinheiten, die mit französischen und italienischen Beutewaffen losgeschickt worden sind. Für diese Gewehre ist in ganz Berlin keine Munition aufzutreiben. Weidling kann Bärenfänger nicht helfen, weder mit Menschen noch mit Ausrüstung.[4]

Im Stadtteil Wilmersdorf finden am frühen Morgen zwischen 5.00 Uhr und 6.00 Uhr Panzerkämpfe statt. In die Hauseingänge der großen Mietshäuser sind einzelne Volkssturmmänner zur Verteidigung abgestellt worden. Seit Tagen versuchen die Bewohner mit allen Mitteln, die »Verteidiger« von dort wegzulotsen. Zu Recht nehmen sie an, dass eine »Verteidigung« dieser Art nur zu ihrem Schaden sein kann.[5] Hitlerjungen suchen vollkommen ermattet, blutend und hinkend das provisorische Lazarett im Botschaftsviertel auf. Viele der Jungen schleppen schwere Patronengürtel über ihren schmalen Schultern. Aber in der zerbombten Schweizer Legation, die das Lazarett beherbergt, ist kein Platz mehr für sie. Sie werden weitergeschickt zum Flakturm am Zoo. Zwei von ihnen werfen sich draußen auf der Straße schluchzend und weinend auf die Erde. »Es sind ja die reinen Kinder«, meint dazu ein holländischer Diplomat.[6]

Die Journalistin Marta Hillers hat sich an diesem Morgen in Tempelhof zum Wasserholen auf die Straße gewagt. Beim Bäcker ist neben dem Schaufenster eine Ausgabe von Goebbels' »Panzerbär« an die Wand geklebt worden. Als Aufmacher ist eine Durchhaltered von Goebbels' Staatssekretär Naumann abgedruckt, die schon am Vortag über den Rundfunk ausgestrahlt worden ist: »An der Spitze der Verteidigung Berlins steht der Führer. Diese Tatsache allein schon gibt dem Kampf um Berlin sein einmaliges und entscheidendes Gesicht. Wie in der Kampfzeit, wie immer in seinem ganzen Leben weicht der Führer der letzten Entscheidung nicht aus, sondern stellt sich unter Einsatz seiner ganzen Person an die Spitze des Kampfes. Er, der tausend Gründe anführen könnte, die seine Anwesenheit an anderer Stelle als angeblich wichtiger oder nützlicher erscheinen lassen würden, verzichtet auf diese Umwege und gibt damit ein anspornendes Vorbild eines sich selber in jeder Lage treu bleibenden Kämpfers. Niemals hat er dem Herzen seiner Soldaten so nahe gestanden wie in dieser schweren Stunde. Niemals war er in der Liebe der Männer und Frauen von Berlin fester verankert als jetzt, wo er seine geschichtliche Aufgabe mit der seiner Hauptstadt unlösbar verbunden hat. Gegenüber den hasserfüllten Verkündigungen der Feindpresse, die nicht zugeben möchte, dass der Führer des Großdeutschen Reiches in jeder Lage zu seinem Volke steht, wissen die Männer und Frauen von Berlin, dass der Führer bei ihnen ist, um die Gefahr des

Bolschewismus für die Reichshauptstadt zu bannen. Während in diesen bewegten Tagen die Staatsmänner der Westmächte in San Franzisko mit den Sowjets in scheinbarer Freundschaft zusammensitzen und versuchen, durch Kompromisse den bolschewistischen Imperialismus aufzuhalten, der sich noch niemals an Konferenzbeschlüsse gebunden gefühlt hat, tritt der Führer in eigener Person tapfer der bolschewistischen Flut aus dem Osten mit dem letzten Aufgebot seiner besten Kräfte entgegen, fest entschlossen, diesen Ansturm aus der Steppe aufzuhalten und zu brechen. Er kennt die Gefahr des Bolschewismus nicht erst seit heute, wo die unverhohlene Machtgier Moskaus auch in London und Washington mit immer stärkerem Misstrauen vermerkt wird. Sein Kampf hatte seinen Ursprung in der Notwehr des deutschen Volkes gegen den Bolschewismus. Wenn heute Deutschland und Europa noch nicht sowjetisch sind, so ist dies allein sein Verdienst.«[7]

Marta Hillers notiert in ihrem Tagebuch: »Danach dringt a) der Feind vor und sind b) deutsche Verstärkungen im Anmarsch. Außerdem heißt es, dass Adolf und Goebbels in Berlin seien und dort bleiben würden. Und am Bahnhof Schöneberg, so meldet eine tief befriedigte Reportage, baumelt zur allgemeinen Ansicht der Soldat Höhne, Deserteur.«[8]

Ständig tauchen in den noch nicht besetzten Stadtteilen »fliegende Feldgerichte« auf. Meist setzen sie sich aus ganz jungen SS-Führern zusammen. Blind und fanatisch töten sie vermeintliche Deserteure, treiben ihre Kameraden zu Widerstand bis in den Tod an. Währenddessen versucht die Rote Armee, eben diesen Widerstand mit Flugblättern, die sie über der Stadt abwerfen lässt, zu brechen: »An die Bevölkerung von Berlin – Berlin ist eingekesselt! Die Rote Armee hat einen festen Ring um die Stadt gelegt. Dieser Ring wird unter den Schlägen der Roten Armee immer enger. Bei der katastrophalen Lage der deutschen Truppen an den anderen Frontabschnitten wäre es geradezu töricht, an eine Hilfe für das eingeschlossene Berlin zu glauben. An der Elbe vereinigten sich Sowjettruppen an mehreren Stellen mit den Amerikanern. Der kleine, bis jetzt noch unbesetzte Teil Deutschlands ist somit in zwei Stücke gespalten. Gleichzeitig hat die Rote Armee nie dagewesene Kräfte an Berlin herangeführt. Zehntausende schwere Geschütze und Salvengeschütze, Tausende von Bombern und Panzern. Das Schicksal Berlins ist besiegelt. Nichts wird die Rote Armee aufhalten können. Alle Versuche, die Stadt zu verteidigen, sind vollständig zwecklos. Bei einer solch erdrückenden Übermacht der Roten Armee wird weiterer Widerstand nur zur vollen Zerstörung dessen führen, was noch in der Stadt verblieben ist. Der Versuch, den Kampf in die Länge zu ziehen, wird zu einer schrecklichen Hungersnot, zu Seuchen und dem Tod Zehntausender friedlicher Einwohner führen. Uns ist bekannt, dass ihr jetzt schon hungert, dass es auch an Wasser und Licht mangelt. Jeder vernünftige Führer würde sich in einer solchen Lage zu sofortiger Kapitulation entschließen, um die Stadt und das Leben der Bevölkerung – Frauen und Kinder – zu retten.«[9]

Brandenburg, südlich von Berlin, vormittags

General Wenck rückt an diesem Morgen mit seinen Divisionen noch ein Stück näher an Berlin heran. Seine Truppen erreichen Ferch, am Ufer des Schwielow-Sees gelegen, etwa zehn Kilometer südlich von Potsdam. Damit ist Wencks strategisches Ziel erreicht. Er ist nahe genug an Potsdam herangerückt, damit die dort eingeschlossene Besatzung unter General Reymann einen Ausbruch wagen kann. Rund zwanzigtausend Mann können sich zur 12. Armee durchschlagen und werden sich schließlich mit ihr über die Elbe in amerikanische Kriegsgefangenschaft begeben.[10]

Weiter östlich bewegen sich die völlig abgekämpften Soldaten der 9. Armee, die den Ausbruch aus ihrem Kessel an der Oder geschafft haben, im Schutz der märkischen Wälder nach Westen. In den weitläufigen Kiefernwäldern gibt es praktisch keine Frontlinien mehr. Von einem geordneten Marsch kann keine Rede sein. In kleinen, nicht mehr einsatzfähigen Gruppen schleppen sich die Deutschen mit letzter Kraft weiter. Die wenigen Fahrzeuge, die noch funktionstüchtig sind, müssen mangels Benzin bald aufgegeben werden. Am Schluss müssen alle, auch die Stabsoffiziere, zu Fuß gehen. Dabei sind Busses Männer ständigen Angriffen der Roten Armee ausgesetzt. Marschall Konjew versucht mit allen Mitteln, die durchgebrochenen deutschen Truppen endgültig zu vernichten. Bäume werden gefällt, um die Waldwege zu sperren, auf denen die Reste der 9. Armee sich nach Westen bewegen. Hinter den Feuerschneisen lässt Konjew Panzerabwehrgeschütze in Stellung bringen. Bald brennen auf den Waldwegen Fahrzeuge. Pferde hängen tot in ihren Geschirren. Der Boden ist übersät mit weggeworfenen Waffen, Stahlhelmen, Handwagen und Koffern. Direkt über den Bäumen kreisen sowjetische Flugzeuge, um Ziele für Artillerie- und Luftangriffe ausfindig zu machen. Ist eine Gruppe deutscher Soldaten geortet, schießen sowjetische Panzer und Geschütze in die umliegenden Baumkronen.

Das führt zu einem tödlichen Regen von Holzsplittern. Wie bei einer Seeschlacht des achtzehnten Jahrhunderts werden die meisten Verletzungen durch derartige Holzsplitter verursacht; wer getroffen wird, verblutet in der Regel mangels ärztlicher Versorgung. Mindestens 30 000 deutsche und 20 000 sowjetische Soldaten kommen dabei um, außerdem 10 000 deutsche Zivilisten, die zusammen mit Busses Männern in Richtung Westen zu fliehen versuchen.[11]

Der Hölle von Halbe entronnen, wartet auf Herbert Maeger in einem Wald bei Märkisch-Buchholz das nächste grauenvolle Erlebnis. Wegen der Bombenangriffe auf Berlin sind verschiedene Wehrmachtsstäbe hierher evakuiert worden. Zum Personal gehörten auch viele Frauen, die als Nachrichtenhelferinnen arbeiteten und hier von sowjetischen Truppen überrascht worden sind. Hunderte junger Frauen liegen, so weit Maeger blicken kann, nackt im Wald. Allen sind die Kleider vom Leib gerissen und die Bäuche aufgeschlitzt worden. Maeger steht schockiert inmitten der Toten, als drei deutsche Soldaten auftauchen, die einen gefangenen Rotarmisten mit sich führen. Als sie das Leichenfeld sehen, erheben sie wortlos ihre Gewehre und richten den sowjetischen Soldaten hin.[12]

Berlin-Mitte, Führerbunker, vormittags

Bernd Freytag von Loringhoven empfängt in der Reichskanzlei einen Funkspruch mit der Nachricht von Wencks Erfolg. Wie elektrisiert eilt er sofort in den Führerbunker, wo er auf Hitler und General Krebs trifft: »Ich habe gute Nachrichten von der Armee Wenck. Es ist soeben gemeldet worden, dass die Spitzen der Armee in zügigem Angriff die Gegend südlich Ferch erreicht haben.« Hitler blickt in diesem Moment Krebs triumphierend an, so, als wäre damit die herbeigesehnte Wende bereits eingetreten. Krebs merkt vorsichtig an, dass Ferch noch lange nicht Berlin sei.[13]

Doch in der ersten Lagebesprechung des Tages zeigt sich deutlich, dass Hitler diesen Einwand nicht gehört hat: »Wenn hier tatsächlich mit Energie nachgestoßen wird, wird die ganze Sache in Bewegung kommen, denn der Gegner hat hier nur rückwärtige Verbände. [...] Wenn Wenck wirklich heraufkommt, bekommt er glatt Anschluss an die Wannsee Gruppe. [...] Wenn wir hier noch zwei, drei oder vier Tage halten, dann ist es möglich, dass die Armee Wenck herankommt, und vielleicht auch die Armee Busse. Sonst aber wäre es besser gewesen, Busse wäre mehr nach Norden angetreten.« [...] Krebs: »Wenck schlägt ein kolossales Tempo an, was auch mit darauf zurückzuführen ist, dass der Feind verhältnismäßig schwach ist.« Hitler: »Und darauf, dass der Wenck selbst eben ein Mann ist!« […] Goebbels: »Gebe es Gott, dass Wenck herankommt! Mir schwebt eine furchtbare Situation vor; Wenck steht bei Potsdam, und hier drücken die Sowjets auf den Potsdamer Platz.« Hitler: »Und ich bin nicht in Potsdam, sondern am Potsdamer Platz! Das Einzige, was einen in dieser Spannung nervös macht, ist die Tatsache: Man möchte gern etwas tun und kann doch nichts tun. Ich kann nicht mehr schlafen; wenn man wirklich einmal schläft, dann kommt der Beschuss. […] Man muss sich vorstellen: Das wird wie ein Lauffeuer durch ganz Berlin gehen, wenn es heißt: Eine deutsche Armee ist im Westen eingebrochen und hat Fühlung mit der Festung aufgenommen«, redet er sich in Begeisterung. »Der Russe kann nichts anderes machen, als immer neue Sachen hereinzuschmeißen, um zu versuchen, seine weit auseinander gezogene Position zu halten. Es wird hier einen Brennpunkt ersten Ranges geben. Der Russe hat einen großen Teil seiner Kraft verbraucht beim Übergang über die Oder, besonders die nördliche Heeresgruppe. Zweitens verbraucht er sehr viele Kräfte im Häuserkampf. Wenn jeden Tag bis an die 50 T 34 oder Stalin[-Panzer] abgeschossen werden, dann macht das in zehn Tagen 500 bis 600 Panzer aus, die kaputtgehen. Ich werde mich heute ein klein wenig beruhigter hinlegen und möchte nur aufgeweckt werden, wenn ein russischer Panzer vor meiner Schlafkabine steht, damit ich Zeit habe, meine Vorbereitungen zu treffen.«[14]

Zumindest im Bunker spricht sich die Nachricht vom erfolgreichen Angriff der Armee Wenck tatsächlich wie ein Lauffeuer herum. In der fiebrigen Atmosphäre hier unten ist sie Anlass genug, um die Hoffnungen nicht nur bei Hitler, sondern auch bei seinem Gefolge wieder hell aufleuchten zu lassen. Zu gern sind alle bereit, in jeder auch noch so kleinen Gunst des Augenblicks eine positive und entscheidende Wendung zu erkennen. Plötzlich sieht man wieder frohe Gesichter.[15] Alle sprechen jetzt nur noch von der kommenden Befreiung durch die Armee Wenck.

Nach der Lagebesprechung bittet Hitler Hanna Reitsch in sein Arbeitszimmer. Trotz der guten Nachrichten erscheint er der Pilotin noch etwas blasser und stärker in sich zusammengesunken als am Vortag. Er reicht ihr zwei Phiolen, die jeweils rund einen Kubikzentimeter Blausäure enthalten, ein Gift, das nach der Einnahme innerhalb von Sekunden zum Tod führt. Himmler hat diese Kapseln in den Labors des

Reichskriminalpolizeiamtes im Konzentrationslager Sachsenhausen herstellen lassen.[16] Diese Phiolen – so Hitler bei der Übergabe – eröffneten von Greim und Reitsch die Möglichkeit, jederzeit zu entscheiden, freiwillig aus dem Leben zu gehen. Er weiht die Pilotin bei dieser Gelegenheit auch in seinen Plan ein, gemeinsam mit Eva Braun Selbstmord zu begehen, sollte sich die Hoffnung auf einen Entsatz von Berlin durch General Wenck doch nicht erfüllen.[17]

Potsdam, Hauptquartier des OKL, mittags

Karl Koller bemüht sich um eine Telefonverbindung zu Hitler, ein Unterfangen, das jeden Tag schwieriger wird. Als es endlich klappt und Koller nach Hitler fragt, wird ihm mitgeteilt: »Der Führer hat sich zurückgezogen, ist jetzt nicht zu sprechen, darf nicht gestört werden.« Stattdessen meldet sich der neu ernannte Oberbefehlshaber der Luftwaffe Ritter von Greim am anderen Ende der Leitung. Koller schildert ihm die Situation im Luftraum und verspricht zu versuchen, am Nachmittag eine weitere Maschine auf der Ost-West-Achse landen zu lassen, damit Greim und Hanna Reitsch wieder aus Berlin herausgeholt werden können. Als Koller bemerkt, ihre beiderseitige Zusammenarbeit werde ja nur von kurzer Dauer sein, weil es »zu Ende« gehe, erlebt er eine Überraschung.[18]

So hinfällig er ist, seine berüchtigte Überzeugungskraft verliert Hitler offenbar nicht. Verärgerte, enttäuschte und aggressive Militärs, die von der Front kommend im Bunker erscheinen, um dem Führer schonungslos zu schildern, wie es draußen tatsächlich aussieht, verlassen den Diktator in völlig anderer Stimmung. »Der Führer hat mir erklärt«, strahlen sie dann und faseln unter dem Eindruck ihrer Begegnung mit dem Diktator wieder vom »Endsieg«.[19]

So auch Görings Nachfolger, Ritter Robert von Greim: »Warten Sie es ab«, entgegnet er Koller, »nur nicht den Glauben verlieren, es gedeiht noch alles zu einem guten Schluss. Mich haben das Zusammensein mit dem Führer und seine Kraft außerordentlich gestärkt, das ist hier für mich wie ein Jungbad. Der Führer saß lange an meinem Bett und hat alles mit mir besprochen. Er hat alle seine Vorwürfe gegen die Luftwaffe zurückgenommen, er weiß, was unsere Waffe geleistet hat, sein Vorwurf richtet sich nur gegen Göring. Für unsere Truppe hat er höchste Worte der Anerkennung gehabt. Ich habe mich unendlich darüber gefreut.« »Mein Gott«, denkt Koller, »das ist wie ein Narrenhaus!«[20]

Berlin, verschiedene Stadtteile, mittags

Seit Tagen hausen Frauen mit ihren Kindern, Greise und Kranke, Verwundete und desertierte Soldaten nun schon fast ohne Unterbrechung in ihren Luftschutzkellern. Der Durst ist noch schlimmer als der Hunger. Seit Tagen gibt es in den Häusern kein Wasser mehr. Dazu kommen die ständigen Brände, Rauch dringt in die Keller, und draußen steht eine sengende Aprilsonne am Himmel.[21] Das Stadtschloss in der Mitte Berlins brennt lichterloh, aus dem gegenüberliegenden Dom schlagen Flammen, aus dem Turm der nahe gelegenen Marienkirche auch. In der Kaiser-Wilhelm-Straße reißt eine Granate vom großen Denkmal Martin Luthers die erhobene Hand ab. Das Volksbühnentheater, in dem große Mengen Munition gelagert sind, fliegt in die Luft.[22] Im Stich gelassene Tiere irren durch die Straßen. Gefallene Pferde werden von Frauen zerteilt, noch bevor sie tot sind. Hunde werden geschlachtet, ihr Blut wird in Blechdosen aufgefangen.[23] Die Krankenhäuser, Lazarette und bombensicheren Bunker sind längst überfüllt, auch in den U- und S-Bahn-Schächten und -Bahnhöfen liegen unzählige verwundete Soldaten und Zivilisten.[24] Da es kaum mehr medizinische Versorgung gibt, kümmern sich Mädchen und Frauen in den Kellern um sie. Das ist gefährlich, denn wenn die Rotarmisten auch nur einen einzigen Soldaten in einem Keller entdecken, reagieren sie mit brachialer Gewalt.

Margret Boveri ist in Charlottenburg mit einem Eimer unterwegs, um Wasser zu holen. Die Straßen sind übersät mit Glassplittern, Ziegelbrocken und abgebrochenen Ästen. Das Wasser, das sie aus dem Lietzensee schöpft, ist grünlich-dreckig und eignet sich für die Toilettenspülung, eventuell auch zum Waschen, nicht aber zum Trinken. Im menschenleeren Park entdeckt sie ein kleines, frisch ausgehobenes Grab mit einem Fliederstrauß darauf. Auf dem behelfsmäßigen Holzkreuz steht: gefallen am 25. 4. Als sie zu ihrem Mietshaus zurückkehrt, kommt ein Nachbar aus dem Nebenhaus in ihren Hof und sagt: »Nebenan sind Frau Kaminsky und Frau Ahlsen tot. Splitter.« Ein anderer Nachbar kommentiert das mit den Worten: »Man muss eben immer im Keller bleiben.«[25]

Die aber werden von Soldaten der Roten Armee systematisch nach deutschen Soldaten und Waffen durchkämmt. Marta Hillers befindet sich mit anderen Bewohnern im Luftschutzkeller ihres Mietshauses in Tempelhof, als an diesem Mittag der erste sowjetische Soldat den Weg dorthin findet. Zögernd tritt er ein, macht zwei Schritte auf das »Kellervolk« zu. Herzklopfen bei den Bewohnern. Einige Ängstliche halten ihm ihren Suppenteller hin. Doch der Rotarmist schüttelt den Kopf und lächelt stumm. Marta Hillers, die Russisch kann, spricht ihn an. Ihre ersten russischen Worte kommen krächzend und heiser: »Schto wy shelatje?« Was wünschen Sie? Der Mann antwortet nichts auf die Frage, er schüttelt bloß den Kopf. Marta Hillers fragt weiter, ob er vielleicht etwas zu essen haben will. Da grinst er ein wenig und sagt auf Deutsch: »Schnaaps«. Schnaps? Allgemeines bedauerndes Kopfschütteln. Daraufhin entfernt sich der Soldat ohne weitere Umstände.[26]

Nicht weit davon sitzt Hertha von Gebhardt in Wilmersdorf im Luftschutzbunker ihres Mietshauses. Das Knattern von Maschinenpistolen – ein neues Geräusch – dringt von der Straße herein. Die Bunkerbewohner geben die Parole aus: absolutes Schweigen. Vielleicht entdecken die Rotarmisten den Keller dann nicht. Auch hier Herzklopfen, als ein großer, sachlich und ruhig kontrollierender sowjetischer Soldat aus dem Nebenkeller herüberkommt. Er fragt nach deutschen Soldaten und Waffen. Als er Hertha von Gebhardt und die anderen mit einem weißen Tuch in den erhobenen Händen sieht, winkt er ab und geht weiter. Wenig später erscheint ein zweiter Rotarmist, sucht ebenfalls nach »deutsche Soldat« und fragt nach »Uhra« und »Wodka«. Wie sein Kamerad im Tempelhofer Luftschutzkeller gibt er sich mit der Auskunft zufrieden, dass kein Wodka vorhanden sei, und zieht wieder ab.[27]

Berlin-Mitte, Führerbunker, mittags

Hitler verteilt weiter Blausäure-Ampullen. Der Vertreter des Außenministers bei Hitler, Walter Hewel, bittet aus eigenem Antrieb um das tödliche Gift.[28] Auch Hitlers Luftwaffen-Adjutant, Nicolaus von Below, bekommt eine Ampulle zugesteckt. Bei dieser Gelegenheit stellt Hitler seinem Adjutanten die bizarre Frage, was er für »Pläne« im Hinblick auf seine Zukunft habe. Der antwortet, dass er zurzeit gar keine »Pläne« machen könne, sondern abwarten wolle, wie sich die Lage entwickelt.

Zu seiner Überraschung teilt Hitler ihm dann mit: »Ich habe mich dazu entschlossen, dem Kommandanten von Berlin Befehl zum Ausbruch zu geben. Ich selbst bleibe hier und sterbe an der Stelle, wo ich lange Jahre meines Lebens gearbeitet habe. Aber mein Stab soll den Ausbruch mitmachen. Es kommt mir vor allem darauf an, dass Bormann und Goebbels heil herauskommen.« Von Below übermittelt diesen erstmalig geäußerten Entschluss Hitlers sogleich den Generälen Krebs und Burgdorf.[29]

Kurz nach dem Mittagessen wird Hitler ein kleiner, übernächtigter

Junge vorgestellt, der mit einer Panzerfaust einen sowjetischen Panzer zerstört hat. Der Oberbefehlshaber der Wehrmacht heftet dem Jungen mit viel Pathos ein Eisernes Kreuz an die viel zu große Uniformjacke – dann schickt er ihn wieder hinaus in den aussichtslosen Kampf in den Straßen Berlins.[30] Die Offiziere Boldt, Freytag von Loringhoven und Weiß gehen nach dieser Ordensverleihung zurück in ihren Bunker in der Reichskanzlei. Während sie sich noch über das gerade Erlebte erregen, erscheint plötzlich Martin Bormann. Sie haben sein Kommen nicht bemerkt, Bormann aber hat das Gespräch der drei Generalstabsoffiziere belauscht. Mit »Gönnermiene« tritt der Machthaber im Schatten Hitlers zu ihnen, legt von Loringhoven und Boldt die Hände auf die Schultern und kündigt allen Ernstes die baldige Entsetzung Berlins durch Wencks Truppen an. Und er verspricht den drei Militärs Belohnungen für die Zeit nach dem Sieg: »Ihr, die ihr hier in Treue zu unserem Führer gemeinsam mit ihm seine schwersten Stunden aushaltet, werdet, wenn dieser Kampf bald siegreich beendet sein wird, hohe Stellungen im Staat bekleiden und als Dank für eure treuen Dienste Rittergüter bekommen.« Zum Abschied lächelt Bormann huldvoll und schreitet von dannen. Die drei Offiziere sind sprachlos.[31]

Berlin-Mitte, Führerbunker, nachmittags

Wie schon am Vormittag spricht sich der Diktator auch in der zweiten Lagebesprechung an diesem Tag selber Mut zu. Hitler: »Mit der Berennung der Viereinhalb-Millionen-Stadt hat sich der Russe eine kolossale Last aufgeladen. Wie viel Verwundete haben wir jeden Tag?« Goebbels: »Wir haben 9000 Verwundete in den Lazaretten liegen; jeden Tag also vielleicht 1500 Verwundete. – Wenn Berlin tatsächlich entsetzt wird, dann wird uns die Versorgung nicht so große Schwierigkeiten machen. Denn auch der Russe ist jetzt in den wenigen Tagen nicht in der Lage, solche Riesenmengen abzutransportieren. Die Versorgung für Berlin reichte aus für zehn Wochen. Der Russe kann nicht in vier Tagen auffressen, was drei Millionen in zehn Wochen aufessen sollten.« Hitler: »Wenn ich jemals noch mal in die Lage kommen sollte, Regierungsgebäude zu bauen, die werde ich vielleicht ausstatten mit entsprechenden Vorkehrungen.« Goebbels: »Ich glaube, jeder von uns hat sich einiges vorgenommen für sein Leben.«

Berlin, Flughafen Gatow

Hitler ordnet an, den unter Beschuss liegenden und von der Roten Armee bereits eingekreisten Flughafen Gatow in den Verteidigungszustand zu versetzen. Den Auftrag dazu erhält ein General namens Gottlob Müller. Zusammen mit Hitlers Flugkapitän Hans Baur macht er sich auf den Weg. Als die beiden dort ankommen, rollen bereits russische Panzer über das Gelände. Eine von Baurs Maschinen liegt zerschossen in der Halle. Das hier stationierte Bodenpersonal der Luftwaffe hat sich aus dem Staub gemacht; an eine Verteidigung des Flughafens ist nicht zu denken. General Müller, der Hitlers Befehl nicht mehr erfüllen kann, erschießt sich. Bevor Baur in die Reichskanzlei zurückfährt, gibt er seinen Flugzeugbesatzungen Anweisung zu versuchen, in der Nacht mit den restlichen Maschinen nach Rechlin zu fliegen, einem großen Militärflughafen 150 Kilometer nördlich von Berlin, der noch in deutscher Hand ist. Als er Hitler die neueste Hiobsbotschaft überbringt, reagiert der resigniert: »Ja, Baur, uns bleibt nichts mehr – fliegen Sie weg! Lassen Sie Ihre Männer Panzerfäuste und sonstiges Material, das hier gebraucht wird, einfliegen.«[32] Was dann tatsächlich auf dem Luftweg an Versorgungsgütern noch in die Stadt gelangt und an die richtige Stelle kommt, ist nicht mehr als der berühmte Tropfen auf den heißen Stein.

Hans Baur allerdings fliegt nicht. Nach dreizehn Jahren in Hitlers Diensten bringt er es nicht über sich, den Diktator zu verlassen. Georg Betz, Hitlers zweiter Flugkapitän, trifft dieselbe Entscheidung.[33]

Neu-Roofen, Hauptquartier des OKW, nachmittags

OKW-Chef Wilhelm Keitel sendet am Nachmittag einen weiteren seiner verzweifelten Kampfappelle an Busse, Wenck und Steiner: »Die Schlacht um Berlin hat ihren Höhepunkt erreicht. Nur wenn es rasch gelingt, 9. und 12. Armee zu vereinigen und sofort nach Norden vorzustürmen, und wenn das verstärkte Korps Steiner auf Tegel vorstürmt, kann die Schlacht um Berlin noch gerettet werden. Der Führer in Berlin erwartet, dass die Armeen ihre Pflicht tun. Die Geschichte und das deutsche Volk werden jeden verachten, der in dieser Lage nicht das Letzte einsetzt, um die Lage und den Führer zu retten.«[34] Keitel weiß offenbar nicht, dass Hitler schon seit Tagen vehement die Ablösung von Felix Steiner als Befehlshaber verlangt: »Ich kann diesen arroganten, langweiligen, entschlusslosen SS-Führer nicht gebrauchen. Ich will unter keinen Umständen, dass Steiner dort führt.«[35] Jetzt soll Steiner nach

Hitlers Willen durch den Panzergeneral Rudolf Holste abgelöst werden, der bei Rathenow, 115 Kilometer westlich von Berlin, ein Panzerkorps anführt und den nördlichen Flügel von Wencks 12. Armee bildet.[36]

Also korrigiert sich Keitel und begibt sich noch an diesem Abend persönlich nach Rathenow. Dort befiehlt er dem örtlichen Kampfkommandanten, die Stellung unter allen Umständen zu halten. Gegen zurückweichende eigene Truppenteile sei aufs Schärfste vorzugehen, fordert Keitel weiter. Er will damit sicherstellen, dass General Holste, wie von Hitler befohlen, in Richtung Berlin angreifen kann.[37] Das Ganze ist nichts als Aktionismus, zumal auch General Holste, wie sich noch zeigen wird, zu den Offizieren gehört, die keine Neigung haben, sich sinnlos für Hitler zu opfern.

Berlin-Mitte, Reichskanzlei, 17.00 Uhr

Am späten Nachmittag meldet sich Hermann Fegelein erneut telefonisch in der Reichskanzlei. Er bittet Hitlers Fahrer und Fuhrparkleiter Erich Kempka, ihm für eine »Informationsfahrt« zwei Wagen aus dem Fuhrpark der Reichskanzlei zur Verfügung zu stellen. Außerdem möchte er, dass Kempka eine Aktentasche, die angeblich wichtige Akten Heinrich Himmlers enthält, in Verwahrung nimmt. Fegelein kündigt an, Kempka diese Aktentasche, die keinesfalls in die Hände der Sowjets fallen dürfe, um 22.00 Uhr persönlich im Führerbunker übergeben zu wollen. Kempka, der sich mit Fegelein seit Jahren freundschaftlich duzt, sagt bereitwillig zu, wundert sich dann aber doch, als die beiden Wagen schon eine halbe Stunde später wieder in der Reichskanzlei eintreffen. Von den Fahrern erfährt er, dass Fegelein in der Nähe seiner Privatwohnung am Kurfürstendamm ausgestiegen ist, um zu Fuß »Informationen« zu beschaffen.[38]

Berlin-Tempelhof, im Luftschutzbunker, abends

Marta Hillers wird an diesem Abend das erste Mal von sowjetischen Soldaten vergewaltigt. Ein Schicksal, das in diesen und den folgenden Tagen Tausende deutsche Frauen ereilt: »Ich [...] gehe vorsichtshalber noch mal hinaus in den dunklen Gang. Da haben sie mich. Die beiden haben hier gelauert. Ich schreie, schreie ... Hinter mir klappt dumpf die Kellertür zu. Der eine zerrt mich an den Handgelenken weiter, den Gang hinauf. Nun zerrt auch der andere, wobei er mir seine Hand so an die Kehle legt, dass ich nicht mehr schreien kann, nicht mehr schreien will, in der Angst, erwürgt zu werden. Beide reißen sie an mir, schon liege ich am Boden. Aus der Jackentasche klirrt mir etwas heraus. Es müssen die Hausschlüssel sein, mein Schlüsselbund. Ich komme mit dem Kopf auf der untersten Stufe der Kellertreppe zu liegen, spüre im Rücken nasskühl die Fliesen. Oben am Türspalt, durch den etwas Licht fällt, hält der eine Mann Wache, während der andere an meinem Unterzeug reißt, sich gewaltsam den Weg sucht –. Ich taste mit der Linken am Boden herum, bis ich endlich den Schlüsselbund wiederfinde. Fest umklammere ich ihn mit den Fingern der Linken. Mit der Rechten wehre ich mich, es hilft nichts, den Strumpfhalter hat er einfach durchgerissen. Als ich taumelnd hochzukommen versuche, wirft sich der zweite über mich, zwingt mich mit Fäusten und Knien an den Boden zurück. Nun steht der andere Schmiere, er flüstert: ›Schnell, schnell ...‹ Dann höre ich laute russische Stimmen. Es wird hell. Die Tür ist geöffnet worden. Von außen kommen zwei, drei Russen herein, die dritte Gestalt ist eine Frau in Uniform. Und sie lachen. Der zweite Kerl, gestört, ist aufgesprungen. Beide gehen nun mit den drei anderen hinaus, lassen mich liegen. [...] Ich: ›Aufmachen, ich bin allein, keiner mehr da!‹ Endlich tun sich beide eiserne Hebel auf. Drinnen starrt mich das Kellervolk an. Jetzt erst merke ich, wie ich aussehe. Die Strümpfe hängen mir auf die Schuhe herunter, das Haar ist zerzaust, die Fetzen des Strumpfhalters habe ich noch in der Hand. Ich schreie los: ›Schweine ihr! Zweimal geschändet, und ihr macht die Tür zu und lasst mich liegen wie ein Stück Dreck!‹«[39]

Berlin-Mitte, Führerbunker, Reichskanzlei, abends

Traudl Junge spielt mit den Kindern. Sie liest ihnen Märchen vor, macht Pfänderspiele mit ihnen und versucht, ihnen die Realität vom Leib zu halten. Währenddessen bekommt Magda Goebbels von Hitler ein Geschenk. Er überreicht ihr sein goldenes Parteiabzeichen, das er sonst immer an seinem Rock trägt. Joseph Goebbels wird am nächsten Tag in seinem Abschiedsbrief an Harald Quandt, Magdas Sohn aus erster Ehe, stolz darüber berichten: »und sie hat es auch verdient«.[40]

In den oberen Räumen der Reichskanzlei findet eine Hochzeit statt. Ein Küchenmädchen heiratet einen Fahrer der Kraftwagenkolonne. Ein mutiger Kollege des Bräutigams hat die Familie der Braut in die Reichskanzlei geholt. Stuhlreihen und ein Stehpult sind aufgestellt worden. Der Staatssekretär im Propagandaministerium, Werner Naumann, hält eine Ansprache. Wegen des ständigen Geschützdonners beben die Wände und klirren die Fenster. Es ist so laut, dass die Gäste der makabren Feier kaum ein Wort der Rede verstehen. Im Anschluss an die

Trauung wird gratuliert und gefeiert. Das Brautpaar tanzt zu der Musik eines Akkordeons und einer Geige. Die Hochzeitsgäste betrinken sich mit den in der Reichskanzlei eingelagerten Alkoholbeständen.[41]

Berlin, Führerbunker und Reichskanzlei, abends
Unterdessen wird Hermann Fegelein im Führerbunker noch immer vermisst. Hitler möchte ihn sprechen. Doch der SS-Obergruppenführer ist nirgends aufzufinden. Schließlich kommt jemand auf die Idee, dass Fegelein in seiner Privatwohnung am Kurfürstendamm sein könnte. Als jemand dort anruft, geht tatsächlich Eva Brauns Schwager an den Apparat. SS-Gruppenführer Hans Rattenhuber, der Chef des Reichssicherheitsdienstes,[42] macht Fegelein darauf aufmerksam, dass Hitler ihn unter allen Umständen sehen will und dass schon seit Stunden nach ihm gesucht wird. Fegelein weigert sich, in die Reichskanzlei zurückzukommen. Er sei so betrunken, dass er nicht vor Hitler erscheinen könne. Doch Rattenhuber lässt sich davon nicht beeindrucken. Fegelein habe Hitlers Befehl unbedingt Folge zu leisten hat. Er schickt ein Kommando unter Leitung seines Stellvertreters, SS-Standartenführer Peter Högl, mit einem Kübelwagen los, um Fegelein aus seiner Wohnung zu holen.[43]

Das Kommando muss sich dazu durch die russischen Linien schlagen, einer der SS-Männer wird während der Fahrt schwer verwundet. Am Ziel angekommen, findet Högl den Gesuchten in Zivilkleidern und tatsächlich angetrunkenem Zustand vor. Fegelein weigert sich weiterhin mitzukommen. In dieser Verfassung könne er sich dem Führer nicht zeigen, lallt er. Er müsse erst wieder nüchtern werden. Der Respekt vor seinem Rang und seiner verwandtschaftlichen Beziehung zu Eva Braun ist so groß, dass seinem Wunsch nachgegeben wird. Das SS-Kommando fährt zurück in die Reichskanzlei. Ihr Anführer Högl bleibt jedoch bei Fegelein in der Wohnung, um auf ihn aufzupassen. Nach etlichen Telefongesprächen wird gegen 19.00 Uhr noch einmal ein Wagen losgeschickt, der Fegelein schließlich abholt. Wieder wird bei der Anfahrt einer der Männer verwundet.[44]

In der Reichskanzlei angekommen, untersuchen SS-Offiziere einen Koffer, den Högl in Fegeleins Wohnung sichergestellt und in die Reichskanzlei hat bringen lassen. Er enthält Schmuck, Goldstücke, Uhren – darunter eine von Eva Braun, die Fegelein für sie reparieren lassen wollte –, 105 725 Reichsmark und 3186 Schweizer Franken. Hermann Fegelein wollte offensichtlich fliehen.[45]

Berlin-Mitte, Reichskanzlei, 21.30 Uhr

Hitler fällt ein, dass Fegelein, den er schon vor Stunden sprechen wollte, immer noch nicht aufgetaucht ist. »Wo ist Fegelein?«, brüllt Martin Bormann kurz darauf. »Wo ist der Kerl?« Da meldet sich Erich Kempka eingeschüchtert zu Wort: Er habe ihm auf dessen Wunsch hin zwei Wagen zur Verfügung gestellt. Fegeleins Adjutant ergänzt Kempkas Bericht mit der Aussage, dass der SS-Obergruppenführer in seine Berliner Wohnung am Kurfürstendamm gegangen sei und dort seine Uniform gegen Zivilkleidung vertauscht habe. Fegelein habe ihm außerdem empfohlen, seinem Beispiel Folge zu leisten und sich zusammen mit ihm »von den Russen überrollen zu lassen und dann wieder zu Himmler zu stoßen«. Für Hitler und Bormann steht fest: Fegelein ist ein feiger Verräter, der sich absetzen wollte.[46] Als schließlich Högl über die Begleitumstände von Fegeleins Festnahme Bericht erstattet, ist der Fall für Hitler ohne langes Nachdenken entschieden. Fegelein hat Fahnenflucht begangen, die aufs Schärfste geahndet werden muss: »Für mich spielen verwandtschaftliche Beziehungen keine Rolle. Er wird sofort degradiert, und es wird ein Kriegsgerichtsverfahren gegen ihn durchgeführt.«[47] Dann wendet der Diktator sich abrupt an Wilhelm Mohnke, zeigt mit ausgestrecktem Arm auf ihn und sagt: »Und Sie, Mohnke, werden das Kriegsgerichtsverfahren durchführen.«[48]

Mohnke kommt diesem Befehl noch in derselben Nacht nach. Vor Beginn der Vernehmung eröffnet der Kommandant der »Zitadelle« dem Angeklagten, dass er auf Befehl Hitlers zum SS-Mann degradiert worden sei und seine Rangabzeichen abzulegen habe. Fegelein, noch immer stark betrunken, reagiert darauf mit einer wüsten Beschimpfung des »Kriegsgerichts«: »Ihr Arschlöcher«, schreit er, »ich gehöre zu Himmler, ich sage nur vor Himmler aus!« Wütend reißt er sich dabei die Achselstücke von der Uniformjacke und wirft sie auf den Fußboden. Während der schwankende General der Waffen-SS in Mohnkes Bunker geführt wird, wo die Kriegsgerichtsverhandlung stattfinden soll, flucht und pöbelt er weiter. Bei seiner Befragung zeigt sich, dass Fegelein so betrunken ist, dass er den Fragen Mohnkes und seiner beiden Beisitzer gar nicht zu folgen vermag. Er starrt mit glasigen Augen vor sich hin und lallt auf jede Frage nur, er wolle sich ausschließlich vor Himmler verantworten. Seine »Richter« stellen daraufhin fest, die »Verhandlung« müsse wegen Volltrunkenheit des Beschuldigten abgebrochen werden. Mohnke ruft Rattenhuber an und teilt ihm die Entscheidung mit. Rattenhuber meint nur: »Ich sage das nicht dem Führer, das müssen Sie schon selber tun.«[49]

Notgedrungen geht Wilhelm Mohnke daraufhin zu Hitler und erstattet Bericht. Der Diktator reagiert unwirsch: »Man kann sich eben auf niemanden mehr verlassen.«[50] Fegelein wird währenddessen in einen nahe gelegenen Bunker der Gestapo gebracht, wo er die Nacht über festgehalten wird. Eva Braun ist in größter Sorge um ihren Schwager und um ihre Schwester, die kurz vor der Entbindung steht. Sie weiß, dass Hitler darauf keine Rücksicht nehmen wird.[51]

Berlin-Tempelhof, in einem Mietshaus, später Abend

Die Vergewaltigungen durch die Soldaten der Roten Armee setzen sich fort. Marta Hillers in Tempelhof trifft es in dieser Nacht zum zweiten Mal. Vier bewaffnete Rotarmisten dringen in ihre Wohnung ein: »Riesenpratzen, Schnapsdunst. Mein Herz hüpft wie verrückt. Ich flüstere, ich flehe: ›Nur einer, bitte, bitte, nur einer. Meinetwegen Sie. Aber schmeißen Sie die anderen raus.‹ Er verspricht es flüsternd und trägt mich wie ein Bündel auf beiden Armen durch den Korridor. Ich ahne nicht, welcher von den vieren es ist, wie er aussieht. Im Dunkeln, fast gänzlich scheibenlosen Vorderzimmer lädt er mich auf der kahlen, abgedeckten Bettstatt des früheren Untermieters ab […] und legt sich im Dunkeln zu mir. […] Petka, so nennt sich der Soldat, hat einen Stiftskopf, blondes Borstenhaar wächst ihm dreieckig in die Stirn, es fasst sich an wie Sofaplüsch. Im Übrigen ein Riese, breit wie ein Schrank, mit Holzfällerpratzen und weißen Zähnen. Ich bin so müde, so kaputt, weiß kaum noch, wo ich bin. Petka murkst herum, er ist aus Sibirien, naja. Sogar die Stiefel hat er jetzt ausgezogen. Mir ist taumelig, ich bin nur noch halb da, und diese Hälfte wehrt sich nicht mehr, sie fällt gegen den harten, nach Kernseife riechenden Leib. Endlich Ruhe, Dunkelheit, Schlaf.«[52]

Berlin-Mitte, Führerbunker, später Abend

In der dritten Lagebesprechung des Tages berichtet der Berliner Stadtkommandant Helmuth Weidling über die Tagesereignisse in Berlin. Hauptziel seines Vortrages ist es, die katastrophale Versorgungslage der Verteidiger aufzuzeigen. Nachschub von außen auf dem Landwege oder mit der Eisenbahn ist nicht mehr zu erwarten. Über den Luftweg kommt seit dem Verlust der Flugplätze Tempelhof und Gatow auch nichts mehr herein.

General Krebs schildert im Anschluss die Situation außerhalb von Berlin. Sie ist genauso hoffnungslos wie in der Hauptstadt selbst. Über die Lage bei der 9. Armee ist fast nichts bekannt. Krebs kann nicht einmal sagen, wo ihre Spitzen stehen. Sicher ist nur, dass sie Hitlers Befehl, nach Norden auf Berlin zu marschieren, nicht nachgekommen ist. Hitler schimpft: »Man muss doch mit der 9. Armee eine Verbindung herstellen [können]. Eine halbe Stunde am Tag besteht doch Funkverbindung. Tito funkt mit seinen Partisanen über den ganzen Balkan mit Kurzwellengeräten.«

Der Diktator muss erkennen, dass Busse offensichtlich nach Westen ausbrechen will statt, wie von ihm befohlen, nach Nordwesten in Richtung Berlin, was einen erneuten Wutanfall bei ihm auslöst: General Busse habe sich nach Westen »abdrängen« lassen; nach Westen statt nach Nordwesten anzugreifen, sei ein Fehler der 9. Armee gewesen, das »Verfehlteste«, was sie habe tun können. General Krebs versucht, den Befehlshaber in Schutz zu nehmen: »Wahrscheinlich kann Busse sich nicht bewegen. Er hat Versorgungsschwierigkeiten gemeldet. Er greift ab jetzt weiter an.« Davon lässt sich Hitler nicht beeindrucken: »Die 9. Armee war mit die beste Armee, die wir noch hatten: Elf Divisionen! Wenn er die Hauptstärke nach Nordwesten gelegt hätte, hätte er den Stoß machen können. Ich will nur feststellen, wie unmöglich es ist, zu führen, wenn jeder Heerführer oder Korpsgeneral tut, was er für richtig hält, ohne sich um den Plan im Großen zu kümmern. So etwas an Ungehorsam hat es in der Partei niemals gegeben. Nichtbefolgung eines von mir gegebenen Befehls bedeutete für einen Parteiführer die sofortige Vernichtung und den Stoß ins Nichts.«[53]

Umgehend muss Jodl auf Verlangen Hitlers einen weiteren Funkspruch an Busse senden: »Der Führer hat befohlen, dass die konzentrischen Angriffe der 9. und der 12. Armee nicht nur dazu dienen dürfen, die 9. Armee zu retten, sondern grundsätzlich Berlin zu retten. Der Führer in Berlin erwartet, dass die Armeen ihre Pflicht erfüllen. Die Geschichte und das deutsche Volks werden jeden Mann mit Verachtung strafen, der unter diesen Umständen nicht sein Bestes gibt, um die Lage und den Führer zu retten.«[54] Busse beachtet diesen Befehl ebenso wenig wie vorangegangene mit ähnlichem Inhalt und antwortet auch nicht mehr auf den Funkspruch.

Von der 12. Armee sind ebenfalls keine positiven Nachrichten mehr eingegangen. Am Abend ist General Wenck mit seinen Truppen noch nicht weiter an Berlin herangekommen und berichtet nur von schweren Abwehrkämpfen. Eine Hiobsbotschaft kommt schließlich aus der Gegend bei Neustrelitz in Mecklenburg, wo der Armeegruppe von Marschall Rokossowski ein tiefer Durchbruch durch die deutschen Linien gelungen ist. Der Oberbefehlshaber der Heeresgruppe Weichsel, Generaloberst Heinrici, erklärt in seiner Meldung die schnelle Vorwärtsbewegung der Russen damit, dass der Kampfgeist der ihm unterstellten Truppen unaufhörlich nachlasse.[55]

Die kurze Euphorie, die Wencks Meldungen am Morgen im Bunker ausgelöst haben, kippt am Abend wieder ins Gegenteil. Den meisten, die in der Reichskanzlei ausharren, wird klar, dass Wencks Truppen viel zu schwach sind, um sich nach Berlin durchzuschlagen. Wieder einmal macht sich Verzweiflung breit.[56] Auch Martin Bormann, der die Situation gewohnt holzschnittartig in seinem Tagebuch festhält, rechnet mit einem schlimmen Ende: »Die zu unserem Entsatz marschierenden Divisionen werden von Himmler-Jodl angehalten! Wir werden mit dem Führer stehen u. fallen: getreu bis in den Tod. Andre glauben ›aus *höherer* Einsicht‹ heraus handeln zu müssen, sie opfern den Führer, und ihre Untreue – pfui Teufel – gleicht ihrem ›Ehrgefühl‹!«[57]

Hitler selbst zieht sich wieder einmal in realitätsfremde Monologe zurück. Großadmiral Dönitz hat, entsprechend Hitlers Wünschen vom Vorabend, angekündigt, Marinesoldaten für Hitlers persönlichen Schutz abzustellen und nach Berlin einfliegen zu lassen. Nun redet sich der Diktator ein, dass diese Unterstützung, die nicht mehr als eine Geste von Dönitz ist, von großer Bedeutung für den Ausgang der Schlacht um Berlin sei. »Das sind die tapfersten Männer, die er überhaupt besitzt. Davon will er mir eine bestimmte Anzahl zur Verfügung stellen. […] Wenn ich die habe, so ist das eine gewisse Entlastung […], weil es die höchste Elite eines Oberbefehlshabers eines Wehrmachtsteiles ist. Die 150 Tapfersten von den 600 000 Mann der Kriegsmarine gibt Dönitz für meinen persönlichen Schutz. Es kann der Moment kommen, wo die äußerste Standhaftigkeit alles ist. […] Es kommt dann auf einen heroischen Kampf um eine letzte kleine Insel an. Hierfür können nur sehr wenige Leute verwendet werden. Sonst ist es ein Taubenschlag. Ich kann mir vorstellen, dass die paar Männer, die als letzte Sicherung dann bei mir stehen, auch ganz hier einziehen, und sollte der Entsatz nicht kommen, muss man sich darüber im Klaren sein: Dann ist das auch kein schlechter Abschluss eines Lebens, wenn man im Kampf für die Hauptstadt seines Reiches fällt. Wenn es anders wäre, würden wir in wenigen Jahren überhaupt keinen Musketier mehr finden, der innerhalb des Reiches für sein Reich fällt. Ich kann von niemandem verlangen, dass er außerhalb kämpft, wenn ich selbst nicht einmal im Zentrum des Reiches kämpfen will.«[58]

Berlin, nachts

Tatsächlich gelingt es Dönitz, im Laufe der Nacht Marinesoldaten nach Berlin bringen zu lassen – etwa dreihundert Mann, in aller Eile aufgestellt und schlecht ausgerüstet. Hitler befiehlt, sie zur Sicherung der Reichskanzlei einzusetzen.[59] Befehlsgemäß rücken die jungen Männer, gekleidet in weiße Mützen, blaue Uniformen mit goldenen Knöpfen, lange Hosen und Halbschuhe, in die Wilhelmstraße ein. Sie werden im verlassenen Auswärtigen Amt untergebracht und beginnen sofort damit, dort im Garten – nutzlose – Stellungen auszuheben. Alle sind sie sichtlich drahtig und durchtrainiert und ebenso offensichtlich auch begeistert über die neue große Aufgabe. Bewaffnet sind sie lediglich mit Karabinern; vom Straßenkampf verstehen sie – für den Dienst auf Schiffen ausgebildet – nichts. Die meisten von ihnen fallen innerhalb der nächsten Tage oder werden verwundet.[60]

Marienbad, Sudetenland

Auf dem Bahnhof von Marienbad richten SS-Leute mit Maschinengewehren eintausend jüdische Zwangsarbeiter hin. Sie gehören zu einem Todesmarsch aus Rehmsdorf, einem Nebenlager von Buchenwald, in das Konzentrationslager Theresienstadt. 1200 weitere Gefangene kommen auf dem Weg ums Leben. Von den ursprünglich 2775 jüdischen Häftlingen werden nur 575 Theresienstadt tatsächlich erreichen.[61]

+++ Die Rote Armee steht tausend Meter vor der Reichskanzlei +++ Joseph und Magda Goebbels schreiben Abschiedsbriefe +++ Im Führerbunker wird der Tod Benito Mussolinis bekannt +++ Hitler erfährt von Himmlers Kapitulationsangebot +++

SAMSTAG, 28. APRIL

Berlin-Mitte, Führerbunker, nach Mitternacht

Im Korridor des Führerbunkers haben sich im Lagevorraum einige der engsten Gefolgsleute Hitlers eingefunden und unterhalten sich. General Weidling, der gerade aus der Lagebesprechung kommt, setzt sich dazu. Noch ganz unter dem Eindruck der letzten Begegnung mit Hitler plädiert er in dieser Runde vehement für einen Ausbruch aus der Reichskanzlei, solange das noch möglich ist. Den hoffnungslosen Kampf um Berlin bezeichnet er wörtlich als »Wahnsinn«. Er muss die Versammelten nicht überzeugen. Alle sind seiner Meinung, selbst Martin Bormann. Derart ermutigt, beschwört der Kampfkommandant von Berlin den kurz darauf erscheinenden General Krebs, sich bei Hitler dafür einzusetzen. Der weiß seit dem Vortag von Hitlers Luftwaffenadjutanten von Below, dass der Diktator einem Ausbruch seines Stabes positiv gegenübersteht, und ist daher einverstanden. Der Generalstabschef bittet den Stadtkommandanten, einen entsprechenden Plan auszuarbeiten und am Abend bei Hitler vorzutragen.[1]

Berlin-Mitte, Reichskanzlei, nachts

Das OKW hält dennoch am Entsatzangriff fest. Generalstabschef Krebs sendet um 2.17 Uhr einen Funkspruch an Alfred Jodl: »Es bleibt Aufgabe aller im Gebiet zwischen Elbe und Oder kämpfenden Verbände, den umfassenden Angriff zum Entsatz der Reichshauptstadt mit allen Mitteln und größter Beschleunigung zum erfolgreichen Ende zu führen. Gegenüber dieser entscheidenden Aufgabe tritt die Bekämpfung des nach Mecklenburg einbrechenden Gegners zurück.«[2]

Um 3.00 Uhr telefoniert Krebs mit OKW-Chef Keitel. Krebs: »Am meisten ist der Führer interessiert am Angriff westlich Oranienburg. Wie steht es dort? Kommt Angriff vorwärts? Steiner lehnt der Führer als Befehlshaber dort ab. Hat Holste den Befehl übernommen? Wenn uns nicht in den nächsten 36 bis 48 Stunden geholfen wird, dann ist es zu spät.« [...] Keitel: »Holste ist am Westflügel seiner weit gespannten

Fronten, ich habe ihn noch nicht heranholen können. Im Augenblick ist dort auch gar nichts zu machen, wie die Dinge stehen.« Krebs: »Der Führer erwartet schnellste Hilfe. Es sind nur noch höchstens 48 Stunden Zeit, wenn bis dahin keine Hilfe kommt, ist es zu spät. Das lässt der Führer nochmals sagen.« Keitel: »Wir werden Wenck und Busse mit äußerster Energie treiben. Dort liegen die Aussichten für die Entlastung durch Vorstoß nach Norden.«[3]

Boldt und von Loringhoven werden kurz darauf durch Lärm aus Krebs' Bunkerraum geweckt. Dort sitzt der Generalstabschef mit Bormann und Burgdorf zechend zusammen, die sich jetzt, wo mit Rettung von außen nicht mehr zu rechnen ist, nicht mehr zurückhalten. Die beiden Adjutanten können mitverfolgen, wie Burgdorf Bormann anschreit: »Unsere jungen Offiziere sind mit einem Glauben und Idealismus, wie er in der Weltgeschichte einmalig ist, hinausgezogen. Zu Hunderttausenden sind sie mit einem stolzen Lächeln in den Tod gegangen. Aber wofür denn? Für ihr geliebtes deutsches Vaterland, für unsere Größe und Zukunft? Für ein anständiges und sauberes Deutschland? Nein. Für euch sind sie gestorben, für euer Wohlergehen, für euren Machthunger. Im Glauben an die gute Sache ist die Jugend eines 80-Millionen-Volkes auf den Schlachtfeldern Europas verblutet, sind Millionen unschuldiger Menschen geopfert worden, während ihr, die Führer der Partei, euch am Volksvermögen bereichert habt. Geprasst habt ihr, ungeheure Reichtümer zusammengerafft, Rittergüter gestohlen, Schlösser gebaut, im Überfluss geschwelgt, das Volk betrogen und unterdrückt. Unsere Ideale, unsere Moral, unseren Glauben, unsere Seele habt ihr in den Schmutz getreten. Der Mensch war für euch nur noch das Werkzeug eurer unersättlichen Machtgier. Unsere jahrhundertealte Kultur, das deutsche Volk habt ihr vernichtet. Das ist eure furchtbare Schuld!« Nach diesem Ausbruch wird es still im Raum, nur das keuchende Atmen Burgdorfs ist zu hören. Kühl und ölig erwidert Bormann: »Aber, mein Lieber, du musst doch nicht gleich persönlich werden. Wenn sich die andern auch alle bereichert haben, ich bin doch frei von Schuld. Das schwöre ich dir bei allem, was mir heilig ist. – Prost, mein Lieber!«[4]

Berlin-Mitte, Führerbunker, früher Morgen

Gegen 5.30 Uhr setzt wieder russisches Artilleriefeuer ein, heftiger als je zuvor. Neben dem Bersten von Granaten hört man jetzt schwere Detonationen von Fliegerbomben. Ein nicht enden wollendes Trommel-

Die Neue Reichskanzlei, für die Ewigkeit gebaut, trägt deutliche Spuren des ständigen Artilleriebeschusses. 1949 werden die Trümmer des Prachtbaus auf Anordnung der Sowjets endgültig abgerissen werden.

feuer geht auf die Reichskanzlei und das Regierungsviertel nieder. Selbst unter der dicken Betondecke des Führerbunkers spürt man das pausenlose Hämmern der sowjetischen Artillerie. Die Notbeleuchtung setzt zeitweise aus. Die Funkeinrichtung des Führerbunkers wird zerstört. Wie lange wird die Bunkerdecke noch halten? Immer wenn die Bunkerbewohner glauben, das Feuer hätte seinen Höhepunkt erreicht, werden sie eines Besseren belehrt. Wieder müssen die Ventilatoren, die den Bunker mit frischer Luft versorgen, abgestellt werden, weil sie Staub und Rauch ins Innere saugen. Der Mangel an frischer Luft wird unerträglich. Kopfschmerzen, Atemnot und Schweißausbrüche sind die Folge. Die meisten versinken in ein stumpfes Dahinbrüten.[5]

Bei Morgengrauen stoßen die Rotarmisten von Süden her weiter in die Wilhelmstraße vor. Nur noch tausend Meter trennen sie von der Reichskanzlei und Adolf Hitler.[6] Jederzeit können sowjetische Infanteristen am Eingang zum Luftschutzbunker der Reichskanzlei auftauchen.

Berlin, morgens

Der »Panzerbär« lügt indessen weiter: »Es ist nicht wahr, dass die Einschließung um Berlin so lückenlos ist, dass keine Verstärkungen mehr herankommen. Wahr dagegen ist, dass erst heute wieder kampferprobte Einheiten der Kriegsmarine und der Waffen-SS angekommen und eingesetzt sind. Es ist nicht wahr, dass die Luftwaffe in den Kampf nur mit schwachen Kräften eingreift. Wahr dagegen ist, dass im Berliner Vorfeld starke Schlacht- und Kampffliegerverbände die Ausgangsbasen für die Entlastungskräfte freihalten. Es ist auch nicht wahr, dass die Sowjets Volksgenossen schonen, die die weiße oder rote Fahne hissen. Wahr dagegen ist, dass das tierische Treiben der bolschewistischen Soldateska gegenüber Frauen und Mädchen sich ohne Rücksicht auf deren Verhalten austobt und dass die Sowjets alle Männer nach dem Osten abtransportieren oder mit Genickschuss erledigen. In Berlin gibt der Führer ein anspornendes Vorbild eines sich in jeder Lage treu bleibenden Kämpfers.«[7]

Der Soldat Wladimir Borissowitsch Perewersew nutzt eine Kampfpause, um einen Brief an seine Familie zu schreiben: »Guten Tag, meine Lieben und Teuren. Ich lebe und bin gesund, nur die ganze Zeit ein wenig berauscht. Aber das brauchen wir, um uns Mut zu machen. Eine vernünftige Ration Drei-Sterne-Kognak schadet nicht. Wer seinen Eichstrich nicht kennt, den bestrafen wir. Jetzt schließen wir den Ring um das Stadtzentrum. Ich stehe kaum noch 500 Meter vom Reichstag entfernt. Wir haben bereits die Spree überquert, und in einigen Tagen wird es mit Fritz und Hans zu Ende sein. Sie schreiben immer noch an die Mauern ›Berlin bleibt deutsch‹. Aber wir schreiben darüber ›Alles Deutsche kaputt‹. Und wie wir sagen, so wird es sein. Ich wollte Euch ein Foto schicken, das ich von mir habe machen lassen, aber wir konnten den Film noch nicht entwickeln. Das ist schade, denn es ist eine sehr interessante Aufnahme: Ich habe eine Maschinenpistole über der Schulter, eine Mauser im Gürtel und Handgranaten in beiden Händen. Das genügt, um die Deutschen zu schlagen. Kurz gesagt, wir werden morgen im Reichstag sein. Leider kann ich keine Pakete schicken. Dafür haben wir jetzt keine Zeit. Wir Fronteinheiten haben anderes zu tun. Ihr schreibt, dass ein Teil unserer Küchendecke eingestürzt ist, aber was bedeutet das schon! Über uns ist ein sechsstöckiges Gebäude eingestürzt, und wir mussten unsere Jungs ausgraben. So leben wir und schlagen die Deutschen. So viel in Kürze für heute.«[8] Kurz nachdem Perewersew diesen Brief geschrieben hat, wird er schwer verwundet. Er stirbt am 2. Mai.

Berlin-Mitte, Führerbunker, morgens

Als Heinz Linge an diesem Morgen wie gewöhnlich an Hitlers Schlafzimmertür klopfen will, um den Diktator zu wecken, öffnet der in diesem Moment die Tür von innen. Wie alle anderen Bunkerbewohner auch hat Hitler in dieser Nacht praktisch nicht geschlafen. Er hat sich gar nicht erst ausgezogen, sondern sich vollständig bekleidet auf sein Bett gelegt. Als Hitler mit Linge aus seinen privaten Räumen in den Lagevorraum tritt, treffen sie auf Bormann, Krebs und Burgdorf. Die haben sich nach ihrem nächtlichen Gelage hier eingefunden und sind in den Sesseln eingeschlafen, ihre geladenen und entsicherten Pistolen in Reichweite.

Hitler bedeutet Linge, dass seine schlafenden Mitarbeiter nicht geweckt werden sollen. In der Telefonzentrale lässt er sich mit General Weidling verbinden. Der Kampfkommandant meldet, die Verteidigung Berlins sei zusammengebrochen. Der Einschließungsring, den die Rote Armee um die Stadt gelegt hat, ist jetzt vollständig und nicht mehr zu durchstoßen; die Hoffnung auf Entsatz ist damit hinfällig.[9]

In diesem Moment taucht Artur Axmann auf. Er entschuldigt sich für sein Aussehen – ungewaschen, unrasiert und übermüdet. Doch Hitler entgegnet ruhig: »Lassen Sie nur, Sie sehen jetzt so aus wie ich im Ersten Weltkrieg.« Axmann bietet dem Diktator angesichts der jüngsten Nachrichten von der Front spontan an, ihn mit zweihundert Hitlerjungen und einem Panzer »aus Berlin herauszubringen«; aber Hitler lehnt wie immer ab. »Das«, murmelt er deprimiert, »bringt auch nichts mehr. Ich bleibe hier!«[10]

Klein-Machnow, südlich von Berlin, vormittags

Die Kämpfe um das Regierungsviertel sind noch in vollem Gange, als die Rote Armee bereits eine provisorische Verwaltung für Berlin einsetzt, um die wichtigsten Lebensfunktionen der Stadt wieder in Gang zu bringen.

Ernst Lemmer, ehemaliger Reichstagsabgeordneter für die Deutsche Demokratische Partei während der Weimarer Republik, ist an diesem Vormittag zu Hause in Klein-Machnow, einem Vorort im Süden Berlins. Es ist sein Geburtstag. Als er sieht, wie ein russischer Offizier vorfährt und vor seiner Tür hält, ist Lemmer klar, dass dieser Besucher nicht gekommen ist, um zu gratulieren. Zaghaft öffnet er dem Unbekannten die Tür. »Du Lemmer?«, fragt ihn der Mann. Lemmer nickt beklommen. »Vorname Ernst?« Lemmer bejaht. Der Offizier schaut prüfend auf sein Papier. Dann will er wissen, ob Lemmer Journalist sei. Der nickt erneut. »Geboren?« »Am 28. April 1898.« Der Russe registriert plötzlich, dass der Befragte heute Geburtstag hat. Er lächelt, reicht ihm die Hand und sagt etwas auf Russisch. Dann wird er wieder dienstlich und fragt Lemmer nach seiner Geburtsstadt. Als der »Remscheid« sagt, nickt der Offizier befriedigt: »Gutt. Karascho. Du Bürgermeister!« Lemmer bekommt einen Schreck: »Herr Oberst, ich verstehe nichts von der Arbeit eines Bürgermeisters. Ich bin Journalist.« Doch das kümmert den Offizier nicht. Er wiederholt lakonisch: »Du Bürgermeister!« Lemmer unternimmt noch einen Anlauf, sich dem unerwarteten Amt zu entziehen. Jetzt wird sein Besucher ausgesprochen unfreundlich. Er greift nach seiner Pistolentasche und hantiert am Griff der Waffe, ohne sie jedoch hervorzuziehen: »Du Bürgermeister – oder … tott!« Vor diese Alternative gestellt, gibt Lemmer nach: »Dann lieber Bürgermeister.«[11]

Berlin-Mitte, Reichskanzlei, vormittags

Der erste sowjetische Soldat taucht in der Reichskanzlei auf. Doch obwohl er die erdfarbene Uniform der Roten Armee trägt, ist er nicht als Eroberer gekommen. Er hat sich verirrt oder ist übergelaufen, jedenfalls macht er eine verlorene, unglückliche Figur, wie er da plötzlich neben den SS-Männern sitzt und mit ihnen eine Zigarette raucht. Eine Verständigung mit ihm ist nicht möglich. Die Meinungen, wie man mit ihm verfahren soll, reichen von »aufhängen« bis zur Solidarisierung mit dem »armen Schwein«. Schließlich wird der Rotarmist von den Bunkerbewohnern aufgenommen, bekommt seine Verpflegung wie alle anderen, stellt sich an der Toilette an und versucht, sich mit Gesten und Lauten zu verständigen. Irgendwann in den Stunden vor der völligen Auflösung ist er wieder verschwunden.[12]

Im Lazarett unter der Reichskanzlei werden die Verwundeten wie am Fließband verarztet. Uniformen und Kleider werden zerschnitten oder aufgerissen, Wunden versorgt, Tetanus- und Morphiumspritzen verabreicht, sanfter Druck auf Augenlider ausgeübt, um sie für immer zu schließen. Ein Verletzter nach dem anderen wird unter Schmerzensschreien auf den Operationstisch gelegt, ohne Unterlass, bis es den Ärzten schwindlig vor Augen wird. Der Nächste und nochmals der Nächste. Große Kübel, die mit schmutzigen Verbänden, Blut und amputierten Gliedmaßen gefüllt sind, werden aus dem Operationssaal in den Garten der Reichskanzlei getragen und dort ausgeschüttet. Ebenso werden Leiber, die nur noch blutige Fleischbrocken sind, unverhüllt nach oben getragen. Es sind zu viele Beine und Arme im Raum! Der frei gewordene Platz wird für die neu Herangeschleppten benötigt.[13]

Unablässig strömen Berliner in die Luftschutzbunker unter der Reichskanzlei. Sie fliehen aus den Kellern ihrer Häuser. Die haben ihnen zwar Schutz vor Bomben und Granaten geboten, doch jetzt werden sie von russischen Infanteristen systematisch nach deutschen Soldaten durchsucht. Die Flüchtenden bringen ihre letzte Habe mit, die sie in Taschen und Säcke, Koffer oder Beutel verpackt haben. Sie hasten hinkend und stolpernd, schreiende oder vor Angst erstarrte Kinder mit sich zerrend, über Trümmerblöcke, bis sie schließlich erschöpft den Eingang an der Voßstraße erreichen. Die SS-Posten lassen sie ein; es gibt keinen Befehl, sie abzuweisen.[14]

Berlin-Mitte, Führerbunker, vormittags

Die Goebbels-Kinder springen fröhlich und spielend durch die Bunkerräume. Sie unterhalten die Verwundeten im Lazarett in der Reichskanzlei, indem sie ihnen Lieder vorsingen. Sie jauchzen vor Vergnügen und Begeisterung darüber, dass der in den märkischen Sand gebaute Bunker an diesem Tag spürbar schwankt, und wünschen sich das »Wackeln« noch stärker.

Ihre Mutter klagt derweil Hans Baur, Hitlers Chefpiloten, ihr Leid: »Herr Baur – das Leben hat mir an wirklichen Werten nicht viel gegeben. Ich habe meinem Manne die Kinder geboren, zu den großen Veranstaltungen bin ich gegangen, weil mein Mann es wünschte. Ich habe mich bemüht, für meinen Mann und die Kinder zu leben. Das war nicht ganz leicht. Meine Freundinnen, die mich in Wirklichkeit beneideten, hatten mir immer viel zu erzählen. Oft machten sie mich auf diese oder jene Frau aufmerksam, auf die ich aufpassen solle. Mir war bekannt, dass mein Mann – von vielen Frauen umschwärmt – es auch hin und wieder mit der Treue nicht genau nahm. Schuld hatten vielfach die Frauen, die sich ihm hinwarfen. Er hat mir sehr oft weh getan – aber ich habe ihm verziehen. Ich weiß, dass wir aus diesem Bunker nie herauskommen werden – ich kann mir nur Vorstellungen machen, dass, sollte es der Fall sein, ich mein Leben anders gestalten würde. Aber das sind nur Ausflüge der Gedanken. Ich hoffe nicht erst seit heute auf nichts mehr. Ich richte jeden Abend die Spritzen her – der Mann, der meinen Kindern die tödliche Injektion geben wird, ist bestimmt worden [...][15] Die Russen stehen nur noch zweihundert Meter[16] von der

Die Fliegerin Hanna Reitsch gehört zu den unerschütterlichen Anhängerinnen des Führers. Noch in den letzten Tagen seiner Herrschaft riskiert sie für ihn ihr Leben.

Reichskanzlei entfernt. Jeden Abend, wenn ich mich von meinen Kindern verabschiede, weiß ich nicht, ob ich sie noch einmal wiedersehen werde.«[17]

In dem Abschiedsbrief an ihren Sohn aus erster Ehe, Harald Quandt, den sie wenig später schreibt, heißt es schwülstiger: »Unsere herrliche Idee geht zu Grunde – mit ihr alles, was ich Schönes, Bewundernswertes, Edles und Gutes in meinem Leben gekannt habe. Die Welt, die nach dem Führer und dem Nationalsozialismus kommt, ist nicht mehr wert, darin zu leben, und deshalb habe ich auch die Kinder hierher mitgenommen. Sie sind zu schade für das nach uns kommende Leben, und ein gnädiger Gott wird mich verstehen, wenn ich selbst ihnen die Erlösung geben werde. Du wirst weiterleben, und ich habe die einzige Bitte an Dich: Vergiss nie, dass Du ein Deutscher bist, tue nie etwas, was gegen die Ehre ist, und sorge dafür, dass durch Dein Leben unser Tod nicht umsonst gewesen ist. [...] Gott gebe, dass mir die Kraft bleibt, um das Letzte, Schwerste zu tun. Wir haben nur noch ein Ziel:

Treue bis in den Tod dem Führer, und dass wir zusammen das Leben mit ihm beenden können, ist eine Gnade des Schicksals, mit der wir niemals zu rechnen wagten. [...] Ich umarme Dich in innigster, herzlichster, mütterlichster Liebe! Mein geliebter Sohn, lebe für Deutschland! Deine Mutter.«[18]

Die Wucht des sowjetischen Angriffs nimmt allmählich auch Hanna Reitsch die Hoffnung, »jemals wieder das Tageslicht zu sehen«.[19] Wie durch ein Wunder gelingt es einem Piloten, eine Junkers 52,[20] ein relativ großes, dreimotoriges Flugzeug, auf der Ost-West-Achse in der Nähe des Brandenburger Tors zu landen. Mit der Maschine sollen Ritter von Greim und Hanna Reitsch aus Berlin ausgeflogen werden. Doch von Greim lehnt es ab, sich in Sicherheit zu bringen, er will auf jeden Fall bei Hitler ausharren.[21]

Berlin, verschiedene Stadtteile

Immer häufiger sind im Stadtbild gehenkte deutsche Soldaten zu sehen – Opfer aus dem Ruder gelaufener SS-Kommandos, die, ihr eigenes Ende vor Augen, blindwütig beim geringsten Anlass töten. Am Kurfürstendamm dringen sie in alle Häuser ein, an denen als Zeichen der Kapitulation weiße Laken aus den Fenstern hängen, und erschießen jeden Mann, den sie darin antreffen.[22] Auf dem Weg zur Greifswalder Straße im Prenzlauer Berg kommt der Hitlerjunge Dieter Borkowski gleich an mehreren Toten vorbei: »Die fünf waren tot, sie hingen an den Bäumen. [...] SS-Streifen hatten sie gehenkt, jeder trug eine Tafel um den Hals, auf der in großen Buchstaben stand: ›Ich war zu feige, für Deutschland zu kämpfen. Ich habe den Führer und das Volk verraten. Darum muss ich ehrlos und in Schande sterben!‹« Borkowski wird bei diesem Anblick übel.[23] Ein ähnliches Erlebnis hat der Hitlerjunge Dieter Lehmann in Berlin-Mitte, der einen Jungen an einem Laternenpfahl hängen sieht: »Er trug eine zerrissene Volkssturm-Uniform, sein rechtes Ohr war halb abgetrennt und seine ganze rechte Seite blutgetränkt. Man hatte ihn mit einer Wäscheleine aufgeknüpft. Es gab kein Schild, auf dem der Grund erklärt wurde. Seine Hände waren auf dem Rücken gefesselt und seine Beine an den Knöcheln zusammengebunden. Sein Gesicht deutete darauf hin, dass er 13 bis 16 Jahre alt gewesen war. Er trug keine HJ-Armbinde. Vielleicht hatte man sie ihm abgerissen, um ihn als Feigling zu brandmarken.«[24]

Berlin-Mitte, Regierungsviertel

Im Keller des Reichspropagandaministeriums, auf der anderen Seite der Wilhelmstraße, arbeitet bis ganz zum Ende eine Funkstelle der Marine. Die ein- und ausgehenden Funksprüche müssen von Meldern zwischen dem Führerbunker und der Funkstelle hin- und hergetragen werden.[25] Das ist eine lebensgefährliche Aufgabe. Die Wilhelmstraße liegt wie das gesamte Regierungsviertel fast pausenlos unter starkem Beschuss. Immer wieder regnet Metall auf die Straße, so heftig, dass beim Aufprall Funkenteppiche entstehen. Manche der Geschosse explodieren beim Aufschlag. Quer über die Wilhelmstraße sind es für die Melder zwar nur wenige Sprünge, über Trümmer und an Granattrichtern vorbei, aber es geht dabei jedesmal um Leben und Tod. Und die Straße wird zum Massengrab. Uniformierte Leichen – teils bis zur Unkenntlichkeit entstellt – liegen auf dem Pflaster. An die fünfzig Hitlerjungen, Marineangehörige und andere Soldaten werden in den letzten Apriltagen bei dem Versuch, die Verbindung zwischen Führerbunker und der Außenwelt aufrechtzuerhalten, getötet oder verwundet.[26]

Unter ihnen sind auch der Berliner HJ-Führer Otto Hamann und die Berliner Mädelführerin. Axmann ruft ihnen beim Verlassen des Kellers in der Wilhelmstraße 64, in dem sich sein Gefechtsstand befindet, noch nach: »Passt mir draußen bloß auf.« Kurz darauf werden seine beiden Unterführer auf dem Wilhelmplatz durch Granatsplitter schwer verletzt. Nachdem sie längere Zeit auf der Straße gelegen haben, holt man sie in das Lazarett der Reichskanzlei. Hamann, mit blauen Lippen und unter schwerem Schock stehend, kommt sofort auf den Operationstisch. Doch Schenck und Haase können nicht mehr viel für ihn tun. Hamann stirbt wenige Stunden später an Gasbrand und wird während einer Feuerpause in einem Granattrichter im Garten der Reichskanzlei beigesetzt.[27]

Berlin-Mitte, Führerbunker, mittags

Während des Mittagessens mit seinen Sekretärinnen und Eva Braun doziert Hitler über die optimale Methode, sich selbst ins Jenseits zu befördern: »Am besten ist es, sich in den Mund zu schießen. Dann platzt der Schädel, man merkt überhaupt nichts. Der Tod tritt sofort ein.« Aber den Frauen graut bei diesem Gedanken. »Ich will eine schöne Leiche sein«, widerspricht Eva Braun, »ich nehme Gift.« Dabei zieht sie aus der Tasche ihres eleganten Kleides eine von Himmlers kleinen Messingkapseln. »Ob es sehr wehtut? Ich habe solche Angst davor, lange leiden zu müssen«, gesteht sie. »Und wenn ich schon bereit bin, heldenhaft zu sterben, so soll es wenigstens schmerzlos geschehen.« Hitler versichert ihr, dass der Tod durch Blausäure völlig schmerzlos sei. Durch eine Lähmung des Nerven- und Atmungssystems trete der Tod innerhalb weniger Sekunden ein. Diese »tröstliche« Mitteilung veranlasst Hitlers Sekretärinnen Gerda Christian und Traudl Junge, Hitler ebenfalls um eine Ampulle zu bitten. Der kommt ihrem Wunsch nach dem Essen nach und überreicht ihnen je eine Giftphiole mit den Worten: »Es tut mir sehr Leid, dass ich Ihnen zum Abschied kein schöneres Geschenk machen kann.«[28]

Auch Joseph Goebbels schreibt an diesem Tag einen Abschiedsbrief an Harald Quandt: »Mein lieber Harald! Wir sitzen eingeschlossen im Führerbunker in der Reichskanzlei und kämpfen um unser Leben und um unsere Ehre. Wie dieser Kampf ausgehen wird, das weiß nur Gott allein. Ich aber weiß, dass wir nur mit Ehre und Ruhm lebend oder tot daraus hervorgehen werden. Ich glaube kaum, dass wir uns noch einmal wiedersehen werden. Darum sind das wahrscheinlich die letzten Zeilen, die Du von mir empfängst. Ich erwarte von Dir, dass Du, wenn Du diesen Krieg überstehst, Deiner Mutter und mir nur Ehre machen wirst. Es ist gar nicht nötig, dass wir lebend da sind, um auf die Zukunft unseres Volkes einzuwirken. Du wirst unter Umständen der Einzige sein, der unsere Familientradition weiter fortführt. Tue es immer so, dass wir uns dessen nicht zu schämen brauchen. Deutschland wird diesen furchtbaren Krieg überstehen, aber nur dann, wenn unser Volk Beispiele vor Augen hat, an denen es sich wieder aufrichten kann. Ein solches Beispiel wollen wir geben. Du kannst stolz darauf sein, eine Mutter wie die Deine zu besitzen. Der Führer hat ihr gestern Abend das goldene Parteiabzeichen, das er jahrelang an seinem Rock trug, gegeben, und sie hat es auch verdient. Du darfst in Zukunft nur eine Aufgabe kennen, Dich des schwersten Opfers, das wir zu bringen bereit und entschlossen sind, wert zu erweisen. Ich weiß, dass Du das tun wirst. Lass Dich nicht vom Lärm der Welt, der nun einsetzen wird, verwirren. Die Lügen werden eines Tages in sich zusammenbrechen, und über ihnen [wird] wieder die Wahrheit triumphieren. Es wird die Stunde sein, da wir über allem stehen, rein und makellos, so wie unser Glaube und Streben immer gewesen ist. Leb' wohl, mein lieber Harald! Ob wir uns jemals wiedersehen werden, das steht bei Gott. Wenn nein, dann sei immer stolz darauf, zu einer Familie zu gehören, die dem Führer und seiner reinen, heiligen Sache auch im Unglück bis zum letzten Augenblick treu geblieben ist. Alles Gute und meine herzlichsten Grüße, Dein Papa.«[29]

An diesem Nachmittag führt Goebbels seine letzte Propagandamaßnahme durch. Er lässt die noch verfügbaren Rundfunksender den Vormarsch der 12. Armee auf Berlin vermelden. Damit teilt er zugleich der Roten Armee den genauen Stand ihres Gegners mit. Wenck fürchtet zu Recht, dass die Sowjets in der Nacht ihre Truppen neu formieren und die 12. Armee am nächsten Tag mit ihren weit überlegenen Kräften angreifen werden.[30]

Neu-Roofen, Hauptquartier des OKW, nachmittags

Großadmiral Karl Dönitz ist aus Schleswig-Holstein nach Neu-Roofen gekommen, um sich im OKW aus erster Hand über die militärische Lage zu informieren. Dort begegnet er Heinrich Himmler, der sich mittlerweile hauptsächlich damit beschäftigt, sich auf die Aufgabe als Hitlers Nachfolger vorzubereiten. Pikanterweise fragt er ausgerechnet Dönitz, ob er auch einer neuen Regierung zur Verfügung stehen würde.[31]

Der Chef des OKW, Wilhelm Keitel, ist zu dieser Zeit gar nicht im Hauptquartier, sondern irgendwo zwischen Neubrandenburg und Neustrelitz, wo er sich mit dem Oberbefehlshaber der Heeresgruppe Weichsel, Gotthard Heinrici, und dem diesem unterstellten General von Manteuffel trifft. Keitel hat festgestellt, dass Verbände der Heeresgruppe Weichsel entgegen den Weisungen des OKW den von Hitler befohlenen Angriff auf Berlin endgültig abgeblasen haben. Keitel wirft den beiden Generälen wutentbrannt Gehorsamsverweigerung und Sabotage vor. Doch Heinrici lässt sich ebenso wie Wenck nicht mehr einschüchtern und geht seiner eigenen Wege.[32] Heinrici weiß, »dass keine Macht der Welt, kein Befehl auch der höchsten Stelle, mochte sie Hitler oder Keitel heißen, an dem weiteren Ablauf der Ereignisse etwas ändern« kann.[33] Der Sieg der Roten Armee ist nicht mehr aufzuhalten. Deshalb verweigert Heinrici offen den Befehl und entgegnet dem Generalfeldmarschall, dass er von einem OKW, das die Realität nicht zur Kenntnis nehme, keine Befehle entgegennehmen könne. Keitel schreit Heinrici daraufhin an, wenn er nur den Mut aufgebracht hätte, einige tausend Deserteure zu erschießen, hätte es keinen Rückzug seiner Truppen gegeben. Heinrici kontert, indem er Keitel auffordert, mit dem Erschießen der total erschöpften, vorbeiziehenden Truppen zu beginnen. Diese Antwort verschlägt Keitel die Sprache. Wortlos macht er kehrt.[34]

Berlin, verschiedene Stadtteile, nachmittags

Die sowjetischen Sieger spielen mit den Besiegten Katz-und-Maus. Mal wird ein Berliner »zum Spaß« an die Wand gestellt, mal werden die Bewohner eines Mietshauses aufgefordert, sich im Kreis hinzusetzen, weil sie jetzt alle erschossen würden. Dass das nicht ernst gemeint ist, wird ihnen erst klar, als es vorbei ist.[35]

Marta Hillers wird zum dritten Mal vergewaltigt. Zwei betrunkene sowjetische Soldaten treten ihre Wohnungstür ein und verschaffen sich gewaltsam Zutritt. Diesmal ist es ein älterer, übel riechender Mann mit grauen Bartstoppeln. Marta Hillers: »Augen zu, Zähne fest zusammengebissen. Kein Laut. Bloß als das Unterzeug krachend zerreißt, knirschen unwillkürlich die Zähne. Die letzten heilen Sachen. Auf einmal Finger an meinem Mund, Gestank von Gaul und Tabak. Ich reiße die Augen auf. Geschickt klemmen die fremden Hände mir die Kiefer auseinander. Aug in Auge. Dann lässt der über mir aus seinem Mund bedächtig den angesammelten Speichel in meinen Mund fallen. Erstarrung. Nicht Ekel, bloß Kälte. Das Rückgrat gefriert, eisige Schwindel kreisen um den Hinterkopf. Ich fühle mich gleiten und fallen, tief, durch die Kissen und die Dielen hindurch. In den Boden versinken – so ist das also. Wieder Aug in Auge. Die fremden Lippen tun sich auf, gelbe Zähne, ein Vorderzahn halb abgebrochen. Die Mundwinkel heben sich, von den Augenschlitzen strahlen Fältchen aus. Der lächelt. Er kramt, bevor er geht, etwas aus seiner Hosentasche, schmeißt es stumm auf den Nachttisch, rückt den Sessel beiseite, knallt hinter sich die Tür zu. Das Hinterlassene: eine verkrumpelte Schachtel mit etlichen Papyrossen darin. Mein Lohn.«[36]

Die wenigen deutschen Männer, die zu Hause sind, kommen mit diesen Übergriffen der Sieger nicht zurecht. Nur mühsam können sie von den Frauen davon abgehalten werden, sich schützend vor sie zu stellen. Was bei so einer Verzweiflungstat herauskommen würde, ist den Frauen klarer als ihnen. Nicht nur die Männer, auch die »beschützten« Frauen und Kinder würden wahrscheinlich getötet. In langen Diskussionen überzeugen die Frauen die Männer, dass sie nicht beschützt werden wollen, sondern dass jede Einzelne sich, falls erforderlich, lieber für die Gemeinschaft opfern will.[37]

Berlin-Mitte, Führerbunker, nachmittags

Zur Untätigkeit verurteilt, sitzen die in Berlin verbliebenen Machthaber herum. Selbst für die eifrigsten, Bormann und Goebbels, gibt es nichts mehr zu tun, außer sich über ihr Los zu beklagen. Seit 5.00 Uhr morgens ist außerdem die Funkverbindung zwischen dem OKW in Neu-Roofen und der Reichskanzlei unterbrochen, erst am späten Nachmittag kann sie wieder repariert werden. Martin Bormann sendet frustriert ein Funktelegramm nach München: »Statt mit Befehlen und Appellen die Truppen, die uns freikämpfen sollen, anzutreiben, schweigen die maßgeblichen Männer. Die Treue scheint vor der Untreue zu weichen. Wir bleiben hier. Reichskanzlei bereits ein Trümmerhaufen.«[38] Der Propagandaminister hält lange Reden über die Treulosigkeit seiner Kollegen, besonders über Göring. »Dieser Mann war nie ein Nationalsozialist«, ereifert er sich, »er sonnte sich nur im Glanz des Führers, aber nie hat er nationalsozialistisch und idealistisch gelebt. Er ist schuld, dass die deutsche Luftwaffe versagt hat, ihm verdanken wir, dass wir jetzt hier sitzen und den Krieg verlieren müssen.« Magda Goebbels stimmt in den Sermon ein.[39]

Die Goebbels-Kinder sitzen mit Hitlers Hunden und seinen Sekretärinnen im Zimmer von Eva Braun. Hitlers Geliebte macht eine Andeutung, die Traudl Junge und Gerda Christian zunächst nicht verstehen: »Ich wette, heute Abend werdet ihr noch weinen.« Die beiden Sekretärinnen blicken Eva Braun erschrocken an, fürchten, dass Hitler an diesem Abend Selbstmord begehen wird: »Ist es jetzt so weit?« Nein, etwas anderes, Rührenderes würden sie erleben, kündigt Eva Braun an, aber sie könne noch nichts verraten.[40]

Währenddessen kommt es im Lageraum zum nächsten Eklat. Heinz Lorenz,[41] der Vertreter des Reichspressechefs im Führerhauptquartier, tritt erregt ein und berichtet, gerade sei von den alliierten Rundfunksendern bekannt gegeben worden, dass Heinrich Himmler versucht habe, Kontakt zu den Westalliierten aufzunehmen, um ihnen die Kapitulation Deutschlands anzubieten. Die Wirkung auf Hitler und sein Umfeld ist noch größer als einige Tage zuvor beim Eintreffen von Görings Funksprüchen. Hitler ist zunächst wie vor den Kopf geschlagen, dann beginnt er zu toben. Der Empörung folgt tiefe Resignation. »Es gibt«, kolportiert Axmann später Hitlers abschließende Bemerkung, »nur zwei Wesen in der Welt, die mir treu geblieben sind: Eva Braun und meine Hündin Blondi.«[42] Himmler, der in der Reichskanzlei nun ebenfalls als Verräter gilt,[43] wird wie schon zuvor Göring aus der

NSDAP ausgeschlossen – einer Partei, die zu diesem Zeitpunkt praktisch nicht mehr existiert.[44] Himmler wiederum, vom OKW auf den Vorgang angesprochen, distanziert sich sofort von seinem Vorstoß: Die Meldung sei falsch, er werde Großadmiral Dönitz darüber unterrichten.[45]

Neu-Roofen, Hauptquartier des OKW, 19.15 Uhr

In einem Telefonat düpiert Heinrici am Abend auch Generaloberst Jodl, indem er diesem gegenüber ausdrücklich erklärt, seine Befehle nicht ausführen zu können. In diesem Fall, droht Jodl, habe Heinrici »persönlich die Verantwortung bis zur letzten Konsequenz« zu tragen.[46]

Berlin-Mitte, Führerbunker, abends

Noch nach Stunden ist Himmlers »Verrat« das Thema des Tages. Hitler hat sich nach außen hin beruhigt. In Anwesenheit von Goebbels, Naumann, Bormann und Axmann äußert der Diktator sich jetzt lobend über Karl Dönitz und die Leistungen der Kriegsmarine. Nach dem Ausfall von Göring und Himmler ist der Großadmiral nunmehr konkurrenzlos, wenn Hitler an seine Nachfolge denkt.[47]

Martin Bormann und Hans Krebs nutzen den Vorgang, um per Funkspruch einen weiteren Appell an General Wenck zu richten: »Werter General Wenck! Wie aus den beiliegenden Meldungen zu sehen ist, hat der Reichsführer SS, Himmler, den Anglo-Amerikanern einen Vorschlag gemacht, der unser Volk bedingungslos den Plutokraten ausliefert. Eine Wende kann nur vom Führer selbst herbeigeführt werden und nur von ihm! Die Vorbedingung dafür ist die unverzügliche Herstellung einer Verbindung zwischen der Armee Wencks und uns, damit auf diese Weise der Führer innenpolitische und außenpolitische Handlungsfreiheit gewinnt.«[48]

Hitler hat seine Militärführer an diesem Tag mehrfach nach der Armee Wenck gefragt. Nach stundenlanger Funkstille wird im Laufe des Abends zur Gewissheit, dass Wencks Divisionen nicht vorangekommen sind. Schlimmer noch: Sie mussten sich nach Gegenangriffen der Roten Armee zurückziehen. Bald besteht kein Zweifel mehr daran, dass der Angriff Wenck nicht mehr in Gang kommen wird.[49]

Berlin-Mitte, Führerbunker, 22.00 Uhr

Der Kampfkommandant von Berlin, Helmuth Weidling, hat für den abendlichen Lagebericht so viele Unterlagen wie nur möglich gesammelt, um Hitler die Hoffnungslosigkeit eines weiteren Kampfes vor Augen zu führen. Als er um 22.00 Uhr zur Lagebesprechung kommt, ist Weidling optimistisch, dass es ihm gelingen wird, Hitler zu überzeugen. Der Berliner Kommandant trägt nur schlechte Meldungen vor. Die Hoffnung auf Entsatz durch die Armee Wenck ist endgültig erloschen. Wencks Divisionen sind, sowohl im Hinblick auf die Menschen als auch auf das Material, viel zu schwach, um das neu erkämpfte Gebiet südlich von Potsdam halten, geschweige denn bis zum Zentrum Berlins durchkommen zu können. Die Rote Armee dagegen erzielt einen Durchbruch nach dem anderen. Reserven haben die Verteidiger nicht mehr. Munition, Verpflegung und Sanitätsmaterial reichen nur noch für maximal zwei Tage. Spätestens dann ist auch die Schlacht um Berlin zu Ende, prognostiziert Weidling. Am Ende kommt Weidling dann zu seinem Vorschlag. Er hebt dabei besonders hervor, dass mit einem Ausbruch der Truppen aus Berlin dem unglaublichen Leid der Bevölkerung ein Ende gesetzt werden könnte. »Mein Führer«, fleht Weidling geradezu, »ich verpflichte mich mit meiner Person dafür, dass Sie gesund und wohlbehalten aus Berlin herauskommen. Dadurch würde der Reichshauptstadt der vernichtende Endkampf erspart.«[50]

Hitler verfällt nach diesem Vortrag in längeres Schweigen. Dann lehnt er ab. Selbst wenn der Durchbruch gelingen sollte, würde er lediglich aus einem »Kessel« in einen anderen geraten. Er, Adolf Hitler, müsse dann entweder unter freiem Himmel oder in einem Bauernhaus oder Ähnlichem hausen und das Ende abwarten. Es sei schon das Beste, wenn er in der Reichskanzlei bleibe. Joseph Goebbels bestärkt Hitler in dieser Entscheidung.[51]

Nachdem sich im Bunker herumgesprochen hat, dass von Wenck keine Hilfe mehr zu erwarten ist und dass Hitler einen Ausbruch definitiv und endgültig abgelehnt hat, verbreitet sich in den Kellern unter der Reichskanzlei regelrechte Weltuntergangsstimmung. Tiefer kann das Stimmungsbarometer nicht sinken. An den »Endsieg« glaubt jetzt keiner mehr, auch nicht daran, dass ein Wunder noch die Rettung bringen könnte. Die Zeit der Illusionen ist vorbei. Das Ende steht buchstäblich vor der Tür. Der südliche Teil der Wilhelmstraße ist mittlerweile in sowjetischer Hand, der nördliche wird nahezu ohne Unterlass beschossen. Martin Bormann notiert pathetisch in sein Tagebuch: »Unsere R[eichs]K[anzlei] wird zum Trümmerhaufen: ›auf des Degens Spitze die Welt jetzt steht‹«![52] Die Tagesmeldung der Wehrmachtsführung beschreibt den Stand der Schlacht um Berlin nüchterner: »In Berlin tobt der fanatische Häuserkampf um das Regierungsviertel weiter. Beiderseits der Potsdamer Straße und Belliance-Platz [sic!] sind heftige Straßenkämpfe im Gange.«[53] Viele der Bunkerinsassen versuchen ihre Angst mit Alkohol zu betäuben. Die besten Weine, Liköre und Delikatessen werden aus den Vorratskammern geholt. Wein und Schnaps fließen »in Strömen«.[54]

Auch dass Hitler und Eva Braun Selbstmord begehen wollen, hat sich gerüchteweise herumgesprochen. Nachdem die letzte Hoffnung auf Rettung geschwunden ist, drehen sich die Gespräche sowohl in Hitlers Teerunde als auch sonst überall im Bunker um den Tod. Dabei geht es vor allem um die »angenehmsten« Methoden zu sterben. Kugel oder Gift, ist die große Frage. Soll man sich erschießen oder auf eine Ampulle mit Blausäure beißen? Fast alle überlegen, wie sie ihrem Leben ein Ende setzen werden, wenn die Sowjets in den Bunker eindringen.[55] Sarkastisch bezeichnen sie ihre unterirdische Behausung als »Leichenschauhaus«.[56]

Neu-Roofen, Hauptquartier des OKW, 23.30 Uhr

Gerade ist Keitel nach seinem frustrierenden Treffen mit General Heinrici am Nachmittag wieder in Neu-Roofen angelangt, als er einen Anruf von ihm erhält. Heinrici teilt Keitel mit, dass er wegen der erneuten Verschlechterung der Lage den weiteren Rückzug seiner Heeresgruppe befohlen habe. Keitel ist über diese erneute Eigenmächtigkeit, die in seinen Augen eine Befehlsverweigerung darstellt, außer sich. Er ist keinem der Argumente Heinricis zugänglich. Ein Wort gibt das andere. Heinrici lehnt es offen ab, seine Soldaten »in einem offensichtlich zwecklosen Festungskampf untergehen zu lassen«, worauf ihm Keitel mit Kriegsgericht droht und auf die Strafe hinweist, welche auf »Verweigerung des Gehorsams vor dem Feinde« steht. Für Heinrici ist damit »das Maß voll«. Er gibt Keitel unmissverständlich zu erkennen, was er von ihm und seinen Anordnungen hält. Daraufhin entbindet Keitel ihn von seinem Kommando und meldet die Absetzung des Oberbefehlshabers der Heeresgruppe Weichsel per Funk an Hitler.[57]

Penzberg, Oberbayern

Mitglieder des Werferregiments 22 und einer Werwolf-Einheit ermordeten »im Namen des Volkes« sechzehn Penzberger Bürger, die sich nach der morgendlichen Erklärung des Reichssenders München, der Krieg in Bayern sei beendet, den sinnlosen Verteidigungsmaßnahmen und Zerstörungen widersetzten. Unter anderem verhinderten sie die Sprengung des nahen Bergwerks und retteten damit den eingefahrenen Bergleuten das Leben.[58]

+++ Die Rote Armee steht vierhundert Meter von der Reichskanzlei entfernt +++ Hanna Reitsch und Ritter von Greim verlassen Berlin +++ Adolf Hitler heiratet Eva Braun +++ Hermann Fegelein wird auf Befehl Hitlers hingerichtet +++ Hitler verfasst sein Testament und beginnt, sich zu verabschieden +++

SONNTAG, 29. APRIL

Berlin-Mitte, Reichskanzlei, Mitternacht
Kurz nach Mitternacht stürmt Hitler in das Krankenzimmer des neu ernannten Feldmarschalls von Greim im Keller der Reichskanzlei. »Nun hat auch Himmler mich verraten«, erzählt er erregt. »Sie beide müssen so schnell wie möglich den Bunker verlassen. Ich habe Nachricht bekommen, dass der Russe im Laufe des Vormittags die Reichskanzlei erstürmen will.« Von Greim, der eigentlich entschlossen war, im Bunker zu bleiben und hier zu sterben, soll umgehend zu Karl Dönitz nach Flensburg fliegen.[1]

Hitler spinnt immer noch Rettungspläne. Reitsch kann kaum glauben, dass er tatsächlich noch mit der Möglichkeit einer Befreiung rechnet. Wenn es gelänge, die Zufahrtsstraßen zur Reichskanzlei zu bombardieren, so fantasiert er, würde das die Rote Armee um mindestens 24 Stunden aufhalten, 24 Stunden, in denen General Wenck bis zur Reichskanzlei vordringen könnte.[2]

Noch einmal hat es ein Pilot geschafft, ein Flugzeug auf der Ost-West-Achse zu landen. Diesmal ist es eine Arado 96, ein zweisitziges Schulungsflugzeug. Als Magda Goebbels von dem Vorhaben hört, beschwört sie Greim und Reitsch unter Tränen, alles zu tun, was Rettung verheißt. Sie gibt der Pilotin außerdem den Abschiedsbrief an ihren Sohn Harald mit, den sie am Vortag geschrieben hat. Wortlos verabschiedet sich Reitsch von den übrigen Bunkerbewohnern. Hitler reicht ihr kurz die Hand: »Gott schütze Sie!« Die Kinder schlafen schon.

Hitlers Luftwaffenadjutant, Oberst von Below, begleitet die beiden nach oben. Dort erwarten sie ein beißender Geruch nach Brand und Schwefel und Kalkstaub, der die Sicht fast unmöglich macht. Der Himmel ist ein einziges gelbrotes Flammenmeer. Mit einem Panzerwagen gelangen Reitsch und Greim bis zur Siegessäule auf der Ost-West-Achse, die im Moment auf einer Länge von vierhundert Metern frei von Granattrichtern ist. Das kann sich jeden Moment ändern. Der Start wird reine Glückssache sein, zumal auch der Pilot, der die Maschine hergeflogen hat, wieder mit zurückwill und das zweisitzige Flugzeug darum mit drei Personen vom Boden abheben muss.

Doch es gelingt. Zwar schießen die Sowjets mit Leuchtspurmunition auf das Flugzeug, aber sie treffen nicht,[3] und gegen 3.00 Uhr landet die Arado auf dem Militärflughafen in Rechlin, der noch immer in deutscher Hand ist.[4] Von dort aus fliegen Reitsch und von Greim auftragsgemäß direkt zu Großadmiral Dönitz in Plön; später am Tag werden sie von dort nach Dobbin zu Keitel reisen.[5] Greim will den Generalfeldmarschall über die Lage in der Reichskanzlei unterrichten und sich mit ihm über das weitere Vorgehen abstimmen, bevor er am nächsten Tag nach Berchtesgaden weiterfliegt und dort den Befehl über die Luftwaffe übernimmt.[6]

Berlin-Mitte, Führerbunker, nach Mitternacht

Im Führerbunker gibt es eine riesige Überraschung. Adolf Hitler heiratet Eva Braun. Immer musste Hitlers Geliebte im Hintergrund bleiben, niemand außerhalb des engsten Kreises um Hitler durfte von ihrer Existenz wissen. Für ihn hat sie ein Leben ohne gesellschaftliche Stellung und der Verleugnung geführt.[7] Trotzdem ist sie zu ihm nach Berlin gekommen und will mit ihm gemeinsam Selbstmord begehen. Die Hochzeit ist Hitlers Dank dafür. Nur ein sehr kleiner Kreis nimmt daran teil, die meisten Bunkerbewohner erfahren erst im Nachhinein davon.

Im Anschluss an das nächtliche Abendessen erscheint ein ahnungsloser Walter Wagner im Führerbunker. Der 38-jährige Pankower Stadtrat für Schulverwaltung und Müllabfuhr, seines Zeichens Gauamtsleiter des Rechtsamtes der Berliner NSDAP, ist in Ermangelung eines ordentlichen Standesbeamten von Goebbels kurzerhand zu einem solchen erklärt worden.[8] Hitler hat verfügt, den Raum, in dem sonst die Lagebesprechungen stattfinden, für die Trauung herzurichten. An die eine Seite des Tisches sind vier Sessel gestellt worden: einer für Hitler, einer für Eva Braun und zwei für die Trauzeugen Goebbels und Bormann. Der Standesbeamte Wagner, angetreten in brauner Parteiuniform,[9] verliest aufgeregt das zweiseitige, maschinengeschriebene Formular:

»Die Erschienenen zu 1 und 2 erklären, dass sie rein arischer Abstammung und mit keiner die Eheschließung ausschließenden Erbkrankheit befallen sind. Sie beantragen mit Rücksicht auf die Kriegsereignisse wegen außerordentlicher Umstände die Kriegstrauung und beantragen weiter, das Aufgebot mündlich entgegenzunehmen und von sämtlichen Fristen Abstand zu nehmen. Den Anträgen wird stattgegeben. Das mündlich abgegebene Aufgebot ist geprüft und für ordnungsgemäß befunden worden.«

Mit zitternder Stimme fährt er fort: »Ich komme nunmehr zum feierlichen Akt der Eheschließung. In Gegenwart der oben genannten Zeugen zu 3 und 4 frage ich Sie, mein Führer Adolf Hitler, ob Sie gewillt sind, die Ehe mit Fräulein Eva Braun einzugehen. In diesem Falle bitte ich Sie, mit ›ja‹ zu antworten. Nunmehr frage ich Sie, Fräulein Eva Braun, ob Sie gewillt sind, die Ehe mit meinem Führer Adolf Hitler einzugehen. In diesem Falle bitte ich auch Sie, mit ›ja‹ zu antworten. Nachdem nunmehr beide Verlobte die Erklärung abgegeben haben, die Ehe einzugehen, erkläre ich die Ehe vor dem Gesetz rechtmäßig für geschlossen.«[10]

Die Heiratsurkunde wird neben Wagner und den Trauzeugen Goebbels und Bormann von Adolf und Eva Hitler unterschrieben. Eva will gewohnheitsmäßig ihren Mädchennamen unter die Urkunde setzen, korrigiert sich aber, nachdem sie zum »B« angesetzt hat, streicht es durch und unterschreibt mit »Eva Hitler«. Damit ist die Zeremonie nach nur wenigen Minuten beendet.

Die Trauzeugen gratulieren, Hitler und seine Frau bitten anschließend zu einem kurzen Umtrunk in Hitlers Wohnraum.[11] Es gibt Sekt, belegte Brote und Tee.[12] Traudl Junge, die nicht zu den geladenen Gästen gehört, ist durch das geschäftige Kommen und Gehen aufgewacht und platzt unversehens herein, als die Gesellschaft – das Ehepaar Goebbels, Axmann, Gerda Christian, Constanze Manziarly und die Generäle Burgdorf und Krebs – gerade zusammenkommt. Hitler tritt ihr entgegen, gibt ihr die Hand und fragt: »Haben Sie sich etwas ausgeruht, Kind?« Als sie verwundert bejaht, fügt er hinzu: »Ich möchte Ihnen nachher etwas diktieren.« Seine Sekretärin fragt sich insgeheim, was es jetzt noch zu schreiben gibt.[13] Als sie sich zurückziehen will, winkt Hitler sie zu sich. »Vielleicht können wir jetzt gleich schreiben, kommen Sie«, sagt er und verlässt das Zimmer.[14] Er geht mit ihr in den Lageraum, in dem kurz zuvor die Trauung stattgefunden hat. Sie setzt sich mit ihrem Stenogrammblock an den großen Tisch und wartet. Hitler steht an seinem gewohnten Platz an der Breitseite des Tisches, stützt beide Hände auf und starrt auf die leere Platte. Schließlich hebt er an: »Mein politisches Testament.«

Teilnahmslos, fast mechanisch beginnt Hitler zu diktieren.[15] Was dabei herauskommt, ist eine beklemmende Ansammlung aus wirren Ausflüchten, Hasstiraden, Durchhalteparolen und Todesverherrlichung: »Seit ich 1914 als Freiwilliger meine bescheidene Kraft im ersten, dem Reich aufgezwungenen Weltkrieg einsetzte, sind nunmehr über dreißig Jahre vergangen. In diesen drei Jahrzehnten haben mich bei all meinem Denken, Handeln und Leben nur die Liebe und Treue zu meinem Volk bewegt. Sie gaben mir die Kraft, schwerste Entschlüsse zu fassen, wie sie bisher noch keinem Sterblichen gestellt worden sind. Ich habe meine Zeit, meine Arbeitskraft und meine Gesundheit in diesen drei Jahrzehnten verbraucht.«

Nicht er habe die Welt in den Zweiten Weltkrieg getrieben; nein, die Nachwelt werde erkennen, dass ihn dafür keine Verantwortung treffe. Vielmehr »wurde [der Krieg] gewollt und angestiftet ausschließlich von jenen internationalen Staatsmännern, die entweder jüdischer Herkunft waren oder für jüdische Interessen arbeiteten [...] Es werden Jahrhunderte vergehen, aber aus den Ruinen unserer Städte und Kunstdenkmäler wird sich der Hass gegen das letzten Endes verantwortliche Volk immer wieder erneuern, dem wir das alles zu verdanken haben: dem internationalen Judentum und seinen Helfern!« Der Völkermord am europäischen Judentum sei das »humanere Mittel« gewesen, diese vermeintliche Kriegsschuld »zu büßen«.

»Nach einem sechsjährigen Kampf, der einst in die Geschichte trotz aller Rückschläge als ruhmvollste und tapferste Bekundung des Lebenswillens eines Volkes eingehen wird, kann ich mich nicht von der Stadt trennen, die die Hauptstadt dieses Reiches ist«, kommt er dann zur Gegenwart. »Ich hatte mich daher entschlossen, in Berlin zu bleiben und dort aus freien Stücken in dem Augenblick den Tod zu wählen, in dem ich glaube, dass der Sitz des Führers und Kanzlers selbst nicht mehr gehalten werden kann. Ich sterbe mit freudigem Herzen [...]

Die Führer der Armeen, der Marine und der Luftwaffe bitte ich, mit äußersten Mitteln den Widerstandsgeist unserer Soldaten im nationalsozialistischen Sinne zu verstärken unter dem besonderen Hinweis darauf, dass auch ich selbst, der Gründer und Schöpfer dieser Bewegung, den Tod dem feigen Absetzen oder gar einer Kapitulation vorgezogen habe. Möge es dereinst zum Ehrbegriff des deutschen Offiziers gehören – so wie dies in unserer Marine schon der Fall ist –, dass die Übergabe einer Landschaft oder einer Stadt unmöglich ist und dass vor allem die Führer hier mit leuchtendem Beispiel voranzugehen haben in treuester Pflichterfüllung bis in den Tod.«[16]

Im »Zweiten Teil des politischen Testaments« regelt Adolf Hitler seine Nachfolge und ernennt eine neue Reichsregierung, »die die Verpflichtung erfüllt, den Krieg mit allen Mitteln fortzusetzen«. »Jetzt verstehe ich überhaupt nichts mehr«, denkt Traudl Junge. »Wenn alles verloren ist, wenn Deutschland vernichtet, der Nationalsozialismus auf ewig tot ist, wenn der Führer selbst keinen anderen Ausweg mehr weiß als Selbstmord, was sollen dann die Männer, die er ernennt, noch tun?«[17]

Hermann Göring und Heinrich Himmler werden vom Diktator aus der Partei und allen Staatsämtern ausgestoßen. Begründung: »Göring und Himmler haben durch geheime Verhandlungen mit dem Feinde, die sie ohne mein Wissen und gegen meinen Willen abhielten, sowie durch den Versuch, entgegen dem Gesetz die Macht im Staate an sich zu reißen, dem Lande und dem gesamten Volk unabsehbaren Schaden zugefügt, gänzlich abgesehen von der Treulosigkeit gegenüber meiner Person.« Seine Gefolgsleute dagegen, die ihm bis zur letzten Stunde auf seinem Zerstörungskurs gefolgt sind, werden für ihre »Treue« belohnt. Karl Dönitz ernennt Hitler zum Reichspräsidenten und Kriegsminister, Joseph Goebbels soll neuer Reichskanzler werden und Martin Bormann Parteiminister.[18]

Hitler beendet sein Diktat mit einem schwülstigen Abgesang: »Obwohl sich [sic!] eine Anzahl dieser Männer, wie Martin Bormann, Dr. Goebbels usw. einschließlich ihrer Frauen, aus freiem Willen zu mir gefunden haben und unter keinen Umständen die Hauptstadt des Reiches verlassen wollten, sondern bereit waren, mit mir hier unterzugehen, muss ich sie doch bitten, meiner Aufforderung zu gehorchen und in diesem Falle das Interesse der Nation über ihr eigenes Gefühl zu stellen. Sie werden mir durch ihre Arbeit und ihre Treue als Gefährten nach dem Tode ebenso nahe stehen, wie ich hoffe, dass mein Geist unter ihnen weilen und sie stets begleiten wird. Mögen sie hart sein, aber niemals ungerecht, mögen sie vor allem nie die Furcht zum Ratgeber ihres Handelns erheben und die Ehre der Nation über alles stellen, was es auf Erden gibt. Mögen sie sich endlich dessen bewusst sein, dass unsere Aufgabe des Ausbaus eines nationalsozialistischen Staates die Arbeit kommender Jahrhunderte darstellt, die jeden Einzelnen verpflichtet, immer dem gemeinsamen Interesse zu dienen und seine eigenen Vorteile demgegenüber zurückzustellen. Von allen Deutschen, allen Nationalsozialisten, Männern und Frauen und allen Soldaten der Wehrmacht verlange ich, dass sie der neuen Regierung und ihrem Präsidenten treu und gehorsam sein werden bis in den Tod. Vor allem verpflichte ich die Führung der Nation und die Gefolgschaft zur peinlichen Einhaltung der Rassegesetze und zum unbarmherzigen Widerstand gegen den Weltvergifter aller Völker, das internationale Judentum.«[19]

Der Diktator schweigt einen kurzen Moment und beginnt dann, sein privates Testament zu diktieren: »Da ich in den Jahren des Kampfes glaubte, es nicht verantworten zu können, eine Ehe zu gründen, habe ich mich nunmehr vor Beendigung dieser irdischen Laufbahn entschlossen, jenes Mädchen zur Frau zu nehmen, das nach langen Jahren treuer Freundschaft aus freiem Willen in die schon fast belagerte Stadt hereinkam, um ihr Schicksal mit dem meinen zu teilen. Sie geht auf ihren Wunsch als meine Gattin mit mir in den Tod. Er wird uns das ersetzen, was meine Arbeit im Dienst meines Volkes uns beiden raubte. Was ich besitze, gehört – soweit es überhaupt von Wert ist – der Partei. Sollte diese nicht mehr existieren, dem Staat, sollte auch der Staat vernichtet werden, ist eine weitere Entscheidung von mir nicht mehr notwendig.«

Nach einigen kleineren, privaten Verfügungen, die Testamentsvollstrecker Martin Bormann regeln soll, endet das Testament: »Ich selbst und meine Gattin wählen, um der Schande des Absetzens oder der Kapitulation zu entgehen, den Tod. Es ist unser Wille, sofort an der Stelle verbrannt zu werden, an der ich den größten Teil meiner täglichen Arbeit im Laufe eines zwölfjährigen Dienstes an meinem Volke geleistet habe.«[20]

»Schreiben Sie mir das gleich, in dreifacher Ausfertigung, und kommen Sie dann zu mir herein«, weist Hitler seine Sekretärin an und kehrt zur Festgesellschaft zurück. Verwundert nimmt Junge zur Kenntnis, dass dieses letzte Schriftstück ihres Dienstherrn offenbar ohne Überarbeitung der Nachwelt erhalten bleiben soll, während sonst jeder Geburtstagsbrief mehrfach verbessert wurde.[21]

Während Traudl Junge tippt, kommt Hitler immer wieder ungeduldig herein und schaut nach, wie weit sie gekommen ist. Ohne ein Wort geht er dann wieder. Plötzlich stürmt Goebbels in den Lagerraum. Sein Gesicht ist kalkweiß, Tränen laufen über seine Wangen. »Der Führer will mir befehlen, Berlin zu verlassen, Frau Junge!«, erzählt er ihr verzweifelt. »Ich soll in der neuen Regierung einen führenden Posten übernehmen. Aber ich kann doch Berlin nicht verlassen und nicht von der Seite des Führers weggehen! Ich bin Gauleiter von Berlin, und hier ist mein Platz. Wenn der Führer tot ist, ist mein Leben sinnlos. Und er sagt mir: ›Goebbels, ich habe das nicht von Ihnen erwartet, dass auch Sie meinem letzten Befehl nicht mehr gehorchen ...‹ So viele Entschlüsse hat der Führer zu spät getroffen, warum diesen einen letzten zu früh?«[22]

Als er sich etwas beruhigt hat, bittet er sie, einen »Zusatz« zu Hitlers Testament aufzunehmen: »Der Führer hat mir den Befehl gegeben, im Falle des Zusammenbruchs der Verteidigung der Reichshauptstadt Berlin zu verlassen und als führendes Mitglied an einer von ihm ernannten Regierung teilzunehmen. Zum erstenmal in meinem Leben muss ich mich kategorisch weigern, einem Befehl des Führers Folge zu leisten. Meine Frau und meine Kinder schließen sich dieser Weigerung an. Im anderen Falle würde ich mir selbst – abgesehen davon, dass wir es aus menschlichen Gründen und solchen der persönlichen Treue niemals über das Herz bringen könnten, den Führer in seiner schwersten Stunde allein zu lassen – für mein ganzes ferneres Leben als ein ehrloser Abtrünnling und gemeiner Schuft vorkommen, der mit der Achtung vor sich selbst auch die Achtung seines Volkes verlöre, die die Voraussetzung eines weiteren Dienstes meiner Person an der Zukunftsgestaltung der Deutschen Nation und des Deutschen Reiches bilden müsste. In dem Delirium von Verrat, das in diesen kritischen Tagen des Krieges den Führer umgibt, muss es wenigstens einige geben, die bedingungslos und bis zum Tode zu ihm halten, auch wenn das einem formalen, sachlich noch so begründeten Befehl, den er in seinem politischen Testament zum Ausdruck bringt, widerspricht. Ich glaube, damit dem deutschen Volk für seine Zukunft den besten Dienst zu erweisen, denn für die kommenden, schweren Zeiten sind Vorbilder noch wichtiger als Männer. Männer werden sich immer finden, die der Nation den Weg ins Freie zeigen. Aber eine Neubildung unseres völkisch-nationalen Lebens wäre unmöglich, wenn sie sich nicht auf der Grundlage klarer und jedem verständlicher Vorbilder entwickelte. Aus diesem Grunde bringe ich mit meiner Frau und im Namen meiner Kinder, die zu jung sind, um sich selbst äußern zu können, die sich aber, wenn sie das nötige Alter dazu besäßen, vorbehaltlos dieser Entscheidung anschließen würden, meinen unverrückbaren Entschluss zum Ausdruck, die Reichshauptstadt, auch wenn sie fällt, nicht zu verlassen und eher an der Seite des Führers ein Leben zu beenden, das für mich persönlich keinen Wert mehr besitzt, wenn ich es nicht im Dienst für den Führer und an seiner Seite zum Einsatz bringen kann.«[23]

Marschall Georgi Konstantinowitsch Shukow, Oberbefehlshaber der 1. Weißrussischen Front

Marschall Konstantin Konstantinowitsch Rokossowski, Oberbefehlshaber der 2. Weißrussischen Front

Traudl Junge tippt die Schriftstücke so schnell sie kann, immer wieder gestört von Bormann, Goebbels und Hitler, die sie zur Eile antreiben. Kurz vor 4.00 Uhr früh hat sie es schließlich geschafft. Das letzte Blatt wird ihr fast aus der Maschine gerissen. Um 4.00 Uhr unterschreibt Hitler seine beiden letzten Willen in dreifacher Ausführung im Lageraum. Das private Testament unterschreiben außerdem von Below, Goebbels und Bormann. Das politische Testament wird von Goebbels, Bormann, Burgdorf und Krebs bezeugt.[24]

Berlin-Mitte, Reichskanzlei, nachts

In der Nacht erteilt Hitler außerdem SS-Obergruppenführer Rattenhuber den Befehl, Hermann Fegelein, den Schwager seiner Frau, zu erschießen. Selbst für die eindimensionalsten Gefolgsleute Hitlers ist das ein Schock. Wilhelm Mohnke, der es abgelehnt hatte, den betrunkenen Fegelein wegen Fahnenflucht zu verurteilen, erfährt am frühen Morgen von Rattenhuber: »Wir haben den Fall hier intern geregelt. Fegelein ist tot. Es war ein Befehl des Führers.« Mohnke ist »entsetzt. [...] Mochte der Mann gewesen sein, was er wollte – er ist umgelegt worden, ohne Gerichtsverfahren und ohne faire Chance. Die moralische und juristi-

Marschall Iwan Stepanowitsch
Konjew, Oberbefehlshaber der
1. Ukrainischen Front

Generaloberst Wassili Iwanowitsch
Tschuikow, Oberbefehlshaber der
8. Sowjetischen Gardearmee

sche Bewertung dieses Vorgangs ist klar.«[25] Freytag von Loringhoven kommt zum selben Urteil: »Welch grausiger, barbarischer Schluss!«[26]

Eva Braun geht nach ihrer Hochzeit mit verweinten Augen durch den Bunker. Vergeblich hat sie versucht, ihren Schwager Hermann vor dem Tod zu bewahren, indem sie an Hitler appellierte, auch an ihre hochschwangere Schwester Gretl zu denken. Aber Hitler bleibt unerbittlich. Da selbst der »treue Heinrich« ihn hintergangen hat, hat Fegeleins Flucht eine andere Bedeutung bekommen. Sie ist nun Teil einer Verschwörung und muss deshalb erbarmungslos geahndet werden.[27] Noch im Morgengrauen soll Fegelein im Garten des Auswärtigen Amtes hingerichtet werden. Als die mit der Vollstreckung des Urteils beauftragten SS-Männer nicht gleich zurückkommen, lässt der Diktator sofort misstrauisch nachfragen, wo das Kommando bleibe. Es stellt sich heraus, dass der Beschuss zu diesem Zeitpunkt so stark ist, dass das Exekutionskommando es nicht wagt, den Bunker zu verlassen. Es ist lebensgefährlich, auch nur den Kopf aus dem Eingang zu stecken.[28]

Berlin-Mitte, Reichskanzlei, 6.00 Uhr

Die Rote Armee tritt zum Generalangriff auf das Zentrum an. Einschlag um Einschlag lässt die Reichskanzlei und die Luftschutzkeller jedes Mal erzittern wie bei einem Erdbeben, und ihre Bewohner erwarten jeden Augenblick den entscheidenden Ansturm der Roten Armee. Die Geräusche des Krieges sind so nah wie nie zuvor. Und es gibt erste Verwundete im engsten Kreis um Hitler. Der Chef des SS-Führerbegleitkommandos, Franz Schädle, hat einen Schuss ins Bein bekommen.[29]

Gerhard Boldt erfährt beim Anziehen von Freytag von Loringhoven, mit dem er sich ein Zimmer teilt, von den Neuigkeiten dieser Nacht: »Du, unser Führer hat heute nacht geheiratet.« Boldt blickt ihn verständnislos an. Obwohl er sich seit einer Woche in den Bunkern unter der Reichskanzlei aufhält, hat Boldt Eva Hitler noch nie gesehen, ja bis zu diesem Zeitpunkt noch nicht einmal von ihrer Existenz gewusst. Boldt macht ein derart überraschtes Gesicht, dass die beiden Generalstabsoffiziere in lautes Lachen ausbrechen. Ihre Heiterkeit wird schnell durch die dröhnende Stimme von General Krebs, ihrem Vorgesetzten, unterbunden: »Sind Sie wahnsinnig geworden, über Ihren obersten Landesherrn so respektlos zu lachen!«[30]

Berlin-Mitte, Reichskanzlei, 8.00 Uhr

Gegen 8.00 Uhr werden drei der jüngeren Männer aus Hitlers Gefolge beauftragt, je eines der drei Exemplare von Hitlers Testamenten aus der eingeschlossenen Stadt zu bringen. Presseadjutant Heinz Lorenz soll sich nach München zum »Braunen Haus« durchschlagen, SS-Standartenführer Wilhelm Zander, Bormanns Adjutant, wird zu Großadmiral Dönitz in Plön geschickt, Major Willi Johannmeier, Hitlers Heeresadjutant, macht sich auf den Weg zu Generalfeldmarschall Schörner in Tschechien.[31]

Berlin-Mitte, Regierungsviertel, 9.00 Uhr

Gegen 9.00 Uhr setzt der orkanartige Beschuss für kurze Zeit aus. Die Rotarmisten greifen mit Panzern und Infanterieeinheiten in der Wilhelmstraße an. Ihr Ziel ist die Reichskanzlei. Am Potsdamer Platz durchbrechen die Sowjets mit Panzern die letzte deutsche Verteidigungslinie. Die Menschen in den Bunkern halten den Atem an. Ist nun der Augenblick gekommen? Auch der Befehlshaber der »Zitadelle«, Wilhelm Mohnke, glaubt: »Jetzt ist es so weit, das ist der Sturmangriff auf die Reichskanzlei.«[32] Teilweise im Nahkampf schießen Mohnke und seine Männer die sowjetischen Panzer ab. 500 Meter vor der Reichs-kanzlei wird der Angriff auf der Wilhelmstraße zum Stehen gebracht.[33] Axmann hört Hitler zu diesem Zeitpunkt sagen: »Ich muss so recht-zeitig aus dem Leben scheiden, dass es noch möglich sein wird, meine Leiche zu verbrennen.«[34]

Der Stadtkommandant von Berlin, General Weidling, wähnt sich an diesem Morgen wieder einmal in einem »Irrenhaus«. Das ganze Viertel um die Reichskanzlei herum – sowohl die Ruinen als auch noch stehende Häuser – ist mit Hakenkreuzfahnen »geschmückt« worden. Weidling bekommt deswegen erregte Anrufe aus der Reichskanzlei: Ob das Regierungsviertel gekennzeichnet worden sei, damit es bei einem bevorstehenden Luftangriff leichter als Ziel auszumachen ist? Sollte hier eine Untergrundbewegung am Werke sein? Nun, die Aktion stellt sich bald als Propagandamaßnahme heraus. Der neu ernannte General Bärenfänger hat die Fahnen in einem Laden in seinem Verteidigungs-abschnitt entdeckt und anbringen lassen. Auf Weidlings irritierte Nach-frage hin erklärt er: »Wir haben in guten Zeiten unter dieser Flagge gekämpft und gesiegt. Warum sollten wir uns schämen, sie jetzt, wo es uns dreckig geht, zu zeigen?« Es bedarf längerer Überzeugungsarbeit, damit Bärenfänger die Fahnen wieder abnehmen lässt.[35]

Berlin, verschiedene Stadtteile, morgens

In Charlottenburg und Wilmersdorf gehört die Anwesenheit sowjeti-scher Soldaten schon fast zum Alltag. Tagsüber und in nüchternem Zu-stand sind die Rotarmisten meist friedlich und wollen in erster Linie unterhalten werden. Sie sind auffallend freundlich zu den Kindern, nehmen sie auf den Schoß und kommunizieren radebrechend mit ihnen. Die Frauen jedoch haben den ganzen Tag über Angst vor der Nacht. Um sich vor weiteren Vergewaltigungen zu schützen, richten sie Wachdienste ein. Sobald sich in der Dunkelheit ein Rotarmist nähert, rufen die »Wachhabenden« laut: »Hallo, ist da jemand?« Das ist das Signal zum Aufstehen für die Frauen, die sich in den Kellern schlafen gelegt haben. Zugleich wird nach sowjetischen Offizieren gerufen, die in der Nähe wohnen und sich bereit erklärt haben, ihnen gegen Über-griffe beizustehen.[36]

Berlin-Mitte, Reichskanzlei und Führerbunker, mittags

Die Kommunikationsmöglichkeiten zwischen den Männern und Frauen im Führerbunker und Hitlers Militärführern werden immer stärker eingeschränkt. Gegen Mittag findet das letzte Funktelefonat zwischen General Jodl im OKW und General Krebs in der Reichskanzlei statt. Jodl hat Krebs erneut nur sehr schlechte Nachrichten übermittelt, die an dem Zusammenbruch an allen Fronten keinen Zweifel mehr lassen. Während des Gesprächs wird der Fesselballon beim OKW, der die Funkverbindung zur Reichskanzlei sicherstellt, abgeschossen. Damit besteht keine direkte Verbindung mehr zwischen Hitlers Bunker und dem OKW.[37]

Für die Generalstabsoffiziere Boldt und Freytag von Loringhoven, die in die Reichskanzlei beordert worden sind, um General Krebs zu unterstützen, gibt es jetzt nichts mehr zu tun. Mit der Unterbrechung der letzten Nachrichtenverbindung zum OKW ist ihre Anwesenheit im Bunker überflüssig geworden. Freytag von Loringhoven gibt seinem Vorgesetzten zu verstehen, dass er nicht die Absicht habe, untätig im Bunker zu bleiben und »zu warten, bis wir alle totgeschlagen« werden. Er und sein Kollege Gerhard Boldt haben sich einen Plan zurechtgelegt, wie sie aus den Katakomben entkommen können. Sie wollen versuchen, sich mit Hitlers Zustimmung in die »Freiheit« zu General Wenck durchzuschlagen. Freytag von Loringhoven bittet General Krebs, Hitler diesen Wunsch vorzutragen. Dritter im Bunde ist Oberstleutnant Weiß, der Adjutant von General Burgdorf. Krebs tut seinen Untergebenen diesen Gefallen und erwähnt am Ende seines Lagevortrags am Mittag fast beiläufig, drei junge Offiziere wollten einen Ausbruch wagen, um sich General Wenck anzuschließen.

Hitler blickt von der Karte auf und starrt wie geistesabwesend vor sich hin. Dann, nach sekundenlangem Schweigen, fragt er: »Wer sind die Offiziere?« Krebs nennt die Namen. Plötzlich sieht Hitler Gerhard Boldt ins Gesicht und fragt: »Wie wollen Sie aus Berlin rauskommen?« Der tritt an den Tisch und erklärt dem Diktator anhand der Karte den Plan. Hitler lässt sich Zeit mit seiner Entscheidung, dann willigt er ein. Die drei Offiziere atmen auf. »Grüßen Sie mir Wenck«, gibt Hitler ihnen mit auf den Weg. »Er soll sich beeilen, sonst ist es zu spät!« General Burgdorf händigt den Offizieren einen Passierschein für die deutschen Linien aus. Draußen im Lagevorraum schütteln sich Boldt, Weiß und Freytag von Loringhoven überglücklich die Hände. Sie haben eine Chance bekommen.[38]

Berlin-Mitte, Führerbunker, mittags

Hitler lässt sich zwar über den Stand der Kämpfe in und um Berlin unterrichten, nimmt aber kaum mehr Anteil am Kriegsgeschehen. Die Reihen im Bunker lichten sich. Auch sein Luftwaffenadjutant, Nicolaus von Below, bittet den Diktator an diesem Mittag um Erlaubnis, den Bunker verlassen und sich nach Westen durchschlagen zu dürfen. Hitler ist auch diesmal einverstanden, merkt nur an, dass nach seiner Meinung ein Ausbruch wohl kaum noch möglich sei. Dennoch: Von Below solle sich nach Schleswig-Holstein zu Großadmiral Dönitz begeben.[39]

Dann lässt Hitler Hans Baur zu sich rufen: »Baur, der Weg nach Westen ist noch frei – marschieren Sie mit zu Wenck, ich brauche Sie hier nicht mehr.« Doch Baur will nicht: »Ich bleibe hier, und es gibt sicherlich für mich auch noch einiges zu tun – so kann ich die Aufgaben des Obersten Below übernehmen!« Hitler willigt ein, Baur hat wieder eine Aufgabe und bleibt.[40]

In die unheilschwangere Stimmung im Bunker platzt die Nachricht von Mussolinis Ermordung. Der »Duce« ist am Vortag von Partisanen erschossen und anschließend zusammen mit seiner Geliebten auf der Piazza Loreto in Mailand mit den Füßen nach oben aufgehängt und zur Schau gestellt worden. Hitler nimmt dies zum Anlass, erneut deutlich zu machen: »Ich will weder tot noch lebendig in die Hand der Feinde fallen. Wenn ich tot bin, soll meine Leiche verbrannt werden und unauffindbar bleiben für alle Zeiten.«[41]

Berlin-Mitte, Reichskanzlei, nachmittags

Die Szenen, die sich im Luftschutzkeller unter der Reichskanzlei abspielen, werden immer gespenstischer. Ernst Günther Schenck beobachtet, wie ein Hauptmann der Luftwaffe abgeführt wird. Den Gerüchten zu Folge ist der Offizier auf der Flucht ergriffen, im Keller der Reichskanzlei vor ein Standgericht gestellt und wegen Feigheit vor dem Feind zum Tode verurteilt worden. Eine brutale Gestalt in braunem Ledermantel und einer Art Tiroler Hut auf dem Kopf – nach Schencks Eindruck ein »Henker« – taucht im Keller auf. Er trägt einen verschlungenen Strick über der linken Schulter und zieht den bleichen, willenlosen Mann, dem Schulterstücke und Kragenspiegel abgerissen worden sind, hinter sich her. Der »Henker« drängt sich und sein Opfer roh durch die Menge, die den Gang füllt, und schiebt den Verurteilten dann die Treppe hinauf, die in den Park führt.[42]

Rochus Misch, der Telefonist des Führerbunkers, erlebt derweil in einem anderen Kellerraum der Reichskanzlei eine bizarre Abschieds-feier. Die Krankenschwestern, die sich hier seit Wochen ununterbro-chen bis zur völligen Erschöpfung um die Verwundeten kümmern, haben den Wunsch geäußert, den Diktator noch einmal zu sehen. Der Chirurg Werner Haase und Magda Goebbels haben diese Bitte an Hit-ler herangetragen, und der kommt tatsächlich. In der kleinen Kantine, die sich in der Nähe des Lazaretts befindet, haben sich dicht gedrängt Frauen, Kinder, Krankenschwestern und Verwundete versammelt, auch Joseph und Magda Goebbels mit ihren sechs Kindern. Ein vielleicht sechzehn Jahre alter Junge beginnt auf einem Akkordeon zu spielen, und alle singen mit: »Die blauen Dragoner, sie reiten / Mit klingendem Spiel durch das Tor / Fanfaren sie begleiten / Hell zu den Hügeln empor.«

Es wird noch gesungen, als Hitler den Raum betritt. Er hält den Kopf gesenkt. Beide Hände halb in den Rocktaschen, geht er nickend an den Schwestern vorüber, bleibt eine halbe Minute stehen, sagt nichts. Den Frauen kommen die Tränen. Niemand findet ein Wort. So unper-sönlich, wie er gekommen ist, verlässt Hitler den Raum wieder. Die Schwestern kehren zurück in die Krankenstation, wo Ernst Günther Schenck nicht aufgehört hat zu operieren.[43] Denn der Strom der Ver-wundeten reißt nicht ab; Schenck und die Schwestern kommen mit der Versorgung nicht mehr nach. Narkose- und Betäubungsmittel sind so knapp geworden, dass der Arzt damit die Schmerzen bestenfalls noch lindern kann. Die chirurgischen Instrumente können, wenn über-haupt, nur noch oberflächlich desinfiziert werden, überall wird impro-visiert. Auch Verbände werden nicht mehr gewechselt; das Verbands-material ist ebenfalls ausgegangen.[44]

Berlin-Mitte, Führerbunker, nachmittags

Hitler verabschiedet sich per Handschlag von seinem obersten Perso-nenschützer, Hans Rattenhuber, und bedankt sich bei ihm für die jah-relang geleistete Arbeit. Er werde jetzt »hier ewige Wache halten«, mur-melt er. Auch Rattenhuber solle jetzt versuchen, so Hitler, sich mit einer Kampfgruppe in die Freiheit durchzuschlagen.[45]

Kurz darauf, gegen 16.00 Uhr, lässt Hitler seine geliebte Schäfer-hündin und ihren Welpen Wolf töten.[46] Sein Misstrauen gegenüber allem und jedem, was aus Himmlers Umfeld stammt, ist grenzen-los: Nicht nur sitzt Dr. Stumpfegger, sein SS-Arzt, bleich, nervös und schweigsam im Bunker, weil Hitler Argwohn gegen ihn hegt, auch der Wirksamkeit des Giftes, das Himmler dem Diktator gegeben hat, traut

»Der Panzerbär« vom 29. April 1945.

er nicht mehr.[47] Darum soll Professor Haase in seinem Auftrag eine der Ampullen an seiner Schäferhündin Blondi ausprobieren. Der Hundeführer, ein Feldwebel namens Fritz Tornow, der Hitlers Hunde abgerichtet hat, reißt Blondi das Maul auf. Haase schiebt mit einer Zange die Ampulle ins Maul der Hündin und zerdrückt sie dort. Himmlers Gift wirkt zuverlässig; das Tier stirbt im selben Augenblick. Wenige Minuten später erscheint Hitler, um sich zu vergewissern, dass Blondi tatsächlich tot ist. Mit unbewegter Miene betrachtet er sie schweigend für etwa eine Minute, dann kehrt er kommentarlos in sein Arbeitszimmer zurück.[48] Wolf wird von Hundeführer Tornow erschossen.[49]

Da die Funkverbindung zum OKW endgültig tot ist, hat Hitler den Vertreter des Oberbefehlshabers der Marine, Vizeadmiral Voß, gebeten, über die Marinefunkstelle im Propagandaministerium bei Dönitz anzufragen, wie sich die militärische Lage außerhalb von Berlin entwickelt hat. Voß funkt daraufhin um 16.15 Uhr an Dönitz: »Jede Außenverbindung mit Heeresstellen abgeschnitten, erbitte dringend über Marinefunkweg Unterrichtung über Schlacht außerhalb Berlins.«[50] Martin Bormann und Wilhelm Burgdorf schicken zwei Kradmelder mit einer Sonderbotschaft an General Wenck: »Wenck, höchste Zeit!«, lautet der knappe Appell an den Oberbefehlshaber der 12. Armee.[51]

Berlin-Mitte, Führerbunker, abends

Gegen 18.00 Uhr verabschiedet sich der Fahrer Erich Kempka von Hitler, der dreizehn Jahre lang sein Dienstherr war. Hitler, wie immer in feldgrauem Rock und schwarzer Hose, wirkt vollkommen ruhig und gefasst. »Wie sieht es bei Ihnen aus, Kempka?«, fragt der Diktator seinen Fuhrparkleiter. »Was denken Ihre Männer?« Auf Kempkas Antwort, dass sie »ausnahmslos eine tadellose Haltung« bewahrten und auf den Entsatz durch General Wenck warteten, entgegnet Hitler ruhig: »Auf Wenck warten wir alle!«[52]

Neu-Roofen, Hauptquartier des OKW, abends

Um 19.00 Uhr muss das Hauptquartier des OKW zum dritten Mal vor der näher kommenden Roten Armee evakuiert werden. Wilhelm Keitel und Alfred Jodl befehlen die Verlegung nach Dobbin in Südmecklenburg und machen sich mit ihren Stäben auf Waldwegen sofort dorthin auf den Weg.[53] Kurz darauf erhält Keitel einen Funkspruch von Bormann und Krebs aus der Reichskanzlei: »Auslandspresse verbreitet neuen Verrat.« Damit ist Himmlers Kapitulationsversuch vom Vortag gemeint. »Der Führer erwartet von Ihnen, dass Sie blitzschnell und stahlhart ohne Unterschied durchgreifen. Von Wenck, Schörner und anderen erwartet der Führer, dass diese ihre Treue zu ihm durch schnellsten Entsatz unter Beweis stellen.«[54]

Die angesprochenen Generäle reagieren sehr zurückhaltend auf die jüngste Forderung aus der Reichskanzlei. Schörner funkt zurück: »Das Hinterland ist komplett desorganisiert. Die Zivilbevölkerung macht das Agieren schwer.« Auch Wencks Antwort macht wenig Mut: »Die Truppen der Armee haben große Verluste erlitten, und es mangelt sehr an Waffen.«[55] Großadmiral Dönitz erhält das Telegramm wegen der eingeschränkten Kommunikationsmöglichkeiten der Reichskanzlei erst am Vormittag des 30. April.

Berlin-Mitte, Führerbunker, später Abend

Helmuth Weidling, der Kampfkommandant von Berlin, fragt sich verzweifelt, wie er Hitler von seinem zerstörerischen Entschluss abbringen kann, Berlin bis zum letzten Mann verteidigen zu wollen. Der Oberbefehlshaber muss doch begreifen, dass auch der tapferste Soldat ohne Munition nicht kämpfen kann! In der abendlichen Lagebesprechung hebt Weidling daher besonders den Munitionsmangel hervor. Vor allem Panzerfäuste fehlen – wie soll man da die Panzer der Roten Armee stoppen? Die ohnehin minimale Versorgung der Truppe aus der Luft ist völlig versiegt. Nach aller Wahrscheinlichkeit, erklärt Weidling, werde die Schlacht um Berlin am Abend des 30. April beendet sein.

Eine lange Pause tritt ein. Schließlich wendet sich Hitler an Wilhelm Mohnke und fragt mit müder Stimme, ob der für seinen Verteidigungsabschnitt »Zitadelle« zur selben Einschätzung komme. Mohnke bestätigt das. Ein letztes Mal versucht Weidling, Hitler zu einem Durchbruchsversuch zu überreden. Doch der hat sich mittlerweile in seinen Tod ergeben und winkt mit Hinweis auf die Lagekarte ab.[56] Als er Weidling verabschieden möchte, bittet der Kampfkommandant eindringlich um eine Entscheidung für den Fall, dass seinen Soldaten endgültig die Munition ausgehe. Nach einer kurzen Unterredung mit General Krebs erklärt Hitler, auch dann könne nur von einem Durchbruch in kleinen Gruppen die Rede sein, weil er – wie zuvor – die Kapitulation Berlins ablehne. Weidling kann gehen.[57]

Im Anschluss an die abendliche Lagebesprechung, um 23.00 Uhr, fragt Adolf Hitler zum letzten Mal nach dem Stand der Entsatzangriffe. Per Funk will er von Alfred Jodl wissen:

»1.) Wo Spitze Wenck?

2.) Wann tritt er an?

3.) Wo 9. Armee?

4.) Wo Gruppe Holste?

5.) Wann tritt er an?«[58]

Nahezu zeitgleich sendet General Wenck einen niederschmetternden Lagebericht an Wilhelm Keitel. Die 12. Armee sei »auf ganzer Front so in Abwehr gedrängt«, heißt es zusammenfassend im Kriegstagebuch, »dass Angriff auf Berlin nicht mehr möglich, zumal auch mit Unterstützung durch Kampfkraft 9. Armee nicht mehr gerechnet werden kann.« Vor diesem Hintergrund erbittet Wenck bei Keitel »sofortige Entscheidung für weitere Kampfführung«.[59] Keitel antwortet, jede Verantwortung scheuend: »Wenn O[ber]B[efehlshaber] 12. Armee in voller Kenntnis seiner heutigen Lage [...] eine Fortführung des Angriffs in Richtung Berlin trotz der hohen moralischen und geschichtlichen Verantwortung, die wir dafür tragen, für undurchführbar hält, sind Maßnahmen zum Durchbruch [...] über die untere Havel nach Norden vorzubereiten. Auffassung hierzu melden. Befehl zur Durchführung erfolgt daraufhin von hier unter Vorlage beim Führer.«[60]

Konzentrationslager Dachau

Das Lager in der Nähe Münchens wird von der 7. Armee der Streitkräfte der Vereinigten Staaten befreit. Die Soldaten finden unter anderem fünfzig Güterwagen mit Hunderten aufeinander geschichteter Leichen von Häftlingen anderer, schon geräumter Lager.[61]

+++ Wilhelm Keitel funkt an Hitler, dass ein Entsatz von Berlin nicht mehr möglich sei +++ General Weidling plant den Ausbruch aus Berlin für diesen Abend +++ Adolf Hitler und Eva Hitler begehen um 15.30 Uhr Selbstmord +++ Ihre Leichen werden verbrannt +++ Karl Dönitz tritt Hitlers Nachfolge an +++

MONTAG, 30. APRIL

Berlin-Mitte, Führerbunker, nach Mitternacht

Adolf Hitler setzt seine Verabschiedungen fort. Auch seinem Diener Heinz Linge bietet er mit den Worten: »Linge, ich möchte Sie jetzt auch gern zu Ihrer Familie gehen lassen« an, sich in Sicherheit zu bringen. Zum ersten Mal, seit er für den Diktator arbeitet, unterbricht ihn Linge und entgegnet: »Mein Führer, ich bin in guten Zeiten bei Ihnen gewesen, und ich werde auch in schlechten Zeiten bei Ihnen bleiben.« Hitler sieht Linge ruhig an und sagt dann nur: »Das habe ich auch nicht anders von Ihnen erwartet.«

Wie oft hat Hitler seinen geplanten Selbstmord jetzt schon bekannt gegeben? Auch Linge muss das über sich ergehen lassen, allerdings wird Hitler hier konkreter: »Ich habe noch einen persönlichen Auftrag an Sie. Für mich gilt heute, was ich jedem Kommandanten einer Festung befohlen habe: bis zum Tode durchzustehen. Dieser Befehl ist auch für mich bindend, da ich mich hier als Kommandant von Berlin fühle. Sie haben Wolldecken in meinem Schlafzimmer bereitzuhalten und genügend Benzin für zwei Einäscherungen bereitzustellen. Ich werde mich hier mit Eva Braun erschießen. Sie werden unsere Leichen in Wolldecken wickeln, nach oben in den Garten tragen und dort verbrennen.« Außerdem soll Linge nach Hitlers Tod all dessen persönliche Sachen beseitigen. Lediglich das Bild Friedrichs des Großen soll nicht vernichtet, sondern aus dem Rahmen genommen und Hans Baur als Geschenk übergeben werden.[1]

Linge ist einen Moment wie gelähmt. »Jawohl, mein Führer«, stottert er und verlässt mit zitternden Knien den Raum. Auf den Schock kippt er erst einmal einige Schnäpse. Als er wieder klar denken kann, fragt er sich beklommen, wie er wohl reagiert hätte, wenn Hitler ihm befohlen hätte, ihn und Eva Braun zu erschießen.[2]

Gegen 1.30 Uhr ruft Hitler seine engsten Mitarbeiter zu sich und hält, fast übertönt vom Brummen der Dieselmotoren, die die Lichtmaschine und die Klimaanlage in Gang halten, eine kurze Abschiedsrede.[3]

Als hätte sich in seinen Gedanken etwas verhakt, erklärt der Diktator ein weiteres Mal, dass er nicht den Russen in die Hände fallen wolle und sich deshalb entschieden habe, sich selbst das Leben zu nehmen. Er bedankt sich bei allen Anwesenden für die ihm geleisteten Dienste, entbindet sie von dem auf ihn geleisteten Eid und fordert sie auf, einen Ausbruch aus dem Bunker zu versuchen, um die amerikanischen oder britischen Linien zu erreichen. Schließlich schüttelt er jedem die Hand, und die Versammlung löst sich auf.[4]

Nach seinem Besuch in der Krankenstation in der Reichskanzlei am Vortag, bei dem er kein Wort gesprochen hat, will Hitler noch einmal die dort arbeitenden Ärzte und Krankenschwestern sehen und bittet sie ebenfalls zu sich. Nachdem diese einige Minuten im Mittelgang des Führerbunkers gewartet haben, kommt Hitler gegen 2.00 Uhr[5] aus seinen Privaträumen und begrüßt alle mit den Worten: »Entschuldigt, dass ich euch noch so spät herausgetrommelt habe.« Ernst Günther Schenck hat Hitler noch nie aus solcher Nähe gesehen. Der Mann, der vor ihm steht, ist nur noch ein Schatten früherer Tage, ist »unvorstellbar tief in sich selbst zurückgefallen«. Schwarze Tränensäcke, tiefe Falten, ein fahles, gelbgraues Gesicht – dieser Mann bedarf keiner ärztlichen Hilfe mehr, konstatiert Schenck. Fast tonlos dankt Hitler dem ärztlichen Personal. Er drückt der ersten Schwester die Hand, geht hölzern einen Schritt weiter zur zweiten. Die reagiert mit einem hysterischen Ausbruch: »Mein Führer – Glaube an den Endsieg – Feinde schließlich vernichten – ein Volk, ein Reich – ewige Treue – wir folgen – Heil.« Hitler steht vor ihr, sieht sie mit leerem Blick an. Haase greift nach ihrem Arm. Da bricht sie weinend, fast schreiend ab. Hitler sagt dumpf, ohne das Wort an jemand zu richten: »Man soll sich seinem Schicksal nicht feige entziehen wollen«, und wendet sich ab. An Haase vorbei, dem er einen Wink gibt, ihn zu begleiten, geht er wieder in seine Räume; der Chirurg folgt ihm.[6]

Traudl Junge, die eine dieser Abschiedsszenen beobachtet, fragt Eva Hitler: »Ist es schon so weit?« »Nein«, bekommt sie zur Antwort. »Sie werden es vorher erfahren. Der Führer wird sich auch von Ihnen verabschieden.«[7] Währenddessen sitzen einige Männer und Frauen aus Hitlers Gefolge an dem großen Tisch im Vorbunker, um bei Wein und Schnaps den 48. Geburtstag[8] von Hans Rattenhuber, dem Chef des Reichssicherheitsdienstes, zu feiern. Obwohl – oder besser: weil – der Tod allgegenwärtig ist im Bunker, klammern sich die Menschen an solche gewöhnlichen und gewohnten Ereignisse. Eva Braun und Traudl

Junge sitzen links und rechts vom Geburtstagskind und trinken einen Schnaps mit ihm. Dabei schwärmen sie von München und Bayern und beklagen, wie traurig es ist, so weit entfernt von ihrer Heimat sterben zu müssen. »Ausgerechnet bei den Preußen«, sagt Rattenhuber, und seine Augen werden feucht.[9] Ernst Günther Schenck und die beiden Krankenschwestern gesellen sich zur Geburtstagsgesellschaft hinzu. Auch für Schenck ist die Existenz von Eva Hitler eine unerwartete Neuigkeit. Noch nie hat er etwas von ihr gehört, geschweige denn von ihrer Beziehung zu Hitler.[10]

Wilhelm Keitel, Dobbin, Hauptquartier des OKW, 2.30 Uhr

Während eines nächtlichen Abendessens überlegen Wilhelm Keitel und Alfred Jodl, was sie auf die letzte Anfrage ihres Obersten Befehlshabers zum Stand der Entsatzangriffe auf Berlin antworten sollen. Schließlich ringen sie sich dazu durch, Hitler die Wahrheit sagen. Kurz vor drei Uhr funken sie ihre Antwort zur Reichskanzlei:

> »Zu 1.) Spitze Wenck liegt südlich Schwielow-See fest.
> Starke Sowjetangriffe in gesamter Ostflanke.
> Zu 2.) 12. Armee kann daher Angriff auf Berlin nicht
> fortsetzen.
> Zu 3.) 9. Armee mit Masse eingeschlossen. Gepanzerte Gruppe
> nach Westen durchgebrochen. Verbleib nicht gemeldet.
> Zu 4.) Korps Holste von Brandenburg über Rathenow
> nach Kremmen in die Abwehr gedrängt.«[11]

Generalfeldmarschall Keitel fügt abschließend hinzu: »Angriffe auf Berlin an keiner Stelle mehr fortgeschritten, nachdem auch gesamte Heeresgruppe Weichsel von nördlich Oranienburg über Brandenburg bis Anklam in schwerem Abwehrkampf. Ich habe durch Frontbesuche Tag und Nacht mit meinen Offizieren das Äußerste aufgeboten, Bedeutung der Aufgabe klar gemacht und letzte Hingabe durchgesetzt [...].«[12]

Berlin-Mitte, Führerbunker, 3.15 Uhr

Martin Bormann funkt mit seinem noch intakten Parteisender über den Gauleiter von Mecklenburg seinen letzten Kampfappell an Groß-admiral Dönitz: »Nach unseren immer klareren Eindrücken treten die Divisionen vom Kampfraum Berlin seit vielen Tagen auf der Stelle, statt Führer herauszuhauen. Wir bekommen nur Nachrichten, die von Teil-haus [Deckname für das OKW, gemeint sind also Keitel und Jodl] kontrolliert, unterdrückt oder gefärbt werden. Wir können im Allgemeinen nur über Teilhaus senden. Führer befiehlt, dass Sie schnellstens und rücksichtslos gegen alle Verräter vorgehen.« Und in einer Nachschrift: »Der Führer lebt und leitet Abwehr Berlin.«[13]

Berlin-Spandau, früher Morgen

Gerhard Boldt und seine beiden Begleiter sind auf ihrer Flucht gerade mal bis zur Pichelsdorfer Brücke in Berlin-Spandau gekommen. Hier liegen beiderseits der Heerstraße nur mit Panzerfäusten und Gewehren bewaffnete Hitlerjungen. Seit mehreren Tagen halten sie die Brücke gegen die mit schweren Waffen und Panzern ausgerüsteten Soldaten der Roten Armee.

Im Laufschritt überqueren die drei Flüchtlinge die Brücke und verschnaufen im Schutz der Straßenböschung auf der anderen Seite. In einem kleinen Waldstück in der Nähe treffen sie in einem Erdbunker auf den Anführer der Hitlerjungen, den Hauptmann der Reserve Ernst Schlünder. »Als vor etwa fünf Tagen die Kämpfe hier begannen«, erzählt der ihnen, »waren es rund 5000 Jungen der Hitler-Jugend und einige Soldaten, die den verzweifelten Kampf gegen die erdrückende Übermacht aufnahmen.« Jetzt sind noch etwa fünfhundert von ihnen kampffähig.[14]

Berlin-Mitte, Führerbunker, 6.00 Uhr

Am frühen Morgen wird Wilhelm Mohnke telefonisch zu Hitler gerufen. Als der Kommandant der Reichskanzlei Hitlers Privaträume betritt, trifft er den Diktator in Pyjama, schwarzem Seidenmorgenrock, schwarzen Lackpantoffeln an. Dessen erste Frage lautet: »Mohnke, wie lange können Sie noch halten?« »24 Stunden, mein Führer, nicht länger.« Die Rote Armee hat den größten Teil des Tiergartens erobert und steht dreihundert Meter von der Reichskanzlei entfernt am Potsdamer Platz. Hitler reagiert auf diesen Bericht mit einem seiner üblichen Monologe: Die westlichen Demokratien seien dekadent, den jungen, unverbrauchten Völkern des Ostens unterlegen, würden ihnen deshalb schließlich auch unterliegen. Wirklich zu interessieren scheint ihn das jedoch nicht mehr. Hitler reicht dem Kampfkommandanten der Reichskanzlei die Hand und verabschiedet ihn mit den Worten: »Alles Gute, ich danke Ihnen, es war nicht nur für Deutschland!« Gegen 6.30 Uhr kehrt Mohnke in seinen Gefechtsstand in der Reichskanzlei zurück.[15]

Wenig später sieht der Telefonist der Reichskanzlei, Rochus Misch,

Hitler einsam durch die Gänge des Führerbunkers gehen. Er macht einen gebrochenen, ausgebrannten und verlorenen Eindruck auf ihn. Es ist ungewöhnlich still im Bunker, da das Gelände der Reichskanzlei ausnahmsweise nicht unter Beschuss liegt – nur das leise Surren der Ventilatoren ist zu hören. Misch empfindet die Szene als bedrückend, ja unheimlich und zieht sich in seine kleine Telefonzentrale neben dem Maschinenraum zurück, bevor Hitler auf ihn aufmerksam werden kann.[16]

Berlin-Mitte, Lazarett in der Reichskanzlei, morgens

Ernst Günther Schenck ist gerade dabei, einen Oberschenkel zu amputieren, und bemüht, die Arterien zu finden und abzuklemmen. Zuvor hat er mit dem großen Amputationsmesser einen riesigen Schnitt rund um den Oberschenkel gemacht und dann den freiliegenden Knochen durchgesägt. Ein Helfer hält den verbleibenden und nahe der Leiste mit einer Gummibinde abgeschnürten Stumpf senkrecht hoch. Vorsichtig lässt Schenck die Binde lockern und beobachtet gespannt, wie das Blut wieder einströmt. Nirgendwo beginnt Blut zu sickern oder eine Arterie zu spritzen. Befriedigt greift der Arzt nach der Knochenzange und »knabbert« vom Rand des Oberschenkelknochenrestes scharfe Kanten und kleine Späne ab, dann schiebt er den Hautsack über Fleisch und Knochen. Der Operateur fixiert die Haut mit einigen großen Nähten, um dem Wundsekret Abflussmöglichkeiten offen zu halten, und verbindet mit kläglichen Resten des schon benutzten und oberflächlich gereinigten Verbandsmaterials.

Bleich, blass, übernächtigt, elend und völlig erschöpft hat sich unterdessen der zweite Arzt, Professor Haase, durch die Menschenmenge bis in den Operationssaal gedrängt, steht hinter Schenck und sieht ihm einen Augenblick zu. Dann flüstert er seinem Kollegen ins Ohr: »Heute um 15.00 Uhr wird der Führer aus dem Leben scheiden.«[17]

Berlin-Wilmersdorf, morgens

Viele Berliner haben in den besetzten Stadtteilen als Zeichen der Unterwerfung weiße Fahnen aus ihren Fenstern gehängt. Manche trauen sich nach tagelangem Kellerdasein zum ersten Mal wieder ans Licht. Was sie zu sehen bekommen, ist schrecklich: Bombentrichter, umgestürzte Bäume, verstümmelte Leichen auf den Straßen. Geschäfte, in denen noch Waren sind, werden geplündert, in erster Linie von Deutschen, seltener von den sowjetischen Soldaten. Frauen schlagen und kratzen sich im Kampf um die überlebenswichtige Beute – die dann dabei schon mal verschüttet wird. Zentnerweise werden die Waren weggeschleppt, auch das Inventar der Läden. Es gibt kein Halten mehr.[18] Wehe, ein Ochse, der mit der flüchtenden Landbevölkerung in die Stadt gekommen ist, bleibt ohne Aufsicht. Er wird sofort in einen Hinterhof gezerrt und mit einem Schuss in den Kopf getötet. Kaum geht er zu Boden, wird er mit Küchenmessern zerteilt. Und plötzlich sammelt sich um den toten Ochsen eine lärmende Menge. Frauen, Männer, Kinder kommen mit Eimern, Fässern und Wannen aus den Kellern gelaufen, um wenigstens einen Fleischfetzen abzubekommen. Der Hunger treibt die Menschen zu wütenden Auseinandersetzungen um den letzten Rest des Tieres.[19]

Während um das Regierungsviertel noch gekämpft wird, beginnen in den besetzten Stadtteilen die ersten Aufräumarbeiten. Als Hertha von Gebhardt am Breitenbachplatz in Wilmersdorf vorbeikommt, wird sie zusammen mit anderen Berlinerinnen von sowjetischen Soldaten angehalten und verpflichtet, den Platz sauber zu fegen. Die Frauen reißen Zweige von einer Pappel und benutzen sie als Besen. Das gehört jetzt zum Alltag. Wer sich auf die Straße wagt, wird von den Siegern überall zu Arbeiten herangezogen: Panzersperren abbauen, Schutt aufräumen, Straßen fegen.[20] Allerdings haben auch mit dem Aufbau einer neuen Ordnung die massenhaften Vergewaltigungen durch die Rote Armee noch lange kein Ende. Eine Bekannte von Hertha von Gebhardt wird am Breitenbachplatz in den Keller eines Lebensmittelladens gezerrt. Zum »Dank« schenkt ihr der Rotarmist den Inhalt des Ladens: diverse kostbare Lebensmittel, unter anderem eine große Rinderkeule und eine Riesenschüssel Marmelade. Die Frau und ihre Bekannten beschließen, mit diesen Schätzen Gemeinschaftsküche zu machen. Jeder gibt zum Fleisch, was er hat, seien es Nudeln oder Fett. Zum Preis »dreimalige[r] Bereitschaft einer Frau zum Beischlaf« – wie Hertha von Gebhardt es ausdrückt – ergibt die Keule »zwei herrliche Mahlzeiten«, dazu »Riesenknochen zum Auskochen«.[21]

Berlin-Mitte, Führerbunker, morgens

Um 8.00 Uhr setzt wieder gezielter, schwerer Artilleriebeschuss auf die Reichskanzlei ein. Das Ende liegt in der Luft. Die Wachen in der Reichskanzlei, an den Bunkereingängen und in den Gasschleusen des Bunkers werden verstärkt und mit Maschinenpistolen und Handgranaten ausgerüstet. Die Bunkerkorridore werden durch SS-Wachen abgeriegelt.

Niemand weiß, wie er Eva Braun nach der Hochzeit mit Hitler jetzt anreden soll. Die Adjutanten und Ordonnanzen stottern verlegen, wenn sie das »gnädige Fräulein« ansprechen müssen. »Sie können mich ruhig Frau Hitler nennen«, hilft ihnen Eva Hitler lächelnd aus der Verlegenheit. Kurz darauf bittet sie Traudl Junge in ihren Bunkerraum. Während sie sich über Belangloses unterhalten, um sich abzulenken, öffnet sie plötzlich ihren Schrank und nimmt ihren Silberfuchsmantel heraus. »Frau Junge, ich möchte Ihnen diesen Mantel zum Abschied schenken. Ich habe immer so gerne gut angezogene Damen um mich gehabt, jetzt sollen Sie ihn haben und sich daran freuen.« Traudl Junge dankt ihr herzlich und gerührt. Sie freut sich tatsächlich über das Geschenk, obwohl sie nicht weiß, ob sie jemals Gelegenheit haben wird, den Mantel zu tragen.[22]

Plön in Schleswig-Holstein, Hauptquartier von Großadmiral Dönitz, vormittags

Karl Dönitz erhält an diesem Morgen mit einiger Verspätung das Telegramm, das Martin Bormann und Hans Krebs am Vortag zum »Fall Himmler« aus der Reichskanzlei gesendet haben. Dönitz fragt sich irritiert, wie er gegen Himmler, der noch über erhebliche SS-Truppen verfügt, »blitzschnell und stahlhart«, wie im Funkspruch gefordert, vorgehen soll. Die Kriegsmarine ist mit allen Schiffen auf See im Einsatz oder kämpft mit ihren Marinedivisionen und -bataillonen an der Front. Dönitz entscheidet sich, Himmler stattdessen um ein Treffen zu bitten, und verabredet sich mit dem Reichsführer SS in einer Polizeikaserne in Lübeck. Als der Großadmiral dort eintrifft, hat er den Eindruck, als seien alle erreichbaren hohen SS-Führer in der Kaserne versammelt. Himmler, der Dönitz warten lässt, scheint sich bereits als neues Staatsoberhaupt zu fühlen. Als der Großadmiral ihn fragt, ob es zutreffe, dass er über den Grafen Bernadotte Verbindung zu den Alliierten gesucht habe, streitet Himmler das ab.[23]

Berlin-Tiergarten, Bendlerblock, 10.00 Uhr

Nachdem Weidling am Vorabend bei der letzten Lagebesprechung im Führerbunker erneut mit seinen Durchbruchsvorschlägen auf taube Ohren gestoßen ist, ringt er sich dazu durch, auch ohne Hitlers Zustimmung mit seinen Männern einen Ausbruch aus Berlin Richtung Westen zu wagen. Jeder Tag des Widerstandes innerhalb der Stadt verlängert die Leiden der Zivilbevölkerung. Weidling ruft seine Divisionskommandeure zu sich, schildert ihnen noch einmal die Lage und die Gründe für seinen Entschluss und bekommt von ihnen Unterstützung, obwohl sich alle über die Risiken im Klaren sind. Sie einigen sich darauf, an diesem Abend um 22.00 Uhr den Durchbruch zu versuchen.[24]

Berlin-Mitte, Führerbunker, Reichskanzlei, mittags

Otto Günsche, Hitlers SS-Adjutant, trifft mittags im Lagevorraum auf Reichsleiter Bormann und erfährt von ihm, dass Hitlers lange angekündigter Selbstmord unmittelbar bevorstehe: »In ein paar Stunden wird der Führer aus dem Leben scheiden. Sie wissen, es ist sein Wunsch, sofort verbrannt zu werden. Bitte treffen Sie die notwendigen Vorbereitungen.« Kurz darauf tritt Hitler aus dem Lageraum: »Ich möchte nicht, dass meine Leiche von den Russen in einem Panoptikum ausgestellt wird. Günsche, ich verpflichte Sie noch einmal ausdrücklich, unter allen Umständen dafür zu sorgen, dass so etwas nicht geschehen kann.« Darauf Günsche: »Mein Führer, das ist zwar ein schrecklicher Befehl, aber ich werde ihn ausführen.«[25] Der SS-Adjutant weiß nicht, dass Hitler mehreren seiner Mitarbeiter, unter anderen Baur und Linge, ebenfalls befohlen hat, seine Leiche und die seiner Frau restlos zu beseitigen.

Günsche ruft sofort Erich Kempka an, den Leiter des Fuhrparks: »Erich, ich brauche unbedingt etwas zu trinken. Hast du nicht eine Flasche Schnaps?« Kempka ist überrascht. Schon drängt Günsche weiter: »Hast du nicht irgendetwas drüben?« Verwundert fragt sich Kempka, was im Führerbunker wohl los ist. Da kündigt Günsche bereits an, zu Kempka in den unterirdischen Garagenkomplex zu kommen. Der Fuhrparkleiter stellt eine Flasche Kognak bereit. Aber er wartet vergeblich.

Nach einer halben Stunde, es ist 13.30 Uhr,[26] klingelt das Telefon von neuem. Wieder meldet sich Günsche. Mit vor Erregung heiserer Stimme verlangt er: »Ich muss sofort zweihundert Liter Benzin von dir haben!« Kempka hält das zunächst für einen schlechten Scherz und versucht Günsche klar zu machen, dass er diese Forderung unmöglich erfüllen kann. Doch Günsche setzt lautstark nach: »Benzin – Erich – Benzin!« »Ja, wozu brauchst du denn bloß zweihundert Liter Benzin …?« Günsche: »Kann ich dir am Telefon nicht sagen. Aber ich muss es haben, hörst du, Erich. Ich muss es sofort hier im Führerbunkerausgang haben, und wenn du die ganze Welt auf den Kopf stellst.« So viel Benzin kann Kempka nur aus einem Lager im Tiergarten beschaffen.

Dort liegen noch mehrere tausend Liter Treibstoff vergraben. Doch der Weg ist extrem gefährlich. Kempka bittet Günsche deshalb: »Warte wenigstens bis um 17.00 Uhr, denn um diese Zeit wird die Beschießung im Allgemeinen wesentlich geringer. So lange wirst du schon damit Zeit haben.« Doch Günsche ist für kein Argument zugänglich: »Ich kann nicht eine einzige Stunde mehr warten. Versuche, was du aus den Benzintanks deiner zusammengeschossenen Wagen noch herausholen kannst. Schicke deine Männer mit den Kanistern sofort zum Ausgang des Führerbunkers und komme dann sogleich hierher!« Damit hängt Günsche auf.

Notgedrungen lässt Kempka die Tanks der Wagen in seinem Fuhrpark auspumpen. Diese sind durch eingestürzte Betondecken teilweise verschüttet und so beschädigt worden, dass sie ohnehin nicht mehr fahrbereit sind. Kempka selbst macht sich über Trümmer und zerstörte Fahrzeuge hinweg auf den Weg zu Günsche. Er will endlich wissen, was los ist.[27] Kempkas Stellvertreter, Karl Schneider, bringt mit vier Mann acht Kanister Benzin zum Führerbunker und lässt sie auf der Treppe zum Garten der Reichskanzlei deponieren. Auch einige Fackeln, um die Günsche gebeten hat, werden vom SS-Hauptsturmführer Schneider mitgeliefert.[28]

Eva Hitler geht währenddessen mit Gerda Christian noch einmal für einige Minuten in den Garten der Reichskanzlei. Der Beschuss hat für einen Moment ausgesetzt. Als sie sich wieder in den Bunker begeben, verabschiedet sich Eva Hitler von SS-Untersturmführer Hans Hofbeck, der an diesem Tag an der schweren Eisentür des Bunkerausgangs Dienst tut. Sie bittet ihn, ihren Eltern auszurichten, dass sie sie nie vergessen habe.[29]

Berlin-Mitte, Lazarett in der Reichskanzlei, mittags

Ernst Günther Schenck beugt sich gerade über einen aufgerissenen Menschenleib und bemüht sich, ein Knäuel geblähter Eingeweide, das herausgetreten ist, wieder in den Bauchraum zu verlagern, nachdem er einen Darmriss übernäht hat. Der Verletzte liegt in tiefem Schock, mit aufgerissenen Augen starrt er zur Decke und stöhnt jedes Mal leise, wenn Schenck stärker zugreifen und die Wunde dehnen muss. Eine Schwester steht mit der Narkosemaske daneben und wartet auf die Anweisung, die volle Betäubung zu geben. Doch Schenck und seine Helferinnen müssen mit Äther sparen; die Vorräte sind aufgebraucht. Nur, wenn es nicht mehr anders geht, legt die Narkoseschwester die gazeumhüllte Maske über Nase und Mund des Verletzten und gibt, langsam die Tropfen zählend, das Narkosemittel darauf. Ein hoher Haufen verschmutzter Wäschestücke liegt in einer Ecke des Operationsraumes. Man hat Verwundete darauf gebettet, aber immer wieder greift einer der Helfer hinein, sucht unter den blutbeschmierten Tüchern das am wenigsten blutige heraus und verwendet es als Verband oder Hülle. Die Operationsmäntel des Chirurgen und der Schwestern können nicht mehr gewechselt werden; sie sind steif durch geronnenes, sich langsam braun färbendes Blut. Die Mundtücher sind von Atem und Schweiß nass, die Kappen und Hauben ebenfalls. Blut ist auch auf Schencks Brille gespritzt. Er ist völlig durchgeschwitzt und so erschöpft, dass es vor seinen Augen flimmert. Nichts wünscht er sich sehnlicher, als aufhören und sich hinlegen zu können. Doch immer wieder muss er dem Nächsten zuflüstern: »Dich kriegen wir schon wieder hin – nur durchhalten, aushalten.«[30]

Berlin-Mitte, Führerbunker, nachmittags

Das letzte Mittagessen seines Lebens nimmt Adolf Hitler um 13.00 Uhr mit seinen Sekretärinnen Traudl Junge und Gerda Christian sowie der Diätköchin Constanze Manziarly ein. Seine Frau ist bei der Henkersmahlzeit nicht dabei. Der Diener Erwin Jakubeck trägt die Speisen und Getränke aus der Küche in den Vorraum vor Hitlers Arbeitszimmer. Dort bedient Heinz Linge die Mittagsgesellschaft. Es gibt Spaghetti. Hitler wirkt gefasst, über seinen Tod wird nicht gesprochen.[31]

Aber er hält einen letzten Monolog. Hitler macht sich Gedanken über seine historische Wirkung. Die Nachwelt, erkennt er nicht ohne Realismus, werde an ihm kein gutes Haar lassen. Der Feind werde seinen Triumph auskosten, das deutsche Volk einer sehr schweren Zeit entgegengehen. Seine Mitarbeiter würden bald »so manches erfahren«, was sie »jetzt noch nicht« wüssten – damit spielt er auf das System der Konzentrationslager und den Völkermord am europäischen Judentum an. Er aber vertraue »auf die spätere Geschichtsschreibung«, die ihn bestimmt »gerecht behandeln« werde.

Gegen 14.00 Uhr endet das Mittagessen, und nun folgt neunzig Minuten lang ein ununterbrochener Reigen von Verabschiedungen. Eva Hitler drückt Heinz Linge ein letztes Mal die Hand. Bleich, übernächtigt, jedoch »betont auf Fassung bedacht«, bedankt sie sich bei ihm »für alles, was Sie für den Führer getan haben«. Wehmütig bittet sie Linge am Schluss: »Sollten Sie meiner Schwester Gretl später einmal begegnen, erzählen Sie ihr nicht, wie ihr Mann, Hermann Fegelein, ums Leben kam.«[32] Kurz darauf verabschiedet sich Hitler in Linges Begleitung im Lagevorraum von Joseph Goebbels, der ein letztes Mal versucht, ihn umzustimmen. Nach einem kurzen Wortwechsel, in dem Hitler seinerseits Goebbels nahe legt, mit seiner Familie die Stadt zu verlassen – was dieser empört von sich weist –, reicht Hitler ihm die Hand und zieht sich dann, gestützt auf Linge, in sein Arbeitszimmer zurück.[33] Dort verabschiedet er sich kurz darauf unter vier Augen auch von Magda Goebbels, die »um ein persönliches Gespräch mit dem Führer« gebeten hatte.[34]

Dann ist die Reihe an seinen beiden Piloten Hans Baur und Georg Betz. Baur hat kaum Hitlers Bunkerraum betreten, als der Diktator sofort auf ihn zukommt, mit beiden Händen nach ihm greift und sagt: »Baur, ich möchte mich von Ihnen verabschieden!« Der entgegnet erregt: »Sie wollen doch nicht Schluss machen?« Daraufhin Hitler: »Es ist leider so weit. Meine Generale haben mich verraten und verkauft, meine Soldaten wollen nicht mehr, und ich kann nicht mehr!« Es seien noch Maschinen da, beschwört Baur den Chef, mit denen er nach Argentinien, Japan oder nach Ägypten fliehen könne, um unterzutauchen. Hitler antwortet darauf so stereotyp wie in den letzten Tagen: »Ich habe noch zwei Möglichkeiten: Ich könnte in die Berge gehen oder zu Dönitz nach Flensburg. Vierzehn Tage später aber wäre ich genau so weit wie heute, ich stände vor der gleichen Alternative. Der Krieg geht mit Berlin zu Ende, ich stehe und falle mit Berlin. Man muss den Mut haben, die Konsequenzen zu ziehen – ich mache Schluss! Ich weiß, morgen schon werden mich Millionen Menschen verfluchen – das Schicksal wollte es nicht anders. Die Russen wissen genau, dass ich noch hier im Bunker bin, und ich befürchte, dass sie mit Gas schießen. Wir haben im Laufe des Krieges ein Gas hergestellt, das die Menschen 24 Stunden betäubt. Durch unseren Nachrichtendienst haben wir in Erfahrung gebracht, dass auch die Russen dieses Gas besitzen. Es wäre nicht auszudenken, wenn sie mich lebendig in die Hände bekämen. Es sind hier wohl Gasschleusen eingebaut, aber wer mag ihnen trauen? Ich jedenfalls nicht – so mache ich heute Schluss!« Hitler bedankt sich bei beiden und schenkt Baur schließlich das Porträt Friedrichs des Großen, das über seinem Schreibtisch hängt. Und er verlangt auch ihm ab, für die Verbrennung seiner Leiche und der seiner Frau zu sorgen. Außerdem möge er Martin Bormann zu Dönitz fliegen: »Bormann hat eine Anzahl Aufträge von mir, die Dönitz übermittelt werden sollen. Sehen Sie

Der Reichstag in Schutt und Asche: Nach dem tagelangen, heftigen Artilleriebeschuss sind von der Berliner Stadtmitte nur noch Trümmer übrig.

zu, dass Sie hier herauskommen. Es ist sehr wichtig, dass Bormann Dönitz erreicht.« Hitler entlässt Baur und Betz so, wie er sich von allen Mitarbeitern verabschiedet, mit einem Handschlag. Als Baur den Raum verlassen will, tritt Hitler noch einmal auf ihn zu, ergreift ihn wie beim Eintreten mit beiden Händen und sagt: »Baur, man müsste mir auf meinen Grabstein setzen: ›Er war das Opfer seiner Generale!‹«[35]

An der Tür zu Hitlers Arbeitszimmer stehend, bittet nun auch Heinz Linge um seine Verabschiedung. Dem Diener schnürt die Beklemmung die Kehle zu, als er daran denkt, dass er bald seinen letzten Auftrag auszuführen hat: die Verbrennung der Leichen. Zum letzten Mal mustert Linge den Diktator, dem er mehr als ein Jahrzehnt ergeben gedient hat. Gebückt steht Hitler da. Die Haarlocke fällt ihm in die fahl gewordene Stirn. Das Haar ist grau, die Augen blicken müde. Äußerlich gelassen und mit ruhiger Stimme, als würde er Linge nur in den Garten schicken, um etwas zu holen, sagt Hitler: »Linge, ich werde mich jetzt erschießen. Sie wissen, was Sie zu tun haben. Ich habe den Befehl zum Ausbruch gegeben. Schließen Sie sich einer der Gruppen an und versuchen Sie, nach dem Westen durchzukommen.« Als Linge resignierend fragt, für wen er sich denn durchschlagen soll, entgegnet Hitler: »Für den kommenden Mann!« Er reicht ihm die Hand, und Linge nimmt Haltung an, versichert Hitler seiner »Treue auch über den Tod hinaus« und hebt die Hand zum »deutschen Gruß.« Hitler tut es ihm gleich und hebt seinerseits zum letzten Mal in seinem Leben den rechten Arm zum »Hitlergruß«. Linge macht auf dem Absatz kehrt, schließt die Tür hinter sich zu und geht in den Vorbunker zu den Männern des Begleitkommandos. Dort warten im Vorraum zur Telefonzentrale bereits Peter Högl, Franz Schädle, Ewald Lindloff und Hans Reisser auf Otto Günsche.[36] Hitlers SS-Adjutant hat sie gebeten, ihm beim bevorstehenden Transport der Leichen in den Garten der Reichskanzlei behilflich zu sein. Außerdem hat Günsche den Führerbunker für alle Personen, die nicht zum engeren Umfeld Hitlers gehören, sperren lassen. Die Posten, die am Gartenausgang und an der Treppe zum Vorbunker Wache halten, sind von ihm angewiesen worden, niemanden mehr hereinzulassen.[37]

Schließlich bitten Günsche und Linge Hitlers engste Mitarbeiter in den Mittelgang des Führerbunkers: Constanze Manziarly, Gerda Christian, Traudl Junge, die Generäle Burgdorf und Krebs sowie Martin Bormann. Traudl Junge registriert den Abschied von ihrem Arbeitgeber nur undeutlich. Langsam und gebeugter denn je tritt Hitler aus seinem Zimmer und reicht jeder der Frauen die Hand. Als er Traudl Junge seine Rechte gibt, sieht er seine Sekretärin zwar an, nimmt sie aber nach ihrer Einschätzung nicht wahr, scheint ganz weit weg zu sein. Er sagt etwas zu ihr, aber sie hört es nicht, versteht seine letzten Worte nicht. Als der Moment gekommen ist, auf den alle im Bunker schon seit Tagen warten, ist sie wie erstarrt. Erst als Eva Hitler auf sie zukommt und sie umarmt, löst sich der Bann etwas. »Bitte, versuchen Sie doch, rauszukommen, vielleicht können Sie noch durch. Dann grüßen Sie mir Bayern«, sagt Eva Hitler lächelnd, ein Schluchzen in der Stimme unterdrückend. Sie trägt das Lieblingskleid ihres Mannes, ihr Haar ist frisch gewaschen und frisiert. Sie umarmt auch die anderen langjährigen Mitarbeiterinnen ihres Mannes, die in den letzten Wochen ihre Weggefährtinnen waren, und gibt ihnen außerdem die Hand.[38] Dann kehren Eva und Adolf Hitler in ihre Bunkerräume zurück, die schwere Eisentür zum Lagevorraum schließt sich hinter ihnen.

Kurz darauf taucht Magda Goebbels in Tränen aufgelöst und äußerst erregt im Lagevorraum auf und bittet den dort Wache stehenden Hünen Günsche, sie noch einmal zu Hitler zu lassen. Der erklärt ihr, Hitler wolle nicht mehr gestört werden, lässt sich aber doch erweichen und klopft an die Tür von Hitlers Wohnzimmer. Der Diktator öffnet und fragte Günsche barsch: »Was wollen Sie?« Günsche: »Kann Frau Goebbels Sie noch einmal sprechen?« Hitler: »Nein, ich will nicht mehr mit ihr reden.« Doch in diesem Moment drängt sich Magda Goebbels an Günsche vorbei in Hitlers Zimmer. Auch sie beschwört Hitler – wie kurz zuvor ihr Mann und Hans Baur –, aus Berlin zu fliehen und sich in Sicherheit zu bringen. Dann, so mag ihre Hoffnung gewesen sein, hätte auch sie mit ihren Kindern noch eine Chance bekommen. Aber Hitler unterbindet ihren Vorstoß abrupt und sichtlich ungehalten mit einem kategorischen »Nein«. Magda Goebbels zieht sich weinend zurück.[39]

Artur Axmann kommt dagegen zu spät, um Adolf Hitler noch einmal lebend zu sehen. Günsche hat sich bereits vor dem Eingang zu Hitlers Privaträumen postiert und lässt Axmann wissen, Hitler habe ihm befohlen, niemanden mehr einzulassen.[40]

Gegen 15.30 Uhr trifft Traudl Junge auf der Treppe, die zum Vorbunker führt, auf die Goebbels-Kinder. Seit Stunden hat sich niemand um sie gekümmert; also haben sie sich allein auf den Weg gemacht, um ihre Eltern, »Tante Eva« und »Onkel Führer« zu suchen. Junge nimmt sich ihrer an. »Kommt zu mir, Kinder, ich gebe euch etwas zu essen. Die Erwachsenen haben heute so viel zu tun, dass sie gar keine Zeit haben für euch«, versucht sie, ihre eigene Erregung zu überspielen. Sie holt ein Glas Kirschen und macht schnell ein paar Butterbrote für die Kinder. Plötzlich kracht laut ein Schuss. »Aber das war ein Volltreffer«, ruft Helmut Goebbels. Traudl Junge ist überzeugt: »Jetzt ist der Führer tot.«[41]

Da Linge annimmt, dass Hitler seinem Leben augenblicklich ein Ende setzen wird, kehrt er bald wieder zurück in den Führerbunker. Er öffnet die Tür zu Hitlers Räumen – Günsche, der davor Wache gestanden hat, ist kurz zu den Männern in der Telefonzentrale gegangen –, tritt in den Vorraum und nimmt den Geruch von Pulver wahr. Er schließt daraus, dass Hitler bereits Selbstmord verübt hat und tot ist. Allein will er den Raum nicht betreten, also geht er in den Lageraum, wo Bormann, Goebbels, Krebs, Burgdorf und Naumann gespannt warten. Linge sagt zu Bormann, der am Tisch steht: »Herr Reichsleiter, es ist passiert!« Bormann begleitet Linge in Hitlers Räume.[42] Linge geht vor, öffnet kurz nach 15.30 Uhr erst die Tür zum Vorraum, dann die zu Hitlers Arbeits- und Wohnraum. Als der Reichsleiter in den kleinen Bunkerraum tritt, der Hitler als Arbeitsraum gedient hat, wird er kreidebleich und starrt Linge hilflos und fragend an.[43] Günsche, der gesehen hat, wie Linge und Bormann in Hitlers Räume gegangen sind, folgt den beiden und betritt als Dritter das kleine Zimmer.[44]

Dort finden sie die Leichen von Adolf und Eva Hitler in sitzender Stellung auf dem Sofa, das an der Wand gegenüber der Eingangstür steht. Hitlers Leichnam liegt, von der Tür aus gesehen, in der linken Ecke des Sofas.[45] Sein Kopf ist nach rechts und etwas nach vorne geneigt. Der tote Diktator ist wie gewöhnlich mit grauem Uniformrock, an den sein goldenes Parteiabzeichen und sein Eisernes Kreuz geheftet sind,[46] schwarzer, langer Hose, schwarzen Socken und schwarzen Halbschuhen bekleidet. An seiner rechten Schläfe ist ein kreisrunder, dunkler Fleck von der Größe eines Zehnpfennigstücks zu sehen, von dem eine streifenförmige Blutspur bis zur Mitte der Wange läuft. Unmittelbar neben dem Sofa hat sich eine Blutlache von der Größe eines mittleren Tellers gebildet. Links und rechts, in der Nähe seiner Fußspitzen, liegen seine beiden Pistolen mit den Kalibern 7,65 mm und 6,35 mm. Hitlers Augen stehen offen, er hat sich erschossen.[47]

Die Leiche Eva Hitlers befindet sich 30 cm weiter rechts. Ihre Beine liegen nach links gerichtet auf dem Sofa. Ihr Oberkörper lehnt an der Rückenlehne, der Kopf ist aufgerichtet. Auch ihre Augen sind offen, die Lippen sind zusammengepresst. Vor ihrem Tod hat sie sich noch einmal umgezogen und trägt jetzt ein blaues Kleid mit weißem Kragen. Ihre Schuhe stehen vor dem Sofa nebeneinander auf dem Boden. Verletzungen oder Blutspuren sind nicht zu sehen.[48] Sie macht den Eindruck einer Schlafenden. Eva Hitler hat sich vergiftet.[49]

Otto Günsche reißt sich als erster von dem Anblick los. Er geht, um seine Männer zu holen und die im Lageraum Wartenden zu informieren. Als er in den Lagevorraum tritt, begegnet er als Erstem Hitlers Fahrer, Erich Kempka, der gerade im Bunker angekommen ist. Günsche ist sichtlich verstört, sein Gesicht totenbleich. »Um Gottes willen, was ist denn passiert, Otto?«, will Kempka wissen. »Du bist wohl wahnsinnig geworden, von mir zu verlangen, dass ich dir bei einem derartigen Artilleriebeschuss Benzin hierher bringe und das Leben von einem halben Dutzend Männern gefährde!«

Günsche scheint ihn erst gar nicht zu hören, dreht sich dann aber doch zu ihm und sagt: »Der Chef ist tot!« Kempka ist wie vor den Kopf geschlagen. »Wie konnte das passieren! Gestern habe ich doch noch mit ihm gesprochen! Er war gesund und völlig aufgeschlossen!« Wortlos hebt Günsche statt einer Antwort den rechten Arm, deutet mit seiner Hand eine Pistole an und zielt auf seinen Mund. »Und wo ist Eva?«, fragt Kempka. Diesmal deutet Günsche auf die Tür zu den Räumen Hitlers. »Sie ist bei ihm.«[50]

Hitlers SS-Adjutant geht weiter zum Lageraum, wo Axmann, Goebbels, Krebs und Burgdorf angespannt warten. Gerade hat Goebbels in die Runde gefragt: »War da nicht ein Schuss?«,[51] als Günsche eintritt und meldet: »Der Führer ist tot!«[52] Daraufhin begeben sich Axmann und Goebbels ebenfalls in Hitlers Räume. An der Tür zum Arbeitszimmer bleiben sie stehen und heben den Arm zum »deutschen Gruß«, um Adolf und Eva Hitler die letzte Ehre zu erweisen.[53]

Heinz Linge drängt sich kurz darauf in den Mittelgang und ruft laut: »Das Benzin! … Wo bleibt das Benzin?!« Erich Kempka ruft zurück: »Benzin ist da!«, worauf Linge wieder in Hitlers Arbeitszimmer zurückstürzt.[54] Er ergreift im Vorraum zum Wohn- und Arbeitszimmer die dort von ihm bereitgelegte graue Decke und breitet sie vor dem Sofa aus. Mit Hilfe eines weiteren Mannes legt er den toten Diktator darauf, wickelt ihn darin ein und setzt sich – er am Fußende und sein Helfer am Kopf – mit der Leiche sofort in Richtung Treppe zum Gartenausgang in Bewegung.[55] Hitlers Gesicht ist bis zur Nasenwurzel verdeckt. Der linke Arm rutscht durch die Erschütterung bis zum Ellbogen aus der Decke heraus und hängt schlaff herunter.[56]

Auch die Unterschenkel mit den bekannten schwarzen Hosen, schwarzen Seidenstrümpfen und schwarzen Halbschuhen sind zu sehen.[57] Hinter den Leichenträgern gehen Krebs, Burgdorf und Goebbels.

Bormann folgt dem Leichenzug mit Eva Hitlers Leiche auf den Armen. Anders als ihr Mann ist sie nicht in eine Decke gehüllt worden. Als Erich Kempka sieht, wie Eva ausgerechnet von Bormann »zu Grabe« getragen wird, trifft ihn das beinahe noch mehr als Hitlers Tod. Als ihr Vertrauter weiß Kempka, dass sie den Reichsleiter verachtet, ja geradezu gehasst hat. Wortlos nimmt er Bormann den Leichnam aus den Armen und trägt ihn allein weiter. Doch er ist nicht kräftig genug, um sein Vorhaben zu Ende zu bringen. Auf der Treppe zum Bunkerausgang muss er auf halber Höhe stehen bleiben. Otto Günsche eilt Kempka zu Hilfe, und gemeinsam tragen sie die tote Eva Hitler ins Freie. Ihr Körper ist noch beweglich, die Leichenstarre noch nicht eingetreten. Ein intensiver Mandelgeruch geht von ihr aus, das typische Zeichen einer Vergiftung durch Blausäure.[58]

Berlin-Mitte, Garten der Reichskanzlei, 15.50 Uhr

Gerade in diesem Moment liegt das Gebiet der Reichskanzlei wieder unter starkem Artilleriebeschuss. In nächster Nähe zur Begräbnisgesellschaft krepieren sowjetische Granaten. Erdfontänen spritzen auf.

Mörtelstaub liegt in der Luft. Hastig wird der tote Hitler von Linge und seinen SS-Kameraden in einer Entfernung von drei bis vier Metern halblinks von der Bunkertür aus niedergelegt. Direkt daneben lagern Bauschutt und Bretter, eine große Betonmischmaschine erinnert daran, dass die Decke des Führerbunkers noch um einen Meter verstärkt werden sollte. Die Füße des toten Diktators weisen zum Bunkerausgang. Rechts daneben lässt Otto Günsche Eva Hitler auf den Boden gleiten. In diesem Augenblick tritt Martin Bormann nochmals an Hitlers Leiche heran und befreit den Kopf von der Decke. Hitlers Hosen haben sich nach oben geschoben. Der rechte Fuß ist in der für ihn typischen Haltung nach innen gekehrt.[59]

Schon werden die auf der Treppe des Vorbunkers bereitgestellten Benzinkanister durch den Führerbunker in den Garten getragen.[60] Kempka, Günsche und Linge eilen mit den Kanistern zwischen dem Bunkerausgang und den Leichen hin und her.[61] Erneut schlagen Granaten in unmittelbarer Nähe ein und bespritzen die drei Männer mit Dreck. Splitter surren und pfeifen über ihren Köpfen, in den umliegenden Gebäuden brennt es. Dennoch nimmt sich Kempka die Zeit, den abstehenden linken Arm des toten Hitler enger an dessen Körper zu pressen, bevor er den Verschluss eines Kanisters aufreißt und zitternd den Brennstoff über die Leiche gießt. Es kostet Hitlers Fahrer größte Überwindung, den letzten Befehl des Diktators zu erfüllen. Immer wieder überkommt ihn der Gedanke: »Ich kann das nicht tun!« An den Gesichtern von Günsche und Linge kann Kempka ablesen, dass es ihnen ähnlich geht. Dennoch holen sie Kanister um Kanister aus dem Bunkereingang und schütten sie über den Leichen aus. Insgesamt werden bei der stundenlang dauernden Verbrennung mindestens zehn bereitgestellte Kanister – es handelt sich um Wehrmachtskanister mit 20 Liter Fassungsvermögen, die bis an den Rand gefüllt sind – verbraucht werden.[62] Der Treibstoff wird von den Kleidern der beiden Toten aufgesogen, doch bevor das Benzin in Brand gesetzt werden kann, nimmt der Artilleriebeschuss derart zu, dass Günsche, Linge und Kempka sich in den schützenden Bunkereingang zu Bormann zurückziehen müssen.[63] Mit einem Fidibus aus Papier, den sie angezündet vom Bunkerausgang aus auf die Leichen werfen, gelingt es ihnen schließlich, den Treibstoff zu entzünden. Es gibt eine gewaltige Stichflamme.[64] Schwarze Rauchwolken steigen empor. Durch einen Spalt in der Bunkertüre beobachten die Anwesenden, wie durch die Einwirkung der Flammen ein Knie von Eva Hitler schon nach kurzer Zeit nach oben gehoben wird. Es ist deutlich zu sehen, dass das

Fleisch an diesem Bein bereits angeschmort ist. Nach einer halben Stunde sind die brennenden Körper schon stark verkohlt und aufgerissen. Mit einem Hitlergruß verabschieden sich die Zurückgebliebenen von ihrem Führer und kehren erschüttert in den Bunker zurück.[65]

Berlin-Tiergarten, Bendlerblock, nachmittags

Gegen 16.00 Uhr trifft im Hauptquartier von General Weidling ein SS-Spähtrupp unter Führung eines Untersturmführers ein. Er kommt aus der Reichskanzlei und hat für den Weg von der Voßstraße bis zum Bendlerblock – unter normalen Umständen eine Viertelstunde Fußweg – zwei Stunden gebraucht. Die SS-Männer treffen schweißtriefend und nach Luft schnappend bei Weidling ein. Die ganze Strecke sind sie von Deckung zu Deckung gesprungen, haben jeden Trichter als Schutz gegen den starken Beschuss ausgenutzt. Der Untersturmführer übergibt dem Kampfkommandanten von Berlin ein persönliches Schreiben Hitlers. Es ist der letzte schriftliche Befehl des Diktators. Auf goldumrandetem Briefbogen, mit dem Hoheitsabzeichen und dem Schriftzug »Der Führer« in Gold links oben, steht in großer »Führertype«: »An den Befehlshaber des Verteid[igungs]Bereiches Berlin, General der Art[illerie] Weidling. Im Falle des Munitions- und Verpflegungsmangels bei den Verteidigern der Reichshauptstadt gebe ich mein Einverständnis zum Ausbruch. Es ist in kleinsten Gruppen auszubrechen und Anschluss an die noch kämpfende Truppe zu suchen. Wo dieser nicht gefunden wird, ist der Kampf in kleinen Gruppen in den Wäldern fortzusetzen.«[66] Dieser Befehl bedeutet eine ungeheure Erleichterung für Weidling. Der Berliner Stadtkommandant weiß nicht, dass Hitler seit dreißig Minuten tot ist, und fühlt sich noch immer an seinen Eid auf den Diktator gebunden. Er und seine Offiziere legen den Befehl weit aus. Für sie steht fest, dass ein Ausbruch, wenn überhaupt, nur noch dann Erfolg haben kann, wenn alle verfügbaren Kräfte an einer Stelle zusammengefasst werden.[67]

OKW-Chef Wilhelm Keitel funkt zum selben Zeitpunkt aus seinem Hauptquartier in Dobbin an die südliche Zweigstelle des OKW in Berchtesgaden: »Entsatzversuche Berlins gescheitert. Stadtkern eng umschlossen im Endkampf. […] Kampf um politischen Zeitgewinn muss fortgesetzt werden, jeder Versuch einer politischen oder militärischen Auflösung mit rücksichtsloser Gewalt niedergeschlagen werden. […] OKW mit Himmler, Greim in enger Verbindung. Reichskanzlei durch Funk noch zu erreichen.«[68]

Berlin-Mitte, Führerbunker, 16.15 Uhr

In der Zwischenzeit hat sich die gesamte engere Führungsmannschaft Hitlers im Führerbunker eingefunden. Fast alle seine Mitarbeiter gehen noch einmal hinauf, um ihrem toten Chef und seiner Frau einen letzten Gruß zu erweisen. Auch den Hartgesottenen unter ihnen, wie Wilhelm Mohnke oder Hans Rattenhuber, laufen danach die Tränen über die Wangen. Sie wissen zwar, was sie im Garten erwartet, der Anblick der brennenden Leichen triff sie dann aber doch wie ein Keulenschlag.[69] Auch Goebbels hat feuchte Augen, als er aus dem Garten zurückkehrt: »Ich konnte den Anblick nicht länger ertragen«, gesteht er Artur Axmann.[70] Doch schnell hat sich Hitlers Nachfolger als Reichskanzler wieder im Griff: »Bormann, Burgdorf, Krebs, Mohnke, ich bitte Sie sofort zu einer Lagebesprechung!«[71]

Otto Günsche gesellt sich nach seiner Rückkehr aus dem Garten zur Traudl Junge, die sich immer noch im Vorbunker aufhält. Eine Wolke von Benzingeruch umgibt den SS-Offizier, als er sich schwer neben sie auf eine Bank fallen lässt. Sein Gesicht ist aschgrau, seine Hände zittern, und er greift als Erstes zu der Schnapsflasche, aus der auch Traudl Junge schon getrunken hat. »Ich habe den letzten Befehl des Führers ausgeführt […] seine Leiche ist verbrannt«, sagt er leise. Hitlers Sekretärin antwortet nichts und fragt auch nicht nach.[72]

Berlin-Mitte, Führerbunker, 16.30 Uhr

Mehrere der Bunkerbewohner zieht es noch einmal in Hitlers Arbeitszimmer, auch Otto Günsche und Erich Kempka. Die Tür steht offen. Die Pistolen des Ehepaars liegen auf dem roten Teppich, die Messinghülse der Giftampulle, mit der sich Eva Hitler umgebracht hat, ist auf den Boden gerollt. Auf dem Tisch vor dem Sofa ist die Vase umgestürzt. Blut befleckt den Tisch, das Sofa und den Teppich. Ein kleines Jugendbild von Hitlers Mutter steht auf dem Schreibtisch. Darüber blickt noch immer Friedrich der Große aus seinem Rahmen.[73] Traudl Junge wird vom schweren Bittermandelgeruch des Giftes übel, der noch im Raum schwebt. Instinktiv greift sie nach ihrer eigenen Ampulle und würde sie am liebsten von sich werfen.[74]

Als der Raum sich leert, entfernen die SS-Männer Werner Schwiedel und Heinz Krüger in Linges Auftrag den blutbefleckten Teppich, um ihn im Garten der Reichskanzlei zu verbrennen. Sie rollen ihn zusammen, tragen ihn in den Garten und legen ihn unmittelbar am Ausgang nieder. Dabei entdeckt Schwiedel die Patronenhülse der Kugel, die

Hitler sich in den Kopf gejagt hat. Schwiedel nimmt die Hülse als Andenken mit.[75] Heinz Linge schafft persönlich Hitlers Kleidung, seine Medikamente und persönlichen Gebrauchsgegenstände fort.[76]

Später lässt sich Hans Baur von Linge das Bild Friedrichs des Großen geben, das Hitler ihm geschenkt hat. Linge nimmt es von der Wand, und zusammen entfernen Hitlers Pilot und Diener es aus dem Rahmen. Dann rollen sie das etwa 60 Zentimeter hohe und 40 Zentimeter breite Bild zusammen und umwickeln es mit Leinen. In seinem Bunkerraum schnallt Baur es sich auf den Rucksack, den er für den geplanten Ausbruch aus der Reichskanzlei bereits gepackt hat.[77]

Berlin-Mitte, Führerbunker, 17.00 Uhr
Am späten Nachmittag verliest Martin Bormann, sein Gesicht ist dabei auffallend gerötet, im Lageraum Hitlers politisches Testament. Im Anschluss findet unter Leitung des neuen Reichskanzlers Goebbels eine Beratung darüber statt, wie es nach Hitlers Tod weitergehen soll. Generalstabschef Hans Krebs schlägt eine Übereinkunft mit der Sowjetunion vor. Die Runde beschließt, ihn als Parlamentär zur Führung der Roten Armee zu entsenden. Der frühere Militärattaché an der deutschen Botschaft in Moskau spricht Russisch und soll jetzt den Sowjets Hitlers Tod bekannt geben und um eine Waffenruhe bitten, damit Goebbels und Bormann sich mit Dönitz treffen und beraten können. Es wird auch kurz erwogen, ob Martin Bormann den deutschen Generalstabschef begleiten soll. Doch Bormann hält es für kontraproduktiv, einen der führenden Repräsentanten der NSDAP ins Hauptquartier der Roten Armee zu schicken. Obwohl die sowjetischen Einheiten nur wenige hundert Meter von der Reichskanzlei entfernt liegen, erweist es sich als sehr schwierig, mit ihnen in Verbindung zu treten. Telefonisch misslingt es zunächst ebenso wie mittels Funk.[78] Bormann lässt jedoch im Anschluss an die Sitzung um 17.14 Uhr über die Funkstelle der Marine einen kodierten Funkspruch an Großadmiral Dönitz senden, in dem er ihm nur die halbe Wahrheit mitteilt: »Anstelle des bisherigen Reichsmarschalls Göring setzt der Führer Sie, Herr Großadmiral, als seinen Nachfolger ein. Schriftliche Vollmacht unterwegs. Ab sofort sollen Sie sämtliche Maßnahmen verfügen, die sich aus der gegenwärtigen Lage ergeben.«[79] Kein Wort über Hitlers Tod.

Berlin-Tiergarten, Bendlerblock, 18.00 Uhr

Im Hauptquartier General Weidlings laufen die Vorbereitungen für den geplanten Ausbruch an diesem Abend auf Hochtouren. Da keine Telefonverbindung mit der Reichskanzlei herzustellen ist, will Weidling persönlich dorthin gehen, um General Krebs über sein Ausbruchsvorhaben zu informieren und sich bei ihm abzumelden. Als Weidling gerade aufbrechen will, erscheint derselbe SS-Offizier, der schon Hitlers letzten Befehl überbracht hat, und überbringt einen Befehl von Krebs: »General Weidling soll sich unverzüglich in der Reichskanzlei bei General Krebs melden. Alle für den 30. April beabsichtigten Maßnahmen sind sofort anzuhalten.«[80]

Weidling und seine Offiziere sind erstaunt und misstrauisch zugleich. Was ist geschehen? Woher weiß Krebs von dem Ausbruchsvorhaben? Soll Weidling für die geplante Eigenmächtigkeit zur Verantwortung gezogen werden? Sind neue Ereignisse eingetreten, die die Lage in einem anderen Licht erscheinen lassen? Trotz seiner Bedenken entschließt sich Weidling, dem Befehl nachzukommen, und macht sich auf den Weg zur Reichskanzlei.[81]

Plön in Schleswig-Holstein, Hauptquartier von Großadmiral Dönitz, 18.35 Uhr

Karl Dönitz erhält den Funkspruch aus der Reichskanzlei.[82] Er ist von seiner Ernennung völlig überrascht. Der Großadmiral hat seit dem Attentat auf Hitler vom 20. Juli 1944 mit dem Diktator nur noch in großem Kreis gesprochen. Niemals hat Hitler ihm gegenüber die geringste Andeutung gemacht, dass er ihn als seinen Nachfolger in Betracht ziehen könnte. Und auch er selbst wäre nie auf den Gedanken gekommen. Hitlers Entscheidung ist ihm ein Rätsel. Dönitz weiß, was ihm bevorsteht: die bedingungslose militärische Kapitulation. Genauso weiß er, dass sein Name für immer damit verbunden sein wird.[83]

Noch am selben Abend befiehlt Dönitz Generalfeldmarschall Keitel und Generaloberst Jodl, »mit allen Unterlagen der militärischen Führung so bald wie möglich« zu ihm nach Plön zu kommen.[84]

Berlin-Mitte, Führerbunker, früher Abend

Nach Hitlers Selbstmord bewegt die Bunkerbewohner besonders das Schicksal der sechs Goebbels-Kinder. Unabhängig voneinander versuchen Erich Kempka, Artur Axmann und Wilhelm Mohnke das Ehepaar Goebbels dazu zu bewegen, das Leben ihrer Kinder zu schonen. Axmann schlägt dem Propagandaminister vor, die Kinder beim Ausbruch aus der Reichskanzlei mitzunehmen. Man könnte sie auf verschiedene Kampfgruppen verteilen und so aus der Stadt bringen. Goebbels reagiert ausweichend, will sich mit seiner Frau beraten, lehnt den Vorschlag später aber doch ab: »Meine Frau und ich sind uns einig, dass unsere Kinder mit uns gehen. Wir möchten nicht, dass sie erleben, wie ihr Vater als Kriegsverbrecher durch die internationalen Gazetten gezerrt wird. Wären sie groß, so glaube ich, würden sie unseren Entschluss billigen.«[85]

Mohnke bietet an, die Kinder mit einem der wenigen Panzer, die ihm noch zur Verfügung stehen, in Sicherheit zu bringen. Doch erneut lehnt Goebbels das Angebot in ruhigem Ton, aber kompromisslos ab: »Ach, Herr Mohnke, wissen Sie, wenn die Kinder am Leben bleiben, fallen sie den Russen entweder hier oder woanders in die Hände. Stalin wird sie in eine Parteischule stecken und zu hervorragenden Kommunisten drillen lassen. Und dann werden sie eines Tages womöglich gegen das eigene Vaterland agitieren und ihre Eltern verdammen – nein, es ist besser, wir nehmen sie mit.«[86]

Erich Kempka schließlich macht Magda Goebbels das Angebot, sie und ihre Kinder mit drei Schützenpanzerwagen, die ihm zur Verfügung stehen, aus der Stadt zu bringen. Die niedergeschlagene Mutter, die schon das Gift bereitgelegt hat, reagiert anders als ihr Mann. Sie scheint Hoffnung zu schöpfen, geht auf Kempkas Vorschlag ein, und er hat den Eindruck, als fiele ihr eine große Last vom Herzen. In diesem Moment tritt ihr Mann hinzu. Magda versucht ihm Kempkas Vorschlag schmackhaft zu machen, doch auch diesmal weist Goebbels die Hilfe entschieden ab: »General Krebs fährt als mein beauftragter Parlamentär zu General Shukow, um über einen freien Abzug zu verhandeln. Falls die Verhandlung scheitert, ist mein Weg festgelegt. Ich bleibe in Berlin und habe keine Lust, als ewiger Flüchtling in der ganzen Welt umherzulaufen.« An Kempka gewandt, setzt er hinzu: »Meiner Frau und den Kindern steht der Weg aus Berlin natürlich frei.« Magda Goebbels reagiert empört: »Selbstverständlich bleibe ich auch bei meinem Mann. Der Weg, den er wählt, ist auch der meine.«[87]

Den Rest des Abends hält sich Goebbels die meiste Zeit im Lageraum auf. Nervös geht er hin und her und zündet sich eine Zigarette nach der anderen an. Ab und zu pfeift er eines seiner Lieblingslieder vor sich hin.[88] Die Gespräche der Rumpfmannschaft des Dritten Reiches kreisen um die Zusammensetzung der neuen Reichsregierung und die Chancen der angestrebten Kontaktaufnahme zur Führung der Roten Armee.[89]

Berlin-Mitte, Garten der Reichskanzlei, früher Abend

Seit 16.00 Uhr brennen die Leichen von Adolf und Eva Hitler. Immer wieder werden die zunehmend verkohlten Körper von SS-Männern mit Benzin übergossen, mehrere hundert Liter sind es insgesamt. Dabei muss jeweils abgewartet werden, bis der alte Brennstoff völlig verbraucht ist, erst dann können die Überreste erneut mit frischem Benzin übergossen und angezündet werden.[90]

Zudem liegt der Garten der Reichskanzlei noch immer unter intensivem sowjetischen Beschuss. Die Artillerie der Roten Armee setzt dabei Geschosse mit brennbarem Material ein, das beim Aufschlagen durch Phosphor gezündet wird. Der Garten gleicht zeitweise einem Flammenmeer. Gegen 20.00 Uhr ist von Adolf und Eva Hitler nur noch ein »Aschenhaufen«[91] übrig.

Otto Günsche hat den SS-Obersturmführer Ewald Lindloff angewiesen, das, was von den Leichen übrig bleibt, an geeigneter Stelle im Garten der Reichskanzlei zu vergraben.[92] Seit einigen Tagen sind dort im Sandboden bereits zahlreiche Leichen begraben worden, Verwundete, die im Lazarett der Reichskanzlei gestorben sind. Im Laufe des Abends meldet Lindloff Vollzug des Befehls. Er habe den Auftrag zusammen mit dem SS-Oberwachtmeister Hermann Karnau ausgeführt. Als Karnau am frühen Abend zum Ort der Verbrennung kommt, ist das Feuer bereits erloschen, allerdings steigen noch einzelne weiße Ascheflocken von den sterblichen Überresten Hitlers und seiner Frau auf. Karnau versucht, die »Reste« mit dem Fuß in einen etwa einen Meter entfernten und circa einen halben Meter tiefen Geschosstrichter zu schieben, wobei diese in sich zusammenfallen. Karnau kann sein Vorhaben nicht zu Ende bringen, weil in diesem Moment der Artilleriebeschuss es wieder unmöglich macht, sich im Freien aufzuhalten.[93]

Berlin-Mitte, Reichskanzlei, abends

Artur Axmann bekommt Besuch von seinem Bruder Richard. Der ist, wie er selbst, hauptberuflicher Funktionär der Hitlerjugend. Er leitet die Verwaltungsabteilung des HJ-Gebietes Berlin. Richard Axmann verfügt noch über Lagerbestände und will sich bei seinem Bruder, der zugleich sein oberster Vorgesetzter ist, erkundigen, ob er diese Bestände an die Bevölkerung verteilen darf. Der Reichsjugendführer ist sofort einverstanden. Er hatte seinem Bruder, der schwer zuckerkrank ist, im Vorfeld geraten, aus Berlin fortzugehen, da er bei einer möglichen Gefangenschaft damit rechnen müsse, dass ihm seine Insulinvorräte ausgehen. Dieses Schicksal hat schon den Vater der Brüder ereilt. Aber Richard wollte seine Kameraden – er hat sich mit seiner HJ-Kampfgruppe den Truppen von SS-Obergruppenführer Bärenfänger angeschlossen – nicht im Stich lassen und ist geblieben. Jetzt kehrt er zurück zu Bärenfängers Gefechtsstand. Artur Axmann sieht seinen Bruder nie wieder.[94]

Berlin-Mitte, Führerbunker, 20.00 Uhr

Als Helmuth Weidling gegen 20.00 Uhr im Führerbunker ankommt, wird er sofort in Hitlers Arbeitszimmer geführt, wo ihn Goebbels, Bormann und Krebs erwarten. Krebs unterrichtet den General über die Ereignisse des Tages, Hitlers Tod am Nachmittag und die Verbrennung im Garten. Der tief erschütterte Weidling wird zu strengstem Stillschweigen verpflichtet. Nur Stalin sei über Funk von Hitlers Selbstmord in Kenntnis gesetzt worden, bedeutet Krebs dem Kampfkommandanten von Berlin. Er selbst wolle noch in dieser Nacht persönlichen Kontakt zum sowjetischen Oberkommando herstellen, um einen Waffenstillstand in Berlin zu erreichen und der neuen Regierung unter Reichskanzler Goebbels den Weg zu Kapitulationsverhandlungen mit der sowjetischen Regierung zu öffnen. Deshalb müsse Weidling seinen für den Abend geplanten Ausbruchsversuch vorerst abblasen.[95]

Goebbels und Bormann verfassen Schreiben, die Krebs der Führung der Roten Armee gegenüber als Bevollmächtigten der neuen deutschen Regierung und als Verhandlungsführer ausweisen sollen.[96] Außerdem geben sie ihm eine Durchschrift von Hitlers politischem Testament mit auf den Weg.[97]

Berlin-Kreuzberg, Gefechtsstand
von Wassili Tschuikow, abends

Wassili Tschuikow sitzt gegen 21.00 Uhr mit seinem Stab gerade beim Abendessen, als er am Telefon verlangt wird. Am Apparat ist General Glasunow, einer seiner Armeeführer. Der berichtet aufgeregt, an der Front sei ein Oberstleutnant der Wehrmacht mit einer weißen Fahne erschienen. Der deutsche Offizier, Seifert mit Namen, habe darum gebeten, ihn zu einem höheren sowjetischen Führungsstab zu bringen. Er solle sondieren, wann und wo der Chef des deutschen Generalstabes, Hans Krebs, die Frontlinie überschreiten könne, um Verhandlungen mit der Führung der Roten Armee aufzunehmen. »Sagen Sie dem Oberstleutnant, dass wir bereit sind, die Parlamentäre zu empfangen«, erwidert Tschuikow und weist Glasunow an: »Das Feuer ist in diesem Abschnitt einzustellen. Die Parlamentäre sind in Empfang zu nehmen und in meinen vorgeschobenen Befehlsstand zu geleiten. Ich werde sofort dorthin fahren.«[98]

Konzentrationslager Ravensbrück

Die 2. Weißrussische Front von Marschall Rokossowski befreit in der Nacht vom 29. auf den 30. April das Lager Ravensbrück. Allein in diesem Lager sind in gut zwei Jahren 92 000 Juden und Nichtjuden, die meisten von ihnen Frauen und Kinder, ermordet worden. Bei der Befreiung treffen die Soldaten auf 3500 kranke weibliche Gefangene, die von anderen Häftlingen versorgt werden. Die Todesmärsche, die seit dem 27. April von hier aus unterwegs sind, kann die Rote Armee noch einholen. Tausende werden gerettet.[99]

+++ General Krebs versucht vergeblich, einen Waffenstillstand mit der Roten Armee auszuhandeln +++ Magda Goebbels lässt ihre sechs Kinder vergiften +++ Selbstmordwelle im Bunker +++ Die restliche Bunkerbesatzung wagt den Ausbruch +++

DIENSTAG, 1. MAI

Berlin-Mitte, Führerbunker

Kurz nach Mitternacht bricht General Krebs zu seiner Mission auf. Er wird begleitet von Oberst Theodor von Dufving, dem Stabschef von General Weidling, da er selbst keinen älteren Generalstabsoffizier mehr bei sich hat. Ausgestattet mit »Sonderausweisen«, die Martin Bormann und seine Sekretärin Else Krüger ausgestellt haben, ziehen Krebs und von Dufving los: Krebs gekleidet in einen Ledermantel mit Hakenkreuz auf dem Ärmel und mit Ritterkreuz um den Hals, von Dufving in einem geliehenen Mantel eines SS-Offiziers aus der Reichskanzlei.

Wilhelm Mohnke führt die beiden Unterhändler aus der Reichskanzlei durch einen U-Bahnschacht zunächst zu seinem Gefechtsstand im Reichsluftfahrtministerium. Dort meldet Oberstleutnant Seifert, zurück von seinem ersten Kontakt mit der Führung der Roten Armee, es sei eine »Passierstelle« für die Parlamentäre – circa hundert Meter breit und 250 Meter tief – vereinbart worden, an der Waffenruhe herrsche. Mohnke, Seifert, ein Dolmetscher und zwei Soldaten begleiten Krebs und von Dufving bis zu dieser Stelle, wo sie von einem sowjetischen Offizier in Empfang genommen werden.

Plötzlich sind die deutschen Delegierten umringt von Rotarmisten, die sie mit Taschenlampen anleuchten, ihnen auf die Schultern klopfen und auf sie einreden, als wären sie alte Freunde. Ein russischer Offizier wechselt mit dem deutschen Dolmetscher einige Worte. Er verlangt die Ausweise und die Abgabe der Pistolen. General Krebs weigert sich, die Waffen abzugeben: »Einem tapferen Gegner lässt man während der Verhandlungen die Waffe.« Krebs und von Dufving dürfen ihre Pistolen behalten.[1]

Plön in Schleswig-Holstein, Hauptquartier
von Karl Dönitz, 00.00 Uhr

Gegen Mitternacht trifft Heinrich Himmler in Begleitung von sechs bewaffneten SS-Offizieren in Dönitz' Hauptquartier ein. Der Großadmiral bietet dem Reichsführer SS in seinem Zimmer einen Stuhl an und nimmt selbst hinter seinem Schreibtisch Platz. Vor ihm liegt, unter Papieren verborgen, eine entsicherte Pistole. Es ist das erste Mal in seinem Leben, dass Dönitz sich in dieser Form absichert. Er fürchtet, dass Himmler mit Gewalt gegen ihn vorgehen könnte, wenn er erfährt, dass Dönitz und nicht er von Hitler zu seinem Nachfolger ernannt worden ist.

Der Chef der Kriegsmarine überreicht Himmler den Funkspruch von Bormann und Goebbels, in dem ihm Hitlers Nachfolgeregelung mitgeteilt worden ist. »Bitte lesen Sie!« Himmler kann während der Lektüre sein großes Erstaunen, mehr noch: seine Bestürzung nicht verbergen. Der Reichsführer SS wird blass, dann steht er auf, verbeugt sich und sagt: »Lassen Sie mich in Ihrem Staat der zweite Mann sein.« Dönitz entgegnet, das komme nicht in Frage. Er hat keine Verwendung für Heinrich Himmler. Gegen 1.00 Uhr nachts verlässt dieser das Hauptquartier wieder.[2]

Dönitz, der immer noch nichts von Hitlers Tod ahnt, sendet um 1.22 Uhr eine Ergebenheitsadresse in die Reichskanzlei: »Mein Führer, meine Treue zu Ihnen wird unabdingbar sein. Ich werde daher weiter alle Versuche unternehmen, um Sie in Berlin zu entsetzen. Wenn das Schicksal mich dennoch zwingt, als der von Ihnen bestimmte Nachfolger das Deutsche Reich zu führen, werde ich diesen Krieg so zu Ende führen, wie es der einmalige Heldenkampf des deutschen Volkes verlangt.«[3]

Berlin-Kreuzberg, Gefechtsstand
von Generaloberst Tschuikow, 3.50 Uhr

Nach längerer Fahrt durch das verdunkelte Berlin sind Krebs und seine Begleiter zum Schulenburgring Nr. 2 in Tempelhof gebracht worden, wo Generaloberst Wassili Iwanowitsch Tschuikow seinen Gefechtsstand hat. Um 3.50 Uhr werden die Deutschen in ein Zimmer geführt, in dem rund fünfzehn ranghohe sowjetische Offiziere auf sie warten, darunter Tschuikow selbst, der Oberbefehlshaber der 8. Sowjetischen Gardearmee, einer der wichtigsten Generäle in der Heeresgruppe von Marschall Schukow.[4] Der deutsche Generalstabschef hebt beim Eintreten die rechte Hand zum Hitlergruß, mit der linken übergibt er Tschui kow sein Soldbuch, um sich zu legitimieren. Übergangslos beginnt Krebs auf die Offiziere der Roten Armee einzureden: »Ich habe etwas mitzuteilen, was streng vertraulich ist«, hebt er an. »Sie sind der erste Ausländer, dem ich verkünde, dass Hitler am 30. April freiwillig aus dem Leben geschieden ist. Er hat Selbstmord begangen.« Nach diesen Worten macht Krebs eine Pause. »Das ist uns bereits bekannt«, blufft Tschuikow und reagiert bewusst gelassen auf diese sensationelle Nachricht. »Das ist heute um 15.00 Uhr geschehen«, ergänzt Krebs seine Mitteilung, verbessert sich sofort und präzisiert: »Gestern, am 30. April, gegen 15.00 Uhr.«[5] Danach verliest Krebs das Legitimationsschreiben von Goebbels und Bormann: »Wir bevollmächtigen den Generalstabschef des Heeres, General der Infanterie Hans Krebs, folgende Nachricht zu übermitteln: Ich teile dem Führer des Sowjetvolkes als erstem Nichtdeutschen mit, dass heute, am 30.04.45, der Führer des deutschen Volkes, Hitler, um 15.50 Uhr[6] Selbstmord begangen hat. Gemäß der von ihm gesetzmäßig getroffenen Anordnung übergab er seine Macht und Verantwortung an den Großadmiral Dönitz als Reichspräsidenten und den Minister Dr. Goebbels als Reichskanzler und ernannte seinen Sekretär Reichsleiter Bormann zu seinem Testamentsvollstrecker. Ich bin durch den neuen Reichskanzler und durch Hitlers Sekretär Martin Bormann bevollmächtigt worden, mit dem Führer des Sowjetvolkes unmittelbar Kontakt aufzunehmen. Dieser Kontakt soll klären, inwiefern die Möglichkeit besteht, zwischen dem deutschen Volk und der Sowjetunion Friedensgrundlagen zu schaffen, die dem Wohl und der Zukunft beider Völker dienen werden, welche die größten Verluste in diesem Krieg erlitten haben.«[7]

Krebs möchte für Berlin eine sofortige Waffenruhe erreichen, damit – so seine Argumentation – die von Hitler testamentarisch eingesetzte neue Regierung sich überhaupt konstituieren kann. Noch halten sich mit Ausnahme von Goebbels und Bormann all ihre designierten Mitglieder außerhalb von Berlin auf. Die neue deutsche Regierung könne jedoch erst nach ihrem Zusammentreten, so Krebs, der Sowjetunion die Kapitulation des Deutschen Reiches anbieten. Nach längerem Hin und Her vereinbaren Krebs und Tschuikow, dass der sowjetische General Moskau einschaltet. Oberst von Dufving und der deutsche Dolmetscher sollen währenddessen zu Goebbels zurückkehren, ihm einen Zwischenbericht geben und weitere Direktiven für General Krebs erbitten. Außerdem soll eine direkte Fernmeldeverbindung zwischen der Reichskanzlei und Tschuikows Gefechtsstand hergestellt werden, damit Krebs von dort aus direkt mit Goebbels sprechen kann. Ein Offizier und ein Soldat aus Tschuikows Nachrichtenabteilung begleiten die deutschen Parlamentäre zurück durch die Frontlinie.[8]

Strausberg, Hauptquartier von Marschall Shukow, 4.30 Uhr

Noch während Krebs und Tschuikow verhandeln, ruft Marschall Shukow an. Er brennt darauf zu erfahren, was die deutsche Delegation für Absichten hat. Tschuikow informiert ihn über Hitlers Selbstmord, über den deutschen Generalstabschef, der diese sensationelle Nachricht überbracht hat, und liest ihm den Text der Vollmacht vor.[9] Shukow schickt daraufhin sofort seinen Stellvertreter, General Sokolowski, zu Tschuikows Gefechtsstand. Sokolowski soll auf Shukows Geheiß von Krebs die bedingungslose Kapitulation Deutschlands fordern. Gleich darauf lässt sich der Sowjetmarschall mit Moskau verbinden, um Stalin von Hitlers Selbstmord in Kenntnis zu setzen. Der General vom Dienst, der sich am anderen Ende meldet, will den sowjetischen Diktator zunächst nicht stören: »Stalin hat sich eben erst schlafen gelegt.« »Bitte wecken Sie ihn«, insistiert Shukow. »Es handelt sich um eine dringende Angelegenheit, die keinen Aufschub duldet.« Kurz darauf ist Stalin am Hörer. Shukow berichtet ihm die Neuigkeiten aus Berlin. Stalin antwortet: »Der Schuft hat also ausgespielt! Schade, dass wir ihn nicht lebend erwischt haben. Wo ist Hitlers Leiche?« Shukow: »Laut Krebs ist Hitlers Leiche verbrannt worden.« Stalin: »Übermitteln Sie Sokolowski, dass weder mit Krebs noch mit anderen Faschisten über etwas anderes zu verhandeln ist als über die bedingungslose Kapitulation. Wenn nichts Außerordentliches passiert, rufen Sie mich bis zum Morgen nicht an, ich möchte ein wenig ausruhen. Heute haben wir ja die Maiparade.«[10]

Strausberg, Hauptquartier von Marschall Shukow, 5.00 Uhr

Gegen 5.00 Uhr wird Marschall Shukow telefonisch von General Sokolowski über den Stand der Dinge in Tschuikows Gefechtsstand unterrichtet. »Die treiben ein falsches Spiel«, meldet Sokolowski seinem Chef. »Krebs erklärt, er sei nicht ermächtigt, über die bedingungslose Kapitulation zu entscheiden. Darüber sagt er, könne nur die neue deutsche Regierung unter Dönitz entscheiden. Krebs will einen Waffenstillstand erhandeln, angeblich, um die Regierung Dönitz in Berlin versammeln zu können. Ich glaube, wir sollten sie zum Teufel schicken, wenn sie nicht sofort in die bedingungslose Kapitulation einwilligen.«

»Sehr richtig«, bestätigt Shukow. »Sage ihm Folgendes: Wenn Goebbels und Bormann bis zehn Uhr die bedingungslose Kapitulation nicht annehmen, werden wir ihnen einen solchen Schlag versetzen, dass ihnen für immer die Lust zum Widerstand vergeht. Die Faschisten sollten an die sinnlosen Opfer des deutschen Volkes und an die persönliche Verantwortung für ihren Wahnwitz denken.«[11]

**Plön in Schleswig-Holstein, Hauptquartier
von Karl Dönitz, morgens**

Um 7.40 Uhr – sechzehn Stunden nach Hitlers Selbstmord – funkt Martin Bormann an Karl Dönitz: »Testament in Kraft. Ich werde so rasch als möglich zu Ihnen kommen. Bis dahin meines Erachtens Veröffentlichung zurückstellen.«[12] Erst durch diesen Funkspruch, der um 10.53 Uhr in Plön eintrifft,[13] erfährt der Großadmiral von Hitlers Tod. Doch Hitlers Nachfolger als Reichspräsident ist nicht bereit, Bormanns Weisung zu folgen. Er hält es für notwendig, die Öffentlichkeit und vor allem die Reste der Wehrmacht schnellstens über Hitlers Tod zu informieren. Noch an diesem Tag will er eine Ansprache im Norddeutschen Rundfunk halten. Da aus dem Funkspruch nicht hervorgeht, wie Hitler zu Tode gekommen ist, nimmt der Großadmiral an, dass Hitler im Kampf gefallen ist. Dementsprechend wählt er seine Worte für die Verlautbarung.[14]

Brandenburg, Hauptquartier der 12. Armee, morgens

Am Morgen des 1. Mai ist es endlich so weit: Die Reste der deutschen 9. Armee erreichen bei Beelitz, südwestlich von Berlin, die 12. Armee von General Wenck. Während des ganzen Tages strömen die abgekämpften Soldaten von Osten her durch einen schmalen Schlauch in den von Wencks Truppen gehaltenen Landstreifen. Rund 30 000 Soldaten entkommen dadurch der gefürchteten sowjetischen Gefangenschaft. Viele von ihnen besitzen keine Waffen mehr und sind so übermüdet, ausgehungert und zermürbt, dass sie nicht mehr weitermarschieren können, nachdem sie den Anschluss an die 12. Armee gefunden haben. Wencks Stab hat alle greifbaren Fahrzeuge in der Gegend beschlagnahmt, um die erschöpften Soldaten zur Elbe transportieren zu können.[15] Manche von ihnen müssen förmlich auf die bereitgestellten Lkws »geprügelt« werden, so erschöpft sind sie. Auch General Busse, einst von massiger Figur, ist am Ende seiner Kräfte, als er bei Wenck eintrifft.[16]

General Hans Krebs, hier während einer Pause in den Waffenstillstandsverhandlungen vor der sowjetischen Kriegskommandantur am 1. Mai 1945, galt als der ewige zweite Mann. So präsentiert er sich auch in den Verhandlungen. als reiner Mittler, ohne eigenes Mandat, der zum Gelingen nichts beitragen kann.

Berlin-Mitte, Führerbunker, morgens

Im Führerbunker wird gewartet. Bei Kaffee und Schnaps vertreiben sie sich dort die Zeit, bis General Krebs zurückkommt. Pläne werden geschmiedet. Wie soll es jetzt weitergehen? Heinz Linge ertappt sich bei Überlegungen, die er zu Hitlers Lebzeiten nicht für möglich gehalten hätte. Er hat immer geglaubt, dass er freiwillig mit seinem Dienstherrn in den Tod gehen würde. Doch der Gedanke ans Sterben ist plötzlich wie weggeblasen. Linge kommt sich auf einmal wie »erlöst« vor. Mit Hitlers Tod fällt von ihm alles ab, was jahrelang Inhalt seines Lebens gewesen ist.[17]

Traudl Junge geht es ähnlich. Auch sie kennt nur noch einen Gedanken: Raus aus dem Bunker! Zufällig bekommt sie ein Gespräch zwischen Otto Günsche und Wilhelm Mohnke mit. Es geht um den Ausbruch aus der Reichskanzlei. Die beiden SS-Offiziere haben wenig Hoffnung, dieses Unternehmen lebend zu überstehen, sind sich aber einig, dass ein Ausbruchsversuch besser ist, als sich umzubringen. Wie aus einem Munde bitten Traudl Junge und Gerda Christian: »Nehmt uns mit!«[18]

Joseph Goebbels fragt an diesem Morgen Hitlers Diener Linge, warum er Hitler nicht von der Idee abgebracht habe, sich das Leben zu nehmen. Der kontert:»Herr Doktor, wenn Sie es nicht fertig brachten, was sollte ich denn da machen?«»Ich habe heute nacht auch vorgehabt, mich zu erschießen«, vertraut Goebbels ihm unvermittelt an,»aber es ist doch sehr schwer. Ich habe es einfach nicht fertig gebracht.«[19] SS-Hauptsturmführer Karl Schneider wird an diesem Vormittag erneut per Telefon aufgefordert, Benzin in den Führerbunker zu schaffen. Wie schon am Vortag wird ihm nicht mitgeteilt, wofür der Treibstoff bestimmt ist. Mit Mühe und Not bekommt Schneider vier Kanister zusammen, die er in den Führerbunker bringen lässt.[20]

Berlin-Kreuzberg, Gefechtsstand
von Generaloberst Tschuikow, 9.45 Uhr

Um 9.45 Uhr klingelt das Telefon von Wassili Tschuikow. Seine Instruktionen aus Moskau lauten: kein Waffenstillstand, wie von Krebs gefordert, sondern allgemeine Kapitulation oder Kapitulation Berlins. Sollten sich die deutschen Unterhändler weigern, wird die Schlacht weitergeführt und der Artilleriebeschuss um 10.40 Uhr wieder aufgenommen. Tschuikow gibt dies an Krebs weiter.»Ich habe dazu keine Vollmachten«, antwortet der deutsche Generalstabschef.»Also heißt es weiterkämpfen, und alles wird ein schreckliches Ende nehmen. Die Kapitulation von Berlin ist auch unmöglich, Goebbels kann einem solchen Schritt nicht ohne Dönitz zustimmen. Das ist ein großes Unglück ...« Sokolowski:»Wir lassen uns nicht auf einen Waffenstillstand oder auf Separatverhandlungen ein. Warum kann Goebbels nicht selbst die Entscheidung treffen?«[21] Bis zum Beginn des Ultimatums haben weder Goebbels noch Bormann reagiert. Um 10.40 Uhr beginnen Artillerieeinheiten der Roten Armee daraufhin, die Reste des Berliner Regierungsviertels zu beschießen.[22]

Plön in Schleswig-Holstein, Hauptquartier
von Karl Dönitz, vormittags

Im Laufe des Vormittags taucht Himmler erneut in Plön auf und bittet um ein Gespräch mit Dönitz unter vier Augen. Mittlerweile hat er seine Enttäuschung offenbar überwunden, nicht selbst die Nummer eins im Deutschen Reich geworden zu sein – viel ist davon ohnehin nicht übrig –, und bietet sich noch einmal in aller Form als Mitglied der neuen deutschen Regierung an. Im Anschluss an das Gespräch fragt Dönitz Keitel, der ebenfalls nach Plön gekommen ist, was er von

Himmler als Mitglied des neuen Kabinetts halte. Keitel erwidert unumwunden, Himmler sei für ihn nicht tragbar. In dieser Einschätzung sind sich die beiden Militärs einig.[23]

Berlin-Mitte, Führerbunker, 11.00 Uhr

Theodor von Dufving kehrt von General Tschuikows Gefechtsstand in den Bunker zurück und wird sofort zu Goebbels geführt, der sich im Lageraum aufhält. Von Dufving muss ausführlich über seine Begegnung mit der Führung der Roten Armee berichten. Goebbels stellt ruhig und sachlich Fragen zum Ablauf des Treffens und hinterlässt bei dem Generalstabsoffizier einen positiven Eindruck. Die roten Flecken in Goebbels' Gesicht lassen zwar auf innere Erregung schließen, aber große Angst scheint er nicht zu empfinden. Anders Martin Bormann, der zeitweise an dem Gespräch teilnimmt. »Der«, denkt von Dufving, »zittert ja nur um sein eigenes Leben.«

Goebbels fragt, wie lange die Reichskanzlei noch gehalten werden kann. »Höchstens zwei Tage, dann gibt es nur noch einzelne Widerstandsgruppen«, lautet von Dufvings Antwort. Mohnke, der dazugerufen wird, bestätigt diese Einschätzung. Abschließend möchte Goebbels wissen, ob von Dufving meint, dass Krebs' Verhandlungen doch noch Erfolg haben könnten. »Ich glaube nicht. Die Sowjets bestanden, solange ich da war, auf sofortiger Kapitulation.« Goebbels: »Darauf gehe ich nie, nie ein!«[24]

Berlin-Kreuzberg, Gefechtsstand
von Generaloberst Tschuikow, 13.00 Uhr

Krebs hat den Gefechtsstand verlassen. Bevor der deutsche Generalstabschef geht, kramt er lange in seinen Taschen und kommt noch zwei Mal von der Treppe wieder zurück in den Raum. Das erste Mal hat er seine Handschuhe vergessen, die auf dem Fenstersims neben seiner Uniformmütze gelegen haben. Das zweite Mal kommt er unter dem Vorwand zurück, eine Kartentasche zu holen, die er überhaupt nicht mitgebracht hat. Tschuikow hat den Eindruck, dass Krebs hin und her schwankt, ob er in die Reichskanzlei zurückkehren oder sich ergeben und in sowjetische Gefangenschaft begeben soll. Doch Tschuikow kann mit einem gefangenen deutschen Generalstabschef nichts anfangen. Er hält es für zweckmäßiger, dass Krebs in die Reichskanzlei zurückkehrt, damit er dazu beiträgt, die Schlacht um Berlin zu beenden.[25]

Berlin-Mitte, Führerbunker, 13.30 Uhr[26]

Nach mehr als zwölf Stunden kehrt Krebs in den Bunker zurück. Seine Mission ist gescheitert. Der Generalstabschef, ohnehin schwer bedrückt von der Niederlage seiner Armeen – »der zweiten in meiner Offizierslaufbahn« –, ist nach den ergebnislosen Verhandlungen mit Generaloberst Tschuikow völlig übermüdet. Bevor er sich in seinem Bunkerraum zum Schlafen hinlegt, erstattet er ebenfalls Bericht über seine Verhandlungen.[27] Der enttäuschte Bormann wirft Krebs daraufhin vor, versagt zu haben. Er selbst, so Bormann, hätte ein besseres Ergebnis erzielt.[28]

General Weidling, der auf Krebs' Wunsch bis zu dessen Rückkehr in der Reichskanzlei geblieben ist, setzt sich dafür ein, die sowjetische Forderung nach bedingungsloser Kapitulation anzunehmen. Das liege im Interesse seiner Soldaten wie der Zivilbevölkerung. Doch Goebbels klammert sich an Hitlers Befehl, bis zum letzten Blutstropfen zu kämpfen: »Ich habe einmal Berlin gegen die Roten erobert, ich werde es bis zum letzten Atemzug gegen die Roten verteidigen. Die wenigen Stunden, die ich noch als deutscher Reichskanzler zu leben habe, werde ich nicht dazu benutzen, meine Unterschrift unter eine Kapitulationsurkunde zu setzen.«[29] Weidling, der jeden weiteren Kampf als sinnlos ablehnt, fordert daraufhin von seinem Vorgesetzten die Zustimmung, den schon für den Vorabend geplanten Ausbruch aus Berlin nunmehr an diesem Abend zu versuchen. Krebs stimmt zu.[30]

Berlin-Mitte, Führerbunker, 14.00 Uhr

Martin Bormann ist noch immer aufgebracht darüber, dass seine Hoffnung auf einen Waffenstillstand und die damit verbundene Chance, aus Berlin zu entkommen, sich zerschlagen hat. Kategorisch verlangt er von Wilhelm Mohnke, unverzüglich eine Telefonleitung zu Tschuikows Gefechtsstand legen zu lassen. Doch seine Macht, so muss der bislang so gefürchtete Reichsleiter jetzt erkennen, ist seit Hitlers Tod offenbar in sich zusammengefallen. Der Verteidiger des Regierungsviertels weigert sich: Erstens sei das angesichts der Lage nicht innerhalb von fünf Minuten zu machen, und zweitens habe er im Augenblick andere Dinge zu tun. Dafür schicke er seine Männer nicht in den Tod.[31] Bormann wird daraufhin zunächst grob, doch als Mohnke sich diesen Ton verbittet, setzt er schnell eine freundliche Miene auf und schweigt.

Mohnke kehrt nach diesem Krach empört in seinen Gefechtsstand im Keller der Reichskanzlei zurück. Kurz darauf kommt Goebbels herein, um die Wogen zu glätten. Das habe gerade noch gefehlt, meint der Propagandaminister beschwörend, dass zum Schluss auch noch Streit untereinander ausbreche.[32]

Plön in Schleswig-Holstein, Hauptquartier von Karl Dönitz, nachmittags

Großadmiral Dönitz feilt an den Formulierungen seines ersten Befehls an die Wehrmacht. Sein Problem: Wie können die Soldaten der Wehrmacht auf ihn als neuen Reichspräsidenten vereidigt werden? Keitel schlägt eine Formulierung vor, wonach der auf Hitler geleistete Eid automatisch auch für Dönitz als den von Hitler bestimmten Nachfolger gelten soll.[33] So heißt es dann pathetisch im Tagesbefehl an die Deutsche Wehrmacht: »Deutsche Wehrmacht! Meine Kameraden! Der Führer ist gefallen. Getreu seiner großen Idee, die Völker Europas vor dem Bolschewismus zu bewahren, hat er sein Leben eingesetzt und den Heldentod gefunden. Mit ihm ist einer der größten Helden der deutschen Geschichte dahingegangen. In stolzer Ehrfurcht und Trauer senken wir vor ihm die Fahnen. Der Führer hat mich zu seinem Nachfolger als Staatsoberhaupt und als Obersten Befehlshaber der Wehrmacht bestimmt. Ich übernehme den Oberbefehl über alle Teile der Deutschen Wehrmacht mit dem Willen, den Kampf gegen die Bolschewisten so lange fortzusetzen, bis die kämpfende Truppe und die Hunderttausende von Familien des deutschen Ostraumes vor der Versklavung oder Vernichtung gerettet sind. Gegen Engländer und Amerikaner muss ich den Kampf so weit und so lange fortsetzen, wie sie mich in der Durchführung des Kampfes gegen den Bolschewismus hindern. Die Lage erfordert von euch, die ihr schon so große geschichtliche Taten vollbracht habt und die ihr jetzt das Ende des Krieges herbeisehnt, weiteren bedingungslosen Einsatz. Ich verlange Disziplin und Gehorsam. Nur durch vorbehaltlose Ausführung meiner Befehle werden Chaos und Untergang vermieden. Ein Feigling und Verräter ist, wer sich gerade jetzt seiner Pflicht entzieht und damit deutschen Frauen und Kindern Tod oder Versklavung bringt. Der dem Führer von euch geleistete Treueid gilt nunmehr für jeden Einzelnen von euch ohne weiteres mir als dem vom Führer eingesetzten Nachfolger. Deutsche Soldaten, tut eure Pflicht. Es gilt das Leben unseres Volkes!«[34]

Berlin-Mitte, Reichskanzlei, nachmittags

In der Reichskanzlei werden zur gleichen Zeit die Einzelheiten des bevorstehenden Ausbruchsversuchs geplant. Wilhelm Mohnke will die Bewohner der Reichskanzlei in sechs Gruppen ausbrechen lassen, alle 20 bis 30 Minuten eine. Er selbst wird die Führung der ersten Gruppe übernehmen,[35] die um 21.15 Uhr aufbrechen wird. Für die Route gilt: zunächst über den Wilhelmplatz zum Eingang der U-Bahn-Station Kaiserhof, dann im Schutze des U-Bahn-Schachts zum Bahnhof Friedrichstraße und weiter im U-Bahn-Tunnel unter der Spree hindurch zum Stettiner Bahnhof im Wedding. Dort, hofft Mohnke, werden die Ausbrecher den russischen Ring um die »Zitadelle« hinter sich gelassen haben und sich nach Nordwesten durchschlagen können.

Mohnke bespricht seine Pläne mit den Generälen Krebs und Burgdorf und informiert auch General Weidling, mit dem er, wenn die Fernmeldeeinrichtungen wieder einmal nicht funktionieren, per Melder Kontakt hält. Mit dem Berliner Kampfkommandanten vereinbart er, dass die Kapitulation Berlins nicht vor dem 2. Mai erfolgen soll, damit für den Ausbruch die ganze Nacht zur Verfügung steht.[36]

Nicht alle Bunkerbewohner wollen sich anschließen. Die Generäle Krebs und Burgdorf erklären, sie wollten in der Reichskanzlei bleiben und hier »Schluss machen«. Professor Haase, der Leiter des Lazaretts im Keller der Reichkanzlei, ist aus gesundheitlichen Gründen nicht in der Lage mitzumarschieren. Walter Hewel, der Vertreter Ribbentrops bei Hitler, ringt noch mit sich. Er ist ein gutmütiger, dicker, vor allem aber sehr unschlüssiger Mensch, der völlig unter Hitlers Einfluss gestanden hat.[37] Jetzt weiß er nicht, ob er sich umbringen oder weiterleben soll. Den ganzen Nachmittag sitzt er abseits von den anderen und betrachtet unentwegt ein postkartengroßes Foto seiner jungen Frau. Er hat erst vor einigen Monaten geheiratet. Als Hans Baur ihn anspricht und Hewel daraufhin von der letzten Begegnung mit seiner Frau erzählt, fallen Tränen auf das Bild. Baur: »Hewel, Sie marschieren doch mit uns?« Hewel: »Ich weiß noch nicht. Ich kann mich unmöglich in russische Kriegsgefangenschaft begeben!« Baur: »Das wollen wir alle nicht. Aber Sie können es doch mit uns versuchen, vielleicht schaffen wir es noch, wenn es auch schlecht aussieht.« Hewel: »Gut, Baur, ich marschiere mit. Ich versuche es. Kommt mir der Russe zu nahe, erschieße ich mich. Ich kann nicht zum Verräter an meinen Chef werden, obwohl ich nicht immer mit seiner Politik einverstanden war.«[38]

Für Joseph Goebbels wiederum steht fest, dass er und seine Familie ihr Leben im Bunker beenden werden. Und heute ist der Tag dafür gekommen. Doch noch ist er Reichskanzler. Um 14.46 Uhr lässt er an Karl Dönitz funken: »Führer gestern 15.30 Uhr verschieden. Testament vom 29.4. überträgt Ihnen das Amt des Reichspräsidenten, Reichsminister Dr. Goebbels das Amt des Reichskanzlers, Reichsleiter Bormann das Amt des Parteiministers, Reichsminister Seyß-Inquart das Amt des Reichsaußenministers. Das Testament wurde auf Anordnung des Führers an Sie, an Feldmarschall Schörner und zur Sicherstellung für die Öffentlichkeit aus Berlin herausgebracht. Reichsleiter Bormann versucht, noch heute zu Ihnen zu kommen, um Sie über die Lage aufzuklären. Form und Zeitpunkt der Bekanntgabe an Öffentlichkeit und Truppe bleibt Ihnen überlassen. Eingang bestätigen.«[39]

Plön in Schleswig-Holstein, Hauptquartier von Karl Dönitz, 15.18 Uhr

Gut eine halbe Stunde später hält Karl Dönitz den dritten und letzten Funkspruch aus der Reichskanzlei seit Hitlers Tod in den Händen. Aus dem Wortlaut »ist verschieden« schließen Dönitz und die Anwesenden Keitel und Speer, dass Adolf Hitler sich das Leben genommen hat. Andernfalls hätte es im Funkspruch heißen müssen: »ist gefallen«. SS-Standartenführer Wilhelm Zander, der am 29. April mit einem Durchschlag von Hitlers Testament zu Dönitz geschickt wurde, ist noch nicht in Plön eingetroffen. Der Inhalt des Funkspruchs schränkt die Gestaltungsmöglichkeiten des neuen Reichspräsidenten erheblich ein, denn Hitler hat ihm seine neue Regierung vorgeschrieben. Dönitz ist darüber konsterniert und stellt sofort klar, dass er nicht bereit ist, sich diesem letzten Willen Hitlers zu unterwerfen. Keitel und Speer bestärken den Großadmiral in dieser Haltung. »Hat schon jemand den Funkspruch gesehen?«, fragt Dönitz. Sein Adjutant Lüdde-Neurath versichert, das Telegramm sei direkt vom Funker zu ihm gelangt. Daraufhin verpflichtet Hitlers Nachfolger alle Anwesenden und den Funker zu strengstem Stillschweigen über die Existenz und den Inhalt des Telegramms.[40] Er entscheidet außerdem, den Text seiner für den Abend geplanten Rundfunkansprache nicht zu ändern. Er will zwar mitteilen, dass Hitler tot ist, nicht aber, dass der Diktator Selbstmord begangen hat.[41]

Und sollten Bormann oder Goebbels tatsächlich in Plön auftauchen, müssten sie in irgendeiner Form »sichergestellt« werden. Dönitz, der auf keinen Fall mit ihnen zusammenarbeiten will, ist entschlossen, die beiden in diesem Fall verhaften zu lassen.[42]

Berlin-Mitte, Reichskanzlei, nachmittags

Die Bunkerbewohner bereiten sich auf den Ausbruch vor. Die großen Lebensmittellager, die es immer noch gibt, werden aufgelöst. Es finden sich kaum genügend Abnehmer für die vielen Konserven, die Wein-, Schnaps- und Sektflaschen, die Schokolade. Bis vor kurzem waren es begehrte Kostbarkeiten, jetzt ist eine Waffe wichtiger. Alle Bunkerbewohner werden bewaffnet, auch die Frauen bekommen jede eine Pistole.[43] Danach werden sie mit Männerkleidung aus einem Lager im Bunker der Reichskanzlei ausgestattet. Auf dem Weg dorthin müssen sie den Operationssaal im Keller der Reichskanzlei durchqueren. Traudl Junge hat noch nie zuvor eine Leiche gesehen und ist dem Anblick von Blut bisher ausgewichen. Hier wird sie mit Eimern voll Blut und menschlichen Gliedmaßen sowie mit zwei toten Soldaten konfrontiert, die schrecklich zugerichtet auf Bahren liegen. Professor Haase – der gerade ein Bein amputiert – ist so konzentriert bei der Arbeit, dass er beim Eintreten der Frauen nicht einmal aufblickt. Knirschend arbeitet sich seine Säge durch die Knochen.[44]

Berlin-Mitte, Führerbunker, später Nachmittag

Die Frauen im Bunker, die Sekretärinnen und Zimmermädchen, quält die Vorstellung, dass jetzt die sechs fröhlichen Goebbels-Kinder umgebracht werden sollen. Auch jetzt noch werden Vorschläge gemacht, wie man ihr Leben retten könnte. Einige Angehörige des Personals schlagen Magda Goebbels vor, ihre Kinder aus dem Bunker herauszubringen, bei sich aufzunehmen und für sie zu sorgen. Das findet ebenso wenig Gehör wie die flehentlichen Bitten der Sekretärinnen, die Kinder nicht zu töten.[45]

Magda Goebbels bringt die Kinder an diesem Abend früh ins Bett. Schon mit ihren weißen Nachthemden bekleidet, werden sie von ihrer Mutter sorgfältig gekämmt und zum letzten Mal in ihrem Leben liebkost. Helga, die älteste Tochter, weint. Werner Naumann, Goebbels' Staatssekretär, der das beobachtet, kommentiert die Szene gegenüber dem Telefonisten der Reichskanzlei, Rochus Misch: »Stumpfegger wird ihnen gleich Bonbonwasser geben; sie müssen eben sterben.« Misch krampft sich das Herz zusammen.[46]

Gegen 18.00 Uhr läuft Magda Goebbels im Führerbunker Heinz Linge über den Weg. Mit »stockender Stimme« bittet sie Hitlers Diener, sie in den Vorbunker zu begleiten, wo sie und ihre Kinder untergebracht sind. Linge tut ihr den Gefallen. Neben der Tür, hinter der sich ihre Kinder aufhalten, lässt sie sich in einen Sessel fallen.[47] Nach einer Weile öffnet sich die Tür, und Ludwig Stumpfegger tritt heraus. Linge beobachtet, wie Magda Goebbels den Blick von Hitlers Begleitarzt sucht. Wortlos und zitternd steht sie auf. Als der SS-Arzt stumm und bewegt nickt, sackt sie zusammen.[48]

Die Mutter geht daraufhin offenbar noch einmal in das Zimmer, in dem ihre toten Kinder liegen. Günther Schwägermann, Goebbels' Adjutant, sieht Magda Goebbels »grau im Gesicht aus dem Bunkerraum« kommen. Nur mit Mühe kann sie sprechen, dann bricht sie völlig zusammen.[49] Zwei Männer des Führerbegleitkommandos geleiten Magda Goebbels schließlich zu ihrem Mann, der sich im Führerbunker aufhält.[50]

Stumpfegger beichtet später Otto Günsche, »dass er die Kinder auf Drängen der Eltern vergiftet« habe.[51]

Berlin-Mitte, Führerbunker, abends

Artur Axmann schaut ein letztes Mal beim Ehepaar Goebbels im Bunker vorbei. Magda Goebbels empfängt den Reichsjugendführer mit den Worten: »Herr Axmann, es ist vollbracht.« Axmann verschlägt es bei dieser Begrüßung zunächst die Sprache. Auch Goebbels schweigt. Seine Frau aber hat sich schon wieder ganz in der Gewalt, bittet Axmann, Platz zu nehmen, ganz so, als handelte es sich um eine sonntägliche Einladung zu Kaffee und Kuchen. »Wir wollen noch einmal so zusammensitzen, wie es in der Kampfzeit üblich war«, sagt sie, serviert Kaffee und bringt das Gespräch auf die gemeinsame Vergangenheit: »Wissen Sie noch ...?«

Und mit diesem »Wissen Sie noch?« kommt tatsächlich ein Gespräch zustande, das für Augenblicke von dem furchtbaren Kindermord ablenkt und davon, was das Ehepaar Goebbels vorhat. Gemeinsam schwelgen sie in Erinnerungen an die »Kampfzeit«, an Saalschlachten und Revolutionsromantik. Schließlich geben Joseph und Magda Goebbels Axmann zum letzten Mal die Hand. »Wir scheiden heute abend um acht Uhr aus dem Leben«, informiert der Reichskanzler den Reichsjugendführer beiläufig. »Vielleicht kommen Sie noch einmal vorbei?«[52]

Die restlichen Bunkerbewohner sitzen zur selben Zeit zur Untätigkeit verdammt herum und warten auf den Befehl zum Ausbruch.[53]

Berlin-Mitte, Reichskanzlei, 19.00 Uhr

Der Keller unter der Reichskanzlei gleicht einem Ameisenhaufen. Alle laufen umher, packen ihre Sachen zusammen und machen sich für den Abmarsch fertig.[54] Die Generäle Krebs und Burgdorf diskutieren im Zwiegespräch ihre Erfolgsaussichten, sollten sie sich doch am Ausbruch beteiligen. Sie fragen Weidlings Stabsoffizier, Theodor von Dufving, nach seiner Meinung. Dessen Lagebeurteilung lautet:»Für einen geschlossenen Ausbruch gibt es kaum noch eine Chance, jedoch könnten einzelne kleine Trupps und Einzelgänger, die gute Ortskenntnisse haben, versuchen, sich durchzuschlagen, ja durchzulügen. Aber auch das hat nur Sinn, wenn sie die Elbe erreichen. Für einen Ausbruch geschlossener Truppenteile ist es zu spät.«[55] Die Diskussion ist ohnehin eher theoretischer Natur. Die beiden Generäle haben sich längst festgelegt. Für die Berufsoffiziere ist dies ihr zweiter verlorener Krieg, und sie haben schon öffentlich erklärt, dass sie in der Reichskanzlei bleiben und Selbstmord begehen wollen. Davon gibt es kein Zurück mehr.[56] Und so bekräftigt Wilhelm Burgdorf erneut markig:»Ich als Chefadjutant des Führers und Chef des Personalamtes habe nur eine Möglichkeit: ich erschieße mich!« Hans Krebs hingegen gibt von Dufving beim Abschied resigniert mit auf den Weg:»Es gibt nur verzweifelnde Männer, aber keine verzweifelten Lagen.«[57] Der Generalstabschef und Hitlers Chefadjutant erheben sich und ziehen ihre Uniformröcke glatt. Sie reichen allen die Hand zum Abschied und ziehen sich zurück.[58]

Berlin-Mitte, Führerbunker, abends

Die letzte Begegnung zwischen Goebbels und Weidling, der in seinen Gefechtsstand im Bendlerblock zurückwill, ist kurz. Sie dauert kaum eine Minute und findet in Hitlers Arbeitszimmer statt.[59] An dem eisernen Garderobenständer im Vorraum hängen noch Hitlers grauer Mantel, seine große Mütze mit dem Parteiabzeichen und seine hellen Wildlederhandschuhe. Daneben baumelt eine Hundeleine.[60]

Lebhafter und herzlicher geht es beim Abschied von Hans Baur zu. Als der Flugkapitän Goebbels' Raum im Führerbunker betritt, kommt ihm der kleine Propagandaminister entgegen, seine Frau erhebt sich ebenfalls und stellt sich neben ihren Mann. Mit Tränen in den Augen sagt sie:»Baur, Berlin ist rundherum zu, es wird für Sie schwer werden, herauszukommen. Ich wünsche Ihnen viel Glück. Sehen Sie zu, dass Sie es schaffen! Bormann hat wichtige Aufträge für Dönitz mitbekommen. Wenn Sie Dönitz erreichen sollten, dann sagen Sie ihm, wie wir in den letzten drei Wochen hier gelebt haben. Sagen Sie ihm aber auch, dass wir nicht nur verstanden haben zu leben und zu kämpfen, sondern auch zu sterben.«[61]

Berlin-Mitte, Reichskanzlei, abends

Hitlers Chefadjutant Wilhelm Burgdorf quält sich mit seinem Freitod. Im Laufe des Tages ist er mit der Bitte um einen Freundschaftsdienst bereits an Hans Baur herangetreten: Der Flugkapitän möge ihn bitte erschießen. Der weist das entsetzt von sich, er will vor Burgdorfs Frau und seinen vier Kindern nicht als Mörder dastehen.[62] Am Abend taucht Burgdorf im Keller des nahe gelegenen Propagandaministeriums auf. Er hat vom Staatssekretär Naumann erfahren, dass der Leiter der Rundfunkabteilung des Propagandaministeriums, Hans Fritzsche, aus eigenem Antrieb dem sowjetischen Oberbefehlshaber die Kapitulation Berlins anbieten will. Als Fritzsche gerade einen Brief verfasst, der zu Marschall Shukow gebracht werden soll, verlangt Burgdorf, hochrot im Gesicht und mit glasigen Augen, Einlass. Burgdorf: »Sie wollen kapitulieren?« Fritzsche: »Ja.« Burgdorf: »Dann muss ich Sie niederschießen. Der Führer hat in seinem Testament jede Kapitulation verboten. Es muss bis zum letzten Mann gekämpft werden.« Fritzsche: »Auch bis zur letzten Frau?« Burgdorf zieht seine Pistole, doch ein hinter ihm stehender Techniker greift dem General in den Arm, der Schuss geht in die Decke, und man kann ihm die Waffe entwinden.[63]

Jetzt sitzen Krebs und Burgdorf zu einem letzten Besäufnis am Kartentisch im Lageraum, vor sich Flaschen und Gläser.[64] Der Generalstabschef und Hitlers Chefadjutant trinken nicht nur erhebliche Mengen, sie intonieren auch lautstark ein Lied nach dem anderen. Am lautesten grölt Burgdorf: »Johnny come down to Hill« oder »Poor Old Man«.[65]

Wilhelm Mohnke, der sich von den beiden Generälen verabschieden will, sieht bei ihnen einen Mann sitzen, der an diesem Tag zum ersten Mal im Bunker auftaucht: SS-Obergruppenführer Heinrich Müller, der Chef der Geheimen Staatspolizei und einer der wichtigsten Organisatoren der Massenmorde in den Konzentrationslagern.[66] »Gestapo-Müller« ist eine furchteinflößende Figur. Auf die Frage von Hans Baur, ob er sich am geplanten Ausbruch beteiligen werde, antwortet Müller: »Baur, ich kenne die russischen Methoden zu genau, als dass ich mich noch der Gefahr aussetze, ihnen in die Hände zu fallen. Die Russen würden mich sowieso erschießen. Die Vernehmungsqualen und

Schlägereien vorher erspare ich mir, wenn ich selbst Schluss mache.«[67] So, wie er im Bunker aufgetaucht ist, verlässt er ihn auch wieder. Er verschwindet, ohne dass es jemand bemerkt und ohne Spuren zu hinterlassen. Seine Leiche wird nie gefunden.

Der vierte Mann, der es vorzieht, in dieser Nacht sein Leben selbst zu beenden, ist Franz Schädle, der Chef des SS-Führerbegleitkommandos. SS-Obersturmbannführer Schädle ist am 29. April durch einen Granatsplitter am Fuß verwundet worden.[68] Von dieser Verletzung rührt eine hässliche, brandige Wunde her, die ihn daran hindert, mit auszubrechen. Der SS-Offizier will sich lieber erschießen, als beim Ausbruch jemandem zur Last zu fallen. Rochus Misch sieht Schädle,»wie er sich mit einer Krücke in Richtung Reichskanzlei« schleppt und das lahme Bein nachzieht.[69] Man hört und sieht nie wieder etwas von ihm.

Rochus Misch ist es dann auch, der den Tod der Generäle Krebs und Burgdorf feststellt. Der Telefonist, der nach wie vor mit Magda und Joseph Goebbels in seiner Telefonzentrale ausharren muss, um für den Propagandaminister Telefongespräche entgegenzunehmen, bekommt ein Gespräch für Hans Krebs durchgestellt. Er versucht, es an den Generalstabschef weiter zu vermitteln, aber Krebs meldet sich nicht. Misch tritt daraufhin aus seiner Telefonzentrale in den Korridor des Führerbunkers und sieht Krebs und Burgdorf auf der rechten Seite des Lagevorraums in zwei Sesseln sitzen. Erst glaubt er, die beiden seien eingenickt. Doch als Misch hingeht und den vermeintlich schlafenden Krebs anstößt,[70] merkt er, dass der Generalstabschef tot ist. Äußerlich ist an Burgdorf und Krebs keine Verletzung festzustellen. Misch hat auch keinen Schuss gehört. Die beiden Militärführer haben sich mit Blausäure vergiftet.[71] Misch bekommt einen Schreck und kehrt sofort zu seiner Telefonanlage zurück. Als er kurze Zeit darauf erneut den Korridor betritt, sind die Leichen der beiden Generäle verschwunden.[72]

Berlin-Mitte, Führerbunker, 20.15 Uhr

Der Führerbunker ist jetzt fast leer. Einer nach dem anderen geht hinüber in die Reichskanzlei, wo sich alle zum Ausbruch sammeln. Goebbels streicht schon seit Stunden rauchend und ruhelos durch die Bunkerräume wie ein Hotelbesitzer, der darauf wartet, dass die letzten Gäste das Lokal verlassen. So empfindet es jedenfalls Traudl Junge, die nun auf ihrem Weg aus dem Bunker noch einmal an Hitlers und Eva Brauns Räumen vorbeikommt. Ihr Blick fällt auf Hitlers Handschuhe auf dem Garderobenständer, und einen Moment lang überlegt sie, ob sie sie, oder wenigstens einen, als Andenken mitnehmen soll. Aber dann lässt sie es doch. Im Schrank in Eva Hitlers Zimmer hängt der Pelzmantel, den diese ihr geschenkt hat. Sie nimmt ihn nicht mit. Außer ihrer Pistole und der Ampulle mit dem tödlichen Gift kann sie nichts mehr gebrauchen.[73]

Schließlich sind nur noch der Telefonist, Rochus Misch, der Techniker der Reichskanzlei, Johannes Hentschel, und das Ehepaar Goebbels im Führerbunker. Als einer der Letzten hat sich Martin Bormann – zu Mischs Verwunderung – von dem Telefonisten verabschiedet und ihm dabei die Hand gedrückt. Misch wünscht nichts sehnlicher, als wie alle anderen den Bunker verlassen zu können, aber Goebbels lässt ihn noch nicht gehen. Der Propagandaminister will von Misch wissen, wer sich telefonisch noch gemeldet hat: »Was haben wir denn noch?« Misch berichtet, dass Zivilisten anrufen, Militärs, die Generäle Rauch, Stumpff, Weidling, Bärenfänger und Oberstleutnant Seifert. Wenn wieder ein Anruf kommt, ruft Misch den hin und her wandernden Goebbels: »Herr Minister, hier werden Sie verlangt.« Endlich erlöst Goebbels ihn: »Das ist ja nicht mehr viel, was wir haben, ich sag' Ihnen dann Bescheid.« Schließlich gibt Goebbels Misch die Hand und verabschiedet sich, wie schon von anderen, mit den Worten: »So, wir haben verstanden zu leben, nun müssen wir auch verstehen zu sterben.«[74]

Berlin-Mitte, Führerbunker, 20.30 Uhr
Um 20.30 Uhr treten Magda und Joseph Goebbels aus ihrem Bunkerraum in den Korridor. Ganz langsam und ruhig geht Goebbels zur Garderobe, setzt seine Mütze auf, zieht seinen Mantel und seine Handschuhe an. Er reicht seiner Frau den Arm und bewegt sich in Richtung Treppe, die zum Notausgang in den Garten führt.[75] In diesem Moment kommt Wilhelm Mohnke noch einmal in den Führerbunker zurück. Als die Eheleute Goebbels seine Schritte hören, drehen sie sich um. Mohnke salutiert und meldet militärisch: »Herr Reichsminister, wir brechen jetzt aus, ich möchte mich von Ihnen verabschieden.« Der Propagandaminister sieht den Kommandanten von »Zitadelle« an, legt ihm einen Arm um den Hals und verabschiedet sich mit den Worten: »Lieber Mohnke, machen Sie's gut.« Magda Goebbels sagt leise: »Unsere Kinder sind nun schon kleine Engelchen; wir folgen ihnen jetzt nach.« Bevor sie Mohnke die Hand reichen kann, muss sie die Giftkapsel von der rechten in die linke Hand gleiten lassen. Mohnke verbeugt sich, gibt Magda Goebbels einen Handkuss und bleibt stehen.[76]

Die Familie Goebbels in einer Aufnahme aus dem Jahr 1942; nur Harald Quandt (rechts, in Uniform), Magdas Sohn aus erster Ehe, wird das Kriegsende erleben.

Schweigend geht das Ehepaar die Treppe hinauf und verlässt den Bunker durch den Notausgang, der in den Garten führt. Joseph Goebbels schließt die Tür hinter sich. Wie Hitler hat auch er angeordnet, dass seine Leiche und die seiner Frau nach ihrem Selbstmord verbrannt werden sollen. Sein Adjutant Günther Schwägermann hat den Auftrag, die Verbrennung durchzuführen. Schwägermann, der dem Ehepaar diskret bis in das Treppenhaus gefolgt ist, wartet im Innern des Bunkers, bis Magda und Joseph Goebbels ihrem Leben ein Ende gesetzt haben.[77]

Goebbels' Fahrer, ein SS-Diener und ein weiterer SS-Mann tragen die Benzinkanister, die am Morgen bereitgestellt worden sind, in den Garten. Schwägermann sieht Goebbels und seine Frau wenige Meter vom Bunkerausgang tot am Boden liegen. Schwägermann und seine Helfer gießen das mitgebrachte Benzin über die Leichen und stecken sie in Brand. Sofort sind die beiden Toten in Flammen gehüllt.[78] Zu einer völligen Verbrennung der Leichen kommt es – anders als bei Hitler – nicht. Die Leichen von Magda und Joseph Goebbels werden später lediglich angekohlt vorgefunden.

Berlin-Mitte, Führerbunker, 21.00 Uhr

Schwägermann und seine Helfer von der SS kehren in den Bunker zurück, wo Wilhelm Mohnke schon auf sie wartet. Sie sollen das Inventar des Führerbunkers in Brand stecken, damit die Rote Armee nichts findet, was an Hitler erinnern könnte. Befehlsgemäß gießen Schwägermann und seine Männer im Lagevorraum[79] einen Kanister Benzin aus und stecken es dann in Brand. In diesem Moment fällt die Stahltür, die den Mittelgang zum Vorbunker abschließt, durch den Sog des Feuers zu; die Brandstifter werden in den Flammen eingeschlossen. Sie rennen zur Stahltür, und zu ihrem Glück ist der Riegel der Tür verrutscht, so dass das Schloss nicht zugeschnappt ist. Mit vereinter Kraft gelingt es ihnen schließlich, die Tür zu öffnen und den Bunker unter der Reichskanzlei zu erreichen.[80] Da die Tür hinter ihnen wieder zufällt und außerdem der Techniker der Reichskanzlei die Ventilatoren im Führerbunker ausgeschaltet hat, erstickt das Feuer schnell wieder. Erhebliche Bereiche des Bunkers bleiben erhalten.[81]

Berlin-Mitte, Reichskanzlei, 21.15 Uhr

Wer noch laufen kann, hat jetzt nichts anderes mehr im Sinn, als aus der Reichskanzlei zu entkommen. Alle tragen Uniform und haben schon ihre Stahlhelme aufgesetzt. Die vier Frauen aus dem Führerbunker, Hitlers Sekretärinnen Gerda Christian und Traudl Junge, Bormanns Schreibkraft Else Krüger und Hitlers Diätköchin Constanze Manziarly, warten in ihrem Raum auf den Abmarsch. Ihre Papiere haben sie vernichtet. Traudl Junge verzichtet auf die Mitnahme von Geld, Proviant oder Kleidung. Sie steckt nur möglichst viele Zigaretten und ein paar Bilder ein, von denen sie sich nicht trennen kann. Auch ihre Kolleginnen packen sich kleine Taschen und Beutel.[82]

Artur Axmann geht vor dem Abmarsch noch einmal ins Lazarett und nimmt Abschied von seiner schwer verwundeten Berliner Mädelführerin[83] Gisela Hermann, die nicht transportfähig ist. Auch ein jüngerer HJ-Führer muss verletzt im Bunker zurückbleiben. Axmann überlässt der jungen Frau eine der beiden Pistolen Hitlers, die er nach dessen Tod an sich genommen hat.[84] Ernst Günther Schenck verabschiedet sich von den Verwundeten und dem vom Tode gezeichneten Professor Haase, der mit den Krankenschwestern bleiben will.[85] Schenck und Haase stehen sich gegenüber und wissen nichts Besseres, als voreinander zu salutieren. Auch zwischen ihnen ein letzter Händedruck, dann wendet sich Schenck ab und verlässt die Krankenstation.[86]

Berlin-Mitte, Reichskanzlei, später Abend[87]

Wilhelm Mohnke gibt den Befehl zum Abmarsch der ersten Gruppe. Unter seiner Leitung setzen sich die vier erwähnten Frauen, Ernst Günther Schenck, Walter Hewel und mehrere hundert Männer – Norweger, Belgier, Deutsche, Franzosen der Division »Charlemangne«, die in den letzten Tagen unter Mohnkes Führung die Reichskanzlei verteidigt haben – in Bewegung. Über halbverfallene Treppen, durch Mauerlöcher und Kellerfenster, über Trümmer hinweg steigt Mohnkes Gruppe aus dem Keller der Reichskanzlei bis zum Wilhelmplatz hinauf, der von Bränden rot erhellt ist. Wolken beißenden Rauchs treiben durch die Luft und bringen die Flüchtenden zum Husten. Lautlos hetzen jeweils fünf bis zehn Mann quer über den Platz zum Eingang der U-Bahn-Station Kaiserhof neben der Ruine des gleichnamigen Hotels. Vereinzelte Schüsse krachen.[88] Ohne Verluste und in der befohlenen Ordnung tauchen sie in die Dunkelheit des U-Bahn-Schachtes ein.[89] Ziel ist der Bahnhof Friedrichstraße, der unterirdisch, entlang der Gleise erreicht werden soll. Danach hofft Mohnke, die Spree über die Weidendammer Brücke in Richtung Norden überqueren zu können.[90]

Deutsches Reich, 22.26 Uhr

Die Verfasser des Wehrmachtsberichtes vom 1. Mai wissen noch nichts von Hitlers Tod und berichten: »Im Stadtkern von Berlin verteidigt sich die tapfere Besatzung, um unseren Führer geschart, auf verengtem Raum gegen die bolschewistische Übermacht. Unter schwerstem feindlichen Artilleriefeuer und rollenden Luftangriffen dauert das heroische Ringen an.«[91] Demgegenüber lässt Karl Dönitz mehr als dreißig Stunden nach Hitlers Selbstmord den Deutschen durch eine Meldung im Norddeutschen Rundfunk[92] bekannt geben, dass der Diktator nicht mehr am Leben ist. Nachdem die Hörer durch Trauermusik auf eine schlechte Nachricht eingestimmt worden sind, bricht kurz vor halb elf die Musik im Radio ab: »Sondermeldung!« Der Sprecher verkündet die Sensation: »Aus dem Führerhauptquartier wird gemeldet, dass unser Führer Adolf Hitler heute nachmittag in seinem Befehlsstand in der Reichskanzlei, bis zum letzten Atemzug gegen den Bolschewismus kämpfend, für Deutschland gefallen ist. Am 30. April hat der Führer den Großadmiral Dönitz zu seinem Nachfolger ernannt.«[93]

Konzentrationslager Mauthausen, Österreich

Aus Mauthausen und den Nebenlagern Gusen und St. Valentin werden jüdische Häftlinge nach Gunskirchen in Marsch gesetzt. Hunderte von ihnen gehen während des Todesmarsches an Erschöpfung zugrunde – sie stürzen zu Boden und verenden im Schlamm. Insgesamt haben seit 1938 knapp 200 000 Gefangene den Lagerkomplex durchlaufen. Schätzungsweise 119 000, darunter 38 120 Juden, haben die Lagerhaft nicht überlebt.[94]

Der Führerbunker 1947

Danach

Reichsjugendführer Artur AXMANN gelingt es, nach Bayern zu fliehen. Er wird am 15. Dezember 1945 im Allgäu von den Amerikanern verhaftet und bis zum 12. Mai 1949 in amerikanischen Gefangenenlagern inhaftiert. SS-Obergruppenführer Erich BÄRENFÄNGER erschießt sich am 2. Mai zusammen mit seiner Frau. Hans BAUR, Hitlers Chefpilot, wird am 2. Mai in Berlin gefangen genommen und bleibt bis 1955 in sowjetischer Kriegsgefangenschaft. Hitlers Luftwaffenadjutant Nicolaus VON BELOW taucht in der britischen Besatzungszone unter. Er wird im Februar 1946 verhaftet und bis Mai 1948 interniert. Georg BETZ, Hitlers zweiter Pilot, wird beim Ausbruchsversuch am 2. Mai getötet. Martin BORMANN begeht am 2. Mai Selbstmord durch Einnahme von Blausäure. Hitlers Sekretärin Gerda CHRISTIAN schlägt sich nach Westdeutschland durch. Von Anfang März bis Mitte April 1946 wird sie von den Amerikanern inhaftiert. Hitlers Nachfolger als Reichspräsident, Karl DÖNITZ, wird im Nürnberger Prozess 1946 zu einer Freiheitsstrafe von zehn Jahren verurteilt, die er in Nürnberg und Berlin-Spandau verbüßt. Hans FRITZSCHE, Leiter der Abteilung Rundfunk im Propagandaministerium, wird am 2. Mai verhaftet. Obwohl im Nürnberger Prozess 1946 freigesprochen, bleibt er bis September 1950 in sowjetischer Haft. Hermann GÖRING wird im Nürnberger Prozess zum Tod durch den Strang verurteilt. Einen Tag vor Vollstreckung des Urteils, am 15. November 1946, tötet er sich in seiner Gefängniszelle durch Einnahme von Blausäure. Robert Ritter VON GREIM gerät in amerikanische Kriegsgefangenschaft und begeht am 24. Mai in Salzburg Selbstmord durch Einnahme von Blausäure. Otto GÜNSCHE, Hitlers SS-Adjutant, gerät am 2. Mai in sowjetische Kriegsgefangenschaft, aus der er im Mai 1956 in die Bundesrepublik entlassen wird. Werner HAASE, der Leiter der Krankenstation in der Reichskanzlei, harrt bis zu seiner Gefangennahme durch die Rote Armee am 3. Mai bei seinen Patienten aus. Er wird nach Moskau gebracht, wo er Ende 1945 stirbt. Johannes HENTSCHEL, der Techniker der Reichskanzlei, wird am 2. Mai von der Roten Armee gefangen genommen und bis Januar 1949 in der Sowjetunion inhaftiert. Walter HEWEL erschießt sich am 2. Mai, als seine Festnahme durch die Rote Armee unmittelbar bevorsteht. Heinrich HIMMLER versucht, nach der Kapitulation unterzutauchen, und begeht nach seiner Verhaftung durch die Briten am 23. Mai Selbstmord durch Einnahme von Blausäure. Peter HÖGL, stellvertretender Leiter des Reichssicherheitsdienstes, fällt am 2. Mai beim Versuch, aus Berlin auszubrechen. Hans HOFBECK, Mitarbeiter des Reichssicherheitsdienstes, wird am 2. Mai gefangen genommen und bleibt bis 1955 in russischer Gefangenschaft. Erwin JAKUBECK, Hitlers Diener, wird von Mai 1945 bis Dezember 1946 in der Sowjetunion inhaftiert. Generaloberst Alfred JODL, der Chef des Wehrmachtsführungsstabes, wird im Nürnberger Prozess zum Tode verurteilt und am 16. Oktober 1946 durch den Strang hingerichtet. Traudl JUNGE gelingt zunächst die Flucht aus Berlin. Von Juni 1945 bis April 1946 wird sie von der sowjetischen Besatzungsmacht in Berlin interniert. Hermann KARNAU, Mitarbeiter des Reichssicherheitsdienstes, entkommt nach Wilhelmshaven. Er gerät von Mai 1945 bis März 1946 in britische Gefangenschaft. Generalfeldmarschall Wilhelm KEITEL, der Chef des OKW, wird im Nürnberger Prozess zum Tode verurteilt und am 16. Oktober 1946 durch den Strang hingerichtet. Erich KEMPKA flieht von Berlin aus nach Berchtesgaden. Er wird im Juni 1945 von den Amerikanern verhaftet und bis November 1947 in verschiedenen amerikanischen Lagern inhaftiert. Karl KOLLER, der Generalstabschef der Luftwaffe, wird im Mai 1945 von den Amerikanern festgenommen und bleibt für zweieinhalb Jahre in Haft. Bormanns Sekretärin, Else KRÜGER, entkommt in die britische Besatzungszone, wo sie für kurze Zeit inhaftiert wird. Ewald LINDLOFF, Zeuge der Verbrennung Hitlers, wird am 2. Mai beim Ausbruchsversuch getötet. Heinz LINGE, Hitlers Diener, gerät vom 2. Mai 1945 bis 1955 in sowjetische Kriegsgefangenschaft. Heinz LORENZ, der Vertreter des Reichspressechefs, gerät in britische Kriegsgefangenschaft und kommt 1947 wieder frei. Bernd Freiherr Freytag VON LORINGHOVEN, der Adjutant von Generalstabschef Krebs, gerät im Mai 1945 in amerikanische Kriegsgefangenschaft. Er wird im März 1948 freigelassen. Constanze MANZIARLY, Hitlers Diätköchin, ist seit dem 1. Mai verschollen. Rochus MISCH, der Telefonist im Führerbunker, wird am 2. Mai festgenommen und bis 1955 in der Sowjetunion inhaftiert. Dasselbe widerfährt Wilhelm MOHNKE, dem Kampfkommandanten der Reichskanzlei. Theodor MORELL, Hitlers langjähriger Leibarzt, wird im Juli 1945 von den Amerikanern verhaftet. Er stirbt nach wechselnden Lageraufenthalten im Mai 1948 im Krankenhaus Tegernsee. Werner NAUMANN, Staatssekretär im Propagandaministerium, gelingt die Flucht in die britische Besatzungszone, wo er mehrere Jahre unter falschem Namen lebt. Erst im Januar 1953 wird er von den Briten festgenommen und bis Juli 1953 inhaftiert. Von Mai 1945 bis 1955 in sowjetischer Kriegsgefangenschaft sind Hans RATTEN-HUBER, der Chef des Reichssicherheitsdienstes, und Hans REISSER, Mitglied des Führerbegleitkommandos, der mithalf, Hitlers Leiche in den Garten zu tragen. Die Pilotin Hanna REITSCH wird im Mai 1945 in Kitzbühel von den Amerikanern verhaftet und bleibt bis Oktober 1946 in Haft. Außenminister Joachim VON RIBBENTROP wird im Nürnberger Prozess zum Tode verurteilt und am 16. Oktober 1946 in Nürnberg durch den Strang hingerichtet. Julius SCHAUB, Hitlers persönlicher Adjutant, versucht unter dem Namen Josef Huber in Österreich unterzutauchen, wird aber im Mai 1945 von den Amerikanern verhaftet und bis Februar 1949 in verschiedenen Lagern inhaftiert. Ernst Günther SCHENCK, der Arzt im Lazarett der Reichskanzlei, wird am 2. Mai 1945 von der Roten Armee interniert und bleibt bis 1953 in der Sowjetunion. Karl SCHNEIDER, der stellvertretende Fuhrparkleiter Hitlers, wird am 2. Mai verhaftet und bis 1955 in der Sowjetunion interniert. Ferdinand SCHÖRNER, der Oberbefehlshaber der Heeresgruppe Mitte, flieht im Mai 1945 mit einem Flugzeug in die amerikanische Besatzungszone, wird aber von den Amerikanern an die Sowjetunion ausgeliefert, wo er bis 1955 als Kriegsgefangener bleibt. 1957 wird er von einem deutschen Gericht wegen der Erschießung eines deutschen Soldaten ohne Gerichtsurteil zu einer Gefängnisstrafe von viereinhalb Jahren verurteilt. Hitlers Sekretärin Christa SCHROEDER wird im Mai 1945 von den Amerikanern in Hintersee gefangen genommen und bis Mai 1948 interniert. Goebbels' Adjutant, Günther SCHWÄGERMANN, flieht in die amerikanische Besatzungszone, wo er bis April 1947 interniert wird. Rüstungsminister Albert SPEER wird im Nürnberger Prozess zu einer Freiheitsstrafe von zwanzig Jahren verurteilt, die er in vollem Umfang in Nürnberg und Berlin-Spandau verbüßt. SS-Obergruppenführer Felix STEINER gerät am 3. Mai 1945 in die Gefangenschaft der Briten und bleibt bis April 1948 interniert. Ludwig STUMPFEGGER, Hitlers letzter Begleitarzt, tötet sich am 2. Mai durch Einnahme von Blausäure. Hans-Erich VOSS, der Vertreter des Oberbefehlshabers der Kriegsmarine im Führerhauptquartier, fällt der Roten Armee am 2. Mai in die Hände und wird bis 1955 in der Sowjetunion gefangen gehalten. Helmuth WEIDLING, der Stadtkommandant von Berlin, wird am 2. Mai gefangen genommen und in verschiedenen sowjetischen Lagern und Gefängnissen inhaftiert. Er stirbt am 17. November 1955 in der Krankenstation eines sowjetischen Gefängnisses.[1]

ANHANG

Anmerkungen

zum 20. April

1 Es ist verschiedentlich behauptet worden, vom Führerbunker hätten unterirdische Gänge zu anderen Bunkern, insbesondere zu dem des nahe gelegenen Propagandaministeriums, geführt. Das ist falsch. Es gab lediglich einen unterirdischen Gang vom Keller der Neuen Reichskanzlei zum Keller der Alten Reichskanzlei, von wo aus man über den Vorbunker in den eigentlichen Führerbunker gelangte. Siehe die Grafik auf dem vorderen Vorsatz.

2 Gerhard Boldt, *Die letzten Tage der Reichskanzlei*, Hamburg/Stuttgart 1947, S. 57.

3 Die Schutzstaffel wurde 1925 als persönliche Leibwache Hitlers mit zwölf Mann gegründet. Bis 1945 machte Heinrich Himmler als Reichsführer SS die Sonderformation zu einer der mächtigsten Organisationen des Dritten Reiches mit über einer Million Mitgliedern. 900 000 davon waren in der »Waffen-SS« organisiert, einer militärischen Streitmacht, die vom Regime an den Fronten und im Vernichtungskrieg eingesetzt wurde.

4 So die grundlegende Arbeit von Anton Joachimsthaler, *Hitlers Ende. Legenden und Dokumente*, 2. überarb. Aufl., München 2004, S. 72, der die baulichen Angaben über den Führerbunker entnommen sind. Über die exakten Bunkerabmessungen, Wandstärken, Grundrisse et cetera kursieren die unterschiedlichsten Angaben. Die jüngste Veröffentlichung zum Führerbunker, die sich besonders mit dem Bauwerk befasst, nennt unter Berufung auf Untersuchungen des Ministeriums für Staatssicherheit der DDR (MfS) eine Bodentiefe des Bunkers von 7,95 Metern unter der Erdoberfläche; siehe Sven Felix Kellerhoff, *Mythos Führerbunker. Hitlers letzter Unterschlupf*, Berlin 2003, S. 16. Kellerhoff weist dabei zu Recht darauf hin, dass das MfS die Erdschicht über der Betondecke des Bunkers mit 90 Zentimetern nur schätzen konnte, weil Ende der fünfziger Jahre große Erdbewegungen auf dem Gelände stattgefunden haben und über dem Führerbunker ein meterhoher Erdhügel aufgeschüttet wurde.

5 Joachimsthaler, *Hitlers Ende*, S. 80.

6 Johanna Wolf, zitiert nach: ebenda, S. 220.

7 Schon im Dezember 1944, nach der gescheiterten Ardennenoffensive, äußerte Hitler gegenüber seinem Luftwaffenadjutanten Nicolaus von Below sinngemäß:»Ich weiß, der Krieg ist verloren. Die Übermacht ist zu groß. Ich bin verraten worden. [...] Am liebsten schieße ich mir jetzt eine Kugel durch den Kopf.« Siehe Nicolaus von Below, *Als Hitlers Adjutant 1937–1945*, Mainz 1980, S. 398. Im selben Sinne äußerte sich der Chef des Wehrmachtsführungsstabes, Alfred Jodl, über Hitlers Verfassung nach dem Scheitern der Ardennenoffensive:»Hitler war sich nun wohl endgültig im Klaren darüber, dass der Krieg unwiderruflich verloren war. Sein weiteres Verhalten und viele seiner Befehle sind nur noch mit dem Verhalten eines Schiffbrüchigen im weiten Atlantik zu erklären, der, wenn auch ohne die mindeste Aussicht auf Rettung, eben schwimmt, solange seine Kräfte·reichen. [...] Was ihm vor-

schwebte, war wohl ein heroischer Untergang, aus dem vielleicht spätere Geschlechter die Kraft zur Wiederauferstehung finden würden.« Siehe Joachimsthaler, *Hitlers Ende*, S. 116.

8 Sie zählt damit zu den verlustreichsten Kämpfen des Zweiten Weltkrieges. Laut Peter Jahn (Hg.), *Nikolaj Bersarin: Generaloberst, Stadtkommandant (Berlin)*, Berlin 1999, S. 25, kostete die Schlacht um Berlin auf deutscher Seite vermutlich 50 000 Menschen, darunter 30 000 Zivilisten, das Leben, die Rote Armee verlor über 80 000 Soldaten, davon 20 000 im Stadtgebiet Berlin.

9 Walther Hewel, zitiert nach: James P. O'Donnell und Uwe Bahnsen, *Die Katakombe. Das Ende der Reichskanzlei*, Augsburg 1997, Lizenzausgabe der Ausgabe Stuttgart 1975, S. 311.

10 Hans-Ulrich Rudel, *Mein Kriegstagebuch. Aufzeichnungen eines Stukafliegers*, 2. Aufl., Wiesbaden 1987, S. 260.

11 Ebenda, S. 261f.

12 Ebenda, S. 262.

13 Ebenda, S. 262ff.

14 Boldt, *Die letzten Tage der Reichskanzlei*, S. 40.

15 Das genaue Datum ihrer Ankunft in Berlin ist umstritten. Nach Antony Beevor, *Berlin 1945. Das Ende*, München 2002, S. 175, der auf das Tagebuch von Martin Bormann verweist, ist Eva Braun am Abend des 7. März 1945 mit dem Zug von München nach Berlin gefahren.

16 Heinz Linge, *Bis zum Untergang. Als Chef des persönlichen Dienstes bei Hitler*, hg. von Werner Maser, München 1980, S. 271.

17 Joachimsthaler, *Hitlers Ende*, S. 122f.

18 Traudl Junge, *Bis zur letzten Stunde. Hitlers Sekretärin erzählt ihr Leben*, unter Mitarbeit von Melissa Müller, München 2002, S. 130.

19 Johanna Wolf, zitiert nach: Joachimsthaler, *Hitlers Ende*, S. 123.

20 Albert Zoller, *Hitler privat. Erlebnisbericht seiner Geheimsekretärin*, Düsseldorf 1949, S. 150.

21 Junge, *Bis zur letzten Stunde*, S. 106.

22 Zoller, *Hitler privat*, S. 100.

23 Percy Ernst Schramm (Hg.), *Kriegstagebuch des Oberkommandos der Wehrmacht 1940–1945*, Bd. 4, 2. Halbbd.: *1. Januar 1944–22. Mai 1945*, Herrsching 1982, S. 1757.

24 Hans-Albert Hoffmann, *Die deutsche Heeresführung im Zweiten Weltkrieg*, S. 65.

25 Ebenda, S. 126.

26 Boldt, *Die letzten Tage der Reichskanzlei*, S. 50.

27 Ebenda, S. 50f.

28 Linge, *Bis zum Untergang*, S. 272. Linge und Boldt widersprechen sich in dieser Angelegenheit. Laut Boldt hat Hitler den ganzen Vormittag gezögert und den Befehl um 13.00 Uhr erteilt, Linge behauptet, Hitler auf dessen ausdrücklichen Wunsch erst um 14.00 Uhr geweckt zu haben. Diese Darstellung folgt Linges Erinnerung, der als Hitlers Diener speziell damit beauftragt war, den Diktator zu wecken, und die Zeiten an diesem letzten Geburtstag Hitlers mit besonderer Genauigkeit im Gedächtnis behalten haben dürfte.

29 Marta Hillers veröffentlichte ihre Erinnerungen an das Kriegsende erstmals 1954 ano-

nym in den USA. 2003 wurde das Buch unter dem Titel »Eine Frau in Berlin« erneut publiziert. Der Journalist Jens Bisky enthüllte die Identität der als »Anonyma« auftretenden Autorin; siehe »Wenn Jungen Weltgeschichte spielen, haben Mädchen stumme Rollen«, in: *Süddeutsche Zeitung* vom 24. September 2003.

30 Anonyma, *Eine Frau in Berlin. Tagebuchaufzeichnungen vom 20. April bis 22. Juni 1945*, Frankfurt a. M. 2003, S. 9.

31 Junge, *Bis zur letzten Stunde*, S. 174.

32 Dieter Borkowski, *Wer weiß, ob wir uns wiedersehen. Erinnerungen an eine Berliner Jugend*, Berlin 1990, S. 194.

33 Hertha von Gebhardt, in: Bengt von zur Mühlen (Hg.), *Der Todeskampf der Reichshauptstadt*, Berlin 1994, S. 313.

34 Boldt, *Die letzten Tage der Reichskanzlei*, S. 49.

35 Olaf Groehler, *Das Ende der Reichskanzlei*, 2. Aufl., Berlin 1978, S. 7.

36 Jacob Kronika, *Der Untergang Berlins*, 3. Aufl., Flensburg/Hamburg 1946, S. 128.

37 Linge, *Bis zum Untergang*, S. 272.

38 Ebenda.

39 Joachim Fest, *Der Untergang. Hitler und das Ende des Dritten Reiches. Eine historische Skizze*, Reinbek bei Hamburg 2003, S. 32.

40 Boldt, *Die letzten Tage der Reichskanzlei*, S. 51, und Bernd Freytag von Loringhoven, »Das Ende in der Reichskanzlei«, in: zur Mühlen (Hg.), *Der Todeskampf der Reichshauptstadt*, S. 137. Zu den unterschiedlichen Darstellungen dieser Ereignisse siehe oben, Anmerkung 28. Boldt und Freytag von Loringhoven sind im Gegensatz zu Linge bei dieser Angelegenheit nur indirekte Zeugen.

41 Boldt, *Die letzten Tage der Reichskanzlei*, S. 17.

42 Wilhelm Keitel, *Mein Leben. Pflichterfüllung bis zum Untergang. Hitlers Generalfeldmarschall und Chef des Oberkommandos der Wehrmacht in Selbstzeugnissen*, Berlin 1998, S. 378.

43 Die Erlaubnis wurde vermutlich von Keitel oder Burgdorf erteilt; siehe Beevor, *Berlin 1945*, S. 292.

44 Boldt, *Die letzten Tage der Reichskanzlei*, S. 51.

45 Joachim Schultz-Naumann, *Die letzten dreißig Tage. Das Kriegstagebuch des OKW April bis Mai 1945*, München 1980, S. 34f. Die Angaben über das Datum, an dem Zossen geräumt wurde, reichen vom 20. April bis zum 22. April. Beevor, *Berlin 1945*, S. 292, nennt den 21. April, Bernd Freytag von Loringhoven, in: zur Mühlen, *Der Todeskampf der Reichshauptstadt*, S. 137, den 22. April. Zudem gibt es unterschiedliche Informationen darüber, wohin die militärischen Stäbe im Einzelnen verlegt wurden. Hier und im Folgenden halte ich mich an Schultz-Naumann, der in diesem Zeitraum das Kriegstagebuch des OKW geführt hat und sich ständig beim OKW befand.

46 Hoffmann, *Die deutsche Heeresführung im Zweiten Weltkrieg*, S. 131.

47 Boldt, *Die letzten Tage der Reichskanzlei*, S. 52.

48 Zoller, *Hitler privat*, S. 75.

49 Linge, *Bis zum Untergang*, S. 272f.

50 Junge, *Bis zur letzten Stunde*, S. 85.

51 Albert Speer, in: O'Donnell und Bahnsen, *Die Katakombe*, S. 80.

52 Zoller, *Hitler privat*, S. 221.

53 Christa Schroeder, *Er war mein Chef. Aus dem Nachlass der Sekretärin von Adolf Hitler*, hg. von Anton Joachimsthaler, München 1992, S. 199.

54 Junge, *Bis zur letzten Stunde*, S. 104f.

55 In der Literatur wird bisweilen die Auffassung vertreten, dass an diesem Tag ein Empfang in den oberen Räumen der Reichskanzlei stattgefunden habe. Keiner der Zeitzeugen erwähnt jedoch ein derartiges Ereignis.

56 Das Kurland ist eine Landschaft in Lettland, westlich von Riga an der Ostsee gelegen. Ende April 1945 ist das Kurland durch Einheiten der Roten Armee zwar völlig eingekesselt, wird aber noch von der deutschen Kurland-Armee gehalten.

57 Joachimsthaler, *Hitlers Ende*, S. 78.

58 Armin Dieter Lehmann, *Der letzte Befehl. Als Hitlers Botenjunge im Führerbunker*, Bergisch Gladbach 2003, S. 222f.

59 Das im September 1933 von den Nationalsozialisten gegründete »Winterhilfswerk des deutschen Volkes« war eine Solidaraktion zur Bekämpfung von Arbeitslosigkeit und Armut. Es nahm als Organisation und durch sein Spendenaufkommen gewaltige Ausmaße an. Durch die während der Wintermonate angeordneten und in der NS-Propaganda breit dargestellten Haus- und Straßensammlungen sowie durch seinen Abzeichenverkauf wurde das Winterhilfswerk zu einer der bekanntesten und den Alltag bestimmenden Erscheinungen des NS-Regimes.

60 Lehmann, *Der letzte Befehl*, S. 221.

61 Ebenda, S. 224.

62 Artur Axmann, »Die letzten hundert Tage. Mit Hitler im Bunker«, in: *Stern* vom 25. April 1965, S. 66.

63 Zitiert nach Beevor, Berlin 1945, S. 276, unter Verweis auf Bormanns Tagebuch, das sich im Staatsarchiv der Russischen Föderation in Moskau befindet.

64 Junge, *Bis zur letzten Stunde*, S. 176.

65 Keitel, *Mein Leben*, S. 379.

66 Die täglichen Lagebesprechungen haben noch bis Mitte März 1945 in Hitlers Arbeitszimmer im Obergeschoss der Alten Reichskanzlei stattgefunden. Dann wurden sie dauerhaft in den Bunker verlegt, weil bei den häufigen Luftangriffen die Zeit oft nicht ausreichte, um mit allen Karten und sonstigem Material in den Bunker hinabzusteigen.

67 Karl Koller, *Der letzte Monat. 14. April bis 27. Mai 1945. Tagebuchaufzeichnungen des ehemaligen Chefs des Generalstabs der Deutschen Luftwaffe*, Frankfurt a. M. 1995, S. 38.

68 Joachimsthaler, *Hitlers Ende*, S. 118.

69 Ulrich de Maizière, *In der Pflicht. Lebensbericht eines deutschen Soldaten im 20. Jahrhundert*, Herford 1989, S. 105.

70 Joachimsthaler, *Hitlers Ende*, S. 118.

71 Johannes Hentschel, in: O'Donnell und Bahnsen, *Die Katakombe*, S. 59.

72 Albert Speer, *Erinnerungen*, 13. Aufl., Berlin 1975, S. 477.

73 Faksimile, abgedruckt in: Joachimsthaler, *Hitlers Ende*, S. 141. Bereits am 15. April hatte Hitler befohlen, für den Fall der Teilung Deutschlands einen Führungsstab Nord und einen Führungsstab Süd zu schaffen.

74 Linge, *Bis zum Untergang*, S. 268; Maizière, *In der Pflicht*, S. 105.

75 Speer, *Erinnerungen*, S. 477.

76 Brita Sachs, »Provenienz des Meisterwerks: Hermann Göring. Die Bayerischen Staats-
    gemäldesammlungen haben das Schicksal einer Kunstsammlung aufarbeiten lassen«,
    in: *Süddeutsche Zeitung* vom 25. Juni 2004.

77 Maizière, *In der Pflicht*, S. 102.

78 Speer, *Erinnerungen*, S. 477.

79 Ebenda, S. 477f.

80 Am 21. April verlegt Dönitz das Hauptquartier der Kriegsmarine nach Plön in Schles-
    wig-Holstein, am 1. Mai dann nach Flensburg-Mürwik.

81 Der Reitweiner Sporn ist ein südlich von Küstrin an der Oder gelegener Höhenzug.

82 Beevor, *Berlin 1945*, S. 280f.

83 Karl Bahm, *Berlin 1945. Die letzte Schlacht des Dritten Reichs*, Klagenfurt 2002, S. 112.

84 Schroeder, *Er war mein Chef*, S. 200.

85 Ebenda, S. 200f.

86 Ebenda, S. 201.

87 Hildegard Springer (Hg.), *Es sprach Hans Fritzsche. Nach Gesprächen, Briefen und Do-
    kumenten*, Stuttgart 1949, S. 25f.

88 Junge, *Bis zur letzten Stunde*, S. 176f.

89 Schroeder, *Er war mein Chef*, S. 202.

90 *Die Kinder vom Bullenhuser Damm*, hg. vom Museum für Hamburgische Geschichte,
    Hamburg 1995; http://fhh1.hamburg.de/Neuengamme/Praesentationen/bullenhu-
    serdamm.html.

zum 21. April

 1 Schroeder, *Er war mein Chef*, S. 202.

 2 Boldt, *Die letzten Tage der Reichskanzlei*, S. 76.

 3 Axmann, »Die letzten hundert Tage. Mit Hitler im Bunker«, S. 68.

 4 Junge, *Bis zur letzten Stunde*, S. 178.

 5 Anonyma, *Eine Frau in Berlin*, S. 18f.

 6 Schroeder, *Er war mein Chef*, S. 203f.

 7 Georgi Shukow, *Erinnerungen und Gedanken*, 8. Aufl., Berlin 1987, S. 341.

 8 Paul Sethe, »Die letzten 100 Tage. Chronik vom Ende des Dritten Reiches«, in: *Stern*
    vom 11. April 1965, S. 73.

 9 Beevor, *Berlin 1945*, S. 288.

10 Kronika, *Der Untergang Berlins*, S. 131f.

11 Joachimsthaler, *Hitlers Ende*, S. 73.

12 Junge, *Bis zur letzten Stunde*, S. 52.

13 Lew Besymenski, *Der Tod des Adolf Hitler. Unbekannte Dokumente aus Moskauer Ar-
    chiven*, Hamburg 1968, S. 28f.

14 Koller, *Der letzte Monat*, S. 43f.

15 Max Domarus, *Hitler: Reden und Proklamationen 1932–1945*, Teil 2: *Untergang*, 4. Bd.:
    1941–1945, Leonberg 1988, S. 2226.

16 Koller, *Der letzte Monat*, S. 44.

17 Zoller, *Hitler privat*, S. 200.

18 Koller, *Der letzte Monat*, S. 44f.

19 Gemeint ist das Attentat auf Hitler vom 20. Juli 1944. Der Anschlag und der damit verbundene Militärputsch misslangen, und die meisten der Verschwörer um Graf Stauffenberg wurden erschossen.

20 Springer, *Es sprach Hans Fritzsche*, S. 29ff.

21 Wilfred von Oven, in: Peter Gosztony (Hg.), *Der Kampf um Berlin 1945 in Augenzeugenberichten*, München 1970, S. 215.

22 Junge, *Bis zur letzten Stunde*, S. 178.

23 Schroeder, *Er war mein Chef*, S. 205ff.

24 Walther Hewel, zitiert nach Ernst-Günther Schenck in: O'Donnell und Bahnsen, *Die Katakombe*, S. 305.

25 David Irving (Hg.), *Die geheimen Tagebücher des Dr. Morell, Leibarzt Adolf Hitlers*, München 1983, S. 276f.

26 Wilfred von Oven, *Finale Furioso*, S. 651.

27 Kurt Mehner (Hg.), *Die geheimen Tagesberichte der Deutschen Wehrmachtsführung im Zweiten Weltkrieg 1939–1945*, Bd. 12: *1. Januar 1945–9. Mai 1945*, Osnabrück 1984, S. 401.

28 Beevor, *Berlin 1945*, S. 293.

29 Keitel, *Mein Leben*, S. 380.

30 Ebenda, S. 380f.

31 Tony Le Tissier, *Der Kampf um Berlin 1945. Von den Seelower Höhen zur Reichskanzlei*, Augsburg 1998, S. 89.

32 Ebenda, S. 90.

33 Koller, *Der letzte Monat*, S. 45f.

34 Ebenda, S. 46ff.

35 Joachimsthaler, *Hitlers Ende*, S. 146.

36 *Sachsenhausen. Dokumente, Aussagen, Forschungsergebnisse und Erlebnisberichte über das ehemalige Konzentrationslager Sachsenhausen*, hg. vom Komitee der Antifaschistischen Widerstandskämpfer der Deutschen Demokratischen Republik, Berlin 1977, S. 149.

zum 22. April

1 Koller, *Der letzte Monat*, S. 50.

2 Jürgen Thorwald, *Das Ende an der Elbe. Die letzten Monate des Zweiten Weltkriegs im Osten*, vollst. überarb. und mit einem aktuellen Nachw. vers. Taschenbuchausg., München 1995, S. 111–114. Laut Thorwald ist dieser Aufruf in der Nacht zum 23. April gedruckt worden. Domarus, *Hitler*, S. 2228, datiert den Aufruf auf den 22. April, was sich mit Thorwald in Einklang bringen lässt. Falsch ist hingegen Thorwalds Datierung des folgenden Führerbefehls auf den 23. April, siehe Anmerkung 3.

3 Martin Moll (Hg.), *»Führer-Erlasse« 1939–1945. Edition sämtlicher überlieferter, nicht im Reichsgesetzblatt abgedruckter, von Hitler während des Zweiten Weltkriegs schriftlich erteilter Direktiven aus den Bereichen Staat, Partei, Wirtschaft, Besatzungspolitik und Militärverwaltung*, Stuttgart 1997, S. 494. Der Befehl wurde in der ersten Nummer der Frontzeitung »Der Panzerbär« vom 22. April 1945 veröffentlicht.

4 Kronika, *Der Untergang Berlins*, S. 133.

5 Junge, *Bis zur letzten Stunde*, S. 179.

6 Koller, *Der letzte Monat*, S. 52ff.

7 Besymenski, *Der Tod des Adolf Hitler*, S. 29f. Günsche diktierte diesen Text in sowjetischer Gefangenschaft gegenüber seinen Untersuchungsrichtern. Heinz Linge wurde hinzugezogen, um Günsches Erzählung zu vervollständigen.

8 Julius Schaub, in: Anton Joachimsthaler, *Hitlers Ende*, S. 152.

9 Besymenski, *Der Tod des Adolf Hitler*, S. 30f.

10 Ebenda, S. 31.

11 Junge, *Bis zur letzten Stunde*, S. 186. Junges Schilderung deckt sich zeitlich teilweise nicht mit den Aussagen der anderen Zeitzeugen.

12 Joachimsthaler, *Hitlers Ende*, S. 66.

13 Otto Günsche, in: ebenda, S. 149.

14 Hans Volck, in: ebenda, S. 150. Volck behauptet, die Lageteilnehmer seien zusammen zu Hitler bestellt worden; Otto Günsche als Hitlers Adjutant dürfte den genaueren Überblick gehabt haben.

15 Linge, *Bis zum Untergang*, S. 275.

16 Diether Krywalski,»Zwei Niederschriften Ribbentrops über die Persönlichkeit Adolf Hitlers und die letzten Tage in Berlin«, in: *Geschichte und Wissenschaft* 18 (1967), S. 730 bis 744, hier S. 740.

17 Gosztony (Hg.), *Der Kampf um Berlin 1945 in Augenzeugenberichten*, S. 230f.

18 Ebenda, S. 231.

19 Oven, *Finale Furioso*, S. 652f.

20 Maizière, *In der Pflicht*, S. 206.

21 Junge, *Bis zur letzten Stunde*, S. 179. Der von Junge geschilderte zeitliche Ablauf ist nicht zuverlässig.

22 Ebenda, S. 179f.

23 Ebenda, S. 180.

24 Ebenda, S. 184.

25 Hans Volck, in: Joachimsthaler, *Hitlers Ende*, S. 153.

26 Junge, *Bis zur letzten Stunde*, S. 181

27 Anonyma, *Eine Frau in Berlin*, S. 27.

28 Gosztony (Hg.), *Der Kampf um Berlin 1945 in Augenzeugenberichten*, S. 247f.

29 Junge, *Bis zur letzten Stunde*, S. 181f.

30 Ebenda, S. 182f.

31 Schroeder, *Er war mein Chef*, S. 142f.

32 Junge, *Bis zur letzten Stunde*, S. 183.

33 Groehler, *Das Ende der Reichskanzlei*, S. 11.

34 Schramm (Hg.), *Kriegstagebuch des Oberkommandos der Wehrmacht 1940-1945*, S. 1454. Joachim Schultz-Naumann, *Die letzten dreißig Tage*, S. 47f., der ab dem 20. April 1945 das Kriegstagebuch des OKW führte, datiert diesen Befehl fälschlicherweise auf den 25. April.

35 Joachimsthaler, *Hitlers Ende*, S. 157. Der Funkspruch traf bei Dönitz um 19.15 Uhr ein.

36 Felix Steiner, *Die Armee der Geächteten*, 2. Aufl., Göttingen 1963, S. 228.

37 Ebenda, S. 228f.

38 Fritz Beutler, in: O'Donnell und Bahnsen, *Die Katakombe*, S. 146.

39 Ebenda, S. 146f.

40 Ebenda, S. 149.

41 Oven, *Finale Furioso*, S. 653.

42 Junge, *Bis zur letzten Stunde*, S. 183.

43 Oven, *Finale Furioso*, S. 654.

44 Baldur von Schirach, *Ich glaubte an Hitler*, Hamburg 1967, S. 62f.

45 Junge, *Bis zur letzten Stunde*, S. 49f. Sie irrt sich allerdings in Schaubs Rang, siehe Schirach, *Ich glaubte an Hitler*, S. 63, und Ernst Klee, *Das Personenlexikon des Dritten Reiches. Wer war was vor und nach 1945*, Frankfurt a. M. 2003, S. 527.

46 Julius Schaub, in: Joachimsthaler, *Hitlers Ende*, S. 157.

47 Hans Refior, »Mein Berliner Tagebuch 1945«, in: zur Mühlen (Hg.), *Der Todeskampf der Reichshauptstadt*, S. 123.

48 Junge, *Bis zur letzten Stunde*, S. 186f., spricht im Zusammenhang mit den Goebbels-Kindern von »Onkel Hitler«, auf S. 189 von »Onkel Führer«. Laut Hanna Reitsch, *Fliegen – mein Leben*, München 1973, S. 322, wurde Hitler von den Kindern als »Onkel Führer« bezeichnet.

49 Gemeint ist ihre Schwester Gretl Fegelein.

50 Gemeint ist Hitlers »Berghof«.

51 Als Faksimile abgedruckt bei: Joachimsthaler, *Hitlers Ende*, S. 466; das stark fehlerhafte Dokument wird hier in orthographisch korrigierter Form wiedergegeben.

52 Irving, *Die geheimen Tagebücher des Dr. Morell*, S. 276. Irving nennt den 23. April als Abreisedatum, laut Koller, *Der letzte Monat*, S. 61ff., sind Morell und er jedoch kurz vor Mitternacht von Gatow aus aufgebrochen.

53 Hans Baur, *Mit Mächtigen zwischen Himmel und Erde*, Preußisch Oldendorf 1971, S. 269. Hans Baur datiert Morells Abflug fälschlicherweise auf den 25. April.

54 Junge, *Bis zur letzten Stunde*, S. 185.

55 Ebenda, S. 181.

56 Keitel, *Mein Leben*, S. 382.

57 Ebenda, S. 383.

58 Ebenda.

59 Schultz-Naumann, *Die letzten dreißig Tage*, S. 39.

60 Beevor, *Berlin 1945*, S. 173f.

61 Bernd Freytag von Loringhoven, in: zur Mühlen, *Der Todeskampf der Reichshauptstadt*, S. 138.

62 Boldt, *Die letzten Tage der Reichskanzlei*, S. 54f.

63 Junge, *Bis zur letzten Stunde*, S. 187.

64 Ebenda.

65 Wilhelm Mohnke, in: O'Donnell und Bahnsen, *Die Katakombe*, S. 159, und ebenda, S. 178.

66 Theodor Seidel, *Kriegsverbrechen in Ostsachsen. Die vergessenen Toten von April/Mai 1945*, Berlin 2001, S. 35.

zum 23. April

1 Mehner (Hg.), *Die geheimen Tagesberichte der Deutschen Wehrmachtsführung im Zweiten Weltkrieg 1939–1945*, S. 403.

2 Keitel, *Mein Leben*, S. 385.

3 Walther Wenck, »Die letzten hundert Tage. Berlin war nicht mehr zu retten«, in: *Stern* vom 18. April 1965, S. 63.

4 Ebenda, S. 62, sowie Boldt, *Die letzten Tage der Reichskanzlei*, S. 49.

5 Wenck, »Die letzten hundert Tage. Berlin war nicht mehr zu retten«, S. 63.

6 O'Donnell und Bahnsen, *Die Katakombe*, S. 717f., unter Verweis auf ein Vernehmungsprotokoll britischer Geheimdienstoffiziere, die Gebhardt im Juli 1945 verhörten. Le Tissier, *Der Kampf um Berlin 1945*, S. 100, datiert das Ereignis dagegen auf den 22. April, 23.00 Uhr.

7 Boldt, *Die letzten Tage der Reichskanzlei*, S. 57f.

8 Ebenda, S. 59.

9 Rochus Misch, in: O'Donnell und Bahnsen, *Die Katakombe*, S. 142.

10 Die Leichen der zwölf Insassen wurden von Bauern begraben; eine Identifizierung fand nicht statt. Erst 1953 wurde das Schicksal der Opfer aufgedeckt; siehe ebenda, S. 143, und Baur, *Mit Mächtigen zwischen Himmel und Erde*, S. 269. Baur datiert dieses Ereignis jedoch fälschlicherweise auf den 25. April.

11 Hertha von Gebhardt, in: zur Mühlen (Hg.), *Der Todeskampf der Reichshauptstadt*, S. 325.

12 Zu den Plünderungen siehe ebenda, S. 358; zum Kaufhaus Karstadt am Hermannplatz siehe Beevor, *Berlin 1945*, S. 310.

13 Beevor, *Berlin 1945*, S. 307f.

14 Gabriele Vallentin, in: zur Mühlen (Hg.), *Der Todeskampf der Reichshauptstadt*, S. 304.

15 Junge, *Bis zur letzten Stunde*, S. 188.

16 Wilhelm Mohnke, in: O'Donnell und Bahnsen, *Die Katakombe*, S. 158.

17 Junge, *Bis zur letzten Stunde*, S. 197.

18 Johannes Hentschel, in: O'Donnell und Bahnsen, *Die Katakombe*, S. 59.

19 Ebenda, S. 61.

20 Joachimsthaler, *Hitlers Ende*, S. 384; danach wurde diese Nachricht bereits am 22. April über den Großdeutschen Rundfunk bekannt gegeben und am 23. im Wehrmachtsbericht veröffentlicht.

21 Thorwald, *Das Ende an der Elbe*, S. 114.

22 Bernd Freytag von Loringhoven, »Das Ende in der Reichskanzlei«, in: Joachimsthaler, *Hitlers Ende*, S. 139.

23 Diese Kurzwellenrichtfunkverbindung, eine rein telefonische Verbindung, verlief vom Berliner Funkturm, der mit dem Bunker über ein Kabel verbunden war, nach Neu-Roofen. Hier sendete und empfing das OKW Nachrichten über einen Fesselballon, der in 150 Metern Höhe schwebte. Am 29. April wurde der Ballon bei einem Luftangriff abgeschossen.

24 Zu den Kommunikationsmitteln der Reichskanzlei siehe Joachimsthaler, *Hitlers Ende*, S. 176–181.

25 Boldt, *Die letzten Tage der Reichskanzlei*, S. 71.

26 Bernd Freytag von Loringhoven, in: zur Mühlen (Hg.), *Der Todeskampf der Reichshauptstadt*, S. 137.

27 Thorwald, *Das Ende an der Elbe*, S. 115.

28 Wenck,»Die letzten hundert Tage«. Berlin war nicht mehr zu retten«, S. 64.

29 »Werwolf« war der Codename für eine von der NS-Führung seit Herbst 1944 für den Fall einer alliierten Besetzung Deutschlands geplante deutsche Freischärlerbewegung. Abgesehen von einer gewissen Propagandawirkung erlangte sie jedoch keine praktische Bedeutung.

30 Beevor, *Berlin 1945*, S. 312f.

31 Koller, *Der letzte Monat*, S. 64.

32 Emmy Göring, *An der Seite meines Mannes. Begebenheiten und Bekenntnisse*, Preußisch Oldendorf 1980, S. 240.

33 Koller, *Der letzte Monat*, S. 64f.

34 Ebenda, S. 66f.

35 Faksimile, abgedruckt in: David Irving, *Göring*, München 1987, S. 12.

36 Die Zeitangabe 14.00 Uhr stammt von Keitel, *Mein Leben*, S. 386. Demgegenüber berichtet Freytag von Loringhoven, in: zur Mühlen (Hg.), S. 138, dass die Besprechung »am frühen Morgen« stattgefunden habe.

37 Keitel, *Mein Leben*, S. 386.

38 »›… warum dann überhaupt noch leben!‹ Hitlers Lagebesprechungen am 23., 25. und 27. April 1945«, in: *Der Spiegel* 3/1966, S. 32.

39 Kronika, *Der Untergang Berlins*, S. 138.

40 Ruth Andreas-Friedrich, *Schauplatz Berlin. Ein Tagebuch, aufgezeichnet 1938–1945*, Reinbek 1964, S. 174.

41 Anonyma, *Eine Frau in Berlin*, S. 31.

42 Borkowski, *Wer weiß, ob wir uns wiedersehen*, S. 200.

43 Axmann,»Die letzten hundert Tage. Mit Hitler im Bunker«, S. 67.

44 »›… warum dann überhaupt noch leben!‹«, S. 32.

45 Keitel, *Mein Leben*, S. 386–389.

46 Nerin E. Gun, *Eva Braun-Hitler. Leben und Schicksal*, unveränd. Neuausg., Kiel 1994, S. 186.

47 Ebenda.

48 Helmuth Weidling,»Der Endkampf in Berlin (23.4.– 2.5.1945)«, übersetzt und eingeleitet von Werner Arenz, in: *Wehrwissenschaftliche Rundschau* 1/1962, S. 42.

49 Der Wortlaut dieses Befehls ist abgedruckt in: Speer, *Erinnerungen*, S. 583, Anm. 10.

50 Der Wortlaut dieser Rede ist abgedruckt in: Speer, *Erinnerungen*, S. 589ff., Anm. 8. Laut Le Tissier, *Der Kampf um Berlin 1945*, S. 84, ist die Rede am 3. Mai sogar ausgestrahlt worden.

51 Linge, *Bis zum Untergang*, S. 275f., und Speer, *Erinnerungen*, S. 482.

52 Junge, *Bis zur letzten Stunde*, S. 190.

53 Speer, *Erinnerungen*, S. 482.

54 Ebenda, S. 483.

55 Ebenda, S. 484.

56 Junge, *Bis zur letzten Stunde*, S. 188f.

57 Speer, *Erinnerungen*, S. 483f.

58 »»… warum dann überhaupt noch leben!«‹«, S. 33f.

59 Weidling, »Der Endkampf in Berlin«, S. 42.

60 Ebenda, S. 43.

61 Speer, *Erinnerungen*, S. 484.

62 Ebenda, S. 484f.

63 Weidling, »Der Endkampf in Berlin«, S. 44.

64 Below, *Als Hitlers Adjutant 1937-1945*, S. 412. Der zeitliche Ablauf und Hitlers Reaktionen auf diese Telegramme werden von den Zeitzeugen sehr unterschiedlich dargestellt. Laut von Below, ebenda, hat Hitler ihm gegenüber bereits zu diesem Zeitpunkt geäußert, er habe Göring seines Postens enthoben. Diese Aussage wird jedoch durch keinen der anderen Zeitzeugen gestützt.

65 Speer, *Erinnerungen*, S. 485, sowie Boldt, *Die letzten Tage der Reichskanzlei*, S. 72, und Erich Kempka, *Die letzten Tage mit Adolf Hitler*, Rosenheim 1976, S. 74. Die beiden datieren das Telegramm allerdings fälschlicherweise auf den 26. April.

66 Baur, *Mit Mächtigen zwischen Himmel und Erde*, S. 270. Baur irrt sich ebenfalls im Datum, er nennt den 25. April. Siehe auch Speer, *Erinnerungen*, S. 485.

67 Moll (Hg.), »Führer-Erlasse« *1939–1945*, S. 494. Gemeint ist der Nachfolgeerlass vom 29. Juni 1941. Speer, *Erinnerungen*, S. 485, irrt sich hier im Ablauf; seine Angabe, Hitler habe erst auf Görings zweiten Funkspruch (s. u.) reagiert, passt nicht zum Wortlaut dieser Antwort.

68 Göring, *An der Seite meines Mannes*, S. 243.

69 Koller, *Der letzte Monat*, S. 72f.

70 Speer, *Erinnerungen*, S. 485. Dieses Telegramm wurde um 17.59 Uhr abgesetzt.

71 Ebenda.

72 So zitiert den Funkspruch Hitlers Pilot Baur, *Mit Mächtigen zwischen Himmel und Erde*, S. 270f., dem Bormann das Telegramm zeigte. Bei Eitel Lange, *Der Reichsmarschall im Kriege. Ein Bericht in Wort und Bild*, Stuttgart 1950, S. 205, heißt es ähnlich, wenn auch nicht wortgleich: »Eingang eines zweiten Funkspruchs am 24.4. mit dem Inhalt: ›Auf Ihr Verhalten steht der Tod. In Anbetracht Ihrer großen Verdienste gebe ich Ihnen die Möglichkeit zu ehrenvollem Ausscheiden unter Vortäuschung schwerer Krankheit. Antworten Sie mit Ja oder Nein! Adolf Hitler.‹« Eine dritte Version stammt von Görings Frau Emmy, *An der Seite meines Mannes*, S. 249: »In Anbetracht der großen Verdienste des Reichsmarschalls wolle ihn der Führer nicht zum Tode verurteilen. Er hätte ihm aber alle Ämter abgenommen und ihn aus der Partei gestoßen. Der Führer würde dem deutschen Volk mitteilen, dass sich der Reichsmarschall aus gesundheitlichen Gründen habe zurückziehen müssen.«

73 Speer, *Erinnerungen*, S. 486.

74 Göring war seit dem Hitlerputsch 1923 süchtig, als er beim Marsch auf die Feldherrnhalle in der Leistengegend angeschossen wurde und gegen die Schmerzen Morphium erhielt.

75 Speer, *Erinnerungen*, S. 486.

76 Ebenda.

77 Irving, *Göring*, S. 10.

78 Ebenda, S. 13.

79 Speer befand sich zu diesem Zeitpunkt noch im Führerbunker. Bormann ging offensichtlich davon aus, dass er ihn bereits wieder verlassen hatte.

80 Irving, *Göring*, S. 10.

81 Göring, *An der Seite meines Mannes*, S. 243.

82 Faksimile, abgedruckt in: Irving, *Göring*, S. 15.

83 Schroeder, *Er war mein Chef*, S. 210.

84 Klee, *Das Personenlexikon des Dritten Reiches*, S. 64.

zum 24. April

1 Speer, *Erinnerungen*, S. 487.

2 Folke Graf Bernadotte, *Das Ende. Meine Verhandlungen in Deutschland im Frühjahr 1945 und ihre politischen Folgen*, Zürich/New York 1945, S. 66 und S. 80.

3 Ebenda, S. 81.

4 Ebenda, S. 82ff.

5 Ebenda, S. 84.

6 Im 150 Kilometer nördlich von Berlin gelegenen Hohenlychen befindet sich ein Krankenhauskomplex des Roten Kreuzes unter Leitung von Himmlers Vertrautem Karl Gebhardt, den Hitler in der Nacht vom 22. zum 23. April als neuen Präsidenten des Deutschen Roten Kreuzes bestätigt hat. In den letzten Kriegstagen hält sich Himmler vorzugsweise hier auf.

7 Bernadotte, *Das Ende*, S. 85.

8 Koller, *Der letzte Monat*, S. 73ff.

9 Gabriele Vallentin, »Die Einnahme von Berlin durch die Rote Armee vor zehn Jahren, wie ich sie selbst erlebt habe«, in: zur Mühlen (Hg.), *Der Todeskampf der Reichshauptstadt*, S. 305f.

10 Speer, *Erinnerungen*, S. 488.

11 Lange, *Der Reichsmarschall im Kriege*, S. 205.

12 Koller, *Der letzte Monat*, S. 76f.

13 Die gemeinsame Tochter von Emmy und Hermann Göring ist Hitlers Patenkind.

14 Göring, *An der Seite meines Mannes*, S. 249f.

15 Speer, *Erinnerungen*, S. 488f.

16 Ebenda, S. 490.

17 Boldt, *Die letzten Tage der Reichskanzlei*, S. 61f., und Kempka, *Die letzten Tage mit Adolf Hitler*, S. 73.

18 Mehner (Hg.), *Die geheimen Tagesberichte der Deutschen Wehrmachtsführung im Zweiten Weltkrieg*, S. 404.

19 *Der Panzerbär. Kampfblatt für die Verteidiger Groß-Berlins*, erschien vom 23. bis 29. April 1945, siehe zur Mühlen (Hg.), *Der Todeskampf der Reichshauptstadt*, S. 146.

20 *Der Panzerbär* vom 24. April 1945, S. 1, als Faksimile abgedruckt in: ebenda, S. 148.

21 Thorwald, *Das Ende an der Elbe*, S. 142f.

22 Göring, *An der Seite meines Mannes*, S. 250f.

23 Beevor, *Berlin 1945*, S. 350.

24 Jahn (Hg.), *Nikolaj Bersarin*, S. 86. Im Befehl Nr. 1 wurde die exakte Datumsangabe zunächst freigelassen und entsprechend dem Vorrücken der sowjetischen Truppen für die jeweiligen Stadtgebiete unterschiedlich eingetragen.

25 Kronika, *Der Untergang Berlins*, S. 151.

26 Ebenda, S. 152f.

27 Boldt, *Die letzten Tage der Reichskanzlei*, S. 63f.

28 Moll (Hg.), *»Führer-Erlasse« 1939–1945*, S. 495f.

29 Weidling, *»Der Endkampf um Berlin«*, S. 46f. Weidling war nach Generalleutnant Reymann (7. März bis 21. April) und Oberst Kaether (22. bis 23. April) der dritte Kampfkommandant von Berlin innerhalb weniger Wochen.

30 Le Tissier, *Der Kampf um Berlin 1945*, S. 108.

31 Ernst Günther Schenck, *Das Notlazarett unter der Reichskanzlei. Ein Arzt erlebt Hitlers Ende in Berlin*, Neuried 1995, S. 68f. und S. 83.

32 Junge, *Bis zur letzten Stunde*, S. 191.

33 Hans Refior, in: zur Mühlen (Hg.), *Der Todeskampf der Reichshauptstadt*, S. 124.

34 Beevor, *Berlin 1945*, S. 314f. Die Zahlenangaben über die deutschen Verteidiger differieren stark. Laut Le Tissier, *Der Kampf um Berlin 1945*, S. 109, standen Weidling 60 000 Mann zur Verfügung.

35 Theodor Busse, *»Die letzte Schlacht der 9. Armee«*, in: *Wehrwissenschaftliche Rundschau* 4/1955, S. 167. Busse selbst nennt als Datum für seinen gescheiterten ersten Ausbruchsversuch den 24. April. In der Literatur werden unterschiedliche, spätere Termine genannt.

36 Gabriele Vallentin, in: zur Mühlen (Hg.), *Der Todeskampf der Reichshauptstadt*, S. 306f.

37 Koller, *Der letzte Monat*, S. 81.

38 *Lexikon des Widerstandes 1933-1945*, hg. von Peter Steinbach und Johannes Tuchel, München 1994, S. 108f.

39 Wolfgang Benz, *»Widerstand traditioneller Eliten«*, in: *Deutscher Widerstand 1933-1945*, Informationen zur politischen Bildung 243, Bonn 1994.

zum 25. April

1 Domarus, *Hitler*, S. 2229f.

2 Boldt, *Die letzten Tage der Reichskanzlei*, S. 65.

3 Wassili I. Tschuikow, *Gardisten auf dem Weg nach Berlin*, Berlin (Ost) 1976, S. 438f.

4 Mehner (Hg.), *Die geheimen Tagesberichte der Deutschen Wehrmachtsführung im Zweiten Weltkrieg*, S. 406.

5 Auch zur Länge dieses Verbindungsgangs zwischen den Kellerräumen der Neuen und Alten Reichskanzlei kursieren die unterschiedlichsten Angaben. Von bis zu 150 Metern ist die Rede. Diese Darstellung orientiert sich an Johannes Hentschel, dem Techniker der Reichskanzlei, in: O'Donnell und Bahnsen, *Die Katakombe*, S. 58.

6 Ebenda, S. 58f.

7 Junge, *Bis zur letzten Stunde*, S. 194f.

8 Schenck, *Das Notlazarett unter der Reichskanzlei*, S. 81f.

9 Schultz-Naumann, *Die letzten dreißig Tage*, S. 59f. Laut Schultz-Naumann erfolgte diese Meldung der 9. Armee am 28. April. Der fehlgeschlagene Durchbruch fand jedoch in der Nacht vom 24. zum 25. April statt, siehe 24. April, Anm. 35.

10 Schroeder, *Er war mein Chef*, S. 211.

11 Ebenda, S. 211f.

12 Göring, *An der Seite meines Mannes*, S. 245f.

13 Schroeder, *Er war mein Chef*, S. 212.

14 Die Konferenz von Jalta fand vom 4. bis 11. Februar 1945 statt. Stalin, Roosevelt und Churchill fassten bei diesem Gipfeltreffen unter anderem Beschlüsse zur Koordinierung ihrer militärischen Operationen und einigten sich auf Grundsätze zur Behandlung des Deutschen Reiches nach dem Krieg. Dazu gehörten die Aufteilung in Besatzungszonen unter Beteiligung Frankreichs und die Pflicht zur Leistung von Reparationen.

15 Boldt, *Die letzten Tage der Reichskanzlei*, S. 66.

16 »›… warum dann überhaupt noch leben!‹«, S. 34.

17 Ebenda, S. 34–39.

18 Margret Boveri, *Tage des Überlebens. Berlin 1945*, München 1968, S. 72.

19 Schroeder, *Er war mein Chef*, S. 212.

20 Koller, *Der letzte Monat*, S. 86.

21 Göring, *An der Seite meines Mannes*, S. 247f.

22 Below, *Als Hitlers Adjutant 1937–1945*, S. 413.

23 Shukow, *Erinnerungen und Gedanken*, S. 347.

24 Boldt, *Die letzten Tage der Reichskanzlei*, S. 68, und Artur Axmann, *Das kann doch nicht das Ende sein. Hitlers letzter Reichsjugendführer erinnert sich*, Koblenz 1995, S. 421f.

25 *Briefwechsel Stalins mit Churchill, Attlee, Roosevelt und Truman 1941–1945*, hg. von der Kommission für die Herausgabe diplomatischer Dokumente beim Ministerium für Auswärtige Angelegenheiten der UdSSR, Berlin (Ost) 1961, S. 409ff.

26 Ebenda, S. 408f.

27 Ebenda, S. 411f.

28 Reitsch, *Fliegen – mein Leben*, S. 313.

29 Junge, *Bis zur letzten Stunde*, S. 193f.

30 Professor Dr. Karl Gebhardt, der Leiter der Rotkreuz-Krankenanstalten in Hohenlychen.

31 Schenck, *Das Notlazarett unter der Reichskanzlei*, S. 84ff.

32 Boldt, *Die letzten Tage der Reichskanzlei*, S. 65.

33 Joachimsthaler, *Hitlers Ende*, S. 167.

34 Schultz-Naumann, *Die letzten dreißig Tage*, S. 49.

35 Krywalski, »Zwei Niederschriften Ribbentrops über die Persönlichkeit Adolf Hitlers und die letzten Tage in Berlin«, S. 743.

36 Baur, *Mit Mächtigen zwischen Himmel und Erde*, S. 270.

37 Boldt, *Die letzten Tage der Reichskanzlei*, S. 68.

38 Weidling, »Der Endkampf in Berlin«, in: *Wehrwissenschaftliche Rundschau* 1/1962, S. 49f.

39 Ebenda, S. 50.

40 Helmuth Weidling hatte als Stadtkommandant von Berlin zwei Stabschefs: Oberst Theodor von Dufving für militärische Fragen und Oberst Hans Refior als Verbindungsmann zu den zivilen Stellen Berlins.

41 zur Mühlen (Hg.), *Der Todeskampf der Reichshauptstadt*, S. 127.

42 Andreas Wagner, *Todesmarsch. Die Räumung und Teilräumung der Konzentrationslager Dachau, Kaufering und Mühldorf Ende April 1945*, Ingolstadt 1995.

zum 26. April

1 Schultz-Naumann, *Die letzten dreißig Tage*, S. 50.

2 Keitel, *Mein Leben*, S. 392.

3 Lange, *Der Reichsmarschall im Kriege*, S. 206.

4 Hans-Dietrich Genscher, *Erinnerungen*, Berlin 1995, S. 46.

5 Wenck, »Die letzten hundert Tage. Berlin war nicht mehr zu retten«, S. 65.

6 Im Bendlerblock war seit 1935 das Allgemeine Heeresamt untergebracht. Nach dem missglückten Attentat auf Hitler vom 20. Juli 1944 wurden hier noch in der Nacht zum 21. Juli Claus Graf Schenck von Stauffenberg und drei seiner Mitverschwörer standrechtlich im Hof erschossen.

7 Hans Refior, »Mein Berliner Tagebuch 1945«, in: zur Mühlen (Hg.), *Der Todeskampf der Reichshauptstadt*, S. 128.

8 Groehler, *Das Ende der Reichskanzlei*, S. 23.

9 Axmann, *Das kann doch nicht das Ende sein*, S. 437f.

10 Lehmann, *Der letzte Befehl*, S. 259.

11 Schenck, *Das Notlazarett unter der Reichskanzlei*, S. 97f., der zur Datierung dieser Szene lediglich »irgendeines Tages« angibt.

12 Erich Kuby, *Die Russen in Berlin 1945*, München 1965, S. 72ff.

13 Schultz-Naumann, *Die letzten dreißig Tage*, S. 52.

14 Borkowski, *Wer weiß, ob wir uns wiedersehen*, S. 202ff.

15 Schroeder, *Er war mein Chef*, S. 213.

16 Schultz-Naumann, *Die letzten dreißig Tage*, S. 52f.

17 Baur, *Mit Mächtigen zwischen Himmel und Erde*, S. 272.

18 Junge, *Bis zur letzten Stunde*, S. 194.

19 Ebenda.

20 Kempka, *Die letzten Tage mit Adolf Hitler*, S. 76.

21 Junge, *Bis zur letzten Stunde*, S. 197.

22 Borkowski, *Wer weiß, ob wir uns wiedersehen*, S. 204f.

23 Tschuikow, *Gardisten auf dem Weg nach Berlin*, S. 459f.

24 Theodor Busse, »Die letzte Schlacht der 9. Armee«, S. 166ff., sowie Beevor, *Berlin 1945*, S. 364–368, der den Ausbruch jedoch auf den 28. oder 29. April datiert.

25 Reitsch, *Fliegen – mein Leben*, S. 314. Greim war ein Vierteljahrhundert zuvor, am 16. März 1920, schon einmal für Hitler von München nach Berlin geflogen. Hitler und Dietrich Eckart wollten damals mit Wolfgang Kapp Kontakt aufnehmen. Als von Greim mit seinen Passagieren in Berlin landete, war der später so genannte Kapp-Putsch aber bereits gescheitert und Kapp nicht mehr in der Stadt. Es war übrigens der erste Flug in Hitlers Leben. Siehe Joachimsthaler, *Hitlers Ende*, S. 169f.

26 Reitsch, *Fliegen – mein Leben*, S. 314.

27 Heute: Straße des 17. Juni.

28 Baur, *Mit Mächtigen zwischen Himmel und Erde*, S. 271.

29 Der Fieseler Storch, gebaut von den Fieseler Werken in Kassel, wurde ursprünglich als Aufklärungsflugzeug verwendet. Später galt er als beliebtes Mehrzweckflugzeug, das wegen seiner geringen Landegeschwindigkeit von 38 km/h auf kleinsten Flächen landen und starten konnte.

30 Reitsch, *Fliegen – mein Leben*, S. 330–334.

31 Ebenda, S. 334.

32 Ebenda, S. 335.

33 Lehmann, *Der letzte Befehl*, S. 281f.

34 Ebenda, S. 282.

35 Boldt, *Die letzten Tage der Reichskanzlei*, S. 73.

36 Reitsch, *Fliegen – mein Leben*, S. 336.

37 Domarus, *Hitler*, S. 2229.

38 Reitsch, *Fliegen – mein Leben*, S. 337.

39 Junge, *Bis zur letzten Stunde*, S. 193.

40 Boldt, *Die letzten Tage der Reichskanzlei*, S. 73.

41 Junge, *Bis zur letzten Stunde*, S. 193.

42 Reitsch, *Fliegen – mein Leben*, S. 337f.

43 In der Nacht vom 1. auf den 2. Mai erschießt sich Bärenfänger zusammen mit seiner Frau, die er erst sieben Monate zuvor geheiratet hat; Beevor, *Berlin 1945*, S. 418.

44 Weidling, »Der Endkampf in Berlin«, in: *Wehrwissenschaftliche Rundschau* 1/1962, S. 52.

45 Joachimsthaler, *Hitlers Ende*, S. 171.

46 *Enzyklopädie des Holocaust. Die Verfolgung und Ermordung der europäischen Juden*, Bd. 1: *A-G*, hg. von Israel Gutman u. a., München 1995, S. 303f.

zum 27. April

1 Junge, *Bis zur letzten Stunde*, S. 197, und Kempka, *Die letzten Tage mit Adolf Hitler*, S. 81f.

2 Mehner (Hg.), *Die geheimen Tagesberichte der Deutschen Wehrmachtsführung im Zweiten Weltkrieg*, S. 408.

3 Herbert Maeger, *Verlorene Ehre – verratene Treue. Zeitzeugenbericht eines Soldaten der SS-Leibstandarte im Zweiten Weltkrieg*, Krefeld 2000, S. 345f.

4 Weidling, »Der Endkampf in Berlin«, in: *Wehrwissenschaftliche Rundschau* 2/1962, S. 111.

5 Hertha von Gebhardt, in: zur Mühlen (Hg.), *Der Todeskampf der Reichshauptstadt*, S. 355.

6 Kronika, *Der Untergang Berlins*, S. 163f.

7 *Der Panzerbär* vom 27. April 1945, S. 1., als Faksimile abgedruckt in: zur Mühlen (Hg.), *Der Todeskampf der Reichshauptstadt*, S. 149.

8 Anonyma, *Eine Frau in Berlin*, S. 43f. Hillers irrt sich allerdings im Datum.

9 Jahn (Hg.), *Nikolaj Bersarin*, S. 67.

10 Wenck, »Die letzten hundert Tage. Berlin war nicht mehr zu retten«, S. 65.

11 Beevor, *Berlin 1945*, S. 367.

12 Maeger, *Verlorene Ehre – verratene Treue*, S. 349f.

13 Bernd Freytag von Loringhoven, in: zur Mühlen (Hg.), *Der Todeskampf der Reichshauptstadt*, S. 142.

14 »›… warum dann überhaupt noch leben!‹«, S. 40ff.

15 Bernd Freytag von Loringhoven, in: zur Mühlen (Hg.), *Der Todeskampf der Reichshauptstadt*, S. 142.

16 Joachimsthaler, *Hitlers Ende*, S. 251. Im Bunker wurde das Gift in den Ampullen allgemein nicht als Blausäure (Zyanwasserstoff), sondern als Zyankali bezeichnet. Zyankali (Kaliumzyanid) ist ein Salz der Blausäure, ein weißes Pulver, das sich allmählich zersetzt, wenn es offen steht. Es wirkt genauso wie Blausäure, nur erfolgt die Vergiftung nicht durch die Atemwege. Zyankali wird in Wasser gelöst geschluckt, im Magen durch die Magensäure in Blausäure umgesetzt und über die Magenschleimhaut resorbiert. Im Gegensatz zu einer Vergiftung durch Blausäure, bei der der Tod schlagartig eintritt, wirkt Zyankali nicht sofort und ist darum für einen Selbstmord weniger gut geeignet. Auch heute wird Zyankali meist mit Blausäure gleichgesetzt. Man spricht im Regelfall von einer Zyankalivergiftung, gleichgültig ob es sich um Blausäure oder Zyankali gehandelt hat.

17 Reitsch, *Fliegen – mein Leben*, S. 340.

18 Koller, *Der letzte Monat*, S. 98, S. 100.

19 Linge, *Bis zum Untergang*, S. 269.

20 Koller, *Der letzte Monat*, S. 100.

21 Boldt, *Die letzten Tage der Reichskanzlei*, S. 75f.

22 Borkowski, *Wer weiß, ob wir uns wiedersehen*, S. 207f.

23 Lehmann, *Der letzte Befehl*, S. 271.

24 Boldt, *Die letzten Tage der Reichskanzlei*, S. 75f.

25 Boveri, *Tage des Überlebens*, S. 74ff.

26 Anonyma, *Eine Frau in Berlin*, S. 55f.

27 Hertha von Gebhardt, in: zur Mühlen (Hg.), *Der Todeskampf der Reichshauptstadt*, S. 355f.

28 Linge, *Bis zum Untergang*, S. 276.

29 Below, *Als Hitlers Adjutant 1937–1945*, S. 414f. Anders als bei Below dargestellt, machte Weidling seinen Ausbruchsvorschlag erst am folgenden Abend, am 28. April. Siehe Weidling, »Der Endkampf in Berlin«, in: *Wehrwissenschaftliche Rundschau* 2/1962, S. 114f.

30 Boldt, *Die letzten Tage der Reichskanzlei*, S. 77.

31 Ebenda, S. 77f.

32 Baur, *Mit Mächtigen zwischen Himmel und Erde*, S. 269f.

33 Ebenda, S. 270.

34 Faksimile, abgedruckt in: Joachimsthaler, *Hitlers Ende*, S. 172.

35 Boldt, *Die letzten Tage der Reichskanzlei*, S. 64f.

36 Schultz-Naumann, *Die letzten dreißig Tage*, S. 55.

37 Ebenda, S. 56.

38 Kempka, *Die letzten Tage mit Adolf Hitler*, S. 78f.

39 Anonyma, *Eine Frau in Berlin*, S. 62f.

40 Joseph Goebbels, *Tagebücher 1945. Die letzten Aufzeichnungen*, Hamburg 1977, S. 548.

41 Junge, *Bis zur letzten Stunde*, S. 199.

42 Der Reichssicherheitsdienst wurde im März 1933 unter Leitung von Hans Rattenhuber, damals Leutnant der bayerischen Landespolizei, als »Kommando z.b.V.« aus acht Münchner Kriminalbeamten aufgestellt. Seine Aufgabe war es, Hitler bei Reisen und öffentlichen Auftritten zu begleiten und zu beschützen. Ab 1935 wurde das Kommando in Reichssicherheitsdienst (RSD) umbenannt. 1944 bestand der RSD aus rund 250 Mann, wovon 220 Kriminalbeamte waren. Daneben wurde Hitler von der SS durch das »Begleitkommando des Führers« geschützt. Es wurde am 29. Februar 1932 gegründet und bestand 1944 aus 143 Personenschützern. Siehe Joachimsthaler, *Hitlers Ende*, S. 475. Hitler dürfte, was die Zahl seiner Leibwächter betrifft, der bestgeschützte Mann seiner Zeit gewesen sein.

43 Baur, *Mit Mächtigen zwischen Himmel und Erde*, S. 273, und O'Donnell und Bahnsen, *Die Katakombe*, S. 203.

44 Baur, *Mit Mächtigen zwischen Himmel und Erde*, S. 273.

45 O'Donnell und Bahnsen, *Die Katakombe*, S. 203.

46 Linge, *Bis zum Untergang*, S. 277.

47 Axmann, »Die letzten hundert Tage. Mit Hitler im Bunker«, S. 68.

48 O'Donnell und Bahnsen, *Die Katakombe*, S. 203.

49 Axmann, »Die letzten hundert Tage. Mit Hitler im Bunker«, S. 68.

50 Ebenda.

51 Baur, *Mit Mächtigen zwischen Himmel und Erde*, S. 274.

52 Anonyma, *Eine Frau in Berlin*, S. 67f.

53 »›… warum dann überhaupt noch leben!‹«, S. 44.

54 Beevor, *Berlin 1945*, S. 361.

55 Weidling, »Der Endkampf in Berlin«, in: *Wehrwissenschaftliche Rundschau* 2/1962, S. 113.

56 Boldt, *Die letzten Tage der Reichskanzlei*, S. 76.

57 Lew Besymenski, *Die letzten Notizen von Martin Bormann. Ein Dokument und sein Verfasser*, Stuttgart 1974, S. 230.

58 »›… warum dann überhaupt noch leben!«, S. 45.

59 Weidling, »Der Endkampf in Berlin«, in: *Wehrwissenschaftliche Rundschau* 2/1962, S. 111f.

60 Schenck, *Das Notlazarett unter der Reichskanzlei*, S. 103; er irrt sich jedoch im Datum.

61 Wiesenthal, *Jeder Tag ein Gedenktag*, S. 103; Gilbert, *Endlösung*, S. 230.

zum 28. April

1 Weidling, »Der Endkampf in Berlin«, in: *Wehrwissenschaftliche Rundschau* 2/1962, S. 113f.

2 Joachimsthaler, *Hitlers Ende*, S. 173.

3 Schultz-Naumann, *Die letzten dreißig Tage*, S. 58f.

4 Boldt, *Die letzten Tage der Reichskanzlei*, S. 79f.

5 zur Mühlen (Hg.), *Der Todeskampf der Reichshauptstadt*, S. 143, und Boldt, *Die letzten Tage der Reichskanzlei*, S. 80f.

6 Boldt, *Die letzten Tage der Reichskanzlei*, S. 81.

7 *Der Panzerbär* vom 28. April 1945, zitiert nach:»Die letzten hundert Tage«, in: *Stern* vom 25. April 1965, S. 74.

8 Beevor, *Berlin 1945*, S. 381.

9 Linge, *Bis zum Untergang*, S. 284, und Boldt, *Die letzten Tage der Reichskanzlei*, S. 81.

10 Axmann, *Das kann doch nicht das Ende sein*, S. 438.

11 Ernst Lemmer, *Manches war doch anders. Erinnerungen eines deutschen Demokraten*, Frankfurt a. M. 1968, S. 220ff.

12 Schenck, *Das Notlazarett unter der Reichskanzlei*, S. 125f.

13 Ebenda, S. 88.

14 Ebenda, S. 95.

15 Gemeint ist Ludwig Stumpfegger, Hitlers Begleitarzt.

16 Laut Axmann,»Die letzten hundert Tage. Das Ende im Führerbunker«, in: *Stern* vom 2. Mai 1965, S. 81, wurde der sowjetische Angriff 400 Meter vor der Reichskanzlei auf der Wilhelmstraße zum Stehen gebracht.

17 Baur, *Mit Mächtigen zwischen Himmel und Erde*, S. 274f.

18 Goebbels, *Tagebücher 1945*, S. 549f.

19 Reitsch, *Fliegen – mein Leben*, S. 339.

20 Das von Hugo Junkers konstruierte Flugzeug war für siebzehn Passagiere, in der militärischen Version für zwanzig Soldaten zugelassen. Die Ju 52 war eine äußerst robuste und zuverlässige, wenn auch langsame Maschine. Bis 1944 diente sie als Standardflugzeug der Lufthansa und wurde bis zum Kriegsende über 4000 Mal gebaut.

21 Reitsch, *Fliegen – mein Leben*, S. 324.

22 Beevor, *Berlin 1945*, S. 370.

23 Borkowski, *Wer weiß, ob wir uns wiedersehen*, S. 209f.

24 Lehmann, *Der letzte Befehl*, S. 271f.

25 Joachimsthaler, *Hitlers Ende*, S. 176.

26 Lehmann, *Der letzte Befehl*, S. 264.

27 Schenck, *Das Notlazarett unter der Reichskanzlei*, S. 124, und Axmann,»Die letzten hundert Tage. Das Ende im Führerbunker«, S. 80.

28 Junge, *Bis zur letzten Stunde*, S. 195f.

29 Goebbels, *Tagebücher 1945*, S. 547f.

30 Wenck,»Berlin war nicht mehr zu retten«, S. 65.

31 Karl Dönitz, *Zehn Jahre und zwanzig Tage*, Bonn 1958, S. 439.

32 Schultz-Naumann, *Die letzten dreißig Tage*, S. 61.

33 Thorwald, *Das Ende an der Elbe*, S. 175f.

34 Le Tissier, *Der Kampf um Berlin 1945*, S. 160.

35 Hertha von Gebhardt, in: zur Mühlen (Hg.), *Der Todeskampf der Reichshauptstadt*, S. 356f.

36 Anonyma, *Eine Frau in Berlin*, S. 73f.

37 Hertha von Gebhardt, in: zur Mühlen (Hg.), *Der Todeskampf der Reichshauptstadt*, S. 357.

38 Groehler, *Das Ende der Reichskanzlei*, S. 29.

39 Junge, *Bis zur letzten Stunde*, S. 201.

40 Ebenda, S. 200.

41 Lorenz, Oberbannführer der Hitlerjugend und im Stab der Reichsjugendführung tätig, arbeitete für das Deutsche Nachrichtenbüro und das Propagandaministerium. Laut Weidling, »Der Endkampf um Berlin«, in: *Wehrwissenschaftliche Rundschau* 2/1962, S. 113, überbrachte Dr. Naumann diese Nachricht.

42 Axmann, *Das kann doch nicht das Ende sein*, S. 439.

43 Weidling, »Der Endkampf um Berlin«, in: *Wehrwissenschaftliche Rundschau* 2/1962, S. 113.

44 Baur, *Mit Mächtigen zwischen Himmel und Erde*, S. 272.

45 Schultz-Naumann, *Die letzten dreißig Tage*, S. 62.

46 Ebenda, S. 63.

47 Axmann, *Das kann doch nicht das Ende sein*, S. 440.

48 Besymenski, *Die letzten Notizen von Martin Bormann*, S. 234.

49 Bernd Freytag von Loringhoven, in: zur Mühlen (Hg.), *Der Todeskampf der Reichshauptstadt*, S. 143.

50 Boldt, *Die letzten Tage der Reichskanzlei*, S. 78, und Weidling, »Der Endkampf um Berlin«, *Wehrwissenschaftliche Rundschau* 2/1962, S. 115.

51 Weidling, »Der Endkampf um Berlin«, *Wehrwissenschaftliche Rundschau* 2/1962, S. 116.

52 Besymenski, *Die letzten Notizen von Martin Bormann*, S. 230.

53 Mehner (Hg.), *Die geheimen Tagesberichte der Deutschen Wehrmachtsführung im Zweiten Weltkrieg*, S. 409.

54 Boldt, *Die letzten Tage der Reichskanzlei*, S. 78f.

55 Bernd Freytag von Loringhoven, in: zur Mühlen, *Der Todeskampf der Reichshauptstadt*, S. 143f.

56 Ebenda, S. 145.

57 Thorwald, *Das Ende an der Elbe*, S. 175.

58 Martin Broszat und Norbert Frei (Hg.), *Das Dritte Reich im Überblick. Chronik, Ereignisse, Zusammenhänge*, 2. Aufl. der überarb. Neuausg., München 1990, S. 288, sowie Tenfelde, Klaus, »Proletarische Provinz. Radikalisierung und Widerstand in Penzberg/Oberbayern 1900–1945«, in: Martin Broszat, Elke Fröhlich und Anton Grossmann (Hg.), *Bayern in der NS-Zeit*, Bd. 4, München 1981.

zum 29. April

1 Reitsch, *Fliegen – mein Leben*, S. 321 und S. 324f.

2 Ebenda, S. 340f.

3 Ebenda, S. 342.

4 Ebenda, S. 327. Laut Keitel, *Mein Leben*, S. 389, landeten die beiden bereits »gegen Mitternacht«; er war an den Ereignissen jedoch nicht unmittelbar beteiligt.

5 Reitsch, *Fliegen – mein Leben*, S. 328.

6 Keitel, *Mein Leben*, S. 398.

7 Joachimsthaler, *Hitlers Ende*, S. 466.

8 Recherche des Stern-Redakteurs Jochen von Lang, in: *Stern* vom 9. Mai 1965, S. 69f.

9 Linge, *Bis zum Untergang*, S. 281f.

10 Abgedruckt als Faksimile in: Werner Maser, *Hitlers Briefe und Notizen. Sein Weltbild in handschriftlichen Dokumenten*, Düsseldorf 1973. S. 208–211.

11 Below, *Als Hitlers Adjutant 1937-1945*, S. 415.

12 Linge, *Bis zum Untergang*, S. 282.

13 Junge, *Bis zur letzten Stunde*, S. 201f.

14 Der genaue Ablauf von Hitlers Hochzeit und des Diktats seiner Testamente ist umstritten. Die Hauptzeugin, Traudl Junge, hat 1954 ausgesagt, das Diktat habe »kurz vor Mitternacht begonnen«, und ihre Arbeit sei »gegen 5.00 Uhr beendet« gewesen. Weiter sagte sie damals aus: »In der Zwischenzeit hatte die Trauung stattgefunden.« Siehe Joachimsthaler, *Hitlers Ende*, S. 189. In den Testamenten ist ausdrücklich die Uhrzeit 4.00 Uhr als Zeitpunkt der Unterschrift festgehalten.

15 Junge, *Bis zur letzten Stunde*, S. 202.

16 Als Faksimile abgedruckt in: Maser, *Hitlers Briefe und Notizen*, S. 356–366.

17 Junge, *Bis zur letzten Stunde*, S. 202f.

18 Als Faksimilie abgedruckt in: Maser, *Hitlers Briefe und Notizen*, S. 368–375. Die weiteren Positionen sind wie folgt besetzt: Außenminister: Seyß-Inquart, Innenminister: Gauleiter Giesler, Oberbefehlshaber des Heeres: Schörner, Oberbefehlshaber der Kriegsmarine: Dönitz, Oberbefehlshaber der Luftwaffe: Greim, Reichsführer SS und Chef der deutschen Polizei: Gauleiter Hanke, Wirtschaft: Funk, Landwirtschaft: Backe, Justiz: Thierack, Kultus: Dr. Scheel, Propaganda: Dr. Naumann, Finanzen: Schwerin-Crossigk, Arbeit: Dr. Hupfauer, Rüstung: Saur, Leiter der deutschen Arbeitsfront und Mitglied des Reichskabinetts: Reichsminister Dr. Ley.

19 Ebenda, S. 373f.

20 Als Faksimile abgedruckt in: Joachimsthaler, *Hitlers Ende*, S. 192.

21 Junge, *Bis zur letzten Stunde*, S. 203.

22 Ebenda, S. 203f.

23 Goebbels, *Tagebücher 1945*, S. 555f.

24 Zum politischen Testament siehe Maser, *Hitlers Briefe und Notizen*, S. 374f., zum privaten siehe Joachimsthaler, *Hitlers Ende*, S. 192.

25 Wilhelm Mohnke, in: O'Donnell und Bahnsen, *Die Katakombe*, S. 206f.

26 Freytag von Loringhoven, in: zur Mühlen (Hg.), *Der Todeskampf der Reichshauptstadt*, S. 145.

27 Junge, *Bis zur letzten Stunde*, S. 199f. Die Datierung ist bei Junge allerdings unklar.

28 Baur, *Mit Mächtigen zwischen Himmel und Erde*, S. 274.

29 Junge, *Bis zur letzten Stunde*, S. 204f.

30 Boldt, *Die letzten Tage der Reichskanzlei*, S. 75.

31 Joachimsthaler, *Hitlers Ende*, S. 193.

32 Wilhelm Mohnke, in: O'Donnell und Bahnsen, *Die Katakombe*, S. 151, der sich im Datum jedoch nicht sicher ist. Boldt, *Die letzten Tage der Reichskanzlei*, S. 82ff., gibt den 29. April an.

33 Ebenda, S. 82.

34 Axmann,»Die letzten hundert Tage. Das Ende im Führerbunker«, S. 81.

35 Hans Refior, in: zur Mühlen (Hg.), *Der Todeskampf der Reichshauptstadt*, S. 129.

36 Herta von Gebhardt, in: zur Mühlen (Hg.), *Der Todeskampf der Reichshauptstadt*, S. 357f.

37 Joachimsthaler, *Hitlers Ende*, S. 177, und Freytag von Loringhoven, in: zur Mühlen (Hg.), *Der Todeskampf der Reichshauptstadt*, S. 145.

38 Freytag von Loringhoven, in: zur Mühlen (Hg.), *Der Todeskampf der Reichshauptstadt*, S. 145, und Boldt, *Die letzten Tage der Reichskanzlei*, S. 83f.

39 Below, *Als Hitlers Adjutant 1937–1945*, S. 418.

40 Baur, *Mit Mächtigen zwischen Himmel und Erde*, S. 275.

41 Junge, *Bis zur letzten Stunde*, S. 195.

42 Schenck, *Das Notlazarett unter der Reichskanzlei*, S. 115.

43 Rochus Misch, in: O'Donnell und Bahnsen, *Die Katakombe*, S. 225f., und Baur, *Mit Mächtigen zwischen Himmel und Erde*, S. 276. Schenck, *Das Notlazarett unter der Reichskanzlei*, S. 88, bestreitet, dass es diese Feier gab. Doch vielleicht hat er sie einfach nicht mitbekommen.

44 Ebenda, S. 123.

45 Joachimsthaler, *Hitlers Ende*, S. 211.

46 Ebenda, S. 194f. und S. 197.

47 Junge, *Bis zur letzten Stunde*, S. 200.

48 Otto Günsche, in: O'Donnell und Bahnsen, *Die Katakombe*, S. 192f.

49 Junge, *Bis zur letzten Stunde*, S. 204f., und Ernst Günther Schenck, in: O'Donnell und Bahnsen, *Die Katakombe*, S. 193. Es ist unklar, wie viele und welche Hunde sich im Führerbunker befunden haben. Sicher ist, dass Blondi und ihr Welpe Wolf dort waren. Die sowjetischen Soldaten haben im Garten der Reichskanzlei zwei Hunde gefunden. Ernst Günther Schenck hat am 29. April im Waschraum des Führerbunkers zwei Schäferhunde bellen hören, siehe ders., *Das Notlazarett unter der Reichskanzlei*, S. 132. Der SS-Wachmann im Bunker, Hans Hofbeck, hat am 30. April gesehen, wie zwei tote Hunde von Dienern in den Garten der Reichskanzlei getragen wurden, der eine davon Blondi, der andere »einer der beiden kleineren schwarzen, die sich ständig im Bunker befunden haben«. Siehe Hans Hofbeck, in: Joachimsthaler, *Hitlers Ende*, S. 306ff.

50 Groehler, *Das Ende der Reichskanzlei*, S. 32, und Joachimsthaler, *Hitlers Ende*, S. 198.

51 Kempka, *Die letzten Tage mit Adolf Hitler*, S. 88.

52 Ebenda, S. 87f.

53 Schultz-Naumann, *Die letzten dreißig Tage*, S. 66. Auch dort bleibt das OKW nur kurz. Am Morgen des 1. Mai gegen 4.30 Uhr wird das OKW nach Wismar in Mecklenburg verlegt. Ebenda, S. 74.

54 Ebenda, S. 66. Dieses Telegramm von Bormann und Krebs kam um 19.31 Uhr beim OKW an.

55 Beevor, *Berlin 1945*, S. 382, der sich jedoch in den Zeitangaben irrt; zur korrekten zeitlichen Einordnung siehe Boldt, *Die letzten Tage der Reichskanzlei*, S. 84.

56 Weidling, »Der Endkampf in Berlin«, in: *Wehrwissenschaftliche Rundschau* 2/1962, S. 118.

57 Weidling, »Der Endkampf in Berlin«, in: *Wehrwissenschaftliche Rundschau* 3/1962, S. 169.

58 Faksimile, abgedruckt bei: Joachimsthaler, *Hitlers Ende*, S. 199.

59 Schramm (Hg.), *Das Kriegstagebuch des Oberkommandos der Wehrmacht 1940–1945*, S. 1466.

60 Ebenda.

61 *Enzyklopädie des Holocaust*, S. 304.

zum 30. April

1 Linge, *Bis zum Untergang*, S. 278f. Laut eigener Aussage in Joachimsthaler, *Hitlers Ende*, S. 224, hat Linge diese Anweisungen umgehend ausgeführt und sechs Kanister Benzin aus den unterirdischen Garagen besorgen und auf verschiedenen Absätzen der zum Gartenausgang führenden Treppe bereitstellen lassen. Außerdem habe er auftragsgemäß zwei Decken bereitgelegt, eine im Vorraum zum Arbeitszimmer und eine in Hitlers Schlafzimmer. Dieser Aussage wird hier nicht gefolgt. Richtig dürfte sein, dass SS-Adjutant Otto Günsche am 30. April Fuhrparkchef Erich Kempka um Bereitstellung des Benzins im Führerbunker gebeten hat, wie Günsche, in: O' Donnell und Bahnsen, *Die Katakombe*, S. 208f., und Kempka, *Die letzten Tage mit Adolf Hitler*, S. 90ff., übereinstimmend ausgesagt haben.

2 Linge, *Bis zum Untergang*, S. 279. In seiner Aussage vor dem Amtsgericht Berchtesgaden hat Linge diese Szene auf den 25. April datiert. Richtig dürfte die Angabe in seinem später veröffentlichten Buch sein. Von seinem engsten Umfeld verabschiedete Hitler sich erst am 30. April.

3 Anwesend waren Baur, Betz, Bormann, Burgdorf, Joseph und Magda Goebbels, Hewel, Högl, Krebs, Manziarly, Mohnke, Naumann, Rattenhuber, Schädle, Stumpfegger, Voß und einige Diener und Angehörige der SS-Wachmannschaft; siehe Joachimsthaler, *Hitlers Ende*, S. 201.

4 Ebenda, S. 203.

5 Joachimsthaler, *Hitlers Ende*, S. 204.

6 Schenck, *Das Notlazarett unter der Reichskanzlei*, S. 129f.

7 Junge, *Bis zur letzten Stunde*, S. 198.

8 Junge, ebenda, S. 197f., datiert Rattenhubers Geburtstag irrtümlich auf den 27. April und glaubt, er sei sechzig Jahre alt geworden. Tatsächlich hatte Rattenhuber am 30. April Geburtstag und wurde 48 Jahre alt.

9 Ebenda, S. 198.

10 Schenck, *Das Notlazarett unter der Reichskanzlei*, S. 130f., der allerdings von Rattenhubers Geburtstag nichts erwähnt; es muss jedoch diese Runde gewesen sein.

11 Zu diesem Zeitpunkt hatte General Holste sich bereits abgesetzt. Zusammen mit seiner Frau, zwei Fahrzeugen und seinen beiden besten Pferden floh er zum Stab der 12. Armee und rettete sich über die Elbe zu den Amerikanern; Beevor, *Berlin 1945*, S. 413.

12 Als Faksimile abgedruckt in: Joachimsthaler, *Hitlers Ende*, S. 202.

13 Jochen von Lang, *Der Sekretär. Martin Bormann: Der Mann, der Hitler beherrschte*, unter Mitarbeit von Claus Sibyll, 3., völlig überarb. Neuauflage, München 1987, S. 336.

14 Boldt, *Die letzten Tage der Reichskanzlei*, S. 86f. Reichsjugendführer Axmann, der diesen Einsatz angeregt hatte, hat dieser Darstellung von Boldt widersprochen, siehe

Axmann, »Die letzten hundert Tage. Mit Hitler im Bunker«, S. 67. Es seien ungefähr fünfhundert Jungen gewesen, zwischen siebzehn und achtzehn Jahre alt, die eine mehrwöchige Ausbildung genossen hätten und mit Sturmgewehren, Maschinengewehren und Panzerfäusten ausgerüstet gewesen seien. Angeleitet worden seien sie durch »fronterfahrene Männer«, und es habe dort auch nur einige Tote und Verwundete gegeben. Außerdem sei der Einsatz keineswegs sinnlos gewesen, schließlich hätten zahlreiche Zivilisten und Soldaten, darunter auch Boldt, Berlin auf diesem Wege verlassen. In der Nacht zum 2. Mai seien die Jungen dann unbemerkt über die Havelchaussee nach Ruhleben entkommen.

15 Wilhelm Mohnke, in: O'Donnell und Bahnsen, *Die Katakombe*, S. 195f. Mohnkes Aussage vor dem Amtsgericht Berchtesgaden 1956 im Verfahren zur Feststellung von Hitlers Tod weicht in einigen Punkten von dieser Darstellung ab. Siehe Joachimsthaler, *Hitlers Ende*, S. 206.

16 Rochus Misch, in: O'Donnell und Bahnsen, *Die Katakombe*, S. 196f., Tony Le Tissier, »Die Gefährten der letzten Stunden im Führerbunker«, in: zur Mühlen (Hg.), *Der Todeskampf der Reichshauptstadt*, S. 453, sowie Rochus Misch, in: ebenda, S. 369.

17 Schenck, *Das Notlazarett unter der Reichskanzlei*, S. 134f.

18 Hertha von Gebhardt, in: zur Mühlen (Hg.), *Der Todeskampf der Reichshauptstadt*, S. 358.

19 Andreas-Friedrich, *Schauplatz Berlin*, S. 198.

20 Hertha von Gebhardt, in: zur Mühlen (Hg.), *Der Todeskampf der Reichshauptstadt*, S. 358.

21 Ebenda.

22 Junge, *Bis zur letzten Stunde*, S. 205.

23 Dönitz, *Zehn Jahre und zwanzig Tage*, S. 440f.

24 Weidling, »Der Endkampf in Berlin«, in: *Wehrwissenschaftliche Rundschau* 3/1962, S. 169. Demgegenüber datiert Hans Refior, in: zur Mühlen (Hg.), *Der Todeskampf der Reichshauptstadt*, S. 130, diese Szene auf den Abend des 29. April.

25 Otto Günsche, in: O'Donnell und Bahnsen, *Die Katakombe*, S. 208f. Hitler hat Günsche diesen Befehl zur Verbrennung seiner Leiche nach Aussage von Hans Rattenhuber auch schriftlich erteilt. Siehe Joachimsthaler, *Hitlers Ende*, S. 210.

26 Erich Kempka, in: Joachimsthaler, *Hitlers Ende*, S. 213.

27 Kempka, *Die letzten Tage mit Adolf Hitler*, S. 90ff.

28 Karl Schneider, in: Joachimsthaler, *Hitlers Ende*, S. 298. Wann und in welchen Mengen das Benzin zur Verbrennung der Leichen angeliefert wurde, ist von den Anwesenden sehr unterschiedlich wahrgenommen worden. Karl Schneider gibt anders als Günsche und Kempka an, die Anforderung sei bereits am 28. April erfolgt und er habe sofort acht Kanister Benzin durch vier Mann in den Führerbunker bringen lassen. Laut Johannes Hentschel haben am 29. April Linge, Günsche und Kempka acht bis zehn gefüllte Benzinkanister in den Maschinenraum im Führerbunker gebracht. Vizeadmiral Hans-Erich Voß hat am 29. April zwölf Kanister im Vorbunker stehen sehen. Otto Günsche behauptet, er habe sich am 30. April persönlich versichert, dass am Gartenausgang auftragsgemäß »neun oder zehn Kanister Benzin« bereitstanden. Da ein Wehrmachtskanister 20 Liter Benzin fasste und im Laufe des Nachmittags durch Kempkas Männer weiteres Benzin nachgeliefert wurde, standen für die Verbrennung mehrere hundert Liter zur Verfügung. Siehe Joachimsthaler, *Hitlers Ende*, S. 298ff.

29 Ebenda, S. 307f.

30 Schenck, *Das Notlazarett unter der Reichskanzlei*, S. 135f.

31 Joachimsthaler, *Hitlers Ende*, S. 217.

32 Linge, *Bis zum Untergang*, S. 284f.

33 Ebenda, S. 285f.

34 Ebenda, S. 285. Linge gibt irrtümlich an, sie habe bei dieser Gelegenheit Hitlers goldenes Parteiabzeichen erhalten.

35 Baur, *Mit Mächtigen zwischen Himmel und Erde*, S. 276ff. Baur gibt den Zeitpunkt dieser letzten Begegnung mit 19.00 Uhr an. Tatsächlich dürfte sie zwischen 14.00 und 15.00 Uhr stattgefunden haben.

36 Linge, *Bis zum Untergang*, S. 286f., und Joachimsthaler, *Hitlers Ende*, S. 219 und S. 229.

37 Otto Günsche, in: Joachimsthaler, *Hitlers Ende*, S. 221.

38 Junge, *Bis zur letzten Stunde*, S. 206.

39 Otto Günsche, in: O'Donnell und Bahnsen, *Die Katakombe*, S. 210. Zu einem anderen Zeitpunkt erinnerte sich Günsche an diese Szene so:»Unmittelbar darauf erschien dann Frau Goebbels nochmals bei mir mit der Bitte, dass sie Hitler noch einmal sprechen möchte. Ich bin daraufhin zu Adolf Hitler in den Arbeitsraum gegangen. Hitler war hierüber ungehalten, hat sich dann aber doch nochmals zu Frau Goebbels begeben. Was zwischen Frau Goebbels und Adolf Hitler noch gesprochen worden ist, weiß ich aus eigener Wahrnehmung nicht. Ich habe aber gehört, dass Frau Goebbels Hitler noch einmal gebeten hat, Berlin zu verlassen. Das hat sie mir hinterher selbst gesagt mit dem Beifügen, dass Adolf Hitler wiederum abgelehnt habe. Hitler hat sich nach dieser Unterredung wieder zurück in seinen Arbeitsraum begeben. Eva Braun ist ihm kurz darauf gefolgt. Von mir selbst hatte sich Hitler schon vorher verabschiedet, während Eva Braun das auf dem Wege von Frau Goebbels in den Arbeitsraum Hitlers getan hat.« Joachimsthaler, *Hitlers Ende*, S. 221f.

40 Artur Axmann, »Die letzten hundert Tage. Das Ende im Führerbunker«, *Stern* vom 2. Mai 1965, S. 81.

41 Junge, *Bis zur letzten Stunde*, S. 206f. und Anm. 111: Sachverständige, die den Tod Hitlers zu rekonstruieren versuchten, bezweifeln, dass Traudl Junge von ihrem Standort aus den Schuss tatsächlich hören konnte.

42 Heinz Linge, in: Joachimsthaler, *Hitlers Ende*, S. 230.

43 Linge, *Bis zum Untergang*, S. 287. Linge hat die Szene mehrfach und nicht immer gleich beschrieben. An anderer Stelle hat er ausgesagt:»Im Mittelgang des unteren Teils des Bunkers traf ich auf Günsche, zu dem ich sagte, dass es passiert sein müsse. Ich bin dann in den Vorraum zu Hitlers Arbeitsraum eingetreten, wo ich die Verbindungstüre zu seinem Arbeitsraum geschlossen fand und den Geruch von Pulvergas wahrnahm. Um beim Eintritt in den Arbeitsraum einen Zeugen zu haben, bin ich dann zunächst in den Mittelgang zurückgekehrt, wo ich Bormann am Tisch stehend vorfand. Ich habe Bormann mit den Worten: ›Herr Reichsleiter, es ist passiert!‹ angesprochen, worauf wir beide uns sogleich in den Arbeitsraum begeben haben.« Joachimsthaler, *Hitlers Ende*, S. 230.

44 Joachimsthaler, *Hitlers Ende*, S. 232.

45 Heinz Linge, in: Joachimsthaler, *Hitlers Ende*, S. 230. Günsche erinnert sich anders: »Wir [sahen] Adolf Hitler auf dem an der linken Wand vor uns, neben dem Diwan stehenden Sessel sitzen. Er war zusammengesunken und hing über die rechte Armlehne des Sessels. Der Kopf war zur Seite geneigt. Aus seiner rechten Schläfe tropfte

Blut. Eine Blutlache hatte sich bereits auf dem Teppich und auf dem Fußboden gebildet. Er hatte sich, das war sofort zu erkennen, in die rechte Schläfe geschossen mit seiner eigenen Pistole, PPK 7,65 die er […] durchgeladen und gesichert immer bei sich trug.« Ulrich Völklein (Hg.) *Hitlers Tod. Die letzten Tage im Führerbunker*, Göttingen 1998, S. 66. Ähnlich schilderte Günsche die Szene vor dem Amtsgericht Berchtesgaden 1956; Joachimsthaler, *Hitlers Ende*, S. 232f.

46 Die Abzeichen fielen Artur Axmann auf,»Die letzten hundert Tage. Das Ende im Führerbunker«, S. 80, auf. Offenbar besaß Hitler mehrere Exemplare des goldenen Parteiabzeichens.

47 Joachimsthaler, *Hitlers Ende*, S. 239f. und S. 230. Immer wieder wird die These vertreten, Hitler habe zeitgleich auf eine Blausäure-Ampulle gebissen. Diese Version ist durch die sowjetischen Organe gestützt worden, wohl um Hitler den vermeintlich ehrenvolleren»Soldatentod«durch Erschießen nicht zuzugestehen. So heißt es im sowjetischen Obduktionsbericht der angeblichen Leiche Hitlers:»An dem durch Feuer stark verunstalteten Körper wurden keinerlei sichtbare Zeichen schwerer tödlicher Verletzungen oder Erkrankungen festgestellt.« Eine obduzierbare Leiche ist von ihm jedoch nicht übrig geblieben. Siehe Völklein (Hg.), *Hitlers Tod*, S. 127. Keiner der Augenzeugen hat ausgesagt, dass Hitlers Leiche den für eine Blausäurevergiftung typischen Bittermandelgeruch ausgeströmt habe. Im Gegenteil:»Im Gegensatz zur Leiche Eva Brauns war an der Leiche Adolf Hitlers keinerlei Geruchsausströmung wahrnehmbar.« Otto Günsche, in Joachimsthaler, *Hitlers Ende*, S. 259. Das Amtsgericht Berchtesgaden hat durch Beschluss vom 25. Oktober 1956 nach einem mehrjährigen Verfahren den Tod Adolf Hitlers»mit eigener Hand, und zwar durch einen Schuss in die rechte Schläfe« festgestellt und einen Schuss durch den Mund ebenso wie eine nachträgliche Erschießung, eine Vergiftung bzw. eine gleichzeitige Erschießung und Vergiftung»mit voller Sicherheit ausgeschlossen«. Joachimsthaler, *Hitlers Ende*, S. 430f.

48 Ebenda, S. 232. In *Bis zum Untergang*, S. 288, schreibt Linge demgegenüber:»Ihr verkrampftes Gesicht verriet ihre Todesart: Vergiftung durch Zyankali. Der ›Biss‹ markierte sich in ihren Zügen. Die Schachtel, in der sich das Zyankali befunden hatte, lag auf dem Tisch.«

49 Artur Axmann, in: Joachimsthaler, *Hitlers Ende*, S. 235.

50 Diese Aussage Kempkas sowie Bezeugungen von Artur Axmann haben die Diskussion ausgelöst, ob Hitler sich in den Mund oder in die Schläfe geschossen habe. Siehe Kempka, *Die letzten Tage mit Adolf Hitler*, S. 92ff., und Joachimsthaler, *Hitlers Ende*, S. 240.

51 Die Frage, ob bei Hitlers Selbstmord ein Schuss zu hören war, wird von den Zeugen unterschiedlich beantwortet. Vermeintlich gehört haben einen Schuss Joseph Goebbels (nach Aussage von Artur Axmann, in: Joachimsthaler, *Hitlers Ende*, S. 33), Traudl Junge, *Bis zur letzten Stunde*, S. 206, und Werner Naumann:»Kurze Zeit darauf zog sich der Führer in sein Zimmer zurück, und wir auf dem Flur Versammelten hörten einen Schuss.« Joachimsthaler, *Hitlers Ende*, 295f.

52 Ebenda, S. 233.

53 Artur Axmann schildert bestimmte Details dieser Szene anders, siehe ebenda, S. 233ff., und hat seine diesbezüglichen Aussagen im Lauf der Zeit stark verändert. In einer Vernehmung durch Robert Kempner im Nürnberger Justizpalast 1947 behauptete er, seiner Ansicht nach habe Hitler zuerst Gift genommen und sich dann in den Mund geschossen; ebenda, S. 236.

54 Kempka, *Die letzten Tage mit Adolf Hitler*, S. 94.

55 Joachimsthaler, *Hitlers Ende*, S. 288. Auch hier variieren die Aussagen der Beteiligten stark. Erich Kempka *Die letzten Tage mit Adolf Hitler*, S. 94, meinte, Hitler sei von Linge und Stumpfegger nach oben gebracht worden. Stumpfegger war aber mit Sicherheit nicht an der Aktion beteiligt.

56 Ebenda, S. 94f.

57 Joachimsthaler, *Hitlers Ende*, S. 290.

58 Siehe Linge, *Bis zum Untergang*, S. 288, Kempka, *Die letzten Tage mit Adolf Hitler*, S. 95, sowie Otto Günsche, in: Joachimsthaler, *Hitlers Ende*, S. 290. Jeder der Beteiligten hat den Leichentransport etwas anders in Erinnerung. Anders als Kempka gab Günsche an, Eva Hitler zuletzt allein in den Garten getragen zu haben. Manche wollen gesehen haben, dass Hitler in einen Teppich gewickelt war statt in eine Decke (Karl Schneider und Hans Hofbeck in: ebenda, S. 306 und S. 309), manche (Kempka, *Die letzten Tage mit Adolf Hitler*, S. 95, und Axmann, »Die letzten hundert Tage. Das Ende im Führerbunker«, S. 82) haben Eva Hitler in einem schwarzen Kleid gesehen.

59 Kempka, *Die letzten Tage mit Adolf Hitler*, S. 95f., Otto Günsche: in: Joachimsthaler, *Hitlers Ende*, S. 290, und Linge, *Bis zum Untergang*, S. 288. Linge und Kempka haben bezeugt, die Leichen hätten mit den Füßen zum Bunkerausgang im Garten gelegen, Günsche meint, sie hätten mit den Köpfen zum Bunkerausgang gewiesen.

60 Joachimsthaler, *Hitlers Ende*, S. 297.

61 Ebenda, S. 320f.

62 Ebenda, S. 320f., und Kempka, *Die letzten Tage mit Adolf Hitler*, S. 96f.

63 Ebenda, S. 97.

64 Erich Kempka, in: Joachimsthaler, *Hitlers Ende*, S. 321, hält den Fidibus für seine Idee, erinnert sich allerdings an einen größeren Lappen, den Günsche und er mit Benzin getränkt und mit einem Streichholz von Goebbels entzündet hätten. Otto Günsche, ebenda, berichtet, Bormann habe einen Papierfidibus auf die Leichen geworfen. Heinz Linge, ebenda, S. 320, wiederum meint, er habe die Idee mit dem Papierfidibus gehabt; Bormann habe ihn angezündet, an ihn zurückgegeben und er, Linge, habe die Leichen damit in Brand gesetzt.

65 Ebenda, S. 320 und S. 346.

66 Weidling, »Der Endkampf in Berlin«, in: *Wehrwissenschaftliche Rundschau* 3/1962, S. 169f. Ein gleichlautender Befehl ging an Wilhelm Mohnke. Hans Refior, in: zur Mühlen (Hg.), *Der Todeskampf der Reichshauptstadt*, S. 131, meint, der Brief sei um 13.00 Uhr durch einen SS-Sturmbannführer übergeben worden.

67 Ebenda.

68 Als Faksimile abgedruckt in: Joachimsthaler, *Hitlers Ende*, S. 275.

69 Kempka, *Die letzten Tage mit Adolf Hitler*, S. 99.

70 Axmann, »Die letzten hundert Tage. Das Ende im Führerbunker«, S. 82.

71 Kempka, *Die letzten Tage mit Adolf Hitler*, S. 99.

72 Junge, *Bis zur letzten Stunde*, S. 207.

73 Kempka, *Die letzten Tage mit Adolf Hitler*, S. 99, und Werner Schmiedel, in: Joachimsthaler, *Hitlers Ende*, S. 242.

74 Junge, *Bis zur letzten Stunde*, S. 207.

75 Werner Schwiedel, in: Joachimsthaler, *Hitlers Ende*, S. 242.

76 Linge, *Bis zum Untergang*, S. 289.

77 Baur, *Mit Mächtigen zwischen Himmel und Erde*, S. 281.

78 Axmann, »Die letzten hundert Tage. Das Ende im Führerbunker«, S. 82.

79 O'Donnell und Bahnsen, *Die Katakombe*, S. 227.

80 Weidling, »Der Endkampf in Berlin«, in: *Wehrwissenschaftliche Rundschau* 3/1962, S. 170.

81 Hans Refior, in: zur Mühlen (Hg.), *Der Todeskampf der Reichshauptstadt*, S. 131.

82 Schultz-Naumann, *Die letzten dreißig Tage*, S. 72.

83 Dönitz, *Zehn Jahre und zwanzig Tage*, S. 441f.

84 Schultz-Naumann, *Die letzten dreißig Tage*, S. 72.

85 Axmann, »Die letzten hundert Tage. Das Ende im Führerbunker«, S. 83.

86 Wilhelm Mohnke, in: O'Donnell und Bahnsen, *Die Katakombe*, S. 234. Die beschriebene Szene hat Mohnke auf »eine[n] der letzten Tage« datiert.

87 Kempka, *Die letzten Tage mit Adolf Hitler*, S. 100f.

88 Axmann, »Die letzten hundert Tage. Das Ende im Führerbunker«, S. 82.

89 Junge, *Bis zur letzten Stunde*, S. 209.

90 Kempka hat zur »Benzinfrage« unterschiedliche Aussagen gemacht. In seinem Buch *Ich habe Adolf Hitler verbrannt*, München 1950, heißt es auf S. 117: »Von mittags 14 Uhr bis ungefähr 19.30 Uhr abends dauerte die Verbrennung an. Ich hatte durch meine Männer noch mehrere hundert Liter Benzin im Laufe des Nachmittags heranschaffen lassen.« Dagegen sagte Baur vor dem Amtsgericht Berchtesgaden aus: »Ich bin nach der Rückkehr von der Verbrennung der Leichen im Garten in den Bunker von Rattenhuber, dem Chef des Reichssicherheitsdienstes, ersucht worden, für weiteres Benzin zur Fortsetzung der Einäscherung zu sorgen, wozu ich mich auch bereit erklärt habe. Einen entsprechenden Auftrag habe ich sogleich vom Führerbunker aus an Hauptsturmführer Schneider telefonisch erteilt. Im weiteren Verlauf des Nachmittags in den Bunker bei den Garagen zurückgekehrt, hat mir Schneider dort gemeldet, dass er den Auftrag ausgeführt habe. Um welche Mengen Benzin es sich dabei gehandelt hat, weiß ich nicht.« Siehe Joachimsthaler, *Hitlers Ende*, S. 300. Der SS-Wachposten Erich Mansfeld will beobachtet haben, dass die Leichen nicht immer wieder neu mit Benzin übergossen, sondern dass vom Bunkerausgang wiederholt Kanister in Richtung der Leichen geworfen worden seien. Siehe ebenda, S. 325.

91 Hermann Karnau, in: ebenda, S. 334. Der SS-Wachmann Hans Hofbeck, der damals am Bunkerausgang zum Garten Dienst hatte, gab 1955 an: »Um 22.00 Uhr habe ich nochmals von der Bunkertür aus Ausschau gehalten. Von den Leichen war aber nichts mehr zu sehen.« Ebenda, S. 323.

92 Ebenda, S. 346.

93 Hermann Karnau, in: ebenda, S. 333. Um diese Überreste gab es zahlreiche Spekulationen. Erheblich dazu beigetragen hat der SS-Wachposten Harry Mengershausen, der behauptete, die Leichen von Adolf und Eva Hitler seien nicht vollständig verbrannt, und das, was von ihnen übrig blieb, sei in der Nähe des Bunkerausgangs im Garten der Reichskanzlei von zwei Männern aus Hitlers Leibwache in einen Trichter gelegt und mit Erde bedeckt worden. Auf Grund dieser Aussage haben Mitglieder der sowjetischen Untersuchungskommission tatsächlich in der Nähe des Bunkerausgangs eine männliche und eine weibliche Leiche »entdeckt und herausgezogen. Die Leichen befanden sich in einem Trichter, waren mit einer Erdschicht zugeschüttet und stark angekohlt, so dass ihre Identifizierung ohne zusätzliche Angaben nicht möglich war.«

Siehe den Untersuchungsbericht von Generalleutnant Waddis an Politbüromitglied und Geheimdienstchef Lawrentij Berija vom Mai 1945, in: Völklein (Hg.), *Hitlers Tod*, S. 144ff. Mengershausens Aussage ist jedoch nicht glaubwürdig. Das stellte auch das Amtsgericht Berchtesgaden fest, dem Mengershausen 1956 eine abenteuerliche Version von Hitlers Tod und seiner eigenen Beteiligung an der Beseitigung der Leichen zum Besten gab: Ludwig Stumpfegger habe Hitler und Eva Braun mit einer Zyankali-Spritze getötet. Siehe Harry Mengershausen, in: Joachimsthaler, *Hitlers Ende*, S. 314f. Das lässt sich weder mit den anderen Zeugenaussagen noch mit den vorliegenden Beweisen in Einklang bringen. Außerdem behauptete Mengershausen jetzt im Gegensatz zu seiner Aussage von 1945, er habe zusammen mit einem anderen SS-Wachposten aus eigenem Antrieb die Leichen in einem zwei Meter tiefen Trichter begraben. Wegen des heftigen Beschusses habe der Vorgang anderthalb Stunden gedauert. Joachimsthaler, *Hitlers Ende*, S. 337-357, widerlegt Mengershausens Aussagen überzeugend. Sie führten jedoch dazu, dass die beiden äußerlich nicht identifizierbaren Leichen, die von den Sowjets im Garten der Reichskanzlei ausgegraben und geborgen wurden, als die Leichen von Adolf und Eva Hitler deklariert wurden, siehe Völklein (Hg.), *Hitlers Ende*, S. 121ff. und 127ff. Dazu ist Folgendes anzumerken: 1. Hätte es sich bei den gefundenen und obduzierten Leichen tatsächlich um Hitler und seine Frau gehandelt, hätte man das zweifellos – wie im Falle der Familie Goebbels und von General Krebs – zu Demonstrationszwecken fotografisch festgehalten. 2. Keiner der vielen Zeitzeugen, die von der Roten Armee gefangen genommen wurden, ist jemals mit diesen Leichen konfrontiert worden, um sie zu identifizieren. 3. Die bereits zitierte Feststellung des Obduktionsberichts, an Hitlers Leiche seien »keine Zeichen schwerer tödlicher Verletzungen« festgestellt worden: passt zu keiner der Zeugenaussagen. 4. Die von den Sowjets gefangen genommenen Zeitzeugen wurden über einen langen Zeitraum immer und immer wieder zu den Vorgängen im Führerbunker Ende April 1945 und nach dem Verbleib der Leichen befragt. Offenbar suchte die Rote Armee nach den Leichen. Gefunden wurden allerdings Zahnbrücken aus Hitlers Ober- und Unterkiefer sowie eine Kunstharzbrücke von Eva Braun, die alle von Käthe Heusermann, der Zahnarzthelferin von Hitlers Zahnarzt Dr. Blaschke, und dem Zahntechniker Fritz Echtmann eindeutig identifiziert wurden; Joachimsthaler, *Hitlers Ende*, S. 358 bis 383. Was von Adolf und Eva Hitler übrig blieb, hatte in einer Zigarrenkiste Platz. Auch Erich Kempka, *Die letzten Tage mit Adolf Hitler*, S. 101, hat zur Verwirrung beigetragen. Angeblich hat er von Hans Rattenhuber erfahren, dass »die verkohlten Überreste der Leichen Adolf Hitlers und seiner Frau zusammengescharrt« und »in einem kleinen Grab an der Wand meines Wohnhauses« beigesetzt worden seien. Rattenhuber hat diese Aussage ausdrücklich bestritten. Joachimsthaler, *Hitlers Ende*, S. 336.

94 Axmann, *Das kann doch nicht das Ende sein*, S. 447f.

95 Le Tissier, *Der Kampf um Berlin 1945*, S. 187f.

96 Völklein (Hg), *Hitlers Tod*, S. 48f.

97 Wassili I. Tschuikow, *Das Ende des Dritten Reiches*, München 1966, S. 185.

98 Ebenda, S. 181.

99 *Enzyklopädie des Holocaust*, Bd. 3: Q-Z, S. 1197, und Martin Gilbert, *Endlösung. Die Vertreibung und Vernichtung der Juden. Ein Atlas*, Frankfurt a. M. 1983, S. 228.

zum 1. Mai

1 Siehe Theodor von Dufving, »Die Kapitulationsverhandlungen vom 30. April bis 2. Mai 1945«, in: zur Mühlen (Hg.), *Der Todeskampf der Reichshauptstadt*, S. 168f., und

Joachimsthaler, *Hitlers Ende*, S. 276. Die Zeitangaben der Beteiligten weichen erheblich voneinander ab. Laut von Dufving verließ Krebs die Reichskanzlei gegen 24.00 Uhr und kam um 3.50 Uhr/1.50 Uhr Berliner Zeit in Tschuikows Hauptquartier an; Tschuikow, *Das Ende des Dritten Reiches*, S. 184.

2 Dönitz, *Zehn Jahre und zwanzig Tage*, S. 443f.

3 Als Faksimile abgedruckt in: Joachimsthaler, *Hitlers Ende*, S. 277.

4 Theodor von Dufving, in: zur Mühlen (Hg.), *Der Todeskampf der Reichshauptstadt*, S. 169.

5 Tschuikow, *Gardisten auf dem Weg nach Berlin*, S. 473.

6 Tatsächlich: um 15.30 Uhr.

7 Völklein (Hg.), *Hitlers Tod*, S. 48, dessen Schilderung des Gesprächsablaufs sich jedoch wesentlich von dem unterscheidet, den von Dufving in: zur Mühlen (Hg.), *Der Todeskampf der Reichshauptstadt*, S. 169f., liefert.

8 Siehe Tschuikow, *Gardisten auf dem Weg nach Berlin*, S. 473–484, und Theodor von Dufving, in: zur Mühlen (Hg.), *Der Todeskampf der Reichshauptstadt*, S. 172f., deren Schilderungen dieser Verhandlungen sich wesentlich unterscheiden.

9 Tschuikow, *Gardisten auf dem Weg nach Berlin*, S. 484.

10 Shukow, *Erinnerungen und Gedanken*, S. 353f.

11 Ebenda.

12 Als Faksimile abgedruckt in: Joachimsthaler, *Hitlers Ende*, S. 281.

13 Schultz-Naumann, *Die letzten dreißig Tage*, S. 74, zitiert den Funkspruch geringfügig falsch.

14 Dönitz, *Zehn Jahre und zwanzig Tage*, S. 437.

15 Wenck, »Die letzten hundert Tage. Berlin war nicht mehr zu retten«, S. 67.

16 Beevor, *Berlin 1945*, S. 412.

17 Linge, *Bis zum Untergang*, S. 297.

18 Junge, *Bis zur letzten Stunde*, S. 209.

19 Linge, *Bis zum Untergang*, S. 289f.

20 Joachimsthaler, *Hitlers Ende*, S. 82.

21 Tschuikow, *Gardisten auf dem Weg nach Berlin*, S. 498.

22 Shukow, *Erinnerungen und Gedanken*, S. 354.

23 Keitel, *Mein Leben*, S. 401.

24 Theodor von Dufving, in: zur Mühlen (Hg.), *Der Todeskampf der Reichshauptstadt*, S. 175.

25 Tschuikow, *Das Ende des Dritten Reiches*, S. 214f.

26 Hier variieren die Zeitangaben. Weidling, »Der Endkampf in Berlin«, in: *Wehrwissenschaftliche Rundschau* 3/1962, S. 172, gibt 12.00 Uhr an, laut Tschuikow, *Das Ende des Dritten Reiches*, S. 214, hat Krebs den Gefechtsstand um 13.08 Uhr verlassen. Theodor von Dufving, in: zur Mühlen (Hg.), *Der Todeskampf der Reichshauptstadt*, S. 176, lässt sich entnehmen, dass Krebs kurz und er gegen 13.00 Uhr wieder in der Reichskanzlei eintrafen; Linge, *Bis zum Untergang*, S. 297, spricht von »gegen 14.00 Uhr«.

27 Junge, *Bis zur letzten Stunde*, S. 210; Weidling, »Der Endkampf in Berlin«, in: *Wehrwissenschaftliche Rundschau* 3/1962, S. 172f.; Johannes Hentschel, in: O'Donnell und Bahnsen, *Die Katakombe*, S. 362.

28 Linge, *Bis zum Untergang*, S. 297.

29 Axmann, »Die letzten hundert Tage. Das Ende im Führerbunker«, S. 83.

30 Weidling, »Der Endkampf in Berlin«, in: *Wehrwissenschaftliche Rundschau* 3/1962, S. 172.

31 Linge, *Bis zum Untergang*, S. 297f.

32 Wilhelm Mohnke, in: O'Donnell und Bahnsen, *Die Katakombe*, S. 227.

33 Keitel, *Mein Leben*, S. 401.

34 Schultz-Naumann, *Die letzten dreißig Tage*, S. 76f.

35 zur Mühlen (Hg.), *Der Todeskampf der Reichshauptstadt*, S. 476.

36 Wilhelm Mohnke, in: O'Donnell und Bahnsen, *Die Katakombe*, S. 256f.

37 Junge, *Bis zur letzten Stunde*, S. 211.

38 Baur, *Mit Mächtigen zwischen Himmel und Erde*, S. 281. Hewel nahm sich nach dem Ausbruch am 2. Mai 1945 in der Nähe der Schultheiß-Brauerei in Berlin-Pankow das Leben, bevor er durch die Sowjets gefangen genommen werden konnte. Er biss auf eine Blausäure-Ampulle und schoss sich gleichzeitig in den Kopf; Ernst Günther Schenck, in: O'Donnell und Bahnsen, *Die Katakombe*, S. 317.

39 Als Faksimile abgedruckt in: Joachimsthaler, *Hitlers Ende*, S. 282; siehe auch Dönitz, *Zehn Jahre und zwanzig Tage*, S. 452.

40 Keitel, *Mein Leben*, S. 400, und Speer, *Erinnerungen*, S. 490.

41 Dönitz, *Zehn Jahre und zwanzig Tage*, S. 445.

42 Speer, *Erinnerungen*, S. 490.

43 Junge, *Bis zur letzten Stunde*, S. 210.

44 Ebenda, S. 210f.

45 Linge, *Bis zum Untergang*, S. 298.

46 Rochus Misch, in: O'Donnell und Bahnsen, *Die Katakombe*, S. 235.

47 Linge, *Bis zum Untergang*, S. 298.

48 Ebenda, S. 298f. Siehe auch die sowjetischen Obduktionsberichte über die Kinderleichen in: Besymenski, *Der Tod des Adolf Hitler*, S. 101–106, und Völklein, *Hitlers Tod*, S. 106–110. Die Leichen der Familie Goebbels wurden vom 7. bis 9. Mai 1945 im sowjetischen Feldlazarett Berlin-Buch unter Leitung des gerichtsmedizinischen Chefexperten der 1. Weißrussischen Front, Oberst Schkarawski, obduziert, der bei allen Kindern den Tod durch »Vergiftung mit einer Zyanverbindung« feststellte. Wie in allen anderen Vergiftungsfällen im Bunker handelte es sich um eine Vergiftung mit Blausäure.

Im Widerspruch zu den Aussagen von Linge, Günsche und Misch hat der Zahnarzt in der Reichskanzlei, Helmut Kunz, am 7. Mai gegenüber dem sowjetischen Untersuchungsrichter Oberstleutnant Wassiljew behauptet, er habe die Kinder auf Bitten von Goebbels mit Morphium betäubt; etwa zehn Minuten später habe dann Magda Goebbels in seinem Beisein den Kindern die Giftkapseln in den Mund geschoben und zerdrückt. Auf die Frage: »Haben Sie allein an der Tötung der Kinder von Goebbels teilgenommen«, antwortete Kunz: »Ja, ich war allein.« Am 19. Mai widerrief Kunz diese Aussage. Auf die Frage seiner Vernehmer: »Die Untersuchungsrichter haben Informationen, dass Ihnen Dr. Stumpfegger bei der Tötung der Kinder von Goebbels geholfen hat. Können Sie das bestätigen?«, antwortete Kunz: »Ja, ich gebe zu, dass ich während der Untersuchung falsche Aussagen über die Umstände der Tötung der Kinder von Goebbels gemacht habe. Es ist wahr, dass Dr. Stumpfegger mit dabei geholfen hat.« Diesmal behauptete er, Stumpfegger habe den Kindern mit Magda Goebbels die

Kapseln verabreicht; er selber habe dazu »nicht genug seelische Kraft« gehabt und deshalb abgelehnt. Siehe Besymenski, *Der Tod des Adolf Hitler*, S. 79–84, und Völklein (Hg.), *Hitlers Tod*, S. 76–80. Es ist nicht mehr zu klären, welche der Aussagen von Kunz der Wahrheit entspricht, ja inwiefern er überhaupt an dem Geschehen beteiligt war. Keiner der anderen Augenzeugen hat jemals seine Anwesenheit im Führerbunker erwähnt. Gegen Kunz wurde nach seiner Rückkehr aus sowjetischer Gefangenschaft in der Bundesrepublik wegen seiner eigenen Aussagen vor den sowjetischen Organen ein strafrechtliches Ermittlungsverfahren wegen der Tötung der Goebbels-Kinder eingeleitet, ohne dass es jedoch zu einer Anklage gekommen wäre; O'Donnell und Bahnsen, *Die Katakombe*, S. 236f.

49 Günther Schwägermann, in: Joachimsthaler, *Hitlers Ende*, S. 81. Bis heute hält sich hartnäckig die Auffassung, Magda Goebbels habe ihre Kinder eigenhändig mit Blausäure getötet. Für diese These sprechen neben der erwähnten Formulierung aus ihrem Abschiedsbrief an ihren Sohn Harald vom 28. April, »ein gnädiger Gott wird mich verstehen, wenn ich selbst ihnen die Erlösung geben werde«, Goebbels, *Tagebücher 1945*, S. 549, nur die unglaubwürdigen Aussagen von Helmut Kunz, siehe oben, Anmerkung 48. Kein anderer der beteiligten Zeitzeugen hat ausgesagt, Magda Goebbels habe ihre Kinder persönlich getötet. Ebenso hartnäckig wird behauptet, dass die älteste Tochter, Helga, sich gewehrt habe. An ihrem Körper seien Spuren von Gewaltanwendung gefunden worden. Im sowjetischen Obduktionsbericht heißt es jedoch: »Zeichen von Gewalteinwirkung wurden auf der Körperoberfläche nicht festgestellt«; siehe Besymenski, *Der Tod des Adolf Hitler*, S. 101ff., und Völklein, *Hitlers Tod*, S. 105ff.

50 Linge, *Bis zum Untergang*, S. 299.

51 Otto Günsche, in: Anton Joachimsthaler, *Hitlers Ende*, S. 197.

52 Axmann, »Die letzten hundert Tage. Das Ende im Führerbunker«, S. 83.

53 Junge, *Bis zur letzten Stunde*, S. 211. Junge, ebenda, glaubt zu beobachten, wie die Kinder in einer schweren Kiste hinausgetragen werden. Tatsächlich werden die Kinder am 2. Mai von sowjetischen Armeeangehörigen in ihren Betten im Vorbunker gefunden; Johannes Hentschel, in: O'Donnell und Bahnsen, *Die Katakombe*, S. 383.

54 Weidling, »Der Endkampf in Berlin«, in: *Wehrwissenschaftliche Rundschau* 3/1962, S. 173, und Wilhelm Mohnke, in: O'Donnell und Bahnsen, *Die Katakombe*, S. 248.

55 Theodor von Dufving, in: zur Mühlen (Hg.), *Der Todeskampf der Reichshauptstadt*, S. 176.

56 Weidling, »Der Endkampf in Berlin«, in: *Wehrwissenschaftliche Rundschau* 3/1962, S. 173.

57 Theodor von Dufving, in: zur Mühlen (Hg.), *Der Todeskampf der Reichshauptstadt*, S. 177.

58 Junge, *Bis zur letzten Stunde*, S. 212.

59 Weidling, »Der Endkampf in Berlin«, in: *Wehrwissenschaftliche Rundschau* 3/1962, S. 173.

60 Junge, *Bis zur letzten Stunde*, S. 212.

61 Baur, *Mit Mächtigen zwischen Himmel und Erde*, S. 283.

62 Ebenda, S. 282.

63 Springer, *Es sprach Hans Fritzsche*, S. 54.

64 Rochus Misch, in: O'Donnell und Bahnsen, *Die Katakombe*, S. 248. Misch hat hier, anders als in einem Gespräch mit dem Autor am 5. Januar 2005, angegeben, er habe die Generäle *nach* dem Tod des Ehepaares Goebbels im Kartenraum zechen sehen.

65 Johannes Hentschel, in: ebenda, S. 240.

66 Wilhelm Mohnke, in: ebenda, S. 248. Müller gilt allgemein seit dem 29. April 1945 als verschollen. Sowohl Mohnke als auch Baur, *Mit Mächtigen zwischen Himmel und Erde*, S. 282, wollen Müller jedoch an diesem 1. Mai im Bunker gesehen haben. Rochus Misch erinnert sich daran, ihm in den letzten Apriltagen begegnet zu sein, allerdings in der Reichskanzlei und nicht am 1. Mai, sondern »etwa drei Tage früher«. Aus diesem Anlass habe er noch zum Techniker der Reichskanzlei, Johannes Hentschel, gesagt:»Was will der denn hier, wollen die uns umbringen?« Gespräch mit dem Autor am 6. Januar 2005.

67 Baur, *Mit Mächtigen zwischen Himmel und Erde*, S. 282.

68 Junge, *Bis zur letzten Stunde*, S. 204f.

69 Rochus Misch, in: O'Donnell und Bahnsen, *Die Katakombe*, S. 250.

70 Mündliche Auskunft von Rochus Misch vom 5. Januar 2005. Misch hat auf ausdrückliche Nachfrage bestätigt, dass er die beiden toten Generäle vor dem Tod des Ehepaares Goebbels im Lageraum gesehen hat.

71 Rochus Misch gegenüber dem Autor am 6. Januar 2005. Wegen seiner Nähe zum Geschehen hätte er den Knall einer Schusswaffe in den engen Bunkerräumen unbedingt hören müssen. Auch der Obduktionsbericht der sowjetischen Untersuchungskommission kommt zu dem Ergebnis:»Der Tod des Generals Krips [Krebs] ist also offensichtlich infolge einer Vergiftung durch Zyanverbindung eingetreten.« Besymenski, *Der Tod des Adolf Hitler*, S. 125ff. Beevor, *Berlin 1945*, S. 421, irrt, wenn er schreibt, die Generäle Krebs und Burgdorf hätten »irgendwann am frühen Morgen [...] ihre Luger gezogen und sich das Hirn aus dem Schädel geblasen«.

72 Krebs' Leiche wird von Soldaten der Roten Armee am 2. Mai im Garten der Reichskanzlei gefunden, Burgdorfs Leiche taucht nie auf. Rochus Misch erklärte sich dies auf Nachfrage des Autors so, dass Mitarbeiter des Reichssicherheitsdienstes die beiden Leichen während seiner Abwesenheit in den Garten der Reichskanzlei getragen haben müssen.

73 Junge, *Bis zur letzten Stunde*, S. 212.

74 Rochus Misch in: zur Mühlen (Hg.), *Der Todeskampf der Reichshauptstadt*, S. 370f.

75 Joachimsthaler, *Hitlers Ende*, S. 82.

76 Wilhelm Mohnke, in: O'Donnell und Bahnsen, *Die Katakombe*, S. 240.

77 Günther Schwägermann, in: Joachimsthaler, *Hitlers Ende*, S. 82. Die exakte Todesursache lässt sich nicht mehr ermitteln. Schwägermann will einen Schuss gehört haben. Demgegenüber hat Wilhelm Mohnke bezeugt:»Ich betone, dass ich in den nächsten Minuten einen Schuss nicht gehört habe. Ich bezweifle, dass Goebbels seine Frau und sich erschossen hat. Nach meiner Überzeugung haben beide sich vergiftet. Einen Schuss hätte man überdies nicht hören können.« Siehe O'Donnell und Bahnsen, *Die Katakombe*, S. 240. Zum selben Ergebnis kam eine fünfköpfige sowjetische Sachverständigenkommission unter Leitung des gerichtsmedizinischen Chefexperten der 1. Weißrussischen Front, Oberst Schkarawski, die vom 7. bis 9. Mai 1945 im sowjetischen Feldlazarett Berlin-Buch die Leichen der Familie Goebbels, von General Krebs und angeblich auch die von Adolf und Eva Hitler untersuchte. In allen untersuchten Fällen sei der Tod infolge einer »Vergiftung mit einer Zyanverbindung eingetreten«. Speziell zu Goebbels heißt es im Obduktionsbericht:»An der teilweise verbrannten Leiche wurden keine sichtbaren Zeichen schwerer tödlicher Verletzungen oder Erkrankungen festgestellt. Bei der Untersuchung der Leiche war der Geruch von Bittermandeln zu spüren: im Mund wurden Splitter einer Ampulle gefunden. Durch die

chemische Untersuchung der inneren Organe und des Blutes wurde das Vorhandensein von Zyanidverbindungen nachgewiesen.« Siehe den Obduktionsbericht bei Völklein, *Hitlers Tod*, S. 116. Ähnlich lautet der Obduktionsbericht zu Magda Goebbels, siehe ebenda, S. 121. Allerdings hielt die Untersuchungskommission auch fest:»Unter der Leiche [von Joseph Goebbels] wurden verbrannte Kleidungsstücke und eine feuergeschwärzte ›Walther‹-Pistole Nr. 1 entdeckt.« Ebenda, S. 112. Der ansonsten glaubwürdige Zeuge Schwägermann hat außerdem behauptet, er habe auf Goebbels' ausdrücklichen Wunsch einen der SS-Männer auf die Leiche des Propagandaministers schießen lassen, um sicherzustellen, dass der Tod tatsächlich eingetreten sei. Joachimsthaler, *Hitlers Ende*, S. 82. Diese Aussage steht im Widerspruch zum Obduktionsbericht.

78 Joachimsthaler, *Hitlers Ende*, S. 82.

79 Anders Hentschel, der angab, das Feuer sei in Hitlers Arbeitszimmer gelegt worden, siehe O'Donnell und Bahnsen, *Die Katakombe*, S. 366. Die Aussage von Schwägermann dürfte richtig sein. Sie wird bestätigt durch die Journalisten Percy Knauth und Vandivert, die im Juli 1945 den Bunker für eine Reportage im»Life Magazine« vom 23. Juli 1945 besuchten:»Wir wandten uns nach links, gingen durch eine andere Eisentüre und standen im großen Vorzimmer [Lagevorraum] der unterirdischen Suite des Führers. Der Geruch von Feuer und kaltem Rauch war jetzt sehr stark, und es war klar, dass der Raum von SS-Soldaten angezündet worden war. Verkohlte Bilder mit rußigen Rahmen hingen an der Wand, und angebrannte verkohlte Möbel lagen überall herum. Der Boden des Raumes stand etwa 5 cm unter Wasser, und die durchnässten Teppiche quatschten, als wir vorsichtig durchgingen. Eine Rechtswendung im Vorzimmer führte uns dann in einen kleineren, ebenfalls ausgebrannten Raum [Vorraum zu Hitlers Arbeits- und Wohnzimmer] und danach in das Zimmer von Hitler. Hier hatte es kein Feuer gegeben. Entlang der Wand stand ein Sofa mit einem hellen Holzgestell und dicken Brokatpolstern.« Joachimsthaler, *Hitlers Ende*, S. 85.

80 Ebenda, S. 82.

81 Johannes Hentschel, in: O'Donnell und Bahnsen, *Die Katakombe*, S. 366.

82 Junge, *Bis zur letzten Stunde*, S. 212f.

83 Die deutschen Mädchen waren wie die Jungen organisiert: die 10- bis 14-Jährigen im »Jungmädelbund«, die 14- bis 18-Jährigen im»Bund Deutscher Mädel«.

84 Axmann,»Die letzten hundert Tage, Meine Flucht mit Bormann«, in: *Stern* vom 9. Mai 1965, S. 64.

85 Junge, *Bis zur letzten Stunde*, S. 213, und Schenck, *Das Notlazarett unter der Reichskanzlei*, S. 147.

86 Schenck, *Das Notlazarett unter der Reichskanzlei*, S. 148.

87 Wilhelm Mohnke, in: O'Donnell und Bahnsen, *Die Katakombe*, S. 254 und S. 260, und Schenck, *Das Notlazarett unter der Reichskanzlei*, S. 147, datieren den Ausbruch auf 23.00 Uhr. Junge, *Bis zur letzten Stunde*, S. 213, verlegt den Ausbruch dagegen auf 20.30 Uhr, Baur, *Mit Mächtigen zwischen Himmel und Erde*, S. 283, spricht von 21.30 Uhr. Axmann,»Die letzten hundert Tage. Meine Flucht mit Bormann«, S. 64, erinnert sich an 22.00 Uhr.

88 Junge, *Bis zur letzten Stunde*, S. 213.

89 Schenck, *Das Notlazarett unter der Reichskanzlei*, S. 152.

90 Axmann,»Die letzten hundert Tage. Meine Flucht mit Bormann«, S. 64.

91 Joachimsthaler, *Hitlers Ende*, S. 280f.

92 Dönitz, *Zehn Jahre und zwanzig Tage*, S. 437.

93 Goebbels, *Tagebücher 1945*, S. 557, Beevor, *Berlin 1945*, S. 415, und Domarus, *Hitler*, S. 2250, von dem die Zeitangabe 22.26 Uhr stammt. Beevor nennt irrtümlich 21.30 Uhr, Schultz-Naumann, *Die letzten dreißig Tage*, S. 75, 22.03 Uhr.

94 Gilbert, *Endlösung*, S. 234f.; *Enzyklopädie des Holocaust*, Bd. II, S. 934.

zu Danach

1 Joachimsthaler, *Hitlers Ende*, S. 468–494; zur Mühlen, *Der Todeskampf der Reichshauptstadt*, S. 454–474; Junge, *Bis zur letzten Stunde*, S. 217–230; Munzinger Archiv; Internationales biographisches Personen-Archiv.

Ränge der Waffen-SS und der Wehrmacht

Ränge der Waffen-SS	Entsprechende Ränge der Wehrmacht
Mannschaften	
SS-Grenadier	Panzergrenadier
SS-Gebirgsjäger usw.	Gebirgsjäger usw.
Sturmmann	Gefreiter
Rottenführer	Obergefreiter
Rottenführer	Stabsgefreiter
Unteroffiziere	
Unterscharführer	Unterfeldwebel
SS-Standartenjunker	Fähnrich
Oberscharführer	Feldwebel
Hauptscharführer	Oberfeldwebel
SS-Standarten-Oberjunker	Oberfähnrich
Sturmscharführer	Stabsfeldwebel
Leutnante	
Untersturmführer	Leutnant
Obersturmführer	Oberleutnant
Hauptleute und Rittmeister	
Hauptsturmführer	Hauptmann, Rittmeister
Stabsoffiziere	
Sturmbannführer	Major
Obersturmbannführer	Oberstleutnant
Oberführer, Standartenführer	Oberst
Generäle	
Brigadeführer und Generalmajor der Waffen-SS	Generalmajor
Gruppenführer und Generalleutnant der Waffen-SS	Generalleutnant
Obergruppenführer und General der Waffen-SS	General
Oberstgruppenführer und Generaloberst der Waffen-SS	Generaloberst
Keine Entsprechung	Generalfeldmarschall

Literatur

Andreas-Friedrich, Ruth, *Schauplatz Berlin. Ein Tagebuch, aufgezeichnet 1938–1945*, Reinbek 1964.

Anonyma, *Eine Frau in Berlin. Tagebuchaufzeichnungen vom 20. April bis 22. Juni 1945*, Frankfurt a. M. 2003.

Axmann, Artur, »Die letzten hundert Tage. Mit Hitler im Bunker«, in: *Stern* vom 25. April 1965.

ders., »Die letzten hundert Tage. Das Ende im Führerbunker«, in: *Stern* vom 2. Mai 1965.

ders., »Die letzten hundert Tage. Meine Flucht mit Bormann«, in: *Stern* vom 9. Mai 1965.

ders., *Das kann doch nicht das Ende sein. Hitlers letzter Reichsjugendführer erinnert sich*, Koblenz 1995.

Bahm, Karl, *Berlin 1945. Die letzte Schlacht des Dritten Reichs*, Klagenfurt 2002.

Baur, Hans, *Mit Mächtigen zwischen Himmel und Erde*, Preußisch Oldendorf 1971.

Beevor, Antony, *Berlin 1945. Das Ende*, München 2002.

Below, Nicolaus von, *Als Hitlers Adjutant 1937–1945*, Mainz 1980.

Benz, Wolfgang, »Widerstand traditioneller Eliten«, in: *Deutscher Widerstand 1933–1945*, Informationen zur politischen Bildung 243, Bonn 1994.

Bernadotte, Folke Graf, *Das Ende. Meine Verhandlungen in Deutschland im Frühjahr 1945 und ihre politischen Folgen*, Zürich/New York 1945.

Besymenski, Lew, *Der Tod des Adolf Hitler. Unbekannte Dokumente aus Moskauer Archiven*, Hamburg 1968.

ders., *Die letzten Notizen von Martin Bormann. Ein Dokument und sein Verfasser*, Stuttgart 1974.

Boldt, Gerhard, *Die letzten Tage der Reichskanzlei*, Hamburg/Stuttgart 1947.

Borkowski, Dieter, *Wer weiß, ob wir uns wiedersehen. Erinnerungen an eine Berliner Jugend*, Berlin 1990.

Boveri, Margret, *Tage des Überlebens. Berlin 1945*, München 1968.

Briefwechsel Stalins mit Churchill, Attlee, Roosevelt und Truman 1941–1945, hg. von der Kommission für die Herausgabe diplomatischer Dokumente beim Ministerium für Auswärtige Angelegenheiten der UdSSR, Berlin (Ost) 1961.

Broszat, Martin, Elke Fröhlich und Anton Grossmann (Hg.), *Bayern in der NS-Zeit*, Bd. 4, München 1981.

Broszat, Martin, und Norbert Frei (Hg.), *Das Dritte Reich im Überblick. Chronik, Ereignisse, Zusammenhänge*, 2. Aufl. der überarb. Neuausg., München 1990.

Busse, Theodor, »Die letzte Schlacht der 9. Armee«, in: *Wehrwissenschaftliche Rundschau* 4/1955.

Domarus, Max (Hg.), *Hitler: Reden und Proklamationen*, Teil 2: *Untergang*, 4. Bd.: *1941–1945*, Wiesbaden 1973.

Dönitz, Karl, *Zehn Jahre und zwanzig Tage*, Bonn 1958.

Enzyklopädie des Holocaust. Die Verfolgung und Ermordung der europäischen Juden, hg. von Israel Gutman u. a., München 1995.

Fest, Joachim, *Der Untergang. Hitler und das Ende des Dritten Reiches. Eine historische Skizze*, Reinbek bei Hamburg 2003.

Genscher, Hans-Dietrich, *Erinnerungen*, Berlin 1995.

Gilbert, Martin, *Endlösung. Die Vertreibung und Vernichtung der Juden. Ein Atlas*, Frankfurt a. M. 1983.

Goebbels, Joseph, *Tagebücher 1945. Die letzten Aufzeichnungen*, Hamburg 1977.

Göring, Emmy, *An der Seite meines Mannes. Begebenheiten und Bekenntnisse*, 3. Aufl., Preußisch Oldendorf 1980.

Gosztony, Peter (Hg.), *Der Kampf um Berlin 1945 in Augenzeugenberichten*, München 1970.

Groehler, Olaf, *Das Ende der Reichskanzlei*, 2. Aufl., Berlin 1978.

Gun, Nerin E., *Eva Braun-Hitler. Leben und Schicksal*, unveränd. Neuausg., Kiel 1994.

Hoffmann, Hans-Albert, *Die deutsche Heeresführung im Zweiten Weltkrieg. Fakten und Momente aus dem Hauptquartier des OKH*, Berlin 2003.

Irving, David (Hg.), *Die geheimen Tagebücher des Dr. Morell, Leibarzt Adolf Hitlers*, München 1983.

ders., *Göring*, München 1987.

Jahn, Peter (Hg.), *Nikolaj Bersarin: Generaloberst, Stadtkommandant (Berlin)*, Berlin 1999.

Joachimsthaler, Anton, *Hitlers Ende. Legenden und Dokumente*, 2. überarb. Aufl., München 2004.

Junge, Traudl, *Bis zur letzten Stunde. Hitlers Sekretärin erzählt ihr Leben*, unter Mitarbeit von Melissa Müller, München 2002.

Keitel, Wilhelm, *Mein Leben. Pflichterfüllung bis zum Untergang. Hitlers Generalfeldmarschall und Chef des Oberkommandos der Wehrmacht in Selbstzeugnissen*, hg. von Werner Maser, Berlin 1998.

Kellerhoff, Sven Felix, *Mythos Führerbunker. Hitlers letzter Unterschlupf*, Berlin 2003.

Kempka, Erich, *Ich habe Adolf Hitler verbrannt*, München 1950.

ders., *Die letzten Tage mit Adolf Hitler*, erw. und erl. von Erich Kern, 3. Auflage, Rosenheim 1991.

Die Kinder vom Bullenhuser Damm, hg. vom Museum für Hamburgische Geschichte, Hamburg 1995.

Klee, Ernst, *Das Personenlexikon des Dritten Reiches. Wer war was vor und nach 1945*, Frankfurt a. M. 2003.

Koller, Karl, *Der letzte Monat: 14. April bis 27. Mai 1945. Tagebuchaufzeichnungen des ehemaligen Chefs des Generalstabs der Luftwaffe*, Frankfurt a. M. 1995.

Kronika, Jacob, *Der Untergang Berlins*, 3. Aufl., Flensburg/Hamburg 1946.

Krywalski, Diether, »Zwei Niederschriften Ribbentrops über die Persönlichkeit Adolf Hitlers und die letzten Tage in Berlin«, in: *Geschichte und Wissenschaft* 13 (1967), S. 730–744.

Kuby, Erich, *Die Russen in Berlin 1945*, München 1965.

Lang, Jochen von, *Der Sekretär. Martin Bormann: Der Mann, der Hitler beherrschte*, unter Mitarbeit von Claus Sibyll, 3., völlig überarb. Neuauflage, München 1987.

Lange, Eitel, *Der Reichsmarschall im Kriege. Ein Bericht in Wort und Bild*, Stuttgart 1950.

Lehmann, Armin Dieter, *Der letzte Befehl. Als Hitlers Botenjunge im Führerbunker*, Bergisch Gladbach 2003.

Lemmer, Ernst, *Manches war doch anders. Erinnerungen eines deutschen Demokraten*, Frankfurt a. M. 1968.

Le Tissier, Tony, *Der Kampf um Berlin 1945. Von den Seelower Höhen zur Reichskanzlei*, Augsburg 1998.

Lexikon des Widerstandes 1933–1945, hg. von Peter Steinbach und Johannes Tuchel, München 1994.

Linge, Heinz, *Bis zum Untergang. Als Chef des persönlichen Dienstes bei Hitler*, hg. von Werner Maser, München 1980.

Maeger, Herbert, *Verlorene Ehre – verratene Treue. Zeitzeugenbericht eines Soldaten der SS-Leibstandarte im Zweiten Weltkrieg*, Krefeld 2000.

Maizière, Ulrich de, *In der Pflicht. Lebensbericht eines deutschen Soldaten im 20. Jahrhundert*, Herford 1989.

Maser, Werner, *Hitlers Briefe und Notizen. Sein Weltbild in handschriftlichen Dokumenten*, Düsseldorf 1973.

Mehner, Kurt (Hg.), *Die geheimen Tagesberichte der Deutschen Wehrmachtsführung im Zweiten Weltkrieg 1939–1945*, Band 12: *1. Januar 1945–9. Mai 1945*, Osnabrück 1984.

Moll, Martin (Hg.), *»Führer-Erlasse« 1939–1945. Edition sämtlicher überlieferter, nicht im Reichsgesetzblatt abgedruckter, von Hitler während des Zweiten Weltkrieges schriftlich erteilter Direktiven aus den Bereichen Staat, Partei, Wirtschaft, Besatzungspolitik und Militärverwaltung*, Stuttgart 1997.

O'Donnell, James P., und Uwe Bahnsen, *Die Katakombe. Das Ende der Reichskanzlei*, Augsburg 1997, Lizenzausgabe der Ausgabe Stuttgart 1975.

Oven, Wilfred von, *Finale Furioso. Mit Goebbels bis zum Ende*, Tübingen 1974.

Reitsch, Hanna, *Fliegen – mein Leben*, München 1973.

Rudel, Hans-Ulrich, *Mein Kriegstagebuch. Aufzeichnungen eines Stukafliegers*, 2. Aufl., Wiesbaden 1987.

Sachsenhausen. Dokumente, Aussagen, Forschungsergebnisse und Erlebnisberichte über das ehemalige Konzentrationslager Sachsenhausen, hg. vom Komitee der Antifaschistischen Widerstandskämpfer der Deutschen Demokratischen Republik, Berlin 1977.

Schenck, Ernst Günther, *Das Notlazarett unter der Reichskanzlei. Ein Arzt erlebt Hitlers Ende in Berlin*, Neuried 1995.

Schirach, Baldur von, *Ich glaubte an Hitler*, Hamburg 1967.

Schramm, Percy Ernst (Hg.), *Kriegstagebuch des Oberkommandos der Wehrmacht 1940–1945*, Bd. 4, 2. Halbbd.: *1. Januar 1944–22. Mai 1945*, Herrsching 1982.

Schroeder, Christa, *Er war mein Chef. Aus dem Nachlass der Sekretärin von Adolf Hitler*, hg. von Anton Joachimsthaler, 5. Aufl., München 1992.

Schultz-Naumann, Joachim, *Die letzten dreißig Tage. Das Kriegstagebuch des OKW April bis Mai 1945*, München 1980.

Seidel, Theodor, *Kriegsverbrechen in Ostsachsen. Die vergessenen Toten von April/Mai 1945*, Berlin 2001.

Sethe, Paul, »Die letzten 100 Tage. Chronik vom Ende des Dritten Reiches«, in: *Stern* vom 4. April 1965 und vom 11. April 1965.

Shukow, Georgi K., *Erinnerungen und Gedanken*, 8. Auflage, Berlin 1987.

Speer, Albert, *Erinnerungen*, 13. Aufl., Berlin 1975.

Springer, Hildegard (Hg.), *Es sprach Hans Fritzsche. Nach Gesprächen, Briefen und Dokumenten*, Stuttgart 1949.

Steiner, Felix, *Die Armee der Geächteten*, 2. Auflage, Göttingen 1963.

Thorwald, Jürgen, *Das Ende an der Elbe. Die letzten Monate des Zweiten Weltkriegs im Osten*, vollst. überarb. und mit einem aktuellen Nachw. vers. Taschenbuchausg., München 1995.

Tschuikow, Wassili I., *Das Ende des Dritten Reiches*, München 1966.

ders., *Gardisten auf dem Weg nach Berlin*, Berlin (Ost) 1976.

Ueberschär, Gerd R., und Rolf-Dieter Müller, *Deutschland am Abgrund. Zusammenbruch und Untergang des Dritten Reiches 1945*, Konstanz 1986.

Völklein, Ulrich (Hg.), *Hitlers Tod. Die letzten Tage im Führerbunker*, Göttingen 1998.

Wagner, Andreas, *Todesmarsch. Die Räumung und Teilräumung der Konzentrationslager Dachau, Kaufering und Mühldorf Ende April 1945*, Ingolstadt 1995.

»›... warum dann überhaupt noch leben!‹ Hitlers Lagebesprechungen am 23., 25. und 27. April 1945«, in: *Der Spiegel* Nr. 3/1966.

Weidling, Helmuth, »Der Endkampf in Berlin (23.4.–2.5.1945)«, übersetzt und eingeleitet von Werner Arenz, in: *Wehrwissenschaftliche Rundschau* 1/1962, 2/1962 und 3/1962.

Wenck, Walther, »Die letzten hundert Tage. Berlin war nicht mehr zu retten«, in: *Stern* vom 18. April 1965, S. 56ff.

Wiesenthal, Simon, *Jeder Tag ein Gedenktag. Chronik jüdischen Leidens*, Gerlingen 1988.

Zoller, Albert, *Hitler privat. Erlebnisbericht seiner Geheimsekretärin*, Düsseldorf 1949.

zur Mühlen, Bengt von (Hg.), *Der Todeskampf der Reichshauptstadt*, Berlin 1994.

Personenregister

Die *kursiven* Ziffern verweisen auf Abbildungen.

329

Abbildungen

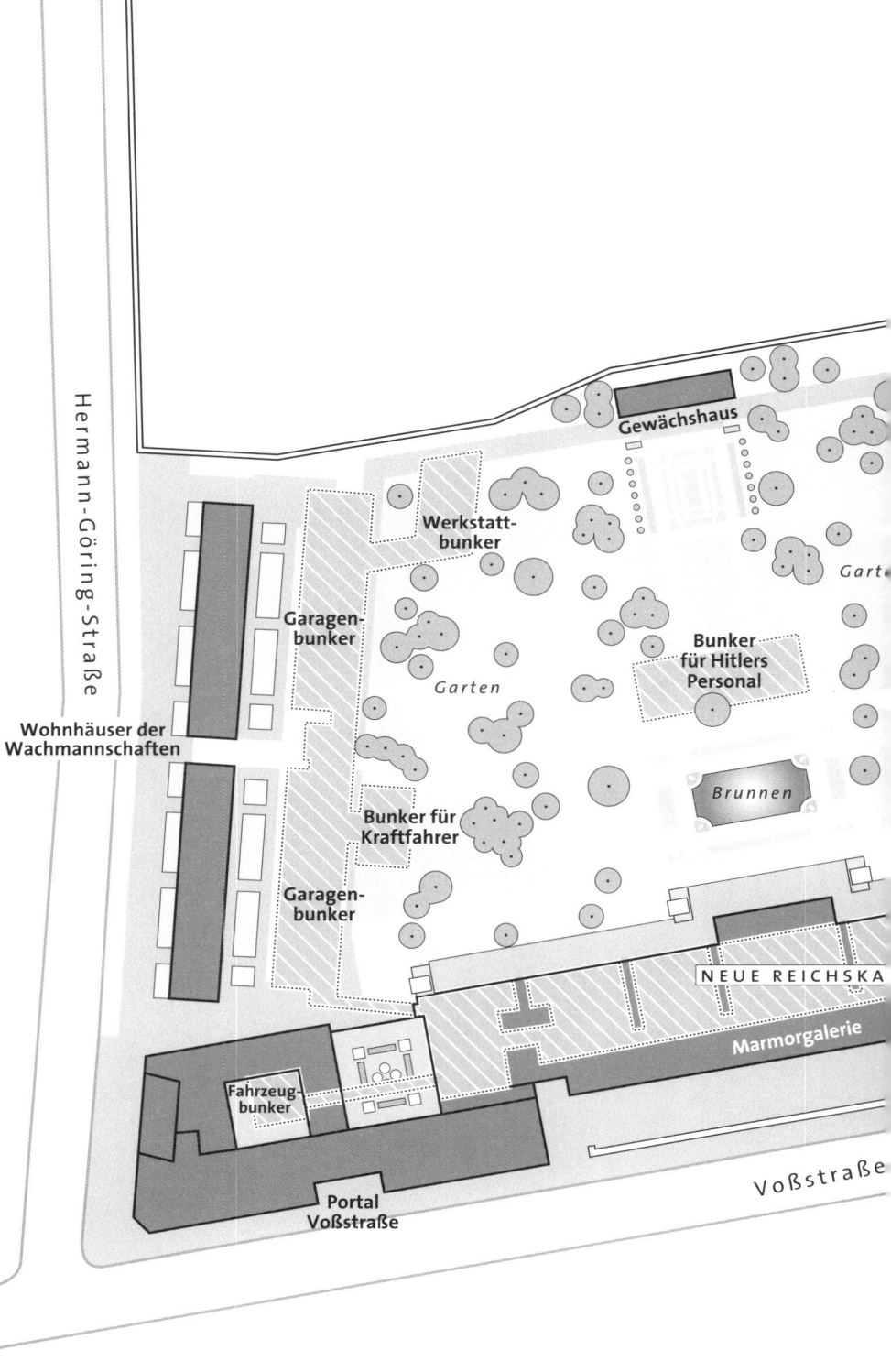

Hermann-Göring-Straße

Gewächshaus

Werkstatt-
bunker

Garagen-
bunker

Garten

Bunker
für Hitlers
Personal

Gart

Wohnhäuser der
Wachmannschaften

Bunker für
Kraftfahrer

Brunnen

Garagen-
bunker

NEUE REICHSKA

Marmorgalerie

Fahrzeug-
bunker

Portal
Voßstraße

Voßstraße

22,— / 9,95 €